21世纪全国高职高专金融专业规划教材

证券投资分析

SECURITIES INVESTMENT ANALYSIS

柯　原◎编著

北京大学出版社
PEKING UNIVERSITY PRESS

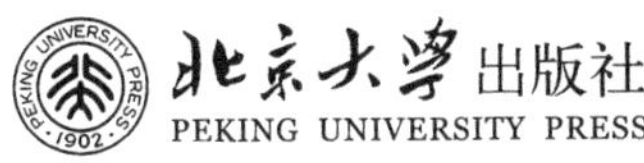

图书在版编目(CIP)数据

证券投资分析/柯原编著.—北京:北京大学出版社,2005.10
(21世纪全国高职高专金融专业规划教材)
ISBN 978-7-301-09751-9

Ⅰ.证… Ⅱ.柯… Ⅲ.证券投资-分析-高等学校:技术学校-教材
Ⅳ.F830.91

中国版本图书馆CIP数据核字(2005)第113140号

书　　　名:证券投资分析
著作责任者:柯　原　编著
责 任 编 辑:陈露蓉
标 准 书 号:ISBN 978-7-301-09751-9/F·1236
出 版 发 行:北京大学出版社
地　　　址:北京市海淀区成府路205号　100871
网　　　址:http://www.pup.cn　电子邮箱:em@pup.cn
电　　　话:邮购部62752015　发行部62750672　编辑部62752926
　　　　　出版部62754962
印　刷　者:北京飞达印刷有限责任公司
经　销　者:新华书店
　　　　　730毫米×980毫米　16开本　23.75印张　377千字
　　　　　2005年10月第1版　2011年9月第4次印刷
印　　　数:13101—16100册
定　　　价:29.50元

内容简介

本书介绍了证券投资分析的基本理论知识和实践技能，由基本分析、技术分析、综合运用三部分构成，包括了宏观经济运行分析、行业分析、公司分析、K线、均线、形态与技术指标、投资组合、行为分析、投资技巧等内容。本书适用于高职高专证券投资管理专业以及金融专业的学生，也适用于大学非金融专业学生的选修课，是一本极好的证券投资入门教材。

作 者 简 介

柯原，1956年4月出生，福建连江人。硕士学位，教授，加拿大阿尔伯塔大学国际商学院访问学者，现任福建行政学院、福建经济管理干部学院财会金融系副主任，福建省证券经济研究会常务理事。在证券市场有14年的投资实战经历，1997—1999年曾经兼任天信投资咨询顾问有限公司投资咨询顾问，有较丰富的实践和理论修养。先后在《管理世界》、《未来与发展》等核心刊物发表近百篇论文，主持福建省社会科学"十五"规划课题《福建上市公司竞争力研究》，该研究综述被收入中国证监会福建特派办与福建省证券业协会主编的《福建证券十年》一书。

前　言

本人从 1993 年就开始教授证券投资分析课程，由于中国证券市场成立不久，大家都没有经验，因此本课程是在坚持“理论与实践相结合”的指导思想下，走“实践—理论—再实践，循环往复以至无穷”的道路逐步发展与完善起来的。在培养社会需求的专门应用型人才的教学指导思想下，本人到大户室以及天信投资咨询顾问有限公司、儒林投资管理咨询顾问有限公司进行投资实践以及咨询实践，积极参加中国证监会与福建证券业协会的研究课题，逐步形成了既注重一定的理论性又注重实践性的教学、科研特色的教材。

本教材作为内部教材先后修订了 9 次，本次是第 10 次修订。本教学体系由基本分析、技术分析、综合运用三部分构成。基本分析由宏观经济运行分析、行业分析、公司分析组成，技术分析由 K 线、均线、形态与技术指标组成，综合运用由投资组合、行为分析、投资技巧组成。在教学体系与教学内容上将基本分析与技术分析统一起来，注重理论联系实际，在教材中引入了许多中国证券市场历年发生的一些重大事件作为案例，在每节的后面给出具有很强的实战指导意义的阅读材料。突出培养学生实践能力是本课程教学体系的重点与特色。

课程内容坚持基础性与先进性、专业性相结合：一方面注意保持基本内容和理论体系、框架等的稳定性和延续性，另一方面注意及时吸收国内外最新的学术研究成果。本教材在每章节后有一些习题与思考题，并有参考答案，便于自学。此外教材中还有许多参考文献，布置了许多课堂讨论以及案例和项目作业，为了使得教材能够充分发挥作用，学员在使用教材的时候，要注意提前预习课内内容，还必须注意阅读每章节后面的参考文献。教师应当充分利用网络资源以及本课程的最新进展和证券市场的最新变革（比如最近的股权分置改革）布置相应的课外阅读文献，提前布置好家庭作业、课堂提问问题、案例讨论题和项目作业，在课前收取家庭作业，在每堂课授课过程中提问事先布置的课堂讨论题以及组织案例讨论，在某一阶段进行项目作业的竞赛，让学员运用多媒体课件自己讲解他们的分析。这样才能够充分发挥学员学习的主观能动性，通过启发式教学来提高学员实际综合分析的能力。我们已经按照这样的教学方法进行教学改革的实践，实践效果良好。本教材也是按照这样的教学思路进行编写的。

本教材适用于高职高专的证券投资管理专业以及金融专业的学生，也适用于会计、贸易以及其他管理类的本科大学非金融专业学生的选修课程。

柯　原

2005 年 5 月

目录

目录

目录

第一章 证券投资分析概论

学习目标与要求

通过本章学习，了解证券投资分析的意义，掌握证券投资过程和证券投资分析的主要步骤与方法，证券投资分析的流派以及投资过程中应当注意的问题。

通过本章学习，能够运用互联网检索与搜集资料，并且对资料进行分类与整理。了解各类行情软件主要键盘的功能，了解 F10 资料键的内容。

第一节 证券投资分析概述

一、证券投资分析的含义

证券投资是指投资者(法人或自然人)购买股票、债券、基金券等有价证券以及这些有价证券的衍生品以获取红利、利息及资本利得的投资行为和投资过程,是直接投资的重要形式。

证券投资分析是指人们通过各种专业分析方法,对影响证券价值或价格的各种信息进行综合分析,以判断证券价值或价格及其变动的行为,是证券投资过程中的一个重要环节。

二、证券投资分析主要解决什么问题

证券投资分析主要解决如何确定买卖时机,买什么证券,以及如何构建最优证券投资组合三方面的问题。

证券投资分析是规避风险的需要。一般来说,证券投资的预期回报与风险之间是一种正向的互动关系,每一种证券都有自己的风险—回报率特征。通过投资分析投资者就可以确定哪些证券是风险较大的证券,哪些证券是风险较小的证券,从而选择风险—回报率特征与自己的投资政策相适应的证券投资。

证券投资分析是能否降低投资风险,获得投资成功的关键。证券投资的目的就是证券投资净效用(即收益带来的正效用减去风险带来的负效用)的最大化。因此,投资回报率的最大化和风险最小化是证券投资的两大具体目标。证券投资的成功与否,往往是看这两个目标的实现程度。但是,影响证券投资回报率和所承受的风险这两个目标的实现程度的因素很多,其作用机制也十分复杂。只有通过全面、系统和科学的专业分析,才能客观地把握这些因素和作用机制,做出比较准确的预测,在预测的基础上做出比较科学的投资决策,从而保证在降低风险的同时获取较高的投资回报。

三、证券投资过程的步骤

理性的证券投资过程通常包括以下几个基本步骤:

1. 确定证券投资政策

确定证券投资政策作为投资过程的第一步，涉及决定投资目标和可投资资金的数量。由于证券投资属于风险投资，所以客观和合适的投资目标应当是在赚钱的同时，也承认可能发生的亏损，投资目标的确定应包含风险和收益两项内容。

例如，老年人一般比较厌恶风险，大多追求资产保值以及能够有利息收入，因此有固定利息收入的国债投资就比较适合他们。年轻人有冒险精神，愿意在承受较大风险的条件下获取较高的收益，因此一些有较高成长预期，价格波动性较大的股票，就可能更为适合他们。而中年人有了一定的财产积累，但是上有老人需要赡养，下面又有培养小孩的负担，因此他们既想资产增值，又想能够有现金收入，所以倾向于平衡型的资产配置。

2. 进行证券投资分析

作为投资的第二步，涉及对投资过程第一步所确定的金融资产类型中个别证券或证券组合的具体特征进行考察分析。进行证券投资分析的方法很多，这些方法大致可分为三类：第一类称为技术分析，第二类称为基本分析，第三类是心理分析。

3. 组建证券投资组合

组建证券投资组合是投资过程的第三步，它涉及确定具体的投资资产和投资者的资金对各种资产的投资比例。在这里，投资者需要注意个别证券选择、投资时机选择和多元化这三个问题。

4. 投资组合的修正

投资组合的修正实际上就是定期重温前三步。由于我们设定的最优投资组合是建立在根据以往资料的分析基础上来对未来的风险与收益进行预测的，这样就有可能出现在外因影响下，部分证券不能够达到预期收益的情况。即随着时间的推移，出现当前持有的证券投资组合不再成为最优组合的状况。为此投资者需要卖掉现有组合的一些证券和购买一些新的证券以形成新的组合。这一决策主要取决于交易的成本和修订组合后投资业绩前景改善幅度的大小。

5. 投资组合业绩评估

主要是定期评价投资的表现，其依据不仅是投资的回报率，还有投资者所承受的风险。通过评价发现现实与投资目标的偏差，经过寻找原因，反馈调整，最终使得投资达到预期的目标。

例 1-1　海富通精选证券投资基金的投资管理模式与投资管理程序[①]

(1) 投资管理模式

通过对中外合资基金海富通基金管理公司的投资管理模式，我们可以看到一个基金管理公司必须有 IT 平台与数据库，通过信息平台与数据库为股票分析师、债券分析师以及定量分析师提供研究的资料，三个方面的分析师进行行业研究与个股选择、债券市场研究和债券券种的选择、定量分析投资策略的研究，在这些研究的基础上提出基金产品要求和风险控制的观点。另一方面策略分析师根据数据库的资料从宏观经济研究以及资产配置策略方面也提出基金产品要求和对风险控制的看法。最后由投资决策委员会通过投资决策程序、风险控制制度、战略资产配置的要求，由基金经理对各方案进行优化，最终确定基金产品要求与风险控制的措施。然后通过基金组合具体交易指令由集中交易室执行指令。在风险控制方面有交易前的风险控制以及交易后的风险控制，最后进行业绩评估反馈给分析师，对投资方案进行调整。数据库以及分析工具是投资组合管理的基础（见图 1-1）。

(2) 投资基金的投资管理程序

定量分析师进行步骤一：市场实证分析，确定定价指标，计算个股定价指标水平，形成备选股票池Ⅰ。具体方法是通过对中国股票市场进行实证研究，寻找影响股票收益率持续跑赢整个市场的因素，确定股票分析决策支持系统的定价指标。然后，计算所有 A 股市场股票（剔除 PT 股票）的相关定价指标水平，在考虑交易成本等因素对计算出的定价指标水平做适当调整后，筛选出至少有一个定价指标低于行业、市场平均水平的股票，形成备选股票池Ⅰ。各类研究机构与分析师进行步骤二：盈利预测分析，以盈利预测为基础对备选股票池Ⅰ进行筛选，筛选出盈利预测指标高于行业、市场平均水平的股票，形成备选股票池Ⅱ。基金经理与分析师进行步骤三：对上市公司调研，掌握第一手资料。在此基础上通过数据平台与研究机构和分析师的宏观经济及企业环境分析，对国内外经济、宏观政策、产业环境等对行

① 该内容来自海富通基金对机构投资者的发行宣传材料以及《海富通理财》2003 年第 2 期、第 3 期。

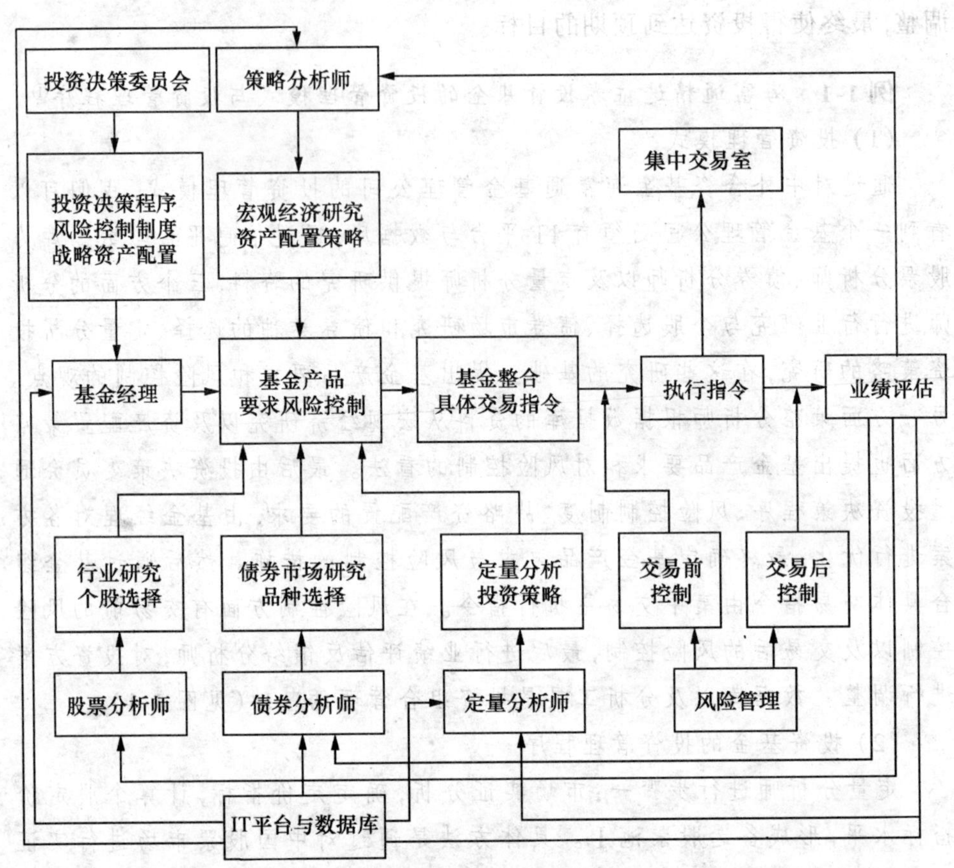

图 1-1　中外合资基金海富通基金管理公司的投资管理模式

业和企业的影响进行“自上而下”和“自下而上”相结合的分析，进行风险识别，建立预测和估价模型，精选个股，形成重点关注股票池（可视情况对备选池Ⅱ做调整）。基金经理和分析师进行个股和组合检验步骤四：对重点关注股票池进行限制性检验、流动性检验和组合风险度检验，剔除问题股、流动性差的股票以及有操纵行为的股票。基金经理和分析师进行拟定投资组合步骤五：结合定价指标、盈利预测指标、市场调研深度分析以及限制性因素、流动性因素和组合风险度因素分析，拟定投资组合方案，制定买入、卖出操作方案。然后结合资产配置原则和市场风险分析，构建投资组合。最后基金经理将不间断地对上市公司进行跟踪分析、及时更新公司的经营和财务数据，对盈利预测和估价模型进行调整和修正，研究拟定投资组合的调整方案，以便随时根据市场状况和资产配置策略的变化调整基金的投资组合。

四、证券投资分析的信息来源

一般说来，进行证券投资分析的信息主要来自以下四个渠道：

1. 公开渠道

公开渠道主要是指通过各种书刊、报纸、杂志、出版物以及电视、广播、互联网等媒体公开发布的信息。如《中国证券期货年鉴》、《中国经济年鉴》、《中国统计年鉴》、《世界银行报告》、《中国证券报》、《上海证券报》、《证券时报》、《证券市场周刊》、中央电视台第二套“证券之夜”、福建经济广播电台“股市风云录”、中国证监会网站、中国证券业协会网站、国务院发展研究中心网站、和讯网站、证券之星、各类搜索引擎等。

下面是一些有特色的网站介绍：

(1) 国务院发展研究中心网站，网址：www.drcnet.com.cn。该网站有宏观经济、行业经济、金融类的研究报告与相关数据，国研报告富有特色。

(2) 中国人民大学金融与证券研究所，网址：www.Fsi.com.cn。从该研究所可以获取学术研究报告、证券研究与市场研究最新动态。

(3) 北京天则经济研究所，网址：www.unirule.org.cn。从该研究所可以得到许多宏观经济的数据与研究报告。这是一个民间的经济研究所，其态度将比官方研究所更客观。

(4) 清华大学中国经济研究中心，网址：www.ncer.tsinghua.edu.cn。清华大学有许多应用经济的研究可供参考。

(5) 人民日报网站，网址：www.people.com.cn。这是一个综合性网站，可以了解到新闻、国家与国际大事，也有经济、金融方面的专栏。

(6) 全景网站，网址：www.p5w.net。这个网站的特色是“研究报告”栏目，有许多券商研究部门，上千篇研究报告，有市场研究、行业研究、公司研究的内容。此外，也可以看到香港股票市场的信息。

(7) 证券之星网站，网址：www.stockstar.com。这个网站是中国点击率最高的证券网站之一，这个网站数据中心有中国所有股票该年度的财务分析评估资料以及社会公众对个股的点评。

(8) 和讯网，网址：www.hexun.com。这个网址有基金栏目、债券、外汇、房地产等栏目，可以通过基金栏目了解到所有基金的评级、最新的资产净值等资料，通过债券栏目可以了解各交易所交易债券的剩余年限、到期收益率、久期与凸性以及收益率曲线，这是一个办得很有特色的网站。

(9) 中国财经信息网，网址：www.cfi.net.cn。这个网址信息比较快，国际财经与基金栏目办得比较有特色。

(10) 闽发在线，网址：www.mfzq.com.cn。这个网站闽股专栏很有特色，闽发论坛是中国证券网站中理论与实践相结合比较好的网站。

(11) 华夏证券网站，网址：www.csc108.com。这个网站经纪人在线有一定特色。

(12) 中国证监会网站，网址：www.csrc.gov.cn。通过这个网站可以了解最新的证券市场法律法规、政策。

(13) 中国证券业协会网站，网址：www.s-a-c.org.cn。这个网站可以了解到从业资格考试、从业资格认定、券商对发展证券市场的研究论文。

(14) 中国证券报网站，网址：www.cs.com.cn。

(15) 上海证券报网站，网址：www.stocknews.com.cn。

以上网站适合于宏观经济分析、行业与公司财务分析资料收集。此外各种行情软件的 F10 的资料，各大证券公司网站、基金网站、投资咨询公司网站和市场比较贴近，很适合市场研究。雅虎的证券网站可以检索到世界主要国家股票市场的行情，对于了解国际市场的股票定位很有帮助。

2. 商业渠道

公开渠道的信息种类繁多，提供的信息量极为庞大，某些商业机构便将各种信息进行筛选、分类，使用者在支付一定费用后，可以利用这些经过整理的信息资料，从而节省时间，大大提高工作效率。如会计公司、投资咨询公司、证券公司、银行、资信评估机构的有偿研究报告、信息数据库等。

3. 实地访查

实地访查是获得证券分析信息的又一来源，它是指证券投资分析人员直接到有关的上市公司、交易所、政府部门等机构去实地了解进行证券分析所需要的信息资料。由于在证券投资分析过程中需要各种各样的信息资料，有些信息资料可以通过公开的渠道或计算网络获得，但有些资料无法通过公开的渠道获得，或者通过公开渠道所获得的资料的完整性、客观性值得怀疑，此时就可以通过实地访查去核实。实地访查成本较高，通常将这种方法作为上面两个信息来源的补充。

4．其他渠道

这些渠道包括通过家庭成员、朋友、邻居等的介绍，通过到商场看公司产品的畅销程度，通过调查上市公司的竞争对手等方法收集资料。

信息的收集、分类、整理和保存是进行证券投资分析的最基础的工作，是进行证券投资分析的起点。分析人员最终所提供的分析结论的准确性，除了与采用的分析方法和分析手段相关外，更重要的是取决于占有信息的广度和深度。

五、证券投资分析的主要步骤

证券投资分析作为证券投资过程的一个重要环节，对投资的成败起着十分重要的作用。分析结论的正确程度实际上取决于三个方面：首先是分析人员占有信息量的大小以及分析时所用的信息资料的真实程度；其次是所采用的分析方法和分析手段的合理性和科学性；第三是证券分析过程的合理性与科学性。

一般来说，比较合理的证券分析应该有以下四个步骤构成：

1．资料的收集与整理

资料收集与整理阶段的工作主要包括：

(1) 证券投资信息资料的收集，也就是证券分析人员通过信息来源的各个渠道收集各种各样的信息资料。

(2) 信息资料的分类。根据不同的分类标准对所收集的证券投资信息资料进行分类归档，编制分类目录，便于查阅。

(3) 信息资料的保存和使用管理。大部分信息资料使用价值都不是一次性的，而是要重复使用的。这样，就必须做好信息资料的保存和使用管理工作，确保信息资料能发挥比较高的效率。

2．案头研究

首先是根据自己的研究主题和分析方向，确定所需的信息资料。其次是利用证券投资分析的专门方法和手段，对占有的资料进行仔细的分析。最后是做出结论，也就是得出有关指标与证券价格之间相关关系的正式结论。

3. 实地考察

实地考察是指分析人员就自己的研究分析主题到实际工作部门或公司企业等单位进行实地的考察调查。证券投资分析过程的实地考察主要出于两个目的:一是就信息资料的真实性到实际工作部门或公司企业进行调查核实;二是就某些阶段性分析结论的公正性和客观性到实际工作部门或公司进行调查核实。

4. 形成分析报告

证券投资分析的最后一个阶段是撰写分析报告,也就是将分析人员的分析结论通过书面的形式反映出来。分析报告一般应该包括以下几个方面的内容:分析研究的主题,所使用的数据来源和数据种类,采用的分析方法和分析手段,形成分析结论的理由,所得出的分析结论及建议,分析结论和建议的适用期限,报告提供者或撰写者,分析报告形成日期。

例 1-2　辽河油田资料收集与分析案例

1999 年上半年,世界石油价格从 10 美元/桶上升到 18 美元/桶,当时我国石油价格实行国家管制,只有辽河油田一家的价格和国际市场接轨。但是 1999 年中报发布时,辽河油田的业绩很不好,每股收益从 1998 年报的 0.126 元跌到 0.0016 元。因此股票价格也出现暴跌。根据石油价格上升而股票价格下跌这种情况,似乎有投资机会,但是要决定是否能够投资还必须了解以下资料:1. 辽河油田的生产成本是多少? 销售利润率是多少? 2. 中国需要石油的情况,市场容量以及供求关系。3. 世界石油未来的价格走向。4. 根据生产成本以及以往的生产数量的数据测算这家公司的未来盈利以及内在价值,同时运用心理学分析预测投资大众可能的反应状况。

为解答以上问题,笔者到省图书馆现刊阅览室查找有关石油化工类的杂志,通过国内与国际石油网站查找资料。经过检索得知:辽河油田生产成本每桶 12～13 美元,1998～1999 年世界石油价格的大幅度下跌,造成了该公司 1999 年初的亏损,中报微利表明该公司已经弥补亏损开始盈利了。由于到了冬天,北方地区需要取暖,石油消耗量更大,因此,世界石油价格下半年预计将达到 25 美元一桶以上。中国已经从石油出口国变为石油进口大国,预计到 2003 年中国每年将进口石油 8 000 万吨。通过综合分析得出可以买进该公司股票。最终,石油价格上升到 30 美元以上,该公司股票受到国家全面放开石油价格的利好消息影响，上升了300%，远远超过同期指数的涨幅(见图1-2)。

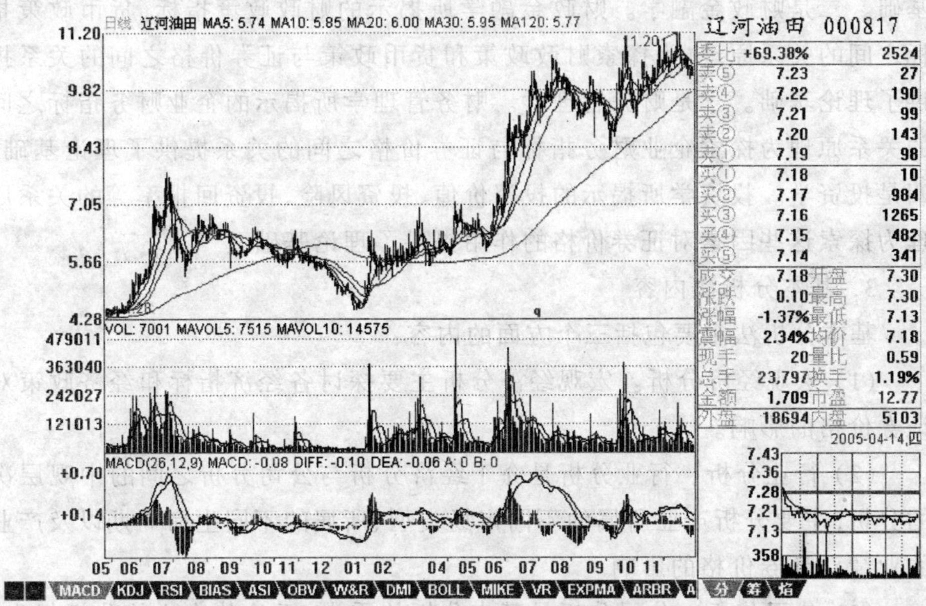

图1-2　辽河油田1999年的走势图

(中报出台前价格在6～7元，年报前为4元多，涨到11.07元)

第二节　证券投资分析的主要方法

一、基本分析法

1. 基本分析法定义

基本分析法又称基本面分析法，是指证券投资分析人员根据经济学、金融学、财务管理学及投资学的基本原理，通过对决定证券投资价值及价格的基本要素(如宏观经济指标、经济政策走势、行业发展状况、产品市场状况、公司销售和财务状况等)的分析，评估证券的投资价值，判断证券的合理价位，从而提出相应的投资建议的一种方法。

2. 基本分析法理论基础

证券投资分析法的理论基础主要来自四个方面：一是经济学，主要包括宏观经济学和微观经济学两个方面。经济学所揭示的各经济主体、各经济变量之间的关系原理，为探索经济变量与证券价格之间的关系提供了理论基础。二是财政金融学。财政金融学所揭示的财政政策指标、货币政策指标之间的关系原理，为探索财政政策和货币政策与证券价格之间的关系提供了理论基础。三是财务管理学。财务管理学所揭示的企业财务指标之间的关系原理为探索企业财务指标与证券价格之间的关系提供了理论基础。四是投资学。投资学所揭示的投资价值、投资风险、投资回报率等的关系原理为探索这些因素对证券价格的作用提供了理论基础。

3. 基本分析法内容

基本分析法主要包括三个方面的内容：

(1) 宏观经济分析。宏观经济分析主要探讨各经济指标和经济政策对证券价格的影响。

(2) 行业分析。行业分析是介于经济分析与公司分析之间的中观层次的分析，主要分析产业所属的不同市场类型、所属的不同生命周期以及产业的业绩对证券价格的影响。

(3) 公司分析。公司分析是基本分析的重点，无论什么样的分析报告，最终都要落实在某个公司证券价格的走势上。公司分析主要包括公司财务报表分析、公司产品与市场分析、公司证券投资价值及投资风险分析。

4. 基本分析法优缺点

基本分析法的优点主要是能够比较全面地把握证券价格的基本走势，应用起来也相对简单。

基本分析法的缺点主要是预测的时间跨度相对较长，对短线投资者的指导作用比较弱；同时，预测的精确度相对较低，比如对何时是最佳的进货时机很少有现成答案。

基本分析派由于重视股票的投资价值和宏观经济形势，所以在高价区易发出做空的决定，理性虽然可以避免其高价套牢，但也往往在非理性的市场中丧失一段好行情和相当大的一部分利润。

5. 基本分析法适用范围

基本分析法主要适用于选择长期投资的股票，相对成熟的市场——以业绩为投资取向的市场，以及预测精确度相对不高的领域。

二、技术分析法

1. 技术分析法定义

技术分析法是仅从证券的市场行为来分析和预测证券价格未来趋势的方法。其中证券的市场价格和成交量的变化，完成这些变化所需要的时间是市场行为最基本的表现形式。

2. 技术分析法理论基础

技术分析法的理论基础是建立在以下的三个假设之上的。这三个假设是：市场的行为包含一切信息，价格沿趋势移动，历史会重演。

3. 技术分析法优缺点

技术分析法的优点是同市场接近，考虑问题比较直观。与基本分析法相比，利用技术分析法进行证券买卖见效快、获得收益的周期短。技术分析法可以定量地告诉最佳买卖点（至于这些信号是否准确则另当别论）。

技术分析法的缺点是考虑问题的范围相对较窄，对市场长远的趋势不能进行有益的判断。当股票价格巨幅波动时、股票价格被操纵时，技术指标会失真，短线操作易被大机构利用，进行技术骗线。技术分析法无法预测突发事件。

4. 适用范围

技术分析法在我国适用于短期行情预测，要进行周期较长的行情预测必须结合其他分析方法。技术分析法的结论仅仅是一种建议的性质，并且是以概率的形式出现。

技术分析法适用于行情小幅波动时对走势的判断。

技术分析法适用于股市低迷期或股票按自然状态波动的市况判断。

技术分析法在判断选择领涨股、人气股、投机股时具有较高的准确度。

技术分析法对短线个股买卖时点的选择具有极高的判别力。

三、心理分析法

这是一个正在兴起的分析流派，其理论基础是行为金融学。行为金融学对传统的主流投资学理论进行挑战，认为证券市场并非是有效的市场，金融市场存在着认知与行为偏差，比如证实偏差、时间偏好、羊群效应等。

行为金融学的主要理论模型有：噪声交易模型，投资者心态模型，泡沫模型，行为资产定价模型，行为组合理论。行为金融学在投资策略上的运用有反向投资策略、惯性交易策略、成本平均策略和时间分散化策略等。

在人们的投资过程中，人是最具主观能动性的，具有投资价值的股票必须有大资金的买进、有投资大众的认可才能够上涨。因此，将心理分析与传统的投资学分析相结合，将有助于提高投资收益率。

四、技术分析法、基本分析法与心理分析法的综合运用

从上面我们可以看到三类分析方法各不相同，有着强烈的对立倾向。但是它们都有着自己的优点，因此我们可以通过扬长避短，将它们统一起来。比如我们可以通过基本分析法的宏观经济分析与宏观政策分析判断大势，决定大的买卖时机。通过行业分析与公司分析寻找出有投资价值的股票，通过证券的内在价值测算，比较现实股票价格与计算出来的股票内在价值之间的偏差判断这家公司的股票是否有投资价值。但是，有投资价值的股票，如果没有大资金的买进，不能够得到投资大众的认可，那么在短期内也很难有较好的表现，过早地买进就会降低资金的使用效率。为了提高资金的使用效率，我们就可以将技术分析与心理分析结合起来，通过技术分析判断备选的证券是否处于底部区域，通过量价分析、筹码分析、信息与心理分析判断所选定的股票是否能够得到投资大众的认可，是否在短期内有启动的迹象，确定最佳的买卖时机。这样，我们就可以提高投资资金的使用效率，将三种分析方法较好地融为一体。

五、证券投资分析中易出现的失误

1. 忽略风险

证券市场是个风险市场，刚刚开始投资的人对其风险往往认识不够，以为只要买入证券就肯定能赚钱，这显然是错误的认识。

2. 忽略交易成本

中国的中小投资者大多数喜欢短线操作，希望短期内获取暴利。这是中小投资者在计算利润和风险管理的时候容易犯的错误。实际上，每笔交易的费用是相当大的，短线操作的难度很大，大多数人不具备短线操作的能力，因此过度频繁的操作将可能大幅度降低投资者的收益率。

3. 未考虑股利

目前我国投资者投资证券市场的主要目的是赚取差价，即投机而不是投资。投资者购买了公司股票，就成为该公司的股东，分得股利是股东的权利。有没有分红的意识，是一个证券市场及其投资者成熟程度的标志。

4. 采取不适用的策略

每个在市场上进行投资的投资者，都有自己的一套买卖方法，即各自的投资策略。不同的时期有不同的适用策略。在一种证券上效果很好的投资策略，对另一种证券可能就不适用，随时修正自己的策略是很重要的。例如，你曾经在牛市通过"捂股"赚了很多钱，你把这个策略用到了熊市则是错误的。

5. 配合不合逻辑

配合在证券投资中的涵义是进行投资的时候，前后行为要一致，要符合逻辑。例如有人原先计划短线操作，在高位买进了绩差股票博取差价，结果该股票没有按照其预期上升，反而大幅度下跌，该投资者没有按照短线操作的原则及时停损，而是转为长期投资，自然造成更大的亏损。该投资者就是犯了配合不合逻辑的错误，他自己都没能够战胜自己，怎么能够战胜别人？

6. 直观比较的误导

在大多数涉及个人判断的行为中，个人的直觉有时是不可缺少的。证券投资行为也是如此。但是直观上将几个事物放到一起进行比较时，有时会出现误导。仅仅凭自己的主观判断有可能把几个不能比较的事物放在一起，而得到不切实际的结论。证券市场的情况非常复杂，进行同类比较时要特别注意。例如，底部放量的股票一般表明有大资金进入，后期往往涨幅惊人。某股票除权后不久，出现放量上涨，把其当作底部放量就是一种直观比较的错误，因为这是顶部放量，恰恰意味着主力在出货，很可能要下跌。

7. 事后选择偏差

证券交易的实时性很强，有时甚至是很关键的。投资者通常容易犯的错误就是对自己的能力做出不恰当的估计。如事后回忆当初曾经做出过某个结论，后来被证明是正确的，在这种现象的驱使下，往往容易高估自己的能力。其实，事先判断和事后判断是有很大的区别的，成功者同非成功者的最大区别就是事先做出决定，并且采取行动。

本章提要

通过本章的学习，我们了解到证券投资分析能够帮助我们在投资过程中控制风险，提高投资成功的概率。理性的证券投资过程包括确定证券投资政策、进行证券投资分析、组建证券投资组合、投资组合的修正、投资组合业绩的评估五个步骤。注意投资分析是投资过程中间的一部分。

本章介绍了如何进行资料的收集，证券投资分析的四大步骤：资料的收集与整理、案头研究、实地考察、形成分析报告。

本章介绍了技术分析法与基本分析法的理论基础、适用条件以及优缺点，并且简单介绍了心理分析学派。提出了将三种分析方法结合起来综合运用的思路。运用基本分析法判断大势以及测算股票的内在价值，结合技术分析法与心理分析法确定较好的买卖时机。

本章最后对投资过程中常见的一些失误进行总结，其中配合不合逻辑是投资者经常犯的错误，为了克服这样的错误，投资者在投资之前一定要将资金规划好，搞清楚哪部分资金是长期投资的，哪部分是用于短期投机的，用于投机的资金必须有停损措施。

练习与思考

一、简答题

1. 什么是证券投资分析？理性的证券投资过程通常包括哪几个基本步骤？

2. 证券投资分析信息来源的渠道有哪些？

3. 证券投资分析的主要步骤有哪些？

4. 何谓基本分析法？其理论基础是什么？

5. 何谓技术分析法？其理论基础是什么？

6. 证券投资分析中易出现的失误主要有哪些？

二、判断题(如有错误需改错)

1. 技术分析的理论基础主要来自于经济学、财政金融学、财务管理学、投资学。

2. 公司分析主要包括经济分析、行业分析、公司分析三个方面的内容。

3. 基本分析主要包括公司财务报表分析、公司产品与市场分析、公司证券投资价值及投资风险分析三个方面内容。

4. 基本分析主要适用于周期相对比较长的证券价格预测、相对成熟的证券市场以及预测精确度要求不高的领域。

5. 理性的证券投资过程通常包括以下几个基本步骤:信息资料的收集与整理、案头研究、实地考察、形成分析报告。

三、论述题

基本分析法与技术分析法的优缺点各是什么?它们的适用范围又是怎样?

四、实践训练

自己到有关证券网站收集指定股票的最近消息、财务报表以及财务分析、有关行业的分析报告。

五、思考题

1. 个人资产1万元的人的投资政策和资产30万元的人投资政策一般有何不同?

2. 小李从事股票投资时间不长,他买卖股票的方法就是听消息,谁告诉他某股票不错,有庄家,他就买进。请问,他这样投资会遇到怎样的问题?

阅读材料

资产管理的艺术和科学①

在我们审视资产管理的各种分析方法或风格前,首先应当对专业资产管理的目标有一致的定义。专业投资组合的目的,是要在投资者可容忍的风险范围内,达到投资者的目标。业绩及风险的控制,必须反映投资市场的情况以及投资者的个别需要和限制。

目前世界上有很多不同的分析风格,可达到投资者的目标:

基础分析,这个概念是评估某种投资工具的价格在未来可能会如何改变的方法。这需要详细研究发行该投资工具的公司,以及该公司所属的行业,在现时及未来的可能表现及商业活动。基本上,在金融市场买卖的投资

① 资料来源:《证券时报》。

工具并没有实质价值，所以惟一可以决定这些投资工具价格的因素，就是参与市场人士或机构对该投资工具的观点、预期及希望。

技术分析，有时亦称为“图表主义”或“市场分析”。它甚少，甚至完全不留意公司或行业的实质性质，而将注意力放在先前价格的变动模式。使用技术分析的人相信，一种股票或其他投资工具的未来表现，甚至是整个市场方向，原则上有赖过往表现决定，未来价格的变动是可以加以预测的。

数量分析，乃由基础分析与技术分析两者发展而来。数量分析非常注意研究投资工具中所获得的预期回报及所需担当的风险。其中所运用的基本因素是一个重要假设：先前的回报（及获得这些回报的风险），可用作推断未来的预期回报及风险的依据。

数量分析的目的，就是要在长线投资中，持续提供可观的回报。一般认为，在大型投资组合中若要持续获得良好表现，数量分析是一个特别有用的工具。它在资产管理业中扮演着一个日益重要的角色。

某一项投资理念一旦获采用，即可与一种或多种相一致的分析风格相互组合。以下仅为各种不同股份投资方法的范例。

(1) 价值法：价值法管理人基本上认为，最佳的投资机会是投资于会计及经济特点都遭受压价的公司。这些管理人按已知资料选择证券，资料中包括了市盈率低、股息率高以及市价低于账面等。

(2) 成长法：成长法管理人投资的公司，无论在销售量、盈利及市场占有率的扩张速度上都较整体经济及其所属行业或整体市场的平均增长为快。正在成长的公司倾向于由滚存盈利（以再投资率表示）提供扩充资金，因此，这些股票相对而言所分派的股息会较少甚至可能没有股息分派，所以收益会偏低。尽管成长中的公司可能包括各行业在内，但仍可分析出几项主要特色。这些公司通常在某个处在扩展中的市场内占有巩固的地位，其所提供的货品或服务均鲜明而独特，通常更占有技术优势。这些公司借着以上特点在市场中获得高额利润。虽然成长中公司或行业的市盈率通常会较市场平均数为高，但是成长中公司的股份通常较不稳定。假若盈利趋势不能保持上升的话，股价就颇容易迅速回落。因此成长投资法是一种较为积极进取的风格，而且更有高度不稳定的特征。

(3) 逆向法：逆向法管理人会购入目前在投资界中不受投资者欢迎的证券。通常这些证券的发行公司都处于不受欢迎的周期，但仍在有关行业处于领导地位。一些逆向法投资人会从“最新低位表”上自动购进证券，而不理会证券的行内领导地位或素质。

(4) 动量法：动量法管理人集中于衡量证券相对于市场或所属行业内的盈利或价格增长。投资决策以证券的价格动量，或盈利动量为基准。

(5) 被动法：亦被称为指数化方法，被动法管理人为求模拟正式指数或习惯指数而建立及保存指数组合，因此投资组合的真正回报便会尽量接近指数的假设回报。

(6) 循环交替法：这种方法所强调的重点是找出比整体市场表现要好的行业来投资。首先采用由上而下的投资法，对总体经济情况作出估计与预测。然后以宏观方法使得某些与经济情况一致的行业获得较高或较低的加权因数。最后，行业分类会显示出该行业内表现最为强劲的个别证券。

(7) 市场时间选择者：这种管理风格认为资产分布比选择证券更为重要，主要决定是可否持有证券以及占总体投资组合的分量。

以上是各种各样的证券投资方法。当然很多投资管理公司可能会在不同程度上采用多种风格的组合。美林公司用于股票投资的投资方法最接近价值法，而有关固定收入投资的方法则最接近利率预测法。笔者认为股票市场价格机制缺乏完全效率：在有利的市场气候下，证券价格会偏高，而在不利的气候下，证券价格会受到不必要压抑。相信若以严格的方法，分析市价与账面值的比率、以股息率高、市盈率低及再投资率高等标准，必定会为投资者持续提供一些较低风险，但有吸引力并受到低估的脸票。

总结以往的经验，美林发觉利用数量方法可能胜过市场周期，而风险点更比市场整体为低。美林非常重视再投资率，这是增长管理人经常使用的基本方法。美林的整体看法也稍倾向于认同逆向投资方法，事实上在整体证券之中，不受欢迎的证券通常都有“价值”最佳这个特色。

英国的经济学家凯恩斯所说过：“在非理性的世界中进行理性投资无疑等于自杀”。

无论从整体而言，或者长期而言，无论市场如何合理而有效率，但投资行为依然经常为情绪化而非理性，这正是市场不稳定的根源，也是那些希望了解投资“艺术”的人的投资机会。如果投资是纯科学，那么世界上所有投资的资产应该全由主要大学的大型电脑来管理。因此在讨论了不同种类的投资方法和准则之后笔者觉得有必要再讨论一下成功投资的非科学层面，即资产管理的“艺术”。

分析或科学方法的基本限制在于仅可分析事实,也就是一些已经完结的事件。但是,预测趋势才是为客户盈利之关键所在。然而,重要的历史教训,几乎永远不会一模一样重复出现。因此,以最近的过去事件作为推测未来趋势的分析,实在相当危险。

如果我们能够同意,成功投资的关键在于正确分辨新出现的机会,分析本质又是审察过去的事件,那么,很明显的,在投资方程式上有一额外因素,即投资方法需要有艺术或定性层面,定性方法要以非传统的、往往是反直觉的角度察看交织出现的事实、谣言及投资者期望,以分辨可能的机会。

作为成功的投资者,需要执行自己的决定,这些决定几乎永不会令人安心(在投资中令人安心的决定通常都是错的,因为安心的原因是你拥有很多资讯,而这些资讯大部分其他投资者亦可能拥有,因此,亦已在市价中反映出来)。因为这个缘故,我们很多同业在分析市场时见解深刻、头头是道,但却不能成功地管理资财,这都是因为缺乏“信服自己的勇气”和不能克服不断在缺乏正确答案下作出决定的忧虑。

在瞎子摸象的故事中,三个瞎子各自探求大象的特征,但却得出非常不同的结论,正好说明虽然拥有个别事实的详细资料,却往往会作出错误的结论。

大部分投资者所采用的方法,都好像一个人望着倒后镜来驾驶汽车。一般市场的情绪反应,均是透过一面反映背后直路的镜子而得出的观点所推动的。他们认为自己处身在一条直路上,因此他们必须一直向前走。他们“倒后镜”观点永远不会指出前面的弯角在何处。由于他们的投资决定上以观察刚走过的道路为基准,因此当市场出现波动,他们突然间要对面前的新资讯作出行动时,便可能感到无所适从。

事实上,最困扰一个投资管理人的就是要克服自己的情绪及克服非理性市场的恐惧和贪婪。严谨的投资方法,是以理性和客观考虑,应用于非理性及情绪化的投资世界。这就是为什么定量方法(例如价值的前景,思考视角的结合)能使投资者获得持续的盈利与回报的原因所在。

投资组合管理必须被认为一个连续过程,管理者必须对整体经济中正在发生的转变或即将发生的转变作出回应。

因此,即使投资组合策略是明确计划的一部分,其功能也不可只视为挑选表现出色的股票。相反的,我们应该持续努力尝试评估未来的动向。

参考文献

[1] 中国证监会证券从业人员资格考试委员会办公室:《证券投资分析》,上海财经大学出版社 1999 年版。

[2] [美]威廉·F. 夏普、戈登·J. 亚历山大、杰弗里·V. 贝利著,赵锡军等译:《投资学(第五版)》,中国人民大学出版社 1998 年版。

第二章　证券投资的宏观经济分析

学习目标与要求

通过本章的学习，掌握评价宏观经济形势的相关变量。重点掌握影响股票与债券价格的因素，GDP增长率、利率、汇率、通货膨胀率与经济和证券市场的关系。掌握财政政策、货币政策与证券市场的关系。

通过本章的学习，能够运用互联网以及其他信息渠道收集资料，能够运用评价宏观经济的相关变量判断经济周期所处的阶段，会运用宏观经济运行分析和宏观经济政策分析预测大势。

第一节　宏观经济分析概述

一、宏观经济分析的意义与方法

（一）宏观经济分析的意义

证券投资的宏观经济分析具有战略层次上的意义，看大势者赚大钱。只有把握住宏观经济发展的大方向，才能把握证券市场的总体变动趋势，作出正确的投资决策；只有密切关注宏观经济因素的变化，尤其是货币政策和财政政策的变化，才能抓住证券投资的市场时机。

通过宏观经济分析，还可以判断整个证券市场的投资价值，证券市场的投资价值与国民经济整体素质及其结构变动密切相关。当证券市场达到相当大的规模，市场参与者的人数占全国人口的比例达到一定的数值时，整个证券市场的投资价值就是整个国民经济增长质量与速度的反映，证券市场就是经济的晴雨表。

（二）宏观经济分析的方法

1. 经济指标

宏观经济分析可以通过一系列的经济指标的计算、分析和对比来进行。

经济指标是反映经济活动结果的一系列数据和比例关系。一是先行指标，主要有货币供应量、股票价格指数等，这类指标对将来的经济状况提供预示性的信息。从实践来看，先行指标可以对国民经济的高峰和低谷进行计算和预测。二是同步指标，主要包括失业率、国民生产总值、生产价格指数、消费价格指数等。这类指标反映的是国民经济正在发生的情况，并不预示将来的变动。三是滞后指标，主要有银行短期商业贷款利率、工商业未还贷款、制造产品单位劳动成本等。

2. 计量经济模型

所谓计量经济模型，就是表示经济变量及其主要影响因素之间的函数关系。许多经济现象之间存在着相关或函数关系，建立计量经济模型并进行运算，就可以探寻经济变量间的平衡关系，分析影响平衡关系的各种因素。

计量经济模型主要有经济变量、参数以及随机误差三大要素。

3. 概率预测

概率预测方法运用得比较多也比较成功的是对宏观经济的短期预测。

宏观经济短期预测是指对实际国民生产总值及其增长率、通货膨胀率、失业率、利息率、个人收入、个人消费、企业投资、公司利润及对外贸易差额等指标的下一时期水平或变动率的预测,其中最重要的是对前三项指标的预测。

二、评价宏观经济形势的相关变量

(一) 国内生产总值与经济增长率

国内生产总值是指一定时期内(一般按年统计)在一国领土范围内新创造的产品和劳务的价值总额。国内生产总值有三种计算方法,即生产法、收入法和支出法。三种方法分别从不同的方面反映国内生产总值及其构成。以常见支出法为例,统计 GDP 时,要将出口计算在内,但不计算进口。经济增长率也称经济增长速度,它是反映一定时期经济发展水平变化程度的动态指标,也是反映一个国家经济是否具有活力的基本指标。

GDP 主要由投资、消费、出口、进口以及政府的支出几大块组成,投资与消费这两块与资本市场的关系最密切,理论上讲投资尤其是固定投资和股市的关系是极为密切的。消费是由永久的收入或者财富来决定的,在一般均衡动态优化模型中,消费都会跟资本市场有很密切的联系。当股市上升的时候,私人财富增加,会刺激消费,促进经济增长。反之如果股市下跌,私人财富就会缩水,对消费或多或少会有负面效用。因此,长期的熊市就会影响消费,从而使固定资产的投资萎缩,这样就会引起经济衰退。

(二) 失业率

失业率是指劳动力人口中失业人数所占的百分比。劳动力人口是指年龄在 16 岁以上具有劳动能力的人的全体。

失业率是评价经济形势的重要变量。在经济繁荣时,往往伴随着较高的就业水平,而在经济萧条时,失业率则较高。造成失业的原因主要有:

1. 周期性失业

总需求不足造成的失业,主要表现为周期性失业。这是在经济周期中的危机与萧条阶段,由于需求不足造成的失业;持续的普遍性失业,这是由一个长期的经济周期或一系列周期所导致的劳动力需求长期不足的失业。

2．摩擦性失业与结构性失业

总需求分布不平衡造成的失业。这类失业有摩擦性失业和结构性失业。前者表现在某个地区某类职业的工人找不到工作，而在另一地区却缺乏这种类型的人。后者是由于产业结构变动或者采用新技术而导致劳动力供给和需求种类不符造成的。

3．自愿失业

自愿失业，在动态经济社会里，总有人要变换工作，在找到理想工作之前，他们宁愿不就业，这就是自愿失业。

失业率过高将不仅是一个经济问题，而且是一个政治问题，如果超过社会承受能力，政府将被迫采取措施来发展经济扩大就业。

（三）通货膨胀率

通货膨胀率是指用某种价格指数衡量的一般价格水平的持续上涨。人们常把物价上涨率视为通货膨胀率。常用的有消费品物价指数，批发物价指数，国民生产总值平减指数。

通货膨胀对社会经济会产生的影响主要有：收入与社会财富的再分配，扭曲商品相对价格，降低资源配置效率，促发泡沫经济乃至损害一国的经济基础和政权基础。通货膨胀在程度上分为温和的、严重的和恶性的三种。温和的通货膨胀是指年通货膨胀率低于10％的通货膨胀，严重的通货膨胀是指10％～99％的通货膨胀，恶性的通货膨胀则是指100％以上的通货膨胀。

为抑制通货膨胀而采取的货币政策和财政政策通常会导致高失业和GDP的低增长。

（四）利率

利率，或称利息率，是指在借贷期内所形成的利息额与所贷资金额的比率。

利率的波动反映出市场资金供求的变动状况。在经济发展的不同阶段，市场利率有不同的表现。

图2-1显示资金的需求曲线向下倾斜，供给曲线向上倾斜。横轴表示资金的数量，纵轴表示实际利率的水平。供给曲线从左到右向上倾斜，这是因为实际利率水平越高，居民储蓄的供给量就越大。需求曲线从左到右向下倾斜，这是因为实际利率越低，企业越愿意进行实物资本的投资。资金供

给曲线和需求曲线的交汇点 E 为利率均衡点。

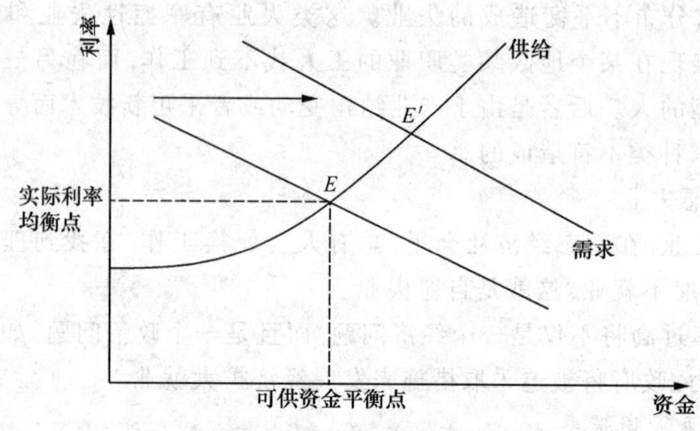

图 2-1 实际利率均衡点的确立

政府和中央银行可以通过财政政策和货币政策来调控这些供给和需求曲线。例如,假定政府的预算赤字上升,这将导致政府的借款需求增大,从而使需求曲线向右移动,使实际利率均衡点升到 E'。也就是说,由于市场预测政府借款的额度将突破原先预期的金额,市场预期未来利率将会上升。中央银行可以通过增加货币供给来抵消这种上升的趋势,因为这种方式将增加可贷得资金量,从而使供给曲线向右移动。

（五）汇率

是外汇市场上一国货币与他国货币互相交换的比率。一国的汇率会因该国的国际收支状况、通货膨胀水平、利率水平、经济增长率等的变化而波动。汇率的变化对一国的国内经济、对外经济以及国际间的经济联系都产生着重大影响

（六）财政收支

财政收支包括财政收入和财政支出两个方面。

财政收入是国家为了保证实现政府职能的需要,通过税收等渠道集中的公共性资金收入;财政支出则是为满足政府执行职能需要而使用的财政资金。

（七）国际收支

国际收支是一国居民在一定时期内与非居民在政治、经济、军事、文化及其他往来中所产生的全部交易的系统记录。

国际收支中包括经常项目和资本项目。经常项目主要反映一国的贸易和劳务往来状况；资本项目则集中反映一国同国外资金往来的情况，反映着一国利用外资和偿还本金的执行情况。

(八) 固定资产投资规模

固定资产投资规模是指一定时期在国民经济各部门、各行业固定资产再生产中投入资金的数量。

第二节　宏观经济分析的主要内容

一、宏观经济运行分析

(一) 影响证券市场价格的因素

1. 影响股票市场价格的因素

(1) 宏观经济形势与政策因素。

① 经济增长与经济周期。在对股票价格与经济周期的实证研究中，人们发现股市通常在经济衰退的中途创最低点并开始回升，并且继续上升到下次衰退前半年或更早的时期。然后股票市场往往剧烈下跌，直到下一次衰退期的中途，才又开始随着预测经济好转而回升。股票市场作为“经济的晴雨表”，将提前反映经济周期。

② 通货膨胀。适度的通货膨胀对证券市场有利，过度的通货膨胀必然恶化经济环境，对证券市场将产生极大的负面效应。

③ 利率水平。股票价格与利率成反比。

④ 汇率水平。本币贬值，资本从本国流出，从而使股票市场下跌，反之则上升。

⑤ 货币政策。当中央银行采取紧缩性的货币政策时，货币供应量减少，市场利率上升，公司资金紧张，运营成本加大，盈利预期下降甚至亏损，红利减少甚至没有，居民收入下降，失业率增加，从而从多方面促使股价下跌。反之，中央银行实行宽松的货币政策，将从各方面促使股票价格上升。

⑥ 财政政策。当政府通过支出刺激或压缩经济时，将增加或减少公司的利润和股息；当税率升降时，将降低或提高企业的税后利润和股息水平；财政政策还影响居民收入。这些影响将综合作用在证券市场。

(2) 行业因素。

① 行业周期。从长期看，每个行业都有产生、发展与衰落的生命周期。一般行业处于初创期时盈利少，风险大，股价较低；成长期时，行业总体股价水平上升，个股价格波动较大；稳定期，公司盈利相对稳定，风险较小，股价比较平稳；衰退期，盈利普遍减少，风险较大，股价呈跌势。

② 其他因素。行业股票价格还受政府产业政策、相关行业的变动的影响。

(3) 公司因素。公司因素一般只影响特定公司自身的股票价格，这些因素包括：公司的财务状况、公司的盈利能力、股息水平与股息政策、公司资产价值、公司的管理水平、市场占有率、新产品开发能力、公司的行业性质。

(4) 市场技术因素。所谓市场技术因素，指的是股票市场的各种投机操作、市场规律以及证券主管机构的某些干预行为等因素。其中，股票市场上的各种投机操作尤其应当引起投资者的注意。

(5) 社会心理因素。投资者的心理变化对股票市价有很大的影响。例如，当持有股票的人感到紧张的时候，就意味着大多数人害怕股票价格会下跌，因此就会出现抛售股票的现象，因此往往股票会下跌。反之，当持有现金的人感到紧张的时候，意味着持有现金的人害怕股票上涨，这样他们买入股票的成本就会提高，因此往往股票会上涨。凯恩斯就是善于预测社会公众的心理状态，因此成为证券投资的大赢家。

(6) 市场效率因素。市场效率因素主要包括以下几个方面：

① 信息披露是否全面、准确。

② 通讯条件是否先进，从而决定信息传播是否快速准确。

③ 投资专业化程度，投资大众分析、处理和理解信息的能力、速度及准确性。

(7) 政治因素。所谓政治因素，指的是国内外的政治形势、政治活动、政局变化、国家机构和领导人的更迭、执政党的更替、国家政治经济政策与法律的公布或改变、国家或地区间的战争和军事行为等。

2. 影响债券价格的因素

(1) 宏观经济形势与政策因素。

① 经济增长与经济周期。债券市场总体上与股票市场一样随经济增长和经济周期作同向变动，但这种变动受债券本身的固定利息率和有限期

限的制约,变化程度远不及股市。

② 利率水平。当利率上升时,要求收益率上升,价格必然下跌;反之则反。

③ 通货膨胀。通货膨胀对债券收益率影响较大,一般在适度的通货膨胀下,出于对资金保值的想法,会增加对债券的需求,有利于债券价格的上升;在恶性的通货膨胀下,造成投资贬值,人们将资金转移到实物资产与囤积商品上,债券价格下跌。

④ 货币政策与财政政策。对债券市场影响最大的是公开市场业务与国债发行,这主要是通过改变债券市场的供求状况进而影响整个债券市场价格。

(2) 公司因素。影响债券的公司因素主要是公司的债务状况,债务比重越大违约风险就越大。这里债务状况包括负债总量占自有资本金的比重和偿债能力。用于反映偿债风险的最常用指标是信用等级。

(3) 期限因素。即使要求收益率不变,随着债券到期日的接近,其价格将逐渐接近票面价值。

3. 股票交易价格与债券交易价格特点比较。

影响股票与债券的因素基本相同,但是这些影响因素对股票和债券价格的影响力度有很大差别,这些差别使得它们的价格呈现出不同的特点。

(1) 对影响因素变动的反应程度不一样。

(2) 价格波动幅度不一样。

(二) 宏观经济变动与证券投资

1. GDP 增长率与股票指数之间的关系

正如上面所提到的,一方面证券市场会促进经济增长,另一方面当市场足够大,参与者足够多时,它又是经济的晴雨表(见表 2-1)。

表 2-1　1990 年至 2002 年世界部分国家 GDP 与股票指数之间的关系

国别	GDP 平均增长率	股票指数年均增长率
中国	8.6%	22.21%
美国	2.0%	8.51%
德国	1.3%	6.25%
英国	2.4%	5.21%

资料来源:GDP 增长率来自世界银行《2002 年人类发展报告》。股票指数根据 Yahoo.com 检索得出:中国为上证综合指数,美国为 S&P500 指数,英国为金融时报 100 指数,德国为 DAX 综合指数。

通过表 2-1 我们看到 1990～2002 年,中国股票市场的几何年均涨幅是 GDP 的 2.58 倍,美国是 4.26 倍,德国是 4.81 倍,英国是 2.17 倍。股票市场的涨幅和 GDP 增长率明显正相关,平均股指涨幅是 GDP 增长率的 3.46 倍。如果将统计数据放到更加长远的 1949～2001 年,可以看到美国股票市场的涨幅大约为 GDP 增长率的1.1 倍。最后全世界股票市场的指数相对于其基期指数,都是呈现总体上升的。因此,虽然在某一阶段证券市场的涨幅可能和 GDP 增长率负相关,但是从长远看股票市场收益率和 GDP 增长率成正比关系。

2. 通过 GDP 增长率测算证券市场理论价值中枢

美国著名金融学学者 Aswath Damodaran 在 *Investment Valuation* 一书中给出计算一国证券市场平均市盈率的回归方程式以及发展中国家市场市盈率、GDP 增长率、利率、国家风险的数据(见表 2-2),通过该方程式就可以计算出一国市场的理论价值中枢。

表 2-2　不同市场的市盈率与国家风险表

国家/地区	市盈率	利　率	GDP 真实增长	国家/地区风险
阿根廷	14	18%	2.50%	45
巴西	21	14%	4.8%	35
智利	25	9.50%	5.50%	15
中国香港	20	8.00%	6.00%	15
印度	17	11.48%	4.20%	25
印度尼西亚	15	21.00%	4.00%	50
马来西亚	14	5.67%	3.00%	40
墨西哥	19	11.50%	5.50%	30
巴基斯坦	14	19.00%	3.00%	45
秘鲁	15	18.00%	4.90%	50
菲律宾	15	17.00%	3.80%	45
新加坡	24	6.50%	5.20%	5
韩国	21	10.00%	4.80%	25
泰国	21	12.75%	5.50%	25
土耳其	12	25.00%	2.00%	35
委内瑞拉	20	15.00%	3.50%	45

资料来源:Aswath Damodaran, *Investment Valuation*, New York: John Wiley & Sons, Inc., 2002. p.481.

回归方程为：

PE＝16.16－7.94×利率＋154.40×真实成长－0.112×国家风险

我们可以运用 Aswath Damodaran 的回归公式来测算一下中国证券市场的理论价值。我们认为中国内地的国家风险在中国香港与马来西亚之间，假定国家风险为25，真实 GDP 增长率为7%～8%，利率为5%，代入方程，得到中国股票市场目前的理论平均市盈率大约在23.77～25.31倍。2005年3月份中国上海A股市场平均市盈率低于23倍市盈率，这说明中国股票市场在理论上已经具备了投资价值。

2. 通货膨胀对证券市场的影响

(1) 通货膨胀对股票市场的影响。通货膨胀对股票价格影响的一般性原则如下：

① 温和的、稳定的通货膨胀对股价影响较小。

② 如果通货膨胀在一定的可容忍范围内持续，而经济处于景气(扩张)阶段，产量和就业都持续增长，那么股价也将持续上升。

③ 严重的通货膨胀会造成货币加速贬值，这时人们将会囤积商品，购买房屋以期对资金保值。这可能从两方面影响股价：其一，资金流出金融市场，引起股价下跌；其二，经济扭曲和失去效率，企业一方面筹集不到必要的生产资金，同时，原材料、劳务价格等成本飞涨，使企业经营严重受挫，盈利水平下降，甚至倒闭。

④ 在严重的通货膨胀时，政府一般会采取紧缩政策，从而间接影响股价上升。

⑤ 通货膨胀时期，并不是所有价格和工资都按同一比率变动，而是相对价格发生变化。这种相对价格变化引致财富和收入的再分配、产量和就业的扭曲，因而某些公司可能从中获利，而另一些公司可能蒙受损失。与之相应的是获利公司的股票价格上涨，受损失公司的股票价格下跌。

⑥ 通货膨胀不仅产生经济影响，还可能产生社会影响，并影响公众的心理和预期，从而对股价产生影响。

⑦ 通货膨胀使得各种商品价格具有更大的不确定性，也使得企业未来经营状况具有更大的不确定性，从而影响市场对股息的预期，并增大获得预期股息的风险，从而导致股价下跌。

⑧ 通货膨胀对企业(公司)的微观影响。通货膨胀之初，“税收效应”、

"负债效应"、"存货效应"、"波纹效应"有可能刺激股价上升。但长期严重的通货膨胀,必然恶化经济环境、社会环境,股价必受大环境驱使下跌,短期效应的表现便不复存在。

(2) 通货膨胀对债券市场的影响。

① 通货膨胀提高了对债券的必要收益率,从而引起债券价格下跌。

② 适度通货膨胀下,人们企图通过投资债券实现资金保值,从而使债券需求增加,价格上涨。

③ 未预期的通货膨胀增加了企业经营的不确定性,降低了还本付息的保证,从而债券价格下跌。

④ 过度通货膨胀,将使企业经营发生困难甚至倒闭,同时投资者将资金转移到实物资产和交易上寻求保值,债券需求减少,债券价格下降。

3. 经济周期与股票市场的关系

从理论上讲,当证券市场是经济的"晴雨表"时,证券市场股票价格的波动与经济周期有着密切的关系,其表现为超前的关系。具体资料看本章阅读资料部分。

二、宏观经济政策分析

(一) 财政政策对证券市场的影响

1. 财政政策的定义

财政政策是政府依据宏观经济规律制定的指导财政工作和处理财政关系的一系列方针、准则和措施的总称。

2. 财政政策的手段及功能

财政政策的手段主要包括国家预算、税收、国债、财政补贴、财政管理体制、转移支付制度等。国家预算收支的规模和收支平衡状况可以对社会供求的总量平衡发生影响;税收可以对宏观经济进行调节,对证券发行者所在行业进行调节,对证券投资者进行调节;国债可以调节国民收入初次分配形成的格局,可以调节国民收入的使用结构,通过国债的发行、国债利率与贴现率、中央银行的公开市场业务来调节资金供求和货币流通量;财政管理体制可以调节各地区、各部门之间的财力分配;转移支付制度可以调节中央政府与地方政府之间的纵向不平衡,以及调节地区间财力横向不平衡。

3. 财政政策对证券市场的影响

总的说来,紧的财政政策将使得过热的经济受到控制,证券市场将走弱。松的财政政策(减少税收,降低税率,扩大减税范围,扩大财政支出,增加国债发行,增加财政补贴……)将刺激经济发展,证券市场走强。

国家产业政策主要通过财政政策和货币政策来实现。优先发展的产业将得到一系列政策优惠和扶持,因而将获得较高的利润和具有良好的发展前景,这势必受到投资者的普遍青睐,股价自然会上扬。因此在选股时要关注是否是财政投资重点,是否有贷款税收方面的优惠政策等。

(二) 货币政策对证券市场的影响

1. 货币政策及其作用

所谓货币政策,是指政府为实现一定的宏观经济目标所制定的关于货币供应和货币流通组织管理的基本方针和基本准则。

货币政策对经济的调控是总体上和全方位的,货币政策的调控作用突出表现在以下几点:

(1) 通过调控货币供应总量保持社会总供给与总需求的平衡。

(2) 通过调控利率和货币总量控制通货膨胀。

(3) 调节国民收入中消费与储蓄的比重。

(4) 引导储蓄向投资的转化并实现资源的合理配置。

2. 货币政策的目标

货币政策的目标总体上包括:稳定币值(物价),充分就业,经济增长和国际收支平衡。

3. 货币政策工具

货币政策工具又称货币政策手段,是指中央银行为调控中介指标(利率、货币供应量、基础货币等金融变量)而实现货币政策目标所采取的政策手段,货币政策工具可分为一般性政策工具和选择性政策工具。

一般性政策工具是指西方经常采用的三大政策工具:

(1) 法定存款准备金率。当中央银行提高法定存款准备金率时,商业银行可运用的资金减少,贷款能力下降,货币乘数变小,市场货币流通量便会相应减少。所以在通货膨胀时,中央银行可提高法定准备金率;反之,则降低。

(2) 再贴现政策。它是指中央银行对商业银行用持有的未到期票据向中央银行融资所作的政策规定。再贴现政策一般包括再贴现率的确定和再贴现的资格条件。

(3) 公开市场业务。是指中央银行在金融市场上公开买卖有价证券，以此来调节市场货币量的政策行为。

选择性政策工具主要有：直接信用控制和间接信用指导。直接信用控制是指以行政命令或其他方式，直接对金融机构尤其是商业银行的信用活动进行控制。其具体手段包括：规定利率限额与信用配额、信用条件限制、规定金融机构流动性比率和直接干预等。间接信用指导是指中央银行通过道义劝告、窗口指导等方法来间接影响商业银行等金融机构行为的做法。

4. 货币政策的作用机理与运作

货币政策的运作主要是指中央银行根据宏观经济形势采取适当的政策措施调控货币供应量和信用规模，使之达到预定的货币政策目标，并以此影响整体经济的运行。通常将货币政策的运作分为紧的货币政策和松的货币政策。

(1) 紧的货币政策。主要政策手段是：减少货币供应量，提高利率，加强信贷控制。

(2) 松的货币政策。主要政策手段是：增加货币供应量，降低利率，放松信贷控制。

(3) 总的来说，在经济衰退时，总需求不足，采取松的货币政策；在经济扩张时，总需求过大，采取紧的货币政策。但这只是一个方面的问题，政府还必须根据实际情况对松紧程度作科学合理的把握，还必须根据政策工具本身的利弊及实施条件和效果选择适当的政策工具。

5. 货币政策对证券市场的影响

从总体上来说，松的货币政策将使得证券市场价格上涨，紧的货币政策将使得证券市场价格下跌。

当实行松的货币政策时：

(1) 为企业提供充足的资金，有利于企业利润上升，从而股价上涨。

(2) 社会总需求将增大，刺激生产发展，同时居民收入得到提高，因而证券投资的需求增加，证券价格上扬。

(3) 银行利率随货币供应量增加而下降，部分资金从银行转移出来流向证券市场，也将扩大证券市场的需求，同时利率下降还提高了证券价值的评估，两者均使证券价格上升。

(4)货币供应量的增加将引发通货膨胀。通货膨胀初期，市场繁荣，企业利润上升，加上受保值意识驱使，资金转向证券市场，使证券价值和对证券的需求均增加，从而股价上升。

(5)当通货膨胀上升到一定程度，可能恶化经济环境，将对证券市场起反作用，而且政府将采取紧缩政策，当市场对此作出预期时，证券价格将会下跌。

当实行紧的货币政策时，情形相反。

(三)其他具体的政策工具对证券市场的特殊影响

1．利率对证券市场的影响

利率政策在各国存在差异，有的采取浮动利率制，此时利率是作为一个货币政策的中介目标，直接对货币供应量作出反应。有的实行固定利率制，利率作为一个货币政策工具受到政府(央行)直接控制。利率对证券市场的影响是十分直接的。

(1)利率上升，公司借款成本增加，利润率下降，股票价格自然下跌。特别是那些负债率比较高，而且主要靠银行贷款从事生产经营的企业，这种影响极为显著，相应股票的价格将跌得更惨。

(2)利率上升，将使得负债经营的企业经营困难，经营风险增大，从而公司债券和股票价格都将下跌。

(3)利率上升，债券和股票投资机会成本增大，从而价值评估降低，导致价格下跌。

(4)利率上升，吸引部分资金从债市特别是股市转向储蓄，导致证券需求下降，证券价格下跌。

(5)实行保值贴补储蓄政策，大量资金将流向储蓄，证券市场特别是股票市场备受冷落。利率降低，将对证券市场起完全相反的作用。特别值得强调的是，我国已取消了保值贴补，这样将使储蓄不再具有保值功能，从而有了风险，可能使部分资金流向证券市场。

2．中央银行货币政策对证券市场的影响

在中央银行货币政策通过贷款计划实行总量控制的前提下，为了实现国家的产业政策和区域经济政策，采取区别对待的方针。该项政策不仅会对市场产生整体影响，而且还会产生结构性的影响。当降低贷款限额、压缩信贷规模时，从紧的货币政策使证券市场价格总体成下跌走势，但如果在从紧的货币政策前提下，实行总量控制，区别对待，紧中有松，那么一些优先发展的产业和国家支柱产业以及农业、能源、交通、通信等基础产业及优先重点发展的地区的证券价格则可能不受影响，甚至逆市而上。总的来说，这时贷款流向反映产业政策，并将引起证券市场价格的比价关系作出结构性的调整。

3. 公开市场业务对证券市场的影响

政府如果通过公开市场购回债券来达到增大货币供应量，则一方面减少了国债的供给，从而减少证券市场的总供给，使得证券价格上扬，特别是被政府购买的国债品种(通常是短期国债)将首先上扬；另一方面，政府回购国债相当于向证券市场提供了一笔资金，这笔资金最直接的效应是提高对证券的需求，从而使整个证券市场价格上扬。可见公开市场业务的调控工具最先、最直接地对证券市场产生影响。

4. 汇率对证券市场的影响

汇率对证券市场的影响是多方面的。一般来讲，一国的经济越开放，证券市场的国际化程度越高，证券市场受汇率的影响越大。这里汇率用单位外币的本币标值来表示。

(1) 汇率上升，本币贬值，本国产品竞争力强，出口型企业将增加收益，因而企业的股票和债券价格将上涨；相反，依赖于进口的企业成本增加，利润受损，股票和债券价格下跌。

(2) 汇率上升，本币贬值，将导致资本流出本国，资本的流失将使得本国证券市场需求减少，从而市场价格下跌。

(3) 汇率上升，本币表示的进口商品价格提高，进而带动国内物价水平上涨，引起通货膨胀。通货膨胀对证券市场影响需根据当时的经济形势和具体企业以及政策行为进行分析。

(4) 汇率上升，为维持汇率稳定，政府可能动用外汇储备，抛售外汇，从而将减少本币的供应量，使得证券市场价格下跌，直到汇率回落恢复均衡，反面效应可能使证券价格回升。

(5) 汇率上升时，政府可能利用债市与汇市联动操作达到既控制汇率的升势又不减少货币供应量，即抛售外汇，同时回购国债，将使国债市场价格上升。

三、股市资金供求关系分析

股票市场的资金供求可以通过以下方法进行预测：

1. 流入证券市场的资金预测

(1) 储蓄转化为投资的资金估计。一般市场走得越好，产生了赚钱效应，越多资金从储蓄流入证券市场；反之，长期熊市，产生亏钱的示范作用，就会影响储蓄资金到证券市场投资的数量。储蓄资金转化为投资的资金还和银行利率关系很大，投资者会比较证券投资与存款之间的收益率，平衡投资银行和投资证券的风险与收益后做出投资决策。

(2) 机构投资者进入市场的资金预测。比如保险基金、社保基金、新成立的证券投资基金、合格的境外机构投资者等。

(3) 上市公司分红的资金。

2. 流出证券市场资金预测

(1) 发行新股的数量、规模与速度；增发以及配售新股的数量、规模和速度。

(2) 市场交易量以及券商收取的佣金数量，国家收取印花税的数量。

我们可以通过画整个市场的流通市值曲线图作为资金供求预测的辅助手段。根据曲线图的历史数据，我们可以计算出平均每天流入市场的均值，我们假设未来短期内流入市场资金的速度仍然可以维持原先速度，我们再结合预报发行新股抽取资金的数量，看两者是否平衡？当发行新股抽离市场的资金大于流入市场资金的数量时，大盘就会下跌，反之则会上涨。此外，当流通市值出现急剧下降时，也是一种预警信号，说明有大资金在离开市场。市场平均股价的公式如下：

股市平均股价 = (现流通市值 + 新增流通市值)/(现流通总股数 + 新增流通总股数)

例 2-1　如图 2-2 是 1992 年 12 月～1995 年 6 月沪市流通市值增长曲线图，通过该图我们可以发现从 1992 年 12 月起沪市每月增量资金约为 12 亿元，其中 1993 年 6 月至 1994 年 2 月，9 个月流通市值增加了 188 亿元，1994 年 7 月流通市值有一个急剧下跌过程。

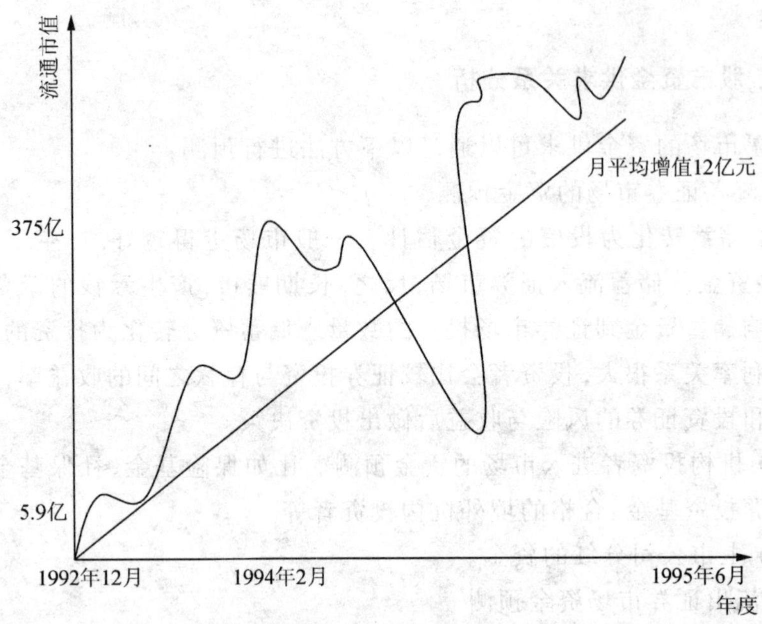

图 2-2 沪市市值增长曲线图

通过该图我们可以做出以下预测：

(1) 沪市在 500 点左右的平均股价 6 元，1993 年 6 月 ~ 1994 年 2 月，每月有 20.88 亿元的资金流入市场，相当于平均每个月可接受新股的上限是 3.48 亿股，如果以均值估算，平均每个月可以接纳 2 亿新股而维持均衡。所以，一旦扩容速度高于流入速度，整个市场必然下跌。

(2) 从 1994 年 7 月流通市值急剧下跌看，就是扩容速度过快，市场平均股价一直在下跌，最后市场心理崩溃，出现崩盘，大量资金抽离市场。1994 年 8 月就是通过政府注入资金救市而挽救了崩盘。

要能够维持股票指数(平均股价)长期稳定地上升，就必须使得流入市场的资金大于流出市场的资金。因此，控制扩容速度，提高投资者信心，促进储蓄转化为投资，提高上市公司的分红率是证券市场走强的重要因素。

本章提要

本章要点如下：

1．宏观经济分析与政策分析主要目的是为了把握证券市场的总体运动趋势，对整个证券市场进行理论定位，确定战略买卖时机以及为行业分析服务。

2．宏观经济分析方法有经济指标法、计量经济模型与概率预测。

3．评价宏观经济的相关变量主要有：国内生产总值与经济增长率、失业率、通货膨胀率、利率、汇率、财政收支、国际收支、固定资产投资规模。

4．影响股票市场价格的主要因素有：宏观经济与政策因素、行业因素、公司因素、社会心理因素、市场效率因素与政治因素。

5．当一国证券市场足够大，参与者足够多时，证券市场是经济的晴雨表，从长远看经济增长率和市场指数是正比关系。一国证券市场的理论价值中枢是这个国家 GDP 增长率、利率以及国家风险的函数。

6．温和的、稳定的通货膨胀对股价影响较小，严重的通货膨胀与恶性通货膨胀对证券市场不利。

7．股价的变动一般超前经济周期的变动。

8．一般来说，扩张性的财政政策与货币政策有利于证券市场上升，紧缩性的财政政策与货币政策不利于证券市场价格上升。

9．汇率变动对证券市场的影响要区分对待，最关键的是必须分行业进行研究，那些受惠于汇率变动的行业证券价格会上升，反之受到汇率影响的行业证券价格则会下降。

10．我们可以通过证券市场的流通市值曲线以及市场新股发行、增发的预告来预测未来市场的资金平衡，只有流入市场的资金总量大于流出市场的资金总量，证券市场总体才会出现上升的势头。

练习与思考

一、综合练习题

分小组完成以下任一习题，每个小组5个人，提供书面研究报告。

1. GDP增长率的现状及发展趋势；
2. 通货膨胀率现状与发展趋势；
3. 利率现状与趋势预测；
4. 汇率现状与趋势。

二、思考题

1. 从GDP增长率看，2001～2005年，中国GDP都在高速增长，但是股票价格却出现下跌，你认为为什么会这样？

2. 本文介绍了许多影响股价的因素，根据您的看法，您认为中国股票市场对哪些因素最敏感？

阅读材料

中国证券市场与经济周期的关系研究①

我国君安证券曾经运用经济指标研究经济周期与股票市场的关系。下面引用君安证券1997年的研究成果，以集中反映我国宏观经济与股市变化规律的经济增长率、通货膨胀率、年存款利率等主要经济指标的数量关系，揭示我国宏观经济运行周期和股市的走势。

1. 我国宏观经济的周期性规律

从20世纪80年代以来，我国宏观经济经历了三次经济周期，其运行规律是：复苏→繁荣→紧缩→衰退→再复苏→再繁荣→再紧缩→再衰退的循环过程。见表2-3。

---

① 摘自《上海证券报》，有删节。

表 2-3 1981～1996 年经济增长率、通货膨胀率、年存款利率

年份	经济增长率(%)	大小关系	通货膨胀率(%)	大小关系	存款利率(%)	经济周期阶段
1981	4.4	>	2.4	<	5.4(4.1)	复苏
1982	8.8	>	1.9	<	5.76(4.1)	
1983	10.4	>	1.5	<	5.76	繁荣
1984	15.3	>	2.8	<	5.76	
1985	13.3	>	8.8	>	6.84(4.1) 7.2(8.1)	紧缩
1986	8.5	>	6.0	<	7.2	衰退、复苏
1987	10.9	>	7.0	<	7.2	繁荣
1988	11.3	<	8.8	>	8.64(9.1)	紧缩
1989	4.4	<	17.8	>	11.34(2.7)	
1990	4.1	>	2.1	<	10.08(4.15)	衰退
1991	7.7	>	2.9	<	7.56(4.21)	复苏
1992	12.8	>	5.4	<	7.56	繁荣
1993	13.3	>	13.2	>	9.18(5.15)	紧缩
1994	11.6	<	21.7	>	10.98(7.15)	
1995	10.2	<	14.8	>	10.98	
1996	9.8	>	6.1	<	9.18(5.1) 7.46(8.23)	衰退、复苏

(1) 第一次经济周期(1981～1986 年)。80 年代初，中国经济开始稳步增长，1983 年，经济增长明显加快。1984 年宏观决策在财政支出、银行贷款方面采取一点“松”的政策，财政支出比上年增长19.6%，各项贷款货币投放分别比上年增长 28.9%和49.5%。在这种情况下国民生产总值比上年增长 15.3%，结果社会总需求大大超过总供给。1985 年各项贷款比上年回落了 7.4%，货币发行量增幅顺落了 24.8 个百分点，社会总需求与总供给的矛盾有所缓和，同时出现企业流动资金紧张，原材料价格上涨、工业生产有所下滑的问题。

(2) 第二次经济周期(1986～1990 年)。由于 1985 年下半年后工业生产下滑，经济效益下降，从 1986 年二季度开始，财政金融实行双松政策，所以 1987 年的经济增长率达到 10.9%。从 1984 年 4 月份起，由于银根再次放松，货币投放量又一次明显超过上一年同期水平，社会总供求再次失衡，物价进一步上涨，储蓄滑坡，抢购风席卷全国。到 8 月份，全国零售物价涨幅已达到 23.2%，全年上涨 18.5%，在这种严重局势下，中央决定从 1988 年第四季度起对经济进行治理整顿。1989 年实行紧缩政策，全年经济增长率仅为4.4%。

(3) 第三次经济周期(1990～1996年)。由于1988、1989年两年的紧缩,1990年经济增长仅为4.1%,物价也从上一年的17.8%,迅速回落到2.1%,经济处于衰退期。因此1990年悄悄松动了勒得过紧的财政信贷两条缰绳,也就是当时所说的“微调”。1991年经济开始回升,尤其是1992年银根放松,使经济再次进入加速增长阶段。1992年全国经济增长12.8%,1993年经济增长达到13.3%,物价达到13.2%,原材料、能源、交通非常紧张。于是1993年7月份朱镕基副总理兼任人民银行行长,开始了历时三年宏观调控,经过三年紧缩,到1996年上半年,经济增长首次达到9.8%,物价增长降到7.1%,初步实现了宏观调控的经济增长和物价增长都控制在10%以内,以及经济增长高于物价增长的目标。1996年下半年开始,我国经济进入第四次经济周期的复苏期。

回顾一下改革开放以来的中国经济发展过程,似乎可以说,中国经济确实有一个周期性的规律,具有天然的扩张性。只要银根一放松,经济就会加速增长物价就会尾随增长;只要银根一紧缩,经济增长速度就会下降,物价就会回落。因此银行真像是不能松手的弹簧,而集中反映银行松紧讯号的则是银行利率。

国民生产总值增长率、通货膨胀率、银行存款利率是集中反映我国经济周期的主要经济指标。

2. 经济周期中三大经济指标的数量关系

(1) 上一经济周期的结束和下一经济周期的开始之年,称为过渡年。过渡年往往具有以下特征:

过渡年往往处于衰退期,其经济增长率是上一经济周期经济增长率从高峰逐年跌落的最低点,又是下一经济周期经济增长率逐年回升的最低点。从表2-3可以看出,1986年的经济增长率8.5%,低于1985年经济增长13.3%和1987年的经济增长率10.9%;1990年的经济增长率4.1%,低于1989年经济增长率4.4%和1991年的经济增长率7.7%。

过渡年的通货膨胀率既低于当年经济增长率,也低于当年存款利率。1981、1986、1990、1996年四个过渡年的情况都是如此。

(2) 从表2-3上可看出,通货膨胀率与经济增长率的关系十分密切,一般经济增长率提高,则通货膨胀率提高;经济增长率下降,则通货膨胀率下降。但经济增长率一般先于通货膨胀率一年或两者同年达到最低点和最高点。如第一次经济周期中，经济增长率于1984年达到最高点，1986年达到最低点，而通货膨胀率，1989年达到最高点，1990年达到最低点、第三次经济周期中，经济增长率于1993年达到最高点，通货膨胀率于1994年达到最高点，1996年经济增长率达到最低点，则通货膨胀率可能于1996年达到最低点。

(3) 从表2-3可看出，只要上一年通货膨胀率低于上一年存款利率，则下一年经济增长率必定高于上一年经济增长率；上一年通货膨胀率高于上一年存款利率，则下一年经济增长率必定低于上一年经济增长率，从1981年以来的情况大多数是如此。

(4) 从表2-3可看出，如果通货膨胀率既高于当年经济增长率，又高于当年的存款利率，则国家必定采取强烈的调控措施。如1988年、1989年、1994年、1995年的情况都是如此。

(5) 只要经济增长超过10%两年，则第三年国家必然采取紧缩政策，将第三年经济增长率降下来。例如第一次经济周期中，1983年经济增长率为10.4%，第二年1984年达到15.3%的最高点，第三年降到13.3%；在第二次经济周期中，1987年经济增长率为10.9%，第二年1988年达到11.3%的最高点，第三年降到4.4%；在第三次经济周期中，1992年的经济增长率为12.8%，第二年1993年达到13.3%的最高点，第三年1994年降到11.6%。

3. 经济周期各阶段判断标准

(1) 复苏期：银根开始放松，利率调低，贷款增加经济增长高于物价增长，股市开始升温，房地产开始走出谷底。例如第三次经济周期中，1991年处于复苏期，这年股市升温，房地产走出1989年的谷底。

判断标准：10%＞经济增长率＞通货膨胀率＜年存款利率＜10%

(2) 繁荣期：经济增长超过10%，生产资料价格上涨，股市、房地产达到高峰，原材料、能源、交通紧张，国家财政紧张。如第三次经济周期的1992年，股市、房地产形成热潮，钢材等生产资料价格节节攀升。

判断标准：10%＜经济增长率＞年存款利率＞通货膨胀率

本年经济增长率＞上一年经济增长率

(3) 紧缩期：银根紧缩，贷款减少，银行利率调高，经济增长速度逐年回落，生产资料价格先下降，生产资料价格降到底后，消费资料价格开始大幅上涨，股市、房地产降温，企业经济效益下降。1993年下半年到1995年为第三次经济周期紧缩期，这三年股市房地产处于熊市，1993年生产资料如钢材从4 000多元一吨降到1994年的2 000多元一吨，1994年消费资料价格开始大幅上升，全年通胀率达到21.7%。

判断标准：通货膨胀率＞年存款利率

(4) 衰退期：银根紧缩，经济增长低于10%，消费资料价格降到低水平，经济增长率达到最低点，企业大面积亏损。

判断标准：经济回落后首次同时满足以下条件：

上一年经济增长率＞本年经济增长率＜下一年经济增长率

10%＞经济增长率＞通货膨胀率＜年存款利率

衰退期最多一年，有时一年中衰退期和复苏期同时出现，如1986年、1996年衰退期是上一经济周期向下一经济周期过渡期。

4. 我国股市与宏观经济周期的关系

(1) 宏观经济衰退期末，股市开始走出股底。1991年末，宏观经济处于第二次经济周期衰退期末，当时虽然股市初创，只是区域性小规模点，但股市已走出股底，开始回升。1996年上半年宏观经济处于第三次经济周期的衰退期末，股市从3月份开始走出谷底，深成指从960点开始缓慢回升，进入4月份股市明显好转，结束长达三年的熊市。

投资策略：衰退期末大胆建仓。

(2) 宏观经济复苏期，股市持续上涨。1991年宏观经济处于第三次经济周期复苏期，深成指从420点上涨到11月份的1 200点，上涨1.85倍。11月下旬由于行情过于火爆，政策干预加之年终结算，股市迅速降温，2周内深成指从1 200点跌到840点，跌幅达30%。1996年下半年宏观经济处于第四次经济周期复苏期，深成指从6月份的1 600点上涨到12月份上旬的4 500点，上涨1.81倍，12月中旬也是由于行情过于火爆，政策影响加之年终结算，股市迅速降温，2周内深成指从4 500点跌至2 800点，跌幅达37%。

投资策略：复苏期大胆持股，行情火爆，特别是利空频频出台时，果断清仓。

(3) 宏观经济繁荣期，股市继续上涨，于繁荣期结束前2～3个月达到股市最高点。一般繁荣期股市的波动和风险比复苏大。例如1992年是第三次经济周期的繁荣期，年初1～3月份是机构横盘建仓，3月下旬开始进入拉升，6月份深成指涨到2 900点的高位，然后调整到2 100点，跌幅达27.5%，8月份又反弹到2 900点，然后一路下跌，到11月份底跌到1 560点，从2 900点到1 560点的跌幅达46.2%。从11月底股市又急剧回升，于1993年3月份(即1993年5月份调高利率前的2个月)达到第三次经济周期的最高点3 400点。

投资策略：繁荣期的年初大胆建仓，年中注意暴跌风险，繁荣期末，即有调高利率的呼声时全部清仓。

(4) 宏观经济紧缩期，股市长期处于熊市。如从1993年下半年～1995年宏观经济处于紧缩期，股市一路下跌。中间由于政策救市股市反弹，但行情极短暂，昙花一现。

投资策略：远离股市

美国股票市场与经济周期的关系的研究

美国股票价格变动与经济运行有着密切的关系，股票价格变动的周期一方面与经济的周期相一致，表现为一般情况下，股票价格先行于经济波动，又比经济波动的幅度大；另一方面，它与现实经济变动相脱离，表现为股价变动与金融因素密切相关，金融因素的变动导致股票价格的变动。结果，股票价格的变动周期频于经济周期。表2-4是美国股票价格变动与经济周期高峰和低谷的关系。

表2-4　美国股票价格变动与经济周期高峰和低谷的关系

经济周期高峰收缩开始月份(a)	股票价格下跌开始月份(b)	提前月份	经济周期低谷扩张开始月份(a)	股票价格上升开始月份(b)	提前月份
1920年1月	1919年10月	3	1923年7月	1928年8月	−1
1923年5月	1923年3月	2	1924年7月	1923年10月	10
1926年10月	1926年2月	8	1927年11月	1926年12月	11
1929年8月	1929年9月	−1	1933年3月	1932年6月	9
1937年5月	1937年3月	2	1938年6月	1938年5月	1
1948年11月	1946年5月	18	1945年10月		
1953年7月	1953年1月	6	1949年10月	1949年6月	4

（续表）

经济周期高峰收缩开始月份(a)	股票价格下跌开始月份(b)	提前月份	经济周期低谷扩张开始月份(a)	股票价格上升开始月份(b)	提前月份
1957 年 7 月	1956 年 7 月	12	1954 年 8 月	1953 年 9 月	11
1960 年 5 月	1959 年 7 月	10	1958 年 4 月	1957 年 12 月	5
1969 年 11 月	1968 年 12 月	11	1961 年 2 月	1960 年 10 月	5
			1970 年 11 月	1970 年 6 月	5
平均提前月数		7			6

资料来源:佟家栋:《股票价格变动与经济运行——以美国为例的分析》,南开大学出版社 1995 年版,第 19 页。

表 2-4 资料表明,美国股票市场一般在经济紧缩前 7 个月开始下跌,经济扩张前 6 个月开始上升。

参考文献

[1] 兹维·博迪,亚历克斯·凯恩,艾伦·J. 马科斯著,陈雨露等译:《投资学精要》,中国人民大学出版社 2003 年版,第 446 页。

[2] Aswath Damodaran, *Investment Valuation*, New York: John Wiley & Sons, Inc., 2002, p. 481。

[3] 中国证监会证券从业人员资格考试委员会办公室:《证券投资分析》,上海财经大学出版社 1999 年版。

[4] 柯原:《政府政策调控率——中国证券市场运行规律研究之二》,《福建行政学院福建经济管理干部学院学报》,1996 年第 1 期。

[5] 佟家栋:《股票价格变动与经济运行——以美国为例的分析》,南开大学出版社 1995 年版,第 19 页。

第三章 行业分析

学习目标与要求

通过本章学习，了解公司行业类型、行业的经济周期和生命周期，掌握影响行业兴衰的影响因素。

通过本章学习，要求学员能够掌握行业分析方法中的转导法、回归分析法、时间序列分析法，利用历史资料的数据进行中长期的预测。掌握综合分析的方法，能够综合各研究机构的行业分析报告，得出自己的结论。

第一节 行业分析概述

一、行业分析的意义

所谓行业，是指从事国民经济中同性质的生产或其他经济社会的经营单位和个体等构成的组织结构体系。

行业经济是宏观经济的构成部分，宏观经济活动是行业经济活动的总和。行业分析是介于宏观经济与微观经济分析之间的中观层次的分析。我们通过宏观经济分析能够把握证券投资的宏观环境以及市场的整体走势，但是宏观经济分析并不能够提供具体的投资领域与投资对象的决策参考。由于不同行业在一个国家不同的经济发展阶段以及在经济周期的不同阶段表现是不同的，因此我们就需要进行行业分析。行业分析是公司分析的前提，通过行业分析我们可以发现近期增长最快的行业，这些行业内的龙头公司如果没有被高估，显然就是我们未来投资的理想品种。此外，我们可以通过行业分析发现目前没有被市场认识，但是未来相当长一段时间能够保持高速稳步增长的行业，这就是我们可以考虑长期投资的行业。

二、行业划分的方法

1．我国国民经济的行业分类

2002 年我国推出《国民经济行业分类》国家标准（GB/T4754-2002），标准共有行业门类 20 个，行业大类 95 个，行业中类 396 个，行业小类 913 个，基本反映出我国目前行业结构状况。其中大的门类从 A 到 T 分别为：

A．农、林、牧、渔业

B．采矿业

C．制造业

D．电力、燃气及水的生产和供应业

E．建筑业

F．交通运输、仓储和邮政业

G．信息传输、计算机服务和软件业

H．批发和零售业

I. 住宿和餐饮业
J. 金融业
K. 房地产业
L. 租赁和商务服务业
M. 科学研究、技术服务与地质勘探业
N. 水利、环境和公共设施管理业
O. 居民服务和其他服务业
P. 教育
Q. 卫生、社会保障和社会福利业
R. 文化、体育和娱乐业
S. 公共管理和社会组织
T. 国际组织

2. 我国上市公司的行业分类

中国证监会于 2001 年 4 月 4 日公布了《上市公司行业分类指引》。由于该指引早于 2002 年的国家标准,所以该指引是以中国国家统计局《国民经济行业分类与代码》(国家标准 GB/T4754-94)为主要依据结合联合国国际标准产业分类等制定而成的。该指引将上市公司分为 13 个门类,90 个大类,288 个中类。有关分类可以通过各个证券网站的数据资料栏目了解。

第二节 上市公司行业一般特征分析

行业一般特征分析主要从行业的市场类型、经济周期与行业的关系、行业的生命周期三方面进行分析。

一、市场类型分析

根据各行业的厂商数量、产品性质、厂商的价格控制能力和其他一些因素,可以把各行业划分为完全竞争、垄断竞争、寡头垄断和完全垄断四种市场类型,其特征如下表:

表 3-1　市场类型分析表

特　征	完全竞争	垄断竞争	寡头垄断	完全垄断
厂商数量	很多	较多	很少	一个
产品差异情况	同质无差异	同种产品在质量、包装、牌号、或销售条件方面的差异	同质,或略有差异	独特产品
价格控制能力	没有	较小	较大	相当大
生产要素的流动	自由流动	流动性较大	较小	没有
典型行业	初级产品市场	轻工业产品、制成品的市场	资本密集型、技术密集型产品,如钢铁、汽车,以及少数储量集中的矿产品如石油等的市场	国有铁路、邮电、公用事业(如发电厂、煤气公司、自来水公司)和某些资本、技术高度密集型或稀有金属矿产开采等行业

从市场类型看,完全垄断类型的公用事业股在合理价位时适合超长期投资。如巴菲特就喜欢选这类股票。

二、经济周期与行业分析

行业景气状况变动与国民经济总体的变动是有关系的,但关系密切的程度又不一样,据此可以将行业分为:

(1) 增长性行业。增长性行业的运动状况与经济活动总水平的周期及其幅度无关。这些行业收入增加的速率相对于经济周期的变动来说,并未出现同步影响,因为它们主要依靠技术的进步、新产品的推出及更优质的服务,从而使其经常呈现出增长形态。

如过去几十年内,计算机和复印行业表现了这种形态,我国前 20 年的家电行业也表现出这种形态。未来的电子、信息、高科技行业也将呈增长形态。增长性行业的买卖时机不好掌握,因为它的股票价格和经济周期无关,因此从技术走势及价值评价角度选择购买时机更好。

(2) 周期性行业。周期性行业的运动状态直接与经济周期相关。当经济处于上升时期,这些行业会紧随其扩张;当经济衰退时,这些行业也相应跌落。

产生这种现象的原因是,当经济上升时,对这些行业相关产品的购买相应增加；当经济衰退时，对这些行业相关产品的购买被延迟到经济回升之后。例如消费业、耐用品制造业及其他需求收入弹性较高的行业，就属于典型的周期性行业。

(3) 防御性行业。这类行业的产品需求相对稳定，并不受经济周期处于衰退阶段的影响。正是这个原因，对其投资便属于收入投资，而非资本利得投资。有时候，在经济衰退时，防御性行业或许会有实际增加，例如，食品业和公用事业属于防御性行业。因为对其产品的需求收入弹性较小，所以这些公司的收入相对稳定。

(4) 增长/周期性行业。在行业的运动形态中还有另一种可能，这些行业既有增长的运动形态，又有周期性的运动形态。这些行业被称为增长/周期性行业。

这种行业有时稳定地增长，有时又会随经济的起伏而变动。这是因为重大的技术改进会不时地刺激新的增长时期的到来。显然，识别这种非规则增长形态及其经济周期的紧密联系是十分重要的。正确的判断能够帮助投资者避免将资金投入可能发生收入下降的行业，或能帮助投资者不至于失去良好的投资机会。

三、行业的生命周期

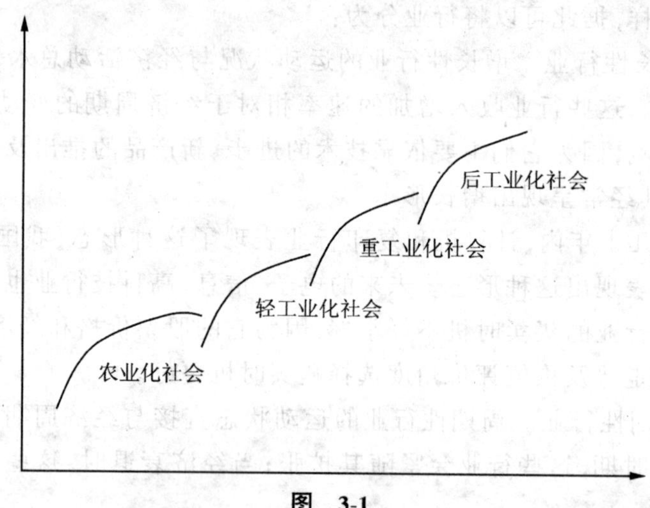

图 3-1

如图 3-1 所示，随着人类的进步，整个人类社会的产业结构也在不断地升级换代。随着产业的升级换代，行业也和产品的生命周期一样存在着生命周期。其特征如下表：

表 3-2 行业生命周期表

	初创期	成长期	稳定期	衰退期
厂商数量	很少	增多	减少	很少
价格水平	很低	上升	稳定	下降
竞争手段	没有	价格手段	非价格手段	没有
市场需求	很小	增加	稳定	下降
利润额	亏损	增加	较高	减少
投资风险	较高	较高	减少	较低
典型行业	遗传工程、超导体、太阳能	家用计算机、医疗服务、电子通讯、软件、咨询业	石油冶炼、超级市场、公用电力	铁路、采矿

投资者可根据投资偏好选择投资品种，从做波段角度思考，选择成长与稳定两个时期的行业较好。

第三节 影响行业兴衰的主要因素

一、技术进步对行业的影响

综观人类发展史，人类社会每出现一次重大的技术革命，都会对人类社会的进步产生巨大的影响。例如人类使用的工具从石头—铜—铁—合金，每次的进步都使得人类社会发生了制度性的变革，从原始社会到奴隶社会到封建社会最后发展到资本主义社会与社会主义社会。每个行业的新生与突飞猛进也离不开重大的技术革命，所以我们要以极其敏锐的眼光与嗅觉去寻找投资方向。如早期的彩电投资家就是在承担巨大的风险条件下获取了超额利润。

技术进步对行业的影响是巨大的，它往往会催生一个新的行业，加速旧的行业的衰退。例如打火机的使用就加速了火柴行业的衰退，电力行业逐步地取代以蒸汽机为动力的行业，大规模集成电路的出现就取代了晶体管，使得计算机产品变得轻便，价格大幅度下降等。优势行业是伴随着技术创新而到来，具有技术优势的新兴行业能够很快地超过并且替代旧行业。旧行业可以通过技术创新来延长其生命周期，也可以将行业通过国际转移的方式，将其转移到比较不发达的国家而延长生命周期。因此，我们在进行行业分析过程中必须注意这些特点。

当代高科技有这样一些领域（以 2002 年的资料为例）①：

1. 信息技术

(1) 具有更高性能更高集成度的计算机芯片。例如，2002 年 4 月，三家半导体工业界巨头，美国摩托罗拉、荷兰菲利浦和法国—意大利合资的 ST 微电子公司，组建战略联盟，计划在未来 5 年内共同开发从 90 nm 节点至 32 nm 节点的新一代 CMOS 技术，设计人员利用这一平台可以针对低功耗无线网络消费类及高速应用系统，开展新一代系统级芯片的开发。

(2) 运算速度更快的超级计算机。例如，2002 年 11 月，美国 IBM 公司宣布，将耗资 2.9 亿美元为美国能源部研制两台世界最快的超级计算机。一台预计运算速度达到每秒 100 万亿次，用于美国能源部模拟大规模核武器试验；另一台运算速度将高达每秒 367 万亿次，用于研究全球的气候变化和环境污染。

(3) 互联网。2002 年 7 月，出席互联网协会年会的专家指出，互联网发展面临包括身份识别、保护知识产权、保护个人隐私、新一代网络通信协议技术、新一代互联网技术、无线上网技术、传统电话线路与网络融合技术、更有效的网络视频传输技术、垃圾邮件的过滤技术、网络安全技术十大问题。

(4) 移动通信（手机）。手机的发展经过了只有通话功能的模拟第一代、通过数字方式连接网络服务的第二代，现已进入将无线通信与国际互联网等多媒体通信结合的第三代、第四代、第五代手机。预计第四代的通信速度将大幅提升到每秒 100 MB，动画和音乐的自由传送成为可能。第五代手机的速度将会更快，功能会更多，除可接收丰富的多媒体信息外，在显示上更注重提升三维（3D）视觉效果，使用者将来可通过这种手机进行多方视频 3D 会议，或用手机进行场景极其逼真的 3D 游戏。

① 柯原：《2002 年高科技发展综述》，http://www.eson2000.com/articles/hightech.pdf。

2. 生物技术

(1) 克隆技术。例如,在克隆技术应用方面,美国开发出可批量克隆动物胚胎的芯片,通过快速、高效地实现细胞核移植,使农场主可以大量克隆出优质奶牛和肉用牲畜。在克隆技术的医学应用方面,佐治亚大学培育出能产下人体所需蛋白质的转基因鸡蛋的克隆鸡。4月,康州大学杨向中研究小组培育出世界第一批带有人类第九凝血因子及猪乳铁蛋白的双基因转移猪,克隆猪的乳汁经开发可用于治疗血友病。旅美中国学者赖良学等培育出敲除 α-1,3-半乳糖苷转移酶基因体细胞克隆猪,为生产人类移植用器官带来了希望。科学家们认为,猪的器官在大小等方面均与人类器官很相似,在人类器官来源严重短缺的情况下,很有可能用猪器官移植给人类。

(2) 基因组测序。2001年人类基因组测序工作的成功,不仅展示了基因组序列信息在生物医学研究中的重要价值,也充分证明开展类似大型测序计划的可行。生物信息学技术的成熟和研制药物的驱动,促使全球生物基因组测序研究快速增长。

(3) 生物技术药物。例如:2002年6月,美国科研人员识别出6个与乳腺癌有关的基因,有助于更好地普查乳腺癌并研制抗乳腺癌新药。7月,发现与智力迟钝相关的基因——A GTR2,还识别出与哮喘有关的基因——A DAM33。中国在国际上首次发现了一种丙型肝炎病毒核心蛋白结合蛋白新基因,为进一步研究慢性丙型肝炎、脂肪肝形成机制开辟了新方向。美国科学家发现一种名为CREB的蛋白质在大脑细胞中能激活一些与长时程记忆有关的基因,这一发现可能有助于科学家研制出治疗人类衰老性记忆减退的药物。日本理化学研究所再生科学综合研究中心在胚胎干细胞中查明,一种名叫"GATA"的蛋白质在胚胎干细胞生成各种组织的过程中起类似"开关"的作用。医疗方面,世界上第一个可穿戴式心脏电击复苏器自2002年1月开始使用以来,已经挽救了4条生命。美国约翰霍普金斯大学的科学家发明可替代机械起搏器的生物起搏器,有可能革新心脏病的治疗方法。

3. 材料技术

(1) 环保材料。例如:越来越多的制造业关注环保材料开发。在计算机制造方面,日本NEC公司推出的全内置无风扇生态个人电脑,机箱采用100%可再生利用的塑料;富士公司和富士通公司开发出环保笔记本电脑,外壳采用基于植物的生物降解塑料。在汽车生产方面，德国已经要求汽车厂商向部件回收方向发展，并计划到2015年回收部件达到95%以上。

(2) 纳米材料。纳米材料是新材料研究的前沿和热点，其中碳纳米管研制受到高度关注。碳纳米管独特的电化学性能使其在大规模集成电路，超导线材等领域的应用展示良好前景。2002年，美国IBM公司开发出了迄今性能最优异的碳纳米晶体管——单层碳纳米管场效应晶体管，使碳纳米晶体管在取代硅晶体管，成为未来半导体行业的主要材料的道路上又前进了一步。俄罗斯莫斯科大学化学系首次研制出由两种原子组成的氧化铝纳米管，该纳米管可作为吸附材料或催化剂载体。这种微型材料的强度、韧性、导电率等性质均有可能发生显著变化。除了纳米管的研制外，其他方面的纳米材料研究也取得了重要进展。如美国Hybrid塑料公司研制了具有纳米黏土优点的纳米机构化学品。该公司还推出烯烃和硅的纳米增强树脂，其最高使用温度比基础树脂高50℃左右，在高温条件下，显示出良好的物理机械性能、光学透明性、气体渗透性及阻燃性。

(3) 超导材料。自2001年1月日本青山学院大学教授秋光纯发现金属间化合物——二硼化镁具有超导电性以来，世界许多国家的实验室都在开展二硼化镁新型超导体的研究工作，各种实验及理论分析结果不断涌现，再次出现超导研究全球热潮。2001年3月日本日立公司宣布，在世界上首先制作成功长尺寸二硼化镁超导线材和小型超导线圈。9月，美国宾夕法尼亚州立大学成功制成大电流二硼化镁超导薄膜材料，可载送1 000万A/cm^2的大电流。2002年9月，日本国际超导产业技术研究中心成功合成了在77K下具有14T永久磁性的高温超导体。此前，投入使用的永久磁铁的磁场强度最大约为1T。此次合成的高温超导体是稀土类元素铼(Re)、钡(Ba)、铜(Cu)按1:2:3比例合成的氧化物($REBa_2Cu_3O_7$)，是一种典型的氧化物高温超导体。

4. 能源技术

(1) 核能。例如，激光热核技术研究实现新突破。2002年8月，日本大阪大学和英国的科研人员用瞬间功率达10亿MW的激光装置，将燃料等离子体成功加热到1 000万摄氏度。此前最高只能达到400万摄氏度。实现热核反应，需要进一步提高激光功率，使燃料等离子体加热到1亿摄氏度。

(2) 燃料电池。例如，为适应全球性的能源可持续利用和环境保护的需要，燃料电池技术已经成为国际高技术竞争中的热点之一。2002年，各大汽车公司在燃料电池汽车方面的进展给世界带来惊喜。世界各大汽车厂商已结成两大集团，以丰田和通用汽车公司为一方，以戴姆勒-克莱斯勒、福特及三菱汽车公司为另一方，展开了围绕燃料电池车技术开发的激烈竞争，竞争的焦点是如何获得氢气。2002年9月，美国通用汽车在巴黎车展上推出Hy-wire氢燃料电池线传操控车，该概念车被2002年美国《时代》杂志评出全球2002年最伟大的发明之一。12月2日，日本两大汽车制造商——丰田公司和本田公司同时在日美市场推出商业化氢燃料电池汽车。“丰田FCHV”只需将氢气填充在车内配置的高压罐内，充满1次即可行驶大约300 km，最高时速可达155 km。丰田公司计划在一年内销售20辆这种燃料电池车。

(3) 太阳能。提高光电转换率和寻求太阳能的广泛应用是太阳能研究的主攻方向。日本三洋电机将从2002年10月1日起开始销售将单元转换效率由原来的17.3%提高到18.5%的“190 W HIT太阳能电池模块”以及采用了该模块的“太阳能发电系统”。

美国加州大学伯克利分校科学家发明了一种新型柔性超薄太阳能电池。据悉，新型电池用直径仅为7 nm的硒化镉制成纳米棒，纳米棒把吸收的太阳光转变成电子。这种新型太阳能电池仍处于研制初期，其光电转换率只有1.7%。科学家打算通过改善纳米棒和聚合物特性的方法，进一步完善新型太阳能电池的性能。

5. 空间技术

空间技术主要体现在运载火箭、航天器(卫星)和飞机方面。

二、政府的产业政策

政府根据国家经济的发展战略，将制定出产业结构调整的政策。对于那些国家要扶持发展的行业，国家会通过财政投资、倾斜金融、倾斜税收以及行政性干预等手段给予扶植；对于那些要调整的衰退行业，政府会采取规模收缩、合理化对策等手段促进这些行业的企业进行设备处理以及事业转移。为了保护国家幼稚产业，国家会对外商投资方式进行限制。为了促进技术进步，国家会制定产业技术政策和技术标准，规定技术发展方向，鼓励采用先进技术，制定技术引进政策，促进技术开发和资助、组织基础技术研究等政策。为了充分发挥各个地区的资源优势，国家会在产业布局方面制定政策。所以，在进行行业分析时，必须特别注意那些在税收、财政补贴、贷款、技术引进等方面得到政府优惠的行业。只有跟着行业政策走，才不会犯大错误，才能盈利。

三、社会倾向与市场需求

在当今社会，消费者和政府越来越强调经济行业应负的社会责任，越来越注重工业化给社会带来的种种影响。如防止环境污染、保持生态平衡目前已成为工业化国家的一个重要趋势，在发展中国家也正日益受到重视。环保对企业的生产经营、生产成本和利润收益等方面都会产生一定的影响。

随着社会的进步，人们生活水平的提高，人们的需求也会发生变化。比如在文化大革命以前，大多数中国人的梦想是拥有手表、自行车、收音机三大件；文化大革命以后，中国人民的三大件就逐步改变为洗衣机、电视机、冰箱；进入21世纪，中国人的需求就进一步升级，人们的需求开始多样化，房子、轿车、手提电脑、高级音响、旅游、保险、健身等正成为中国家庭的主要开支。我们可以从人们消费倾向的演变过程中，看到这些行业的兴衰。政府的产业政策导向最终只有在市场需求上体现才是有效的。所以，我们应当以战略家的眼光，从全局性、长远性、稳定性的角度去探索未来人们的消费结构的变化，各种消费在人们开支中所占的比重的变化，依此来安排我们的投资。

四、经济全球化

当今的世界出现了经济全球化的趋势，其主要表现在：

(1) 生产活动的全球化，传统的国际分工正在演变为世界性的分工。

(2) 世界贸易组织的诞生标志着世界贸易进一步规范化，世界贸易体制开始形成。

(3) 各国金融日益融合在一起。

(4) 投资活动遍及全球，全球性投资规范框架开始形成。

(5) 跨国公司作用进一步加强。

经济全球化导致产业的全球性转移，发达国家将低端制造技术加速向发展中国家转移。例如美国将电脑的组装转移到了中国，但是电脑的核心技术CPU却被美国控制着,发达国家在将发展中国家变成它的加工组装基地和制造工厂的同时,仍然可以掌握着行业的技术核心,并且通过不断地向发展中国家转让其技术专利取得市场利益。

选择性发展将是各国未来形成优势行业的重要途径,例如日本的机器人行业、印度的软件行业等。

随着中国加入WTO,我们一方面享受成为世界贸易组织成员的基本权利,另一方面也要履行相应的义务,逐步取消贸易壁垒,对国外产品开放中国市场。因此,我们在进行行业分析时就要有全球化的眼光,必须了解我国该行业是否掌握着核心技术,要考虑到我国行业的优势与劣势。比如,加入WTO从长远看,将使得中国的经济更加有效率,对于我国的纺织品和服装出口、中成药、运输和港口行业等行业有利,但是在短期内会对中国的石油化工、汽车、农业等行业造成一定的冲击。

五、产业组织创新

产业组织是指同一产业内企业的组织形态和企业间的关系,包括市场结构、市场行为、市场绩效三方面内容。产业组织创新过程实际上是对影响产业组织绩效的密切要素进行整合优化的过程,是使产业组织重新获取竞争优势的过程。产业组织创新是产业及产业内企业的“自组织”过程。

产业组织创新是通过横向联合与纵向联合等手段实现的,其直接效应包括实现规模经济、专业化分工与协作、提高产业集中度、促进技术进步和有效竞争等,间接影响包括创造产业增长机会、促进产业增长实现、构建产业赶超效应、适应产业经济增长等多项功效。产业组织创新能够在一定程度上引起产业(或行业)生命周期运行轨迹,或者延长产业生命周期。

产业组织创新与产业技术创新是相互促进的互动关系,组织创新能够最大限度地、系统地为产业技术创新配置资源。技术创新是组织创新的某一方面表现,技术创新也会反过来促进产业的组织创新。

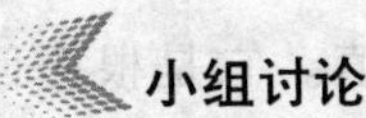

小组讨论

全班分四个小组,讨论毕业后的未来五年内,自己最希望买的东西是什么?自己的钱在满足基本生活后,主要会花到什么地方?最后统计一下整个班级年轻人未来花钱会主要花到哪里？就统计结果发表自己对这些行业的看法。

第四节 行业分析的方法

一、历史资料分析法

可以运用官方公布的行业产值、利润等数据，运用市场预测的各种方法进行预测行业未来的前景。比如转导法、回归分析法、时间序列分析法等等。

（一）转导法

转导法，也叫经济指标法。它是根据政府公布的或调查所得的经济预测指标，转导推算出市场预测值的方法。这种方法是以某种经济指标为基础进行预测，不需要复杂的数学计算，因而是一种简便易行的方法。

例 3-1 假定根据历年资料统计得出某工业大行业的销售收入占整个国家工业销售收入的比重为10%，子行业的销售收入占整个大行业的销售收入比重为 10%，目前国家收入为 5 万亿元，预计未来一年可增长 9%。则未来一年子行业的销售收入预计为：

50 000 亿×1.09＝54 500 亿（明年国家工业销售收入总额）

54 500 亿×0.1＝5 450 亿（明年大行业销售收入总额）

5 450 亿×0.1＝545 亿（明年子行业销售收入总额）

（二）回归分析法

1．一元线性回归分析法

当我们发现两个变量之间存在相关关系并且从图形上接近直线关系时，我们可以运用一元线性回归分析法。其数学方程式如下：

$$\hat{Y} = a + bX$$

其中，X 是自变量，$\hat{Y}$ 是因变量 Y 的估计值，也称理论值。它是根据回归模型和给定的自变量 X 值计算得到的结果。a 和 b 通称为回归模型的参数，a 是回归直线的截距，b 是回归直线的斜率，也称回归系数。运用最小二乘法可以求得待定系数 a 和 b，可得：

$$a = \frac{\sum Y}{n} - b\frac{\sum X}{n} \tag{3-1}$$

$$b = \frac{n\sum XY - \sum X \cdot \sum Y}{n\sum X^2 - (\sum X)^2} \tag{3-2}$$

例 3-2　某行业最近 5 年销售价格与销售额如表 3-3 所示，求回归方程。

表　3-3

年份	实际销售额 Y(亿元)	价格 X(元)	X^2	XY	Y^2
1	340	180	32 400	61 200	115 600
2	380	160	25 600	60 800	144 400
3	390	140	19 600	54 600	152 100
4	410	130	16 900	53 300	168 100
5	430	100	10 000	43 000	184 900
$n=5$	$\sum Y = 1\,950$	$\sum X = 710$	$\sum X^2 = 104\,500$	$\sum XY = 272\,900$	$\sum Y^2 = 765\,100$

解　根据公式可求得

$$b = \frac{5 \times 272\,900 - 710 \times 1\,950}{5 \times 104\,500 - (710)^2} = -1.087$$

$$a = \frac{1\,950}{5} - \left(-1.087 \times \frac{710}{5}\right) = 544.35$$

$$\hat{Y} = 544.35 - 1.087X$$

X 与 Y 的相关系数

$$r = \frac{n\sum XY - (\sum X)(\sum Y)}{\sqrt{[n\sum X^2 - (\sum X)^2][n\sum Y^2 - (\sum Y)^2]}}$$

$$= \frac{5 \times 272\,900 - 710 \times 1\,950}{\sqrt{[5 \times 104\,500 - 710^2][5 \times 765\,100 - 1\,950^2]}}$$

$$= \frac{-20\,000}{\sqrt{18\,400 \times 23\,000}} = -0.972$$

回归分析的 F 检验

$$F = \frac{\sum(\hat{Y} - \overline{Y}_j)^2/(k-1)}{\sum(Y_j - \hat{Y})^2/(n-k)}$$

式中：$\hat{Y}$ 为估计值，即回归方程的计算值；

Y_j 为观察值；

$\overline{Y}_j$ 为观察值的平均值；

k 为变数（包括自变数和因变数）的数量；

n 为观察值的个数。

$$F = \frac{4\,348.174/(2-1)}{252.174/(5-2)} = 51.728$$

查 F 分配表，分母自由度为 3，分子自由度为 1，达到 95% 的显著性水平的 F 值应为 10.1，而本例的 F 值已达到 51 以上，回归方程存在显著性的相关关系，运用这个模型推断预测值是有科学依据的。

2. 化曲线为直线的回归

有些利润增长与年份或者其他预测变量之间并不是线性关系，但是，在某些情况下，我们可以通过变量变换，将曲线方程转换为直线方程。例如：

(1) 双曲线方程：

$$\frac{1}{Y} = a + \frac{b}{X},$$

令 $Y' = \frac{1}{Y}$，$X' = \frac{1}{X}$，则有

$$Y' = a + bX'$$

(2) 幂函数：

$$Y = dX^b,$$

令 $X' = \log X$，$Y = \log Y$，$a = \log d$，则有

$$Y' = a + bX'$$

(3) 指数函数：

$$Y = d\mathrm{e}^{bx},$$

令 $Y' = \ln Y$，$a = \ln d$

$$Y' = a + bX'$$

(4) 指数函数：

$$Y = d\mathrm{e}^{\frac{b}{x}},$$

令 $Y' = \ln Y$，$X' = \frac{1}{X}$，$a = \ln d$，则有

$$Y' = a + bX'$$

(5) 对数曲线：

$$Y = a + b\log X$$

令 $X' = \log X$，则有

$$Y' = a + bX'$$

(6) S 型曲线：

$$Y = \frac{1}{a + be^{-x}}$$

令 $Y' = \frac{1}{Y}, X' = e^{-x}$，即有

$$Y' = a + bX'$$

(三) 时间序列分析法

时间序列分析法是根据预测数据过去的变化趋势预测未来的发展，它的前提是假定事物的过去会同样延续到未来。时间序列法是撇开了事物发展的因果关系去分析市场的过去和未来的联系，同时时间序列的数据存在着不规律性。

运用时间序列分析法进行市场分析，首先应绘制历史数据曲线图，确定其趋势变动类型；其次，根据历史资料的趋势变动类型以及预测的目的与期限，选定具体的预测方法，并进行模拟、运算；最后将量的分析与质的分析相结合，确定事物未来发展趋势。时间序列分析法有趋势外推法、指数平滑法、移动平均线法等，这里介绍趋势外推法。

1. 直线趋势法

例如我们将某行业 1994～2004 年的销售收入绘制在图表上面，发现类似一条直线，我们运用最小二乘法求得该行业过去 10 年销售额(亿元)与年份的变动趋势直线方程：$Y = a + bX = 43.18 + 2.39X$

那么该行业

2005 年的销售预测值 = 43.18 + 2.39 × 11 = 69.47(亿元)

2010 年的销售预测值 = 43.18 + 2.39 × 16 = 81.42(亿元)

2. 曲线趋势法

由于季节变化或其他因素的影响，时间序列的观察值的变动趋势，并非都是直线，有时会呈现曲线，即由高而低再升高，或由低而高再升高，甚至

多次起伏。在这种情况下,就不宜采用直线方程式,而应运用曲线方程式进行预测,才能够更好地反映市场变动趋势。凡是运用曲线方程式求得曲线趋势变动线后加以延伸来进行市场预测的方法,就叫做曲线趋势法。

曲线趋势法的方程式是:$Y_t = a + bX + cX^2 + \cdots + kX^n$

其中二次曲线方程 $Y = a + bX + cX^2$ 求解参数 a、b、c 的方程组为(推导略):

$$\begin{aligned} na + c\sum X^2 &= \sum Y \\ b\sum X^2 &= \sum XY \\ a\sum X^2 + c\sum X^4 &= \sum X^2 Y \end{aligned} \tag{3-3}$$

例 3-3 某行业 1997～2003 年实际销售额如表 3-4 所示,预测 2004、2008 年销售额。绘图后发现类似二次曲线,因此运用二次曲线方程求参数,然后运用趋势外推的方法预测。

表 3-4 第二次曲线方程的有关数据计算表

观察期	实际销售值 Y(亿元)	X	X^2	X^4	XY	X^2Y
1997	350	−3	9	81	−1 050	3 150
1998	300	−2	4	16	−600	1 200
1999	250	−1	1	1	−250	250
2000	350	0	0	0	0	0
2001	400	1	1	1	400	400
2002	450	2	4	16	900	1 800
2003	550	3	9	81	1 650	4 950
$N = 7$	$\sum y = 2\,650$		$\sum X^2 = 28$	$\sum X^4 = 196$	$\sum XY = 1\,050$	$\sum X^2Y = 11\,750$

根据表格数据代入上面公式得:

$$\begin{aligned} 7a + 28c &= 2\,650 \\ 28b &= 1\,050 \\ 28a + 196c &= 11\,750 \end{aligned}$$

解联立方程,得:

$$a = 323.81,\ b = 37.5,\ c = 13.69$$

这样,二次曲线方程为

$$Y = 323.81 + 37.5X + 13.69X^2$$

将 $X=4$ 代入曲线方程,2004 年预测值 $=323.81+37.5\times4+13.69\times16=692.85$(亿元)

将 $X=8$ 代入曲线方程,2008 年预测值 $=323.81+37.5\times8+13.69\times64=1\,499.97$(亿元)

二、综合分析法

收集各个投资咨询公司、券商研究发展部的行业分析报告,结合自己已经收集到的资料,进行去粗取精的大综合。综合可以通过打分的形式,给予权重。在综合分析时注意:

(1) 历史数据多的分析可靠性比较强,可以给予较高的权重。行业的周期性如何?增长的波动性如何?波动比较平稳的,预测可靠性比较强。

(2) 要注意分析师们所分析行业的具体范围,比如汽车行业还可以具体细分为客车、轿车、汽车零配件等小行业。所以,细分后的行业分析更有效,更具有可比性。

(3) 有多少分析师分析这个问题,分析师观点的一致性如何?他们的资料是否充分?分析机构有多少分析师?他们的素质如何?以往预测的误差率是多少?资料占有充分,观点比较一致的分析成果预测的可靠性比较高。具有较强资金实力,分析人员比较多,素质比较高的机构预测的可靠性比较强。

(4) 在预测过程中,如果是短期预测,目前有关行业的资料占有也比较多,那么可以不需要历史资料,重点放在未来的预测。未来预测可以是根据资料然后集合众人观点的主观预测(质的预测)。如果是长期的预测,在量的预测基础上加上质的预测效果更好。

第五节　行业分析的内容

一、行业分析的内容

1. 行业的基本状况分析

(1) 行业的市场类型,行业的周期性,以及行业所处的生命周期。分析行业现有的竞争状况，行业受经济周期的影响情况，行业目前处于生命周期的哪个阶段，整个行业预计能够保持兴旺多少年？

(2) 行业技术发展方向以及本行业技术水平状况。关键是要分析是否有替代品进入，是否有潜在的加入者。对于处于稳定期的行业，是否有新技术来延长生命周期。比如，电视行业就经历了黑白电视、彩色电视、直角平面、纯平彩电、大屏幕背投、等离子体以及数字液晶等技术，使得这个行业的生命周期得以延长。而机械自行车由于有了摩托车、轿车、电动自行车等替代品出现，就处于衰退期。那些有核心技术的行业显然是有前途的行业。

(3) 国家产业政策导向。要注意避免进入属于国家限制发展的行业，要注意那些得到国家产业扶持政策的产业。

(4) 行业的规模效益。行业是否存在专业化的分工与协作，生产效率如何。行业是否通过纵向的联合，实现产品的产供销的衔接，降低生产成本，提高与供应商和买方的议价能力。是否通过产业部门与金融部门的资本融合，使产业资本加速集中，充分发挥金融对产业发展的融资作用等。

2. 行业的市场容量、销售增长率现状及趋势预测

运用定量与定性的方法对行业未来的市场容量与销售增长率进行预测，那些市场容量大，销售增长率高的行业是选择投资的对象。在行业分析中，那些具有资源优势的行业，比如石油、天然气、稀土、钾肥等也是值得关注的。此外，具有稀缺性的港口、机场等也是值得关注的。社会习惯与市场需求是我们进行这方面研究需要重点关注的问题。

3. 行业的毛利率、净资产收益率现状及其发展趋势预测

行业销售增长很快，但是竞争激烈，利润不高，这样的行业不应当成为我们的首选对象。只有那些能够随着销售增长带来丰厚利润的行业，才是我们的投资对象。因此，我们要对行业未来的毛利率、净资产收益率进行预测。

4. 国际竞争对行业的影响

既要分析技术方面的竞争，也要分析国际经济与政治的变化对行业的影响。例如对于出口行业，汇率的变动、人民币升值会对行业出口产生重大影响，因此要求行业提高生产效率，降低生产成本。又比如对方的反倾销官司等也会对我们的出口行业产生影响。

5. 机会与风险的分析

哈佛大学教授波特(Michael E. Porter)曾提出五个影响产业竞争的因素(五力分析),分别为:(1) 潜在加入者的威胁;(2) 买方议价能力;(3) 供应商的议价能力;(4) 替代品的威胁;(5) 现有竞争者的威胁(见图 3-2)。我们可以结合波特教授的观点以及上面的分析结果,对行业的发展机会和威胁进行分析,为投资决策服务。

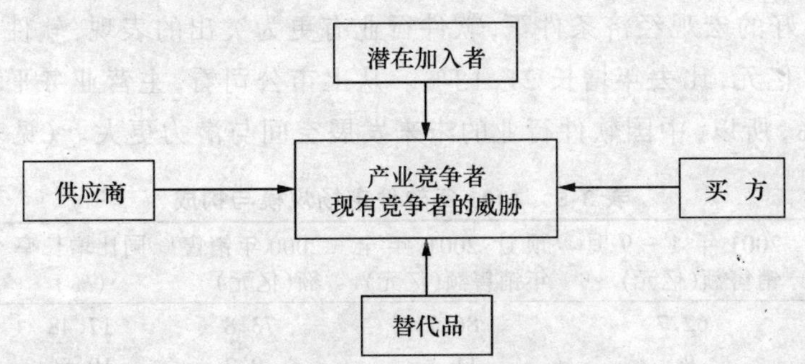

图 3-2 影响产业竞争的五个因素

资料来源:Michael E. Porter, *Structure and Competitive Strategy*, 1980.

我们可以根据收集的资料的具体情况,对行业进行分析研究。行业分析的最终目标是要对行业发展前景做出评价,在行业分析的基础上为证券投资资产配置提供决策参考。

二、行业分析研究报告示例

中国软件行业研究报告[①]

1. 软件行业的市场容量、市场细分与销售增长分析

软件行业是当今世界上增长最快的朝阳行业。20 世纪 90 年代以来,世界软件市场年增长率都在 15% 以上。2000 年,世界软件行业的总产值达到 5 000 多亿元,已占当年信息产业总产值的 60% 以上。据预测,从 2000 年至 2005 年,全球软件市场将继续扩大,年增长率将提高到 17.3%。

从国内市场看,2000 年软件行业信息产业市场规模是 2 150 亿元,其中

① 该研究报告是根据福建省社会科学“十五”规划课题《福建上市公司竞争优势研究》中的计算机软件行业研究报告改编,课题总负责人:柯原。

硬件1600亿元,软件230亿元,信息服务320亿元;2001年硬件和软件的销售比例也基本维持在3:1的水平。而在美国,服务业(含软件)是55%,硬件是45%;在日本,服务业和软件与制造业的比例是1:1。2001年是我国"十五"计划的第一年,尽管受到全球经济波动、美国经济进入衰退、日本经济持续低迷等因素的影响,我国国民经济仍继续保持了平稳增长的运行态势,全年GDP将同比增长7.4%,成为世界经济中难得的一道亮丽风景线。在良好的宏观经济条件下,软件行业有更为突出的表现,软件销售额达到278.6亿元,比去年增长21.13%。从上市公司看,主营业务平均增长率高达57%,所以,中国软件行业的未来发展空间与潜力更大。(见表3-5)

表3-5　2001年软件市场规模与构成

市场构成	2001年1～9月销售额(亿元)	预计2001年全年销售额(亿元)	2000年销售额(亿元)	同比增长率(%)	所占比例(%)
平台软件	62.7	86.7	73.8	17.48	31.12
中间软件	8	11	9.2	19.56	3.95
应用软件	127.9	180.9	147	23.06	64.93
合计	198.6	278.6	230	22.13	100

数据来源:CCID。

2001年平台软件市场(包括操作系统、数据库、网管软件等)销售额比去年增长17.48%,达到86.7亿元。在操作系统方面,Unix平台和Windows平台仍旧处于垄断地位,但Linux也取得了较好的发展。Linux由于其源代码开放、可自主开发的特征,在销售量上增长迅速。2001年上半年中国Linux市场销售总额为0.39亿元人民币,而2000年全年Linux的销售总额才0.5亿元人民币。预计2001年的Linux全年销售额将达0.8亿元,比去年同期增长60%。与2000年不同的是,目前各Linux软件厂商将目标从个人转向企业级应用和嵌入式领域。随着WTO的加入,我国在知识产权保护和打击盗版的力度将进一步加强,Linux由于价位较低在今后的竞争中将会获得更大的发展。在数据库软件方面,目前仍是国外公司唱主角,按其市场占有率顺序依次为Oracle、Sybase、Infromix、Microsoft的SQL Server和IBM的DB2。国产的OPENBASE数据库虽也得到一些应用,但主要集中在东软公司自身承接的项目,其他软件公司采用OPENBASE的很少。

2001年中间软件市场销售额比去年增长19.56%,达到11亿。中间件(middleware)是介于操作系统或硬件平台与大型应用软件(如通信、数据库软件)之间的一种软件类型,为平台和应用软件之间的数据交换提供高效率的数据通道和功能调用。目前市场上业绩较好的公司为IBM和BEA,国内的东方通科技、金蝶国际、中创软件和托普软件都先后推出了自己的产品,并取得了一定的市场份额。其中东方通的中间软件在金融领域取得了较好的应用,而目前联想、中华网已将金蝶国际的Apusic应用服务器作为Java技术应用产品的运行环境和支撑平台。随着各行业对大型数据库的逐渐采用和Java技术的推广,中间软件市场将迎来更大的发展。

2001年应用软件市场销售额比去年增长23.06%,达到180.9亿元,占整个软件产品市场的比重高达64.93%。应用软件由于其涉及的行业领域很宽且进入门槛相对较低,国内厂家取得了较好的业绩。

在财务软件方面,国产软件仍处于绝对优势,市场占有率在90%以上。在管理软件方面,高端ERP市场仍由SAP、ORACLE等国际管理软件巨头所垄断,而在中低端市场上金蝶和用友则取得了较大的份额。在高端ERP方面,目前用友正开发NC系列软件,但尚未实现市场销售。在CRM软件方面,2001年仍是处在市场的培育期,但国内各厂商对此投入了相当的精力,金蝶、用友、创智、亚信相继推出了自己的CRM系统。其中金蝶的K3/CRM签约深圳卷烟厂、亚信的CRM不久前签约在四川移动、创智的CRM也在国泰君安北京的知春路营业部得以使用。经过2001年CRM市场的培育和一些相关公司的尝试,预计2002年CRM市场将会有较大的发展。

在电信软件方面,亚信、东软、亿阳信通、联创、浪潮都取得较好的战绩,它们所承接的项目占电信软件市场70%以上的份额,电信软件市场的市场集中度不断提高。2001年电信软件的主要构成部分为中国联通全国各省的GSM计费、网管系统和CDMA计费系统的建设和中国移动的BOSS系统建设。到目前为止,中国联通的相关工程已大部分完工,而中国移动的BOSS系统只是在几个省试点。预计2002年中国移动全国的BOSS系统建设将会成为电信软件的新增长点。但据国务院经济发展研究中心的数据显示,1~9月全国通信业务收入实际完成为2 575.5亿元,只占全年计划的63%,全年的通信业务收入很难完成计划目标。在预期收入下降的情况下,相关电信运营商可能推迟投资的步伐。结合考虑中国电信进一步分拆的影响,预计2002上半年电信软件市场可能没有大的增长,但下半年会有较大的投资。

在社保软件方面，东软、四川银海、华南咨询等几家联合开发的社保核心软件平台已正式推出。该平台的推出将改变以前各软件开发商各自为政的局面，社保软件市场竞争的重点也将从地市级的社保软件开发向全省社保软件市场转移。目前根据该平台的辽宁社保系统已成功实施，预计2002年，社保软件市场将重新洗牌。入围核心技术平台开发的软件厂商将在市场拓展上有很大优势，而一些较小的系统集成商将不得不从这一市场推出。预计2002年的市场规模在10亿～20亿元。

金融、保险、政府等行业性信息化工程的建设也是行业应用软件增长的重点。在金融、保险软件市场方面，长天、中软有较好的市场表现；在政府信息化工程方面，浪潮软件、托普科技、创智科技处于业绩领先。随着WTO的加入和政府机构改革力度的加大，上述市场在2002年预期都会有较大的增长。

IDC还预测，2002年软件业将达到11%的增长率。IDC认为，宏观经济状况的影响将改变软件行业的结构。它乐观地估计，2002年2季度，全球GDP的增长将出现反弹，消费者信心将得以重建，IT预算也将增长5%，西欧GDP增长率将放慢到2%。2002年年末，亚太、拉美和日本的经济将开始恢复增长。

考虑到世界经济的整体走势和软件产业的发展趋势，结合我国宏观经济发展趋势和信息化进程，联合证券研究所对2002年中国软件市场的总体发展持审慎乐观的态度。预计2002年，中国软件市场增长在20%左右，销售总额可能达到330亿元的水平。中国软件行业的现实需求领域空间很大，主要表现在五个方面：一是西部大开发战略的实施将主要集中于基础设施、交通、通讯和能源等领域，这些都是软件运用的重要领域；二是数字化技术的普及，通讯体制改革，将会改变传统的信息交换模式，互联网下的以多媒体为载体的教育、影像和游戏等软件将形成巨大的市场发展空间；三是随着政府上网工程的深入发展，政府对利用INTERNET实现电子商务给予了高度重视，电子政务的发展也将带动政府部门对互联网有关软件的需求；四是随着市场经济体制的日益完善，由单位负责办理大量社会保障事务的状况正被社会化服务所取代，社会保障信息化工程正在全国展开，国内一些软件公司，如东软股份已经提出完整的解决方案；五是未来五年，我国将积极推进城市化和城市信息化建设，实现建设信息网在国家公用信息通用平台基础上联网，城市信息化的发展将会促进以软件为核心的信息技术和产品的发展。

从总体看，软件行业的市场前景很好。

2. 行业利润率状况

根据EVA与创值率的研究，中国软件行业EVA平均值为4 190万元；中国软件行业创值率平均值为9.99%。整个行业主营业务增长率57.05%，净利润增长率14.67%，净资产收益率8.18%，在2001年大多数行业表现不好的情况下，我们可以发现目前我国软件行业的创值率和净资产收益率都处于相对比较高的水平，这是一个有利可图的行业。（见表3-6）。

表3-6　2001年软件行业盈利与成长指标比较表

股票名称	每股收益	行业均值	净资产收益率	行业均值	净利润增长率	行业均值	主营业务增长率	行业均值
新大陆	0.35	0.46	6.76%	8.18%	3.54%	14.67%	10.89%	57.05%
新宇软件	0.19	0.46	10.17%	8.18%	60.87%	14.67%	145.63%	57.05%
东软股份	0.48	0.46	11.34%	8.18%	-17.04%	14.67%	58.58%	57.05%
青鸟天桥	0.259	0.46	6.25%	8.18%	-32.63%	14.67%	131.96%	57.05%
用友软件	0.70	0.46	7.0%	8.18%		14.67%		57.05%
亿阳信通	0.694	0.46	8.27%	8.18%	18.62%	14.67%	30.98%	57.05%
托普软件	0.726	0.46	6.69%	8.18%	1.41%	14.67%	39.89%	57.05%
天大天财	0.491	0.46	6.46%	8.18%	-1.00%	14.67%	38.17%	57.05%
创智科技	0.252	0.46	10.65%	8.18%	83.64%	14.67%	0.27%	57.05%

3. 行业政策导向

2001年国务院发布了《鼓励软件产业和集成电路产业发展的若干政策》，其中涉及软件业的投融资、税收、产业技术、出口、收入分配、人才等相关政策与规定，优惠程度前所未有，反映国家对于信息产业中处于核心地位的软件业的高度重视和强烈的政策扶持的决心。

从出口政策看，软件出口享受优惠利率的信贷支持，出口超百万美元的企业享有自营出口权，外贸、海关、外汇管理实行特殊管理办法，创造一切条件鼓励软件出口；从人才吸引与培养政策看，充分利用国内外教育资源，实行多层次、多级别、全球化人才培养与吸引战略，保证软件企业的人才供给。

从采购政策看，涉及国家主权、经济安全的软件，采取政府采购方式，同等性能价格比条件下优先采用国产软件；从知识产权保护政策看，加大打击盗版和走私的力度,保护软件企业的利益。

从投融资政策看,国家优先批准软件企业从资本市场融资,投融资政策规定不分所有制性质,优先安排软件企业上二板。

税收政策的支持主要体现在给予企业更多的留利积累以扩大再生产,降低企业的进口设备投资成本,降低企业人员扩充、培训上的所得税负担。针对软件产品给予增值税 3%、所得税 10%的优惠政策。

总之,软件行业的政策环境很好。

4. 竞争以及加入 WTO 后的影响

面对加入 WTO 后世界跨国企业的挑战,国内软件行业会加快增长的速度。

入世首先是一种挑战,它将会加剧国内计算机产业特别是高端信息产品的竞争。加入 WTO 后,我国各种信息产品的关税在 2005 年之前要陆续降为零,并逐步取消各种非关税措施,这样外国同类产品就可以长驱直入,从而对我国的民族产业带来压力,使国内相关企业的生存空间受到积压,加剧国内计算机市场的竞争状况。

从正面角度看,加入 WTO 也是一种机遇。首先市场的开放有可能通过中国国内劳动力便宜以及巨大的市场吸引外资投资中国,使中国成为全球制造中心,使中国更快地学会科学的管理方法;其次,加入 WTO 后,将对我国知识产权的保护方面提出更加严格的要求,有助于净化软件业发展环境。加入 WTO 会给国内汽车、纺织、能源等传统行业带来巨大的冲击,出于生存与发展的考虑,一些企业将加大信息化改造的步伐,从而可以在一定程度上增加对软件产品的需求。

从国内竞争角度看,东软股份继续维持其在软件和系统集成领域的龙头地位,用友软件在实施首发之后加快了从传统财务软件厂商向管理软件厂商的转型。从 2001 年中期数据看出,其管理软件的销售比重已达到 45.77%,而其 2000 年的比重仅为 4.9%。亿阳信通在电信网管软件方面继续保持领先地位,但其增发项目投资的计费软件和其他项目没有实现较好的市场销售。托普软件秉承川剧的变脸,更改募集资金投向。公司原计划将募集资金投向软件国际化质量控制平台与服务体系应用示范项目、软件出口基地开发环境建设项目、应用软件的产业化应用项目、企业信息化通用平台及执行系统建设项目、开放式智能数控系统开发项目,后调整为:

(1) 对上海东部软件园股份有限公司股权投资 6 000 万元左右。(2) 对成都西部软件园股份有限公司股权投资 7 000 万元左右。并准备在原已使用 2 414 万元的基础上,再投入 8 000 万元左右建设 PDA、手机、笔记本电脑生产线。从托普的调整来看,它未来的发展方向是软件、数控机床、手机、电脑投资"几合一",呈现出明显的多元化经营战略。天大天财的财务软件具有明显的地域性和行业性特征,细分市场增长缓慢。这也是其选择光纤制造作为募集资金的重点投向的原因,但目前国内光纤市场竞争激烈,等到天大天财的光纤生产线投入市场时,能否实现预期的收益有很大的变数。创智科技在重组"五一文"之后,重组工作对其主营业务造成了较大的影响,整体业绩表现平平。目前其重组的影响已大部分得以消化,轻装上阵的创智可能会有较好的表现。从其拟增发融资的项目来看,其重点可能转向高速宽带网络支持系统,包括高速宽带网络产品、高速宽带交互式数字视频系统、宽带业务支撑平台。在全国的宽带网络建设已有一定规模的情况下,创智科技的高速宽带网络支持系统有望成为一个新的收入和利润增长点。

需要指出的是:相比 IT 产业的整体市场而言,中国目前的软件市场规模不大,而国内软件公司的机会又多在行业软件市场,因此,尽管中国软件市场的销售增长很快,但短期内仍不能给大多数成熟型的软件公司提供飞跃式增长的足够市场空间。这是目前许多软件公司热衷于系统集成或其他项目的根本原因。展望 2002 年的各软件上市公司,谁能既保持核心的软件优势,又在新的领域取得收入和利润的实质突破,它才会成为市场真正的赢家。综上所述,软件行业机会与风险并存。机遇:软件市场容量大,市场需求在加大,得到国家产业政策的扶持,知识产权得到重视,有核心竞争力的产品有较高的利润率。威胁:加入 WTO 后竞争加剧,行业平均利润有可能在竞争下出现下降。国外公司对中间软件市场的争夺。

本章提要

本章主要观点如下:

1. 行业分析是属于介于宏观经济分析与公司分析之间的中观层次的分析,目前我国证券市场的行业分类是参照 1994 年的国家标准进行分类的。

2. 行业有完全竞争、垄断竞争、寡头垄断、完全垄断四种类型。其中完全竞争型的行业厂商数量很多，产品同质，没有价格控制能力，竞争非常激烈，因此这样的行业也是不稳定的行业。完全垄断的行业，只有一家企业，产品具有独特性，企业对价格有相当大的控制力，因此也是经营比较稳定的行业。由于引入竞争，我国目前没有真正完全垄断的行业，但是自来水、电力等公用事业行业还是接近完全垄断的行业。其余行业介于两者之间。

从行业与经济周期的关系看，有增长性行业、周期性行业、防御性行业、增长/周期性行业。其中增长性行业与经济周期的波动关系不大，因此这是一个值得高度重视的行业，特别是牛市时，这个行业的股票价格往往表现得比其他行业好。防御性行业收益稳定，由于经常有较丰厚的分红，因此在熊市时股价表现要好于其他行业。因此，我们可以在牛市时进入高增长行业，在熊市时进入防御性行业，根据不同行业在经济周期的不同阶段盈利表现不同，选择与经济周期性相关的行业。

影响行业兴衰的因素最主要的有技术进步、产业政策、社会习惯与市场需求、经济全球化、产业组织创新。这五个方面都对行业的兴衰起到重要的作用，其中技术进步与产业政策是最重要的因素。

在进行行业分析时我们可以采用质的预测法与量的预测法。在依据历史资料进行量的分析法中，我们介绍了转导法、回归分析法、时间序列分析法。此外本章还介绍了将质的分析方法与量的分析方法结合起来的综合方法，可以根据分析师的数量、分析师的素质、历史资料的多与少等方面来综合取舍各方的预测。

最后本章介绍了行业分析的内容以及给了分析示例。在分析时，最关键的是要根据行业兴衰的影响因素来看这个行业是否有发展前景，是否值得投资。

练习与思考

一、判断题

1. 增长的行业的股票价格不会随经济周期的变化而变化。

2. 处于行业生命周期初创期的企业适合投资者投资，而不适合投机者。

3. 食品业和公用事业在经济衰退时，其收入仍然相对稳定。

4. 公用事业是政府实施管理的主要产业之一。

5. 可以将市场划分为完全竞争、垄断竞争、寡头垄断和完全垄断四种市场类型。

6. 轻工产品市场属于完全垄断市场。

7. 寡头垄断的市场对价格的控制能力较小。

8. 技术与政策是行业分析的重点。

9. 稳定期的投资风险比成长期小。

10. 在完全竞争的市场类型中,一部分企业能够控制市场的价格和使产品差异化。

11. 初级产品的市场类型较相似于完全竞争。

12. 制成品的市场类型属于垄断竞争市场类型。

13. 周期性行业的运动状态与经济周期呈正相关,即当经济处于上升时期,这些行业会紧随其扩张;当经济衰退时,这些行业也相应衰落。

14. 防御性行业的运动状态不受经济周期处于衰退阶段的影响。

15. 处于产品生命周期初创阶段的企业更适合投机者而非投资者。

16. 在产品生命周期的成长阶段,企业的利润增长很快,竞争风险非常大,破产率与被兼并率相当高。

17. 在产品生命周期的成熟阶段,少数大厂商垄断了整个行业的市场,每个厂商占有的市场份额比例发生变化的程度较小。

18. 在产品生命周期的成熟阶段,厂商与产品之间的竞争手段逐渐从提高质量、加强售后服务等非价格手段转向价格手段。

19. 成熟期的行业盈利很大,投资风险相对也高。

20. 在寡头垄断的市场上,在某种产品的生产中占很大份额的少数生产者对市场的价格和交易具有一定的垄断能力。

21. 钢铁、汽车及少数储量集中的矿产品如石油等资本密集型和技术密集型的产品的市场多属于寡头垄断类型的市场。

22. 在产业周期的成长阶段,新行业出现了生产厂商和产品相互竞争的局面。

23. 在产业周期的成长阶段,生产厂商不能单纯地依靠扩大产量、提高市场份额来增加收入,而必须依靠追加生产、提高生产技术水平、降低成本,以及研制和开发新产品的方法来争取竞争优势,维持企业生存。

24. 投资者应选择增长型行业进行投资。

25. 投资者在选择投资对象时应排斥增长速度与国民经济同步的行业,因为这些行业的投资回报不及增长型行业。

26. 投资者应选择处于生命周期成长期和稳定期的行业进行投资。

27. 投资者应避免投资于处于生命周期初创期的行业。

二、简答题

1. 完全垄断市场类型的特点是什么?

2. 增长型行业与经济周期是怎样的关系?

3. 行业的生命周期有哪几个阶段? 各个阶段有什么特征?

三、论述题

1. 证券投资过程中如何对行业进行选择?

2. 影响行业兴衰的主要因素有哪些?

四、综合题

分组进行行业分析竞赛。自己上网收集资料,要求有行业的基本状况,市场容量、销售增长和利润增长的预测,行业龙头的分析,全部做成多媒体课件。

五、思考题

国家出台燃油税政策,会对哪些行业产生影响? 产生怎样的影响?

阅读材料

行业资产配置有何过人之处①

鹏华行业成长开放式基金首次募集总额超过了40亿元,令人刮目。是不是因为鹏华的投资理念——行业资产配置有过人之处? 请问这种投资理念在目前的市场环境下是否有优势?

行业资产配置要获得较好的投资绩效,必须满足两个前提:一是市场的适应性问题,即市场特征能够符合行业轮动特征,在不同年份行业之间表现出较大差异;二是投资者的判断力问题,即在判断及选股上有能力对行业的景气度以及对行业内上市公司的投资价值进行有效判断。

从历史情况看,在不同的年份,我国股市行业之间表现的差异相当大。

---

① 资料来源:《上海证券报》,2002年5月28日。

1999年涨幅最高的5个行业分别是高科技、综合、公用事业、原材料和食品，平均涨幅为24.93%，其中涨幅最大的高科技行业涨幅达到了42.53%；而同期涨幅最低的5个行业分别是金融地产、生物医药、农林、家用电器和汽车，平均涨幅只有7.96%，尤其是涨幅最低的家用电器，只有4.37%。因此，涨幅列前的5个行业的平均涨幅是最后5个行业平均水平的3倍多。

2000年涨幅最高的5个行业分别是生物医药、能源、农林、原材料和纺织，平均涨幅为70.13%，其中涨幅最大的生物医药达到了83.90%；涨幅最低的5个行业分别是公用事业、食品、汽车、金融地产和家用电器，平均涨幅为35.73%，其中涨幅最低的家用电器18.45%。两者相比，5个行业最高平均涨幅是最低行业的2.4倍左右，尤其是最高与最低行业的涨幅之比达到了4.55倍。

2001年整个市场行情低迷，大盘不断创出新低，所有行业都经历了一波较大的下跌过程。全年跌幅较小的5个行业分别是汽车、食品、金融地产、公用事业和纺织，平均下跌幅度为16.89%，其中跌幅最小的汽车行业只下跌了13.2%。跌幅较大的5个行业分别是高科技、生物医药、农林、能源和综合，平均下跌幅度为29.5%，其中下跌幅度最大的高科技行业和生物医药行业分别达到了37.25%和30.86%。跌幅最高与跌幅最小的行业之间的差距也达到了2.5倍左右。

再对各行业在不同行情周期上的表现差异进行分析和研究，可以发现行业的走势与上期涨跌幅有一定的关系。如果上期涨幅过大而又缺乏前景和业绩等支撑的话，下期表现通常比较弱，如金融行业。反之，后期走势将比较稳定，如传媒行业。因此，从行业在不同时段走势的变化趋势并结合其基本面的分析，可以初步预测其下一时段的走势。

由此可见，行业资产配置是一种在我国股市能够行之有效的投资方法，对A股市场具有较强的适应性。由于在行业配置中没有绝对的偏废，一般而言市场风险相对较低。当然，如果基金经理对资金在各行业之间的配置不能达到最优，或者对大市判断有误的话，也可能造成机会损失，从而带来一些风险。

参考文献

[1] 中国证券业协会：《证券投资分析》，中国财政经济出版社2003年版，第110页。

第四章　公司分析

学习目标与要求

通过本章的学习，掌握公司分析的目的，掌握基本分析与财务分析理论与方法，掌握海富通基金的投资管理程序以及筛选法的思维方式。

通过本章学习能够计算企业的技术与管理水平，计算EVA，运用治理结构的评分考察公司的治理结构。能够运用综合比率分析以及项目分析分析公司的经营状况，能够运用各种预测手段预测公司的未来成长性，将定量分析与定性分析结合起来。掌握筛选法建立股票池的方法，了解各种筛选选股的方法。培养学员重视基本分析，认真、严谨的工作作风。

第一节　公司分析概述

一、公司投资分析与公司管理咨询分析的差异

从投资的角度进行的公司分析与从管理咨询角度进行的公司分析虽然都是进行公司分析,但是却有很多不相同的地方。

从管理咨询的角度分析,主要是要看公司的目前经营状况如何,公司存在哪些不足,如何改进才能够搞好公司的管理。分析公司的内外环境,公司有哪些优势与劣势,机会与威胁,公司的核心竞争力在哪里,根据分析确定公司的发展战略与具体改进措施。从管理咨询角度进行的公司分析,由于咨询人员是公司聘请的顾问,因此能够深入公司内部,获取各类所需要的数据。比如为了了解产品质量,咨询人员可以拿到产品检验的原始数据,拿到公司的废品率资料。因此,从管理咨询角度进行的公司分析可以在短期内就很清楚地了解公司经营的真实状况。

从投资者的角度分析,重点是要看公司盈利能力如何,未来的成长性如何,能否较长时间保持较高的盈利能力。而影响未来不确定的因素很多,因此从投资角度进行的公司分析也受到未来不确定因素的较大影响。为了分析准确,我们还必须对公司募集资金以及使用状况进行分析,对公司是否具有其他资源(包括政策、土地、原材料等)进行分析。为了防止买到目前报表很好但是未来可能出现问题的公司,还必须对公司的竞争力进行分析,对公司财务的其他指标进行分析。从投资者角度进行的公司分析大多数来自公开的资料,就是实地考察也很难得到上市公司的密切配合,很难得到管理咨询那样的内部资料。因此,从投资角度进行的公司分析在资料的占有上要弱于管理咨询,必须靠资料的长期积累与艰苦的分析来弥补其不足。

二、上市公司分析与非上市公司分析之间区别

有关非上市公司分析的理论已经比较成熟,一般来说,可以将其移植到上市公司竞争力的研究。但是,上市公司还是有其特殊性。上市公司有较强的筹资能力,能够向社会公众公开募集资金进行项目投资,一般的公司就不能够向社会公众公开募集资金进行投资。上市公司的股票在证券市场交

易，因此价格波动较大，其股价表现是企业形象的一种表现形式，能够给社会公众带来收益的上市公司在筹集资金方面也比较容易得到股东的支持，因此其发展速度也就更快。上市公司，特别是中国的上市公司，由于股权结构还不合理，因此公司的治理结构在评价公司竞争力方面就显得很重要，要占公司分析较大的比重。

对公司的分析可以分为基本分析和财务分析两大部分。

第二节　上市公司基本分析

一、公司基本情况分析

公司基本情况分析是我们最初投资公司所必须了解的内容。例如：

(1) 公司所从事的主营业务和主导产品是什么？产品质量如何？价格如何？产品的品牌如何？是否能够在商场经常看到这些产品并且深受消费者欢迎？各产品占公司利润的份额是多少？显然具有物美价廉的产品，产品销路好的公司是较好的投资对象。

(2) 公司所属什么行业，该行业的前景如何？公司在该行业的地位如何？具有发展前景的行业中的龙头公司值得我们高度关注。

(3) 公司是否享受国家产业政策的优惠？享受国家优惠政策的公司值得关注。

(4) 公司所处的地理区位，该区位有什么资源（矿产资源、水资源、森林等），交通、通讯等基础设施条件如何？公司所处的行业和当地的自然资源以及地理区位是否协调？这个行业在这个区位的发展前景如何？资源与地理区位和主营业务协调的公司值得我们关注。

(5) 公司的发行价是多少？十大股东的构成，基金在其中的比重如何？十大股东中间有众多基金的公司，值得我们关注。

通过钱龙、世华等计算机行情软件中的F10资料，我们就可以大体了解了公司的基本状况。

二、上市公司竞争力分析

人们对企业竞争力的理解，众说纷纭，各自从不同角度、不同侧面去把握。本人认为企业竞争力指竞争主体参与竞争以求取胜获利的能力；也是企业持续发展、增长后劲、资产增值和效益提高的能力。因此可以从上市公司的科技竞争力、管理竞争力以及经济竞争力三个方面进行分析。在分析时，我们要考虑资料的可获得性，也就是说从投资者能够得到的资料角度设计评价指标。

(一) 科技竞争力

理论上对公司技术水平的高低可以从公司技术硬件与技术软件两部分进行评价。技术硬件可以从机械设备、单机或成套设备的先进程度，自动化、流水生产的程度进行评价。软件可以从科研开发经费、科技人员的比例、职称结构与年龄结构、生产工艺技术、工业产权、专利设备制造技术、产品品牌、质量与销路、经营管理技术等方面进行评价。但是，在现实中，我们因为资料难以获得，往往只能够从产出的数据中进行分析。我们可以通过以下几方面来了解公司的科技竞争力。

(1) 上市公司上市募集资金时都有资金运用可行性报告。每年年报除了提供资产负债表、利润表与现金流量表外，还提供了企业募集资金运用的状况，将开发的新产品以及投资的项目等资料。企业增发股票与配股时也要说明企业募集资金的投向。因此，企业的产品技术含量以及新产品开发能力可以通过招股说明书与年度报告、增发、配股说明书中的企业募集资金投向，企业项目储备，企业在建工程完工状况，企业是否按照募集资金承诺的投资方向投资等方面得出(见表 4-1)。

表 4-1　募集资金使用情况表

	投资项目	计划投入募集资金	已投入募集资金
福耀玻璃	1. 福建万达的夹层汽车玻璃生产线配电工程建设	1 200 万元	1 200 万元
	2. 福建万达的夹层汽车玻璃生产线建设——包装车间基建	500 万元	500 万元
	3. 福建万达的夹层汽车玻璃生产线建设——支付进口设备尾款	25 000 万元	25 000 万元
	4. 福建万达的夹层汽车玻璃生产线建设——支付国内配套设备款	2 000 万元	2 000 万元
	(1995 年配股：6 180.17 万元)		

资料来源：柯原：福建省“十五”社会科学课题《福建上市公司竞争优势研究》报告。

通过表 4-1,我们可以看到福耀玻璃基本按照募集资金的计划投入建设。其设备在国内玻璃行业属于一流水平。

(2) 可以通过专利局检索企业的专利情况,了解企业开发新产品的能力以及技术水平。

表 4-2 专利与核心技术表

行业	公司	最近三年专利数量与部分专利名称	核心技术与水平	评分
玻璃	福耀玻璃	8 项专利。 一种汽车前风挡玻璃压制成型工艺方法。 一种汽车前风挡玻璃压制成型装置。 悬臂式磨边机一种单室玻璃烘弯炉。 双重侧翼成型模具。 单式炉炉丝升降机构。	汽车高档包边玻璃,产品达国际先进水平,通过了法国汽车产品型式认证权威机构 UTAC 公司 TS16949 的第三方认证审核。	强

资料来源:柯原:福建省“十五”社会科学课题《福建上市公司竞争优势研究》报告。

通过该表,我们可以发现福耀玻璃有较多的玻璃行业专利,技术水平达到国际先进水平。

(3) 技术进步与管理水平。技术进步与管理水平高的企业,投入少,产出多,因此其定量分析可以用“柯布-道格拉斯生产函数”进行评价。

$$P = AC^{\alpha}L^{\beta} \tag{4-1}$$

P:代表产出量(一般为主营业务收入);

C:代表资本投入量(一般用固定资产净值);

L:代表劳动投入量(一般用公司职工人数);

A:代表技术产出系数(即技术与管理水平);

α:代表资本的产出弹性系数;

β:代表劳动的产出弹性系数。(在规模收益不变时,$\alpha+\beta=1$,α 值可由专业研究机构给出)

年技术与管理进步速度 = 年主营业务增长速度 − α × 年资本增长速度 − β × 劳动力增长速度

例 4-1 已知某行业的技术与管理水平为 1.92,某上市公司年主营业务收入 51 860.77 万元,固定资产净值 21 790.2 万元,职工人数 2 492 人,$\alpha = 0.2$,问该上市公司的技术与管理水平如何?

解 $$A = \frac{P}{C^{\alpha}L^{\beta}} = \frac{51\,860.77}{21\,790.2^{0.2} \times 2\,492^{0.8}} = 13.49$$

该上市公司的技术与管理水平为 13.49,大于行业均值 1.92,该公司相对行业平均水平有明显的技术优势。

为了更准确地分析,还必须配合主营业务收入的历史数据和发展趋势进行分析,计算出年技术与管理进步速度。

(二) 管理竞争力

这里对企业管理竞争力的定义是指企业具有良性运行机制的基础。我们可以通过以下指标进行评价:

1. 相对市场占有率=上市公司主营业务收入/本行业第一位上市公司主营业务收入

管理好的企业,必然在它的经营绩效上面得到体现,只有市场占有率高的企业才有竞争力。选用与行业第 1 位比较相对值是认为比绝对值更能够反映企业的竞争力,同时数据采集的工作量也不大。

2. 相对销售增长率=上市公司销售收入增长率/本行业第一位上市公司销售收入增长率

管理好并且有竞争力的企业必然在同行业企业中具有较高的销售收入增长率。

3. 相对筹资能力=上市公司最近五年筹资总额/本行业第一位上市公司近五年筹资总额

有竞争力的公司必然是具有较强筹资能力、有发展后劲的公司。

4. 上市公司市场表现=同时期上市公司股价涨跌幅度/同时期选取的指数涨跌幅度

一个管理好的公司,其市场表现也应当得到大多数人的认可,能够给投资者带来收益。因此可以选定比较区间,将复权后的上市公司的股价与大盘指数的比值作为评价指标。

5. 上市公司治理指数

上市公司治理指数,是用于评价一个公司遵循有效的公司治理规范,服务于企业的各个相关利益主体,尤其是股东、债权人和员工的利益,并有利于创造企业价值最大化的综合性指标。上市公司治理指数的衡量指标包括以下几个方面：

(1) 股权结构。股权结构是我国上市公司目前治理方面面临的主要问题之一。合理的股权结构应当是大股东有一定的控制力，同时股权又适度分散，有三个以上持股在10%以上的股东，能够形成相互制约的法人治理结构。公司能够及时详细地披露十大股东信息，控股股东没有利用其控制地位与上市公司发生过有失公允的交易如转移资产、利润分配、不合理的关联价格等，近三年内没有发生过前十大股东侵害上市公司和中小股东合法权益的事件，公司股票全流通。

(2) 股东权利。股东权利应得到充分保护，否则公司的正当利益也难以得到有效的保障。为了确保股东权利得到维护，一方面要使得大小股东受到公平的对待，并能准确及时地获得有关公司的信息；另一方面又要防止内部人控制所带来的侵害。我们可以通过以下方面评价该指标：股东(尤其是中小股东)是否能便利地获得有关信息？公司章程是否对合规的股东权利作出限制？在发生增发股票、派发红利以及股权转移时，是否能平等对待所有股东？近三年是否发生过管理层侵害公司或股东利益的事件？前十大股东与上市公司之间是否存在相互借款、相互担保的问题？公司是否发生过广泛征集股东投票权的事例？等。

(3) 财务及治理信息披露。公司的信息披露是上市公司应该履行的法律义务，也是投资者判断公司价值的主要依据。上市公司如果没有真实、准确、完整、及时地进行信息披露，必然就会在投资者面前失去公信力。我们可以通过以下方面评价该指标：定期报告中的财务及其他重要信息披露是否真实、准确、完整、及时？定期报告中的财务及其他重要信息披露是否有补充公告，且补充公告是否涉及财务和其他重大错误？各种非定期公告文件中是否存在虚假记载、误导性陈述或重大遗漏？公司在关联交易方面是否存在违规现象？近三年内审计单位是否发生过违法违规现象？近三年内审计单位是否出具过保留意见？公司是否设立了网站，并将有关需披露的信息公布在网上？公告的电子文本与书面文稿是否一致等。

(4) 治理结构。公司治理结构是一个企业基础性的制度架构，是确保公司管理和运营处于正确轨道之上的基础。我们可以通过以下方面评价该指标：公司是否制定了公司治理准则？公司是否建立了独立董事制度？控股股东与上市公司之间是否实行了人员、资产、财务、机构和业务五分开原则？公司的报酬机制是否与业绩挂钩？公司是否建立了业绩评价和选拔制度？股东大会是否发生过拒绝接受新闻媒体采访的事例？董事是否因未勤勉履行其义务而被处罚过？近三年内独立董事是否发表过不同意见？监事会是否对董事会和高级管理人员发表过保留意见？监事是否曾经因未尽法定义务而被处罚？等。

(5) 治理与管理的匹配性。公司治理与公司管理构成完整的企业系统，治理制度的安排应有利于企业管理创新的产生和作用的发挥，同时管理模式的构建又必须与公司治理机制相适应。我们可以通过以下方面评价该指标：近三年公司的主要业绩指标例如主营业务收入、每股净资产和总资产收益率等是否处于稳定增长的局面？近三年内公司是否一直坚持突出发展主营业务的思路？公司与第一大股东尤其是控股股东在主营业务上是否存在同业竞争关系？近三年公司是否曾作为被收购的目标(包括收购成功和未成功的)？近三年内是否发生过上市公司与庄家合谋联合操纵股价的事例？近三年是否发生过公司高级管理团队集体辞职(占 30%以上)的事例？近三年内总经理或董事长的累计更换次数是否超过两次以上(含两次)？高级管理团队的平均年薪与公司业绩是否挂钩？等。

上市公司治理指数以百分制计算，治理指数的计算步骤如下：

首先，对股权结构、股东权利、信息披露、治理结构和治理与管理的匹配性等五个方面进行权衡，确定各自在最终的公司治理指数中所占的比重，初步确定为 20%、15%、25%、25%和 15%。

其次，通过设计一系列的问题来评价。每一项指标、每个问题有三种选择："是"、"不确定"和"否"，并分别赋予值"1"、"0.5"和"0"，然后计算每项指标下的得分总和，作为该项指标的得分。

最后，用每项指标的得分，除以该指标下的问题个数，再乘以 100，作为该指标的最后得分；按照各个指标的相应比重，计算上市公司治理指数。

计算公式为：上市公司治理指数 = 15% × S_1(股权结构) + 20% × S_2(股东权利) + 25% × S_3(信息披露) + 25% × S_4(治理结构) + 15% × S_5(治理与管理的匹配性)。其中，S_i 表示每个指标的最后得分。

上市公司治理指数的评价等级如下：大于等于 80 为优；介于 60 至 80

之间为良；小于 60 为差。在所需回答的问题中，如未具体指明时间期限的均为评价当年的情况。

(三) 上市公司经济竞争力评价

这里对经济竞争力的定义是企业创造财富的能力，只有能够创造财富的企业才具备有竞争力。EVA 就是经济增加值（简称 EVA—Economic Value Added），EVA 总额反映的是企业一定时期内股东从经营活动中获得的增值收入总额，它是扣除股东权益机会成本后的增值收益。虽然在利润的评价方面与传统的利润指标仅仅做了这样一个小小的变动，但是其意义却是很大的。如果上市公司只注意筹资而不注意用好募集来的资金，可能出现传统财务评价指标是盈利的，但是计算出来的经济增加值却是亏损的。例如，福建闽东电力股份有限公司 2000 年的年报显示，净利润为 4 352 万元，每股收益 0.145 元，按照传统的利润分析方法就会认为这是一家创造财富的企业，有一定的经济竞争力。但是，我们应用 EVA 法分析判断，经计算得到这家公司 2000 年的 EVA 为负（－2 483 万元），认为其经济竞争力差。从事后该公司的经营状况来看，验证了 EVA 法分析判断的准确性。通过 EVA 我们就能够发现谁是真正在创造财富，谁是在毁灭财富。通过 EVA 评价指标的引进，对于转换企业经营机制增强上市公司竞争力具有非常重大的意义。

1. EVA＝税后净营业利润－加权平均值资本成本

＝税后净营业利润－计算的 EVA 资本×资本成本率

其中：计算的 EVA 资本＝债务资本＋股本资本－在建工程－现金和银行存款；

加权平均资本成本率＝股本资本成本率×（股本资本/总市值）＋债务资本成本率×（债务资本/总市值）×（1－所得税率）；

股本资本成本率＝无风险收益率＋β×（市场风险溢价）；

债务资本成本率：3～5 年期银行贷款基准利率。

为了更好地看出不同规模的企业利用资本创造财富的能力，这里对 EVA 指标进行了深化，引进了 EVA 的相对值——创值率指标。

2. 创值率＝EVA/资本总额

显然，EVA 越高，创值率越高，企业创造的财富就越多，创造财富的能力越强;反之,如果 EVA 出现负值,则说明上市公司在毁灭财富。

目前在全球范围内,传统利润指标的主导地位正越来越受到新兴的经济增加值的挑战。20 世纪 80 年代美国 SternStewar 咨询公司将 EVA 标准引入公司价值评估与公司管理领域,使之在全球范围内得到广泛的应用,美国通用电气、可口可乐、联邦速递等公司均成为 EVA 管理的直接受益者。目前,美国《财富》杂志每年都要根据 EVA 值的高低对全球大公司进行创造财富能力的排名。可见在发达国家资本市场中,EVA 作为成熟的投资理念已经深入人心。我们可以运用评分或者模糊数学的方法从三个方面对上市公司的竞争力进行综合的评价。

三、上市公司的成长性分析

(一) 公司经营战略的分析

公司经营战略是企业面对激烈的环境变化所带来的严峻挑战,为求得长期生存和不断发展而进行的总体性谋划。经营战略具有全局性、长远性和纲领性的特征,它从宏观上规定了公司的成长方向、成长速度及其实现方式。企业经营战略是以开放式的系统观进行思维,其经历了经典战略理论、波特的竞争战略,最后发展到以资源、能力为基础的核心竞争力理论。企业竞争能力体系由技术性、管理性、治理性组成。因此我们可以通过收集上市公司领导的讲话内容、上市公司的管理重组以及资产收购与重组的信息、上市公司组建战略联盟的行为,结合我们前面的竞争力分析的结论来分析上市公司的战略管理思想、战略目标、战略措施,最后综合各方面的信息来估计上市公司的成长性。

例 4-2 评价公司战略对于公司增长率和公司价值的影响:宝洁公司

1993 年 4 月,宝洁公司决定降低其尿布产品的价格,以便更好地与低价格的地方品牌竞争。据估计,作为这一策略的直接结果,利润率将从 7.43% 下降到 7%,而资产周转率将从 1.6851 增加到 1.80。下表提供了在公司战略改变之后有关利润率、资产周转率和增长率的预测。

项目	1992	战略改变之后
EBIT(1-税率)	2 181 百万美元	
销售收入	29 362 百万美元	
息前税后利润率	7.43%	7.00%
总资产	17 424 百万美元	
资产周转率	1.6851	1.80
资产收益率	12.52%	12.60%
留存比率	58%	58%
债务/权益(账面价值)	0.7108	0.7108
债务利率(1-税率)	4.27%	4.27%
增长率	10.66%	10.74%

(二) 运用历史增长率数据

我们可以运用前面行业分析介绍的方法对企业主营业务收入以及净利润增长率的分析方法进行分析。这里再介绍时间序列分析法的二次指数平滑预测法。

指数平滑法是一种特殊的加权移动平均法。其优点有:

(1) 具备移动平均法的优点,对于具有长期趋势变动和季节性变动的观察资料,特别是对于数值异常大和异常小的观察值,经过移动平均的调整后,可以消除不规律的变动,因此适用于长期趋势变动和季节性变动的预测。

(2) 进一步加强了观察期近期观察值对预测值的作用,对于不同时间的观察值所施予的权数不等,从而加大了近期观察值的权数,使预测能够迅速反映公司实际的变化。权数之间按等比级数减少,此级数之首项为平滑常数 α,公比为 $1-\alpha$。可以通过选取不同的 α 值来改变权数的变化速率,调节平滑的曲线的修匀程度(即趋势变动的平稳程度)。

设 $X_0, X_1, X_2, \cdots, X_n$ 为时间序列观察值;

观察值的时间 $t=1,2,\cdots,n$;

$S_1^{(1)}\ S_2^{(1)}, \cdots, S_n^{(1)}$ 为时间 t 的观察值的指数平滑值;

α 为平滑常数,其值为 $0<\alpha<1$,即介于 0 与 1 之间的正值,则指数平滑值为:

$$S_t^{(1)} = \alpha X_t + (1-\alpha) S_{t-1}^{(1)} \tag{4-2}$$

对 $S_t^{(1)}$ 再进行一次指数平滑就得到二次指数平滑公式:

$$S_t^{(2)} = \alpha S_t^{(1)} + (1-\alpha) S_{t-1}^{(2)} \quad (4\text{-}3)$$

预测数学模型为：

$$Y_{t+T} = a_t + b_t T \quad (4\text{-}4)$$

其中：$a_t = 2S_t^{(1)} - S_t^{(2)}$　$b_t = \frac{\alpha}{1-\alpha}(S_t^{(1)} - S_t^{(2)})$　（推导略 *）

例 4-3　原水股份 1993～2002 年的净利润如表 4-3，预测 2003 年的净利润。由于历史数据变动趋势较稳定，所以取居中 α 值，即设 $\alpha = 0.6$。取前三年平均值为初始观察值，按照表 4-3 计算，得到：

$S_0^{(1)} = S_0^{(2)} = \frac{16\,541.03 + 20\,495.7 + 19\,543.5}{3} = 18\,860.07$，按照表 4-3 计算，得到：

$$a_t = 2 \times 40\,802.78 - 40\,409.11 = 41\,196.45$$

$$b_t = \frac{0.6}{1-0.6}(40\,802.78 - 40\,409.11) = 590.505$$

所以预测模型为：

$$Y_{2002+T} = 41\,196.45 + 590.505T$$

由于 2003 年是以 2002 年为基准，时间周期推进一年，即 $T = 1$，所以 2003 年的预测值为：

$$Y_{2002+1} = 41\,196.45 + 590.505 \times 1 = 41\,786.96$$

实际是 42 925.65 万元，误差 2.7%。

表 4-3　原水股份 1993～2002 年的观察期和指数平滑值

观察期	净利润(万元)	$S_t^{(1)}$　$\alpha = 0.6$	$S_t^{(2)}$　$\alpha = 0.6$
0		18 860.07	18 860.07
1(1993)	16 541.03	17 468.64	18 025.21
2(1994)	20 495.7	19 284.87	18 781.00
3(1995)	19 543.5	19 440.05	19 176.43
4(1996)	21 389.01	20 609.42	20 036.22
5(1997)	40 181	32 352.36	27 425.90
6(1998)	41 850	38 050.94	33 800.93
7(1999)	44 014	41 628.77	38 497.63
8(2000)	40 649	41 040.91	40 023.59
9(2001)	38 776	39 681.96	39 818.61
10(2002)	41 550	40 802.78	40 409.11

运用历史数据应当注意的方面：

(1) 增长率的变动。如果过去实际增长率波动性较大，采用过去时期增长率的数据需要慎重。

(2) 公司规模。但公司规模比较小时，可以有较高的增长率，比如微软公司 1987 年至 1997 年期间，净利润平均每年增长 50% 以上。如果一家公司已经高速增长多年，成为像中国石化那样的大公司，那么要每年保持 50% 以上的高速增长率就很难了。

(3) 经济的周期性。周期性公司，如钢铁公司，历史数据如果取自衰退时期，那么增长率的数值会很低，甚至为负值，如果数据取自高速增长时期，增长的数据又会很高。所以如果只取这样的历史数据进行预测是没有意义的，必须根据完整的经济周期的历史数据以及目前所处的阶段来预测未来的增长率才有意义。

(4) 基本面的变化。比如在政策、重组等基本面已经发生很大变化时，运用过去数据就没有任何意义。

(5) 收益的质量。并不是所有收益的增长都是同等的。与销售增长带来的增长相比，由于会计政策或购并活动所引起的收益增长的可靠性就更差。在预测未来增长时，前一种增长就要给予较大的权重；后一种增长就要给予较小的权重。

(三) 综合分析师研究进行预测

和行业分析一样，可以综合其他分析师的研究。此外还要注意以下信息：

(1) 自从上次收益报告之后公司公布的所有信息。比如根据某公司三季度的季度报告是每股收益 0.3 元，我们估计四季度为 0.4 元。公司在年报前披露：某委托理财将受到损失，我们就要调整未来收益的估计。又比如，某亏损公司宣布预盈，我们可以根据情况调高预测值。

(2) 可能会影响未来增长的宏观经济信息。比如原先估计房地产行业的销售增长率为 50%，现在国家宣布提高存贷款利率，以及提高按揭首付比例。估计未来将影响销售增长率以及房屋售价，因此调低销售增长率和利润率的预测。

(3) 竞争者揭示的关于未来预测的信息。比如由于四川长虹公司大打价格战，大幅度降低彩电的价格，这时就要考虑到康佳、厦华彩电可能受到影响,对其未来的盈利预测进行调整。

(4) 有关公司的内幕信息。虽然内幕交易是违法的,但是,有时你可以得到内幕信息,而这有助于你改善你的预测。

(5) 除了收益外的其他公开信息。例如资产周转率、股息支付比例等。

第三节　上市公司财务分析

一、如何阅读资产负债表

(一) 分析资产负债表的用途

资产负债表是反映上市公司一定日期财务状况的报表,它是根据"资产 = 负债 + 股东权益"的会计平衡公式,依照一定的分类标准和一定的次序,将一定时期的资产、负债、股东权益项目予以适当的排列编制而成的。通过阅读资产负债表所涵盖的全部内容,至少可以获得以下信息:

(1) 上市公司的资产、负债和股东权益的结构是否合理。如果一家公司全部资产中,净资产所占的比例过低,说明公司的外债过高,应对该公司的安全程度予以重视。

(2) 上市公司偿还债务的能力如何。如果一家公司的流动资产与流动负债相比相对过低的话,说明公司的偿债能力弱,在这种情况下,即使公司处于盈利状态,也应引起股东的注意。因为,充裕的资金对于企业的生存与发展是至关重要的。

(3) 上市公司运用资金的能力如何。一个经营活动正常的企业,资金应当有效率地在生产经营过程中运转,充分发挥资金效益。如果一家上市公司的存货积压过多或账款收回的速度缓慢,说明公司资金运用能力不强。

(4) 股东在上市公司里所享受的权益是多少。

(二) 资产负债表的内容

(1) 流动资产:是指一年内可变为现金的资产。它包括货币资金、短期投资、应收票据、应收账款、预付货款、其他应收款、待摊费用以及存货等。

(2) 货币资金:是最具有流动性的资产,它包括库存现金、银行结算户存款、外埠存款、银行本票存款和在途资金等。

(3) 短期投资:是指企业持有的能够并且准备在一年内随时变现的投

资，包括股票和债券等。

(4) 应收票据：是企业采用商业汇票结算方式的结果。与应收账款相比，应收票据更具有约束力，商业汇票经过承兑后，信用较高，可以按期收回货款，防止拖欠。此外，企业急需资金时，还可以向银行申请贴现。

作为股东，在应收票据上应当注意以下两个不利因素：一是企业应收票据中是否发生因到期遭拒付而转为应收账款项目下；二是企业是否发生大量的应收票据贴现情况。票据大量贴现，一方面反映企业货币资金紧张，另一方面给企业留下大量的或有负债。因为尽管票据信用较高，但万一对方到期不能支付票款，企业将承担连带付款责任。这种后果会给企业资金的调度带来麻烦。

(5) 应收账款：是指企业在正常经营过程中，由于赊销而产生的应收款项。对于大多数企业来说，应收账款是指企业因销售商品、材料、供应劳务以及办理工程结算等业务，应向购货单位收取的账款。

由于各种原因，应收账款总会有一部分不能收回，企业不能收回的应收账款就称坏账，应收账款成为坏账而造成的损失，称为坏账损失或坏账费用。

应收账款是流动资产中非常重要的一个项目，股东对应收账款项目应该给予高度重视。一般在阅读应收账款时，应注意以下四个方面：一是期末与期初相比，应收账款的增加幅度是否很大？二是将应收账款与销售收入联系起来，看企业销售收入中真正已经收取价款和尚未收取价款的比例各占多少？三是应收账款是否已提取坏账准备金？四是应收账款的周转速度是否太慢？

(6) 应收账款净额：是计提坏账准备金后的应收账款净值。

(7) 预付货款：是指企业购买材料、物资和接受劳务供应而预付给其他单位的款项。

(8) 其他应收款：是指企业除应收票据、应收账款以外的其他各种应收、暂付款项，包括备用金、各种应收的赔款、罚款、应向职工收取的各种垫付款项等。

(9) 待摊费用：是指企业已经支出，但应由本期和以后各期分别负担的各种费用，如低值易耗品摊销、预付保险费等。待摊费用的特点与预付货款的特点相同，即先付出，后受益。

由于待摊费用是企业已经支付而尚未计入成本、费用的支出，因此待摊费用的大小直接会影响企业下一个年度的利润，也就是说，当年的待摊费用越大，下一个年度的利润就越少，所以股东在阅读待摊费用时，应该掌握待摊费用这一特点。

(10) 存货：是指企业在生产经营过程中为销售或耗用而储备的资产，包括库存的、加工中的和在途的各种原材料、燃料、包装物、低值易耗品、在产品、外购商品、自制半成品、产成品以及发出商品等。存货是流动资产各个项目中变现能力相对较弱，而所占资产比重又相对较高的一项。可以从存货是否增加、存货占流动资产的比重大小、存货的周转速度三方面进行分析。

(11) 长期投资：是指企业不准备随时变现、持有时间在一年以上的有价证券，以及超过一年的其他投资。长期投资又可以分为股权投资和债券投资。股权投资包括向附属企业、其他企业的投资，它有两种投资形式，一是直接投资形式，是指用现金或资产投入被投资的企业，由被投资的企业向投资者出具出资证明书，确认股权；二是间接投资形式，是指投资者在证券市场上购买该企业的股票投资某企业。债券投资包括认购国库券、各种公债、企业债券等。

(12) 固定资产：是指使用年限一年以上，单位价值在规定标准以上，并在使用过程中保持原来物质形态的资产，包括房屋及建筑物、机器设备、工具器具等。

固定资产原价，就是指企业在投资建造、购置或其他方式取得某项固定资产时所发生的全部支出。

(13) 累计折旧：是指企业在固定资产使用过程中，由于损耗而转移到产品成本或费用中的价值累计数额。

$$\text{固定资产年折旧额} = \text{固定资产原值} \times \text{年折旧率}$$

(14) 固定资产净值：是指企业固定资产原始成本扣除累计折旧后的净值。通过固定资产净值可以了解固定资产的新旧程度和生产能力情况，了解固定资产净值占全部资产的比例。

(15) 在建工程：是公司期末各项未完工工程的实际支出，包括交付安装的设备价值、未完建筑工程已经耗用的材料、工资和费用支出、工程用料结存、预付出包工程的价款、已经建筑安装完毕但尚未交付生产使用的建筑安装工程成本。

(16) 固定资产清理:是指企业因毁损、报废等原因转入清理但尚未清理完毕的固定资产的净值,以及固定资产清理过程中所发生的清理费用和变价收入等各项金额的差额。

(17) 无形及其他资产:无形资产是指公司长期使用而没有实物形态的资产,包括工业产权(专利权、商标权)、专有技术、著作权、土地使用权、商誉等。它们通常代表企业拥有的一种法定权或优先权,或者是企业所具有的高于一般水平的获利能力。

(18) 开办费:是指企业在筹建期间发生的费用,包括筹建期间人员工资、办公费、培训费、差旅费、印刷费、注册登记费以及不计入固定资产和无形资产购建成本的汇兑损益和利息等支出。

开办费不能全部计入当年损益,应当在以后年度内分期摊销,逐年打入成本费用中去。

(19) 长期待摊费用:是指企业摊销期限超过1年的待摊费用,如以经营租赁方式租入的固定资产的改良工程支出等。

(20) 待处理流动资产损失:是指公司在资产清查中发现的尚待批准转销或作其他处理的流动资产的盘亏和毁损扣除盘盈、溢余后的净损失。

(21) 待处理固定资产损失:与待处理流动资产损失(减收益)相同,只不过将流动资产的内容改为固定资产而已。

(22) 流动负债:是指公司将在一年内偿还的债务,包括短期借款、应付票据、应付账款、预收货款、应付福利费、未交税金、未付股利及其他应付未交款和预提费用等项目。

(23) 短期借款:是指企业用于补充生产周转资金而向银行或其他金融机构借入的短期借款。现阶段企业的短期借款主要有生产周转借款、票据贴现借款、卖方信贷及结算借款等几类。

阅读短期借款项目时,应重点把握:

① 短期借款的金额是否很高,借款利率是否高于企业的股本利润率。

② 短期借款是否以各种担保形式(保证、抵押、留置、定金等)而取得。

③ 企业是否能够合理调度使用借入的资金,发挥最佳使用效益。

(24) 应付票据:是由出票人出票,由承兑人允诺在一定时期内支付一定款项的书面说明。如果应付票据到期,企业不能如数偿还这项负债的话,应将应付票据金额转入应付账款科目。

(25) 应付账款：是指因购买材料、商品或接受劳务供应等而发生的债务。这是买卖双方在购销活动中由于取得物资与支付货款在时间上不一致而产生的负债。

(26) 预收货款：是指企业按照合同规定向购货方预收的购货定金或部分货款，待实际出售商品、产品或提供劳务时再行冲减。

(27) 应付福利费：是企业准备用于企业职工福利方面的资金。如医药费、职工生活困难补助等。

(28) 未付股利：是指企业经股东会决议确定分配给股东但尚未发放的股利。

(29) 未交税金：是指企业依法应缴纳但尚未解缴的各种税金，包括产品税、增值税、营业税、城市维护建设税、房产税、车船使用税、所得税、资源税、盐税、烧油特别税、特别消费税等。

(30) 其他未交款：是指企业应交的各种费用和基金等，包括应交的教育费附加、车辆购置附加费、能源交通建设基金和预算调节基金等。

(31) 其他应付款：是指企业除了应付票据、应付账款以外，所发生的一些其他应付、暂收其他单位或个人的款项，如应付租入固定资产和包装物的租金、应付统筹退休金等。

(32) 预提费用：是指企业按照规定从成本中预先提取但尚未支付的费用。它同待摊费用一起都是责权发生制的具体体现，是为了均衡会计期间的成本而采取的一种手段。预提费用的多少直接与企业的利润有关。预提费用多，则企业的利润就少。投资人对预提费用过高应多加注意，看预提的费用合理与否，有无压低利润的企图。

(33) 待扣税金：是用来专门核算交纳增值税的企业，当月产品销售和其他销售业务应纳增值税小于按规定应予以扣抵的税金而少扣的税金，所以该项目的金额表示企业留待以后月份继续扣抵的增值税。

(34) 长期负债：是指偿还期在一年或超过一年的一个营业周期以上的债务，它是除了投资人投入企业的资本外，企业向债权人筹集，可供企业长期使用的资金。企业的长期负债一般可分为长期借款、长期应付债券和其他长期应付款三大类。

(35) 长期借款：是指企业向金融机构和其他单位借入的偿还期在一年

或超过一年的一个营业周期以上的债务。

对于长期借款项目,投资者应注意以下几点:

① 注意长期借款的用途,看看长期借款的使用对企业来说是否既安全又能带来效益。

② 分析长期借款是否在经济上可取。

③ 注意长期借款的取得是否有抵押。

(36) 长期应付债券:反映的是企业尚未偿还的长期债券的本息数额。分析应付债券时,首先要注意债券的票面金额、票面利率、还本期限、还本方式及发行总额等;其次,还应注意企业所发行的债券是否存在担保、抵押,若有担保、抵押的话,说明企业承担着一定的风险。

(37) 其他长期应付款:是企业除长期借款和长期应付债券以外的其他长期负债,包括采用补偿贸易方式下引进国外设备所发生的应付款项,应付融资租入固定资产的租赁费等。

(38) 股东权益:是指企业投资者即股东对企业净资产的所有权,包括企业所有者投入资金及留存收益等。会计上把股东权益分为股本、资本公积、盈余公积和未分配利润四部分。

(39) 股本:是股东按照公司章程和投资协议的规定,投入股份有限公司资本的通称,是一种具有所有权的风险资本。股本总额是指公司股票面值与股份总数的乘积。

股本可以用货币投资,也可以用建筑物、厂房、机器设备等有形资产,或工业产权、非专利技术、土地使用权等无形资产折价入股。

(40) 资本公积:包括超面值发行股票所得的溢价,按规定对财产价值进行重估产生的增值,以及企业接受的资产捐赠等。资本公积经股东大会决议,可以转为股本,按股东原有股份比例派送新股或者增加每股面值。

(41) 盈余公积:是指企业按照规定从税后利润中提取的积累资金。盈余公积经股东大会决议,可以转为股本,按股东原有股份比例派送新股或增加每股面值。

(42) 未分配利润:反映的是企业累积未分配利润,或累积未弥补亏损。

表 4-4 资产负债表

编制单位:黑龙江电力股份有限公司　　1997 年 12 月 31 日　　单位:人民币元

资产	1997 年度	1996 年度	负债及股东权益	1997 年度	1996 年度
流动资产			流动负债		
货币资金	341 903 511.99	40 801 772.64	短期借款	155 000 000.00	67 000 000.00
短期投资	—	—	应付账款	9 954 423.06	6 931 468.85
应收票据	—	—	应付福利费	272 526.69	208 368.63
应收账款	63 859 081.16	29 237 171.10	未付股利	—	70 670 749.40
减:坏账准备	—	—	未交税金	25 539 187.40	20 584 302.86
应收账款净额	63 859 081.16	29 237 171.10	其他未交款	79 595.43	173 490.93
预付货款	—	—	其他应付款	144 104 186.61	58 437 541.18
其他应收款	185 163 472.91	177 108 153.18	预提费用	—	—
待摊费用	—	—	年内到期的长期负债	—	—
存货	—	—	流动负债合计	334 949 919.19	224 005 921.84
待处理流动资产净损失	—	—	长期负债		
一年内到期的长期投资	—	—	长期银行借款		
其他流动资产	—	—	其他长期负债	—	—
流动资产合计	590 926 065.96	247 147 096.92	应付债券	191 250 500.00	168 750 500.00
长期投资			长期负债合计	191 250 500.00	168 750 500.00
其他长期投资	494 393 000.00	413 800 000.00	负债合计	526 200 419.19	392 756 421.84
固定资产			股东权益		
固定资产原值	691 406 988.25	425 123 999.07	股本	391 804 400.00	311 804 400.00
减:累计折旧	-83 076 866.14	-76 028 191.07	资本公积金	664 550 154.32	207 208 171.32
固定资产净值	608 330 122.11	349 095 808.00	盈余公积金	80 179 564.76	50 140 549.34
在建工程	187 439 800.00		其中:公益金	23 932 544.48	13 919 539.34
待处理固定资产净损失	—	—	未分配利润	218 354 449.80	48 133 362.42
固定资产合计	795 769 922.11	349 095 808.00	股东权益合计	1 354 888 568.88	617 286 483.08
资产总计	1 881 088 988.07	1 010 042 904.92	负债及股东权益总计	1 881 088 988.07	1 010 042 904.92

(三) 资产负债表的财务分析

1. 比率分析

(1) 股东权益比率

股东权益率=(股东权益总额/资产总额)×100%

该指标反映了股东承担风险的程度。该比率越小,说明主要风险由债权人负担,股东的风险将越小(资产负债率=1-股东权益率)。如果企业的资本报酬率高于为借款而支付的利息时,负债高点有好处,否则反之。

(2) 流动比率

流动比率 = 流动资产/流动负债

该指标是用于衡量企业短期偿债能力的指标。一般为 1.5~2 为正常,不同行业数值不同。低于正常值,反映企业安全性有一定问题;但是过高的流动比率也可能是由于存货积压呆滞所引起,或是拥有过多的货币资金而未加以有效的运用,这只能说明公司理财不当,未能将资金充分发挥效益,影响企业的获利能力。

(3) 速动比率

速动比率 = 速动资产/流动负债

速动资产 = 流动资产 - 存货

该指标反映企业立即偿债能力,一般认为保持在 1 以上为好。

运用流动比率与速动比率进行分析时还要注意以下问题:

首先,流动比率、速动比率偏低不一定显示短期偿债能力差。以宁波杉杉为例,1995 年 6 月 30 日,根据报表资料计算的流动比率和速动比率分别是 1.10 和 0.63。按通常标准 2 和 1 来衡量确实偏低。但其他数据显示该公司的短期偿债能力不仅不算差,还相当不错。由于产品供不应求,该公司预收货款达 8 323 万元,占流动负债的 37%,这意味着只要生产正常,这部分负债用产品偿付即可,根本不需担心其偿债能力问题。由于预收货款通常是一种无成本的资金来源,因此,利用该资金生产经营还可节约大量的利息支出,提高企业的经济效益,故预收货款负债大的不仅短期偿债能力没有问题,相反,还是产品销路好、企业效益佳的标志之一。

与此相对应的另一种情况是,由于预付款比重大而造成的偏高的流动比率和速动比率,并不表明企业偿债能力强。因为它不同于一般的流动资产,是已预付费用且短期内变现有困难的。若长期占用水平过高,就意味着原材料供应上存在问题,企业可能不预付款就无法及时足量购买所需原材料的情况,应引起足够重视。

(4) 应收账款周转率

应收账款周转率 = 主营业务收入/平均应收账款余额

平均应收账款余额 = (期初应收账款 + 期末应收账款)/2

应收账款周转次数可以说明应收账款的变现速度和管理效率,一个企业如果收账迅速，可以减少坏账损失，既节约资金，又表明企业信用状况好。一般应收账款次数越多越好。

(5) 存货周转率

存货周转率＝销货成本/存货平均余额

存货平均余额＝(期初存货＋期末存货)/2

一般而言，存货周转率越高越好，因为存货周转率越高，说明公司销售情况与经营管理效果越好。存货周转率越低，说明企业的存货积压或滞销，将会带来一系列隐患。

(6) 每股净资产

每股净资产＝净资产/总股数

每股净资产高的股票股东所享有的权益就多，投资价值高。

(7) 净资产倍率(市净率)

净资产倍率＝股价/每股净资产

成熟股市的净资产倍率平均为 2～3 倍。2003 年 12 月，中国平均市净率 2.39 倍，印度股票市场市净率平均值为 3.42 倍，新加坡 2.92 倍，香港 2.67 倍，美国股票市场平均为 3.52 倍。

2. 相关指标分析

(1) 财务结构分析

表 4-5 合理的财务结构

资产	负债及股东权益
流动资产 60%	短期负债 30%
	长期负债 10%
固定及无形资产 40%	净资产 60%
资产总额 100%	负债及股东权益总额 100%

如表 4-5 所示，企业流动资产大于 60%，净资产大于 60% 通常认为是非常理想的，它表明一方面企业资产流动变现能力强，另一方面企业股东投入资金比例大，自有资金比较充裕。但是从投资者实务分析的角度看，应把握以下原则：

- 与合理的财务结构相差较大的上市公司，其财务结构一定不合理。
- 与合理的财务比率结构较接近的上市公司，其财务结构不一定合理。我们还需要重点对企业的流动资产是否合理进行判断。

(2) 流动资产的构成分析

① 银行存款项目分析。银行存款项目代表企业货币资金的多少,表明企业现金的充裕程度。如果上市公司年报中货币资金金额较少,说明企业货币资金短缺,经营状况比较困难。因为作为企业经营来讲,一般一年年终是体现企业业绩和收成的时候,此时企业一般会加大资金回笼的力度,而且一般企业会为下一年的工作做好资金供应的准备工作,因此年末体现的货币资金量就比较大。这一项目与现金流量表相关数据结合起来分析就更有说服力,如果现金流量表中净流量负值,说明企业本年度现金流动困难,入不敷出,那么我们完全可以认定企业处于一个经营困境和资金困境中。理论上说,现金比例占企业总资产的比例在20%～30%为宜,因为太多的闲置资金说明企业资金利用效果不好。

② 短期投资分析。这一项目我们要结合财务报表报表附注短期投资的明细项目分析,一般附注中会列明投资项目名称,是股票投资还是债券投资,初始投资时间、金额等。

一般来说,短期债券投资收益不高,风险较小收益稳定,在短期投资分析中我们基本上忽略不计。短期股票投资风险大,可以有较高的收益也可能发生较大的损失,对企业利润影响较大。分析股票投资重点关注初始投资时间和短期投资跌价损失。根据初始投资时间,我们可以推测未来的持有期限(短期投资不超过一年)。跌价损失则表示年末股票短期投资其市值低于初始投资面值的损失金额。

短期投资跌价损失作为一种投资损失,已计入企业当年利润中,但是我们可以看到,实际上企业并未出售该部分投资,而是在继续持有,只有在企业出售投资后,才真正的体现出损失或收益。这时该投资已持有期限就显得相当重要,因为根据年报披露的有关规定,企业可在年度终了后4个月内公布年报,一般企业在公布年报时,距离年初已有相当一段时间。而股票市价则是时时在变化的,根据其上一年度已持有期限,那么本年度持有期限内我们通过观察该股票的二级市场走势,可以大致推算出上年度持有的短期投资在本年度到底是盈利还是亏损,对本年度企业业绩有多大的影响。

③ 应收账款项目分析。应收账款的分析可以从报表附注对应收账款的账龄、比例、金额大小以及坏账计提等方面进行分析。一般在1年以内和1～2年的应收账款回收可能性较大,风险较小,可以简单地认为该部分资

产是比较优质的资产；对于2～3年和3年以上的应收账款一般回收的可能性较小，发生坏账的可能性较大；3年以上应收账款为完全的不良资产，回收的可能性几乎为零。表4-6是某上市公司2000年年报数据，我们依此数据进行分析。

例4-4　如表4-6所示，我们发现该公司2000年末2年以内的应收账款比例很小，合计仅占不足10%，而年初2～3年应收账款尚占46.09%，到年末为0，同时3年以上应收账款增至90.89%，说明公司年初2～3年应收账款在年度内回收情况较差，基本全额结转为3年以上应收账款，另一方面1～2年应收账款年内回收情况很好，即全额回收，所以2～3年应收账款年末出现余额为零的情况。通过分析，我们可以知道该公司应收账款质地较差，首先表现为账龄较长的应收账款比例较大，回收的可能性较小。其次，公司催收期限较长应收账款的措施或办法不多，形成坏账的可能性较大，该公司应收账款近90%属于不良资产，需要我们高度关注。从坏账计提看，该公司3年以上应收账款3 053万元，而其计提坏账准备仅为152万元，可见其计提金额明显偏低，根本无法体现谨慎核算的会计原则。

表4-6　某上市公司2000年年报数据

账龄	2000年初数			2000年末数		
	金额	比例%	坏账准备	金额	比例%	坏账准备
1年以内	3 041 010.54	7.97	152 050.53	2 966 263.78	8.83	148 313.19
1～2年	1 039 597.77	2.73	51 979.89	95 403.00	0.28	4 770.15
2～3年	17 577 619.75	46.09	878 880.99	0	0	0
3年以上	16 481 421.80	43.21	1 415 336.31	30 530 004.84	90.89	1 526 500.24
合计	38 139 649.86	100	2 498 247.72	33 591 671.62	100	1 679 583.58

我们还可以把应收账款的增加额与年度实现的主营业务收入（来自于利润表）总额相对比分析。如果应收账款占营业收入总额的比例较大，则应收账款的风险较大，反之则风险较小。我们还可以通过应收账款的增长绝对值进行分析。如果增长较快，同时又集中在少数几个主要客户，尤其是关联关系的客户，则这类应收账款的风险较大，很可能是公司为配股或者增发等原因虚增应收账款，从而虚增营业收入，从而达到虚增利润的目的。出于这类方面考虑的上市公司，其形成的应收账款一般很难收回。所以，我们还

必须从纵向的方面对一家公司的应收账款保持持续的关注，如果应收账款保持持续增加的势头，则其风险程度也在增加，我们要尽量避免投资这样的公司。

④ 其他应收款分析。其分析方法类似应收账款。但是，重点要关注分析金额较大的前五项其他应收款的实质业务内容、账龄、金额，尤其是与关联方之间发生的应收款项要给予特别关注。

例 4-5 例如，我们通过2000年ST鞍山一工会计报表附注可以看到这家公司应收账款总额达到6.2亿元，2年以上的金额为3.6亿元，占其他应收账款总额的58.36%，并且期限较长的其他应收账款金额和比例呈不断增长的趋势。表4-7是其他应收款的前五名，通过前五名我们可以看到主要欠款客户是关联交易和关联借款。鞍山万荣铸轧有限公司和鞍山红托产业公司都是公司的关联方，其关联借款合计达5亿元，占其他应收款总额的80%，并且期限较长。最后是坏账计提金额不足。通过以上分析，该公司关联方归还借款的可能性非常小，公司发生坏账损失的风险非常大，上市公司已经成为关联公司的提款机，公司蕴藏的风险非常大。

表 4-7 其他应收款前五名

序号	单位名称	金额	欠款时间	欠款原因
1	鞍山万荣铸轧有限公司	375 893 650.77	1997年	关联交易
2	鞍山红托产业公司	125 562 989.09	1998年	往来款
3	鞍山锅炉辅机厂	20 803 430.03	1999年	设备欠款
4	鞍山鞋革厂	15 889 513.58	1994年	帮扶企业款
5	鞍山市财政局	7 171 771.27	1999年	国家股红利承担

⑤ 预付账款分析。预付账款反映企业为购买原材料、设备等原因预先支付的款项。一般来说，预付账款的账龄应当在一年以内，超过一年的预付账款一般属于非正常购货业务。因此从实际发生业务的角度说，一般预付购货款期限在三个月以内，超过三个月对方企业未付货则预付账款的回收存在一定风险，这一点需要引起我们重点关注。

⑥ 长期投资。重点关注被投资的上市公司股价变动情况以及财务状况和经营状况。

⑦ 固定资产分析。主要分析固定资产折旧政策是否合理，折旧计提是

否准确合理。比如生产化工类产品的上市公司由于设备受腐蚀程度比较严重,固定资产使用年限较短,一般确定的设备折旧率都比较高。如果这类上市公司折旧计提明显偏低就需要引起我们特别关注,一般是根据行业平均折旧率测算其少提折旧的金额,并根据折旧金额在利润总额中的比重来确定其风险的大小。投资者在投资一些特殊行业的上市公司时,需要谨慎关注折旧率的制定是否合理。固定资产一般采用年限法与工作量法。上市公司采取年限法计提折旧,比较清晰和规范。工作量法一般在特殊行业采用,对于特殊行业采用的折旧方法需要特别关注。例如高速公路公司大多采用车流量法,所以我们就要对照原先预测的车流量与现实是否有较大的差距,上市公司是否根据实际变化情况进行调整。

⑧ 在建工程项目分析。在建工程反映核算的是企业投入资金建设但尚未完工的固定资产。上市公司未来新的利润增长点主要体现在在建工程项目上,在建工程项目需要披露工程项目名称、预计投资金额、已投入金额及完工进度等几方面内容。投资者通过对在建工程相关内容及数据进行分析,结合上市公司该投资项目的行业特点和市场前景,初步评价该上市公司的未来的发展潜力和新的利润增长点。

下面我们以南京水运(600087)2001年年报为例进行说明:

表4-8 南京水运2001年年报在建工程项目有关数据

单位:人民币万元

项目	预算数	期初数	本期投入	本期转出	期末数	完工进展
油轮	45 576	4 588	23 132		27 720	68.82%
驳船	3 200		3 134	3 134		97.95%
合计		4 588	26 266	3 134	27 720	

例4-6 本期转出在建工程3 134万元为建造完工的四艘驳船,期末在建工程余额27 720万元为在建的两艘4万吨级油轮。从上面公开披露的数据来看,2001年公司投资3 134万元建造完工四艘驳船,基本完工并投入营运,这必然会为公司2002年带来增量的收入和利润,运力的增加将成为公司新的利润增长点。投资27 720万元在建两艘4万吨级油轮,工程进度为68.82%,估计年内可以完工,成为公司未来的另一利润增长点。

二、如何阅读利润与利润分配表

(一) 分析利润表的用途

从利润表上,投资人可以得到以下主要信息:

(1) 公司在一定期间(半年、一年等)取得了多少主营业务收入。

(2) 公司在取得主营业务收入的同时,发生了哪些相关费用的支出。

(3) 主营业务利润有多少。

(4) 公司除主营业务外,在其他方面取得了多少其他业务利润和获得了多少投资收益。

(5) 公司除主营业务收入外,发生了营业外收入与营业外支出有多少。

(6) 公司在一定期间由主营业务利润、其他业务利润、投资收益以及营业外收支净额构成的利润总额有多少。

利润表与资产负债表不同的是,资产负债表是一张静态的报表,反映的是企业在某一时点的资产、负债和股东权益的状况;利润表则是一张动态报表,反映的是企业在一定期间利润实现的情况。

股东通过利润表上反映的财务信息,可以评价一个企业的经营效益和成果,评估投资的价值和报酬,从而衡量一个企业在经营管理上的成功程度。并且,还可以从企业反映的获利能力上预测在未来一定时期内企业的盈利趋势。对于投资人来说,掌握利润表的使用与掌握资产负债表的使用同样重要。

(二) 利润分配表对投资人有何作用

公司实现了利润之后,要依照有关的法规或公司的章程进行利润分配。按照有关规定,公司的利润分配应当按下列顺序进行:

(1) 缴纳所得税

(2) 弥补亏损

(3) 提取法定盈余公积金

(4) 提取公益金

(5) 分派优先股股利

(6) 提取任意盈余公积金

(7) 分派普通股股利

通过利润分配表,股东一方面可以了解公司应缴所得税、公司积累、股利发放以及尚未分配利润的情况；另一方面，通过表上的有关数字，还可以分析公司的历年积累情况和公司实力，从而作出对公司股票品质的判断。

（三）利润与利润分配表的内容

(1) 主营业务收入：是指公司销售商品的销售收入和提供劳务等主要经营业务取得的收入总额。

(2) 营业成本：是指公司已销售商品和提供劳务等主要经营业务的实际成本。工业企业的主营业务成本是指制造成本，所谓制造成本是指企业生产经营过程中实际消耗的直接材料、直接工资、其他直接支出和制造费用。商业企业的主营业务成本是指企业发生的商品进价成本，不包括经营商品或提供劳务所发生的商品流通费（企业在进行收购、运输、保管和销售商品流通过程中所发生的各项费用）。

(3) 销售费用：是指企业在销售产品、自制半成品和提供劳务等过程中发生的各项费用，以及专设销售机构的各项经费，包括由企业负担的运输费、装卸费、包装费用、保险费用、委托代销手续费、广告费、展览费、租赁费（不含融资租赁费）、销售服务费、销售部门人员工资、职工福利费、差旅费、办公费、折旧费、修理费、物料消耗、低值易耗品摊销以及其他经费。

(4) 管理费用：是指企业行政管理部门管理和组织经营活动的各项费用，其内容与现行的企业管理费基本一致，具体包括公司经费、工会经费、职工教育经费、劳动保险费、待业保险费、董事会费、咨询费、审计费、诉讼费、排污费、绿化费、税金、土地使用费（海域使用费）、土地损失补偿费、技术损失补偿费、技术转让费、技术开发费、无形资产摊销、开办费摊销、业务招待费、坏账损失、存货盘亏、毁损和报废（减盘盈）以及其他管理费用。

(5) 财务费用：是指企业为筹集资金而发生的各项费用，包括企业生产经营期间发生的利息净支出（减利息收入）、汇兑净损失、调剂外汇手续费、金融机构手续费以及筹资发生的其他财务费用等。企业发生的短期借款的加息，也应计入财务费用中。

(6) 进货费用：是指商业企业在进货时发生的应由公司负担的运输费、装卸费、包装费、保险费、运输途中的合理损耗和入库前的挑选整理费等。

(7) 营业税金：是指公司销售商品、提供劳务等主营业务应负担的产品税、增值税、营业税和城市维护建设税。

(8) 主营业务利润 = 主营业务收入 − 营业成本 − 销售费用 − 管理费用

-财务费用-进货费用-营业税金。

(9) 其他业务利润是指公司除销售商品和提供劳务等主营业务以外的其他业务收入扣除其他业务成本及应负担的费用、税金后的净收入。

(10) 营业利润=主营业务利润+其他业务利润。

(11) 投资收益:是指公司以各种方式对外投资所取得的收益,包括对外投资分得的利润、股利和债券利息收入。

(12) 营业外收入:指企业业务经营以外的收入,包括固定资产的盘盈和出售净收益、罚款净收入、教育费附加返还款、确实无法支付而按规定程序经批准后转作营业外收入的应付款项等。

(13) 营业外支出:是指企业业务经营以外的支出,包括固定资产盘亏、报废、毁损和出售的净损失,非季节性和非大修理期间的停工损失,职工子弟学校经费和技工学校经费,非常损失,公益救济性捐赠,赔偿金,违约金等。

(14) 利润总额=主营业务利润+其他业务利润+投资收益+营业外收入-营业外支出。

(15) 可分配利润=利润总额+年初未分配利润+上年利润调整+公积金转入。

(16) 可供股东分配的利润=可分配利润-应交所得税-提取法定盈余公积金-提取公益金。

(17) 未分配利润=可供股东分配的利润-已分配优先股股利-提取任意公积金-已分配普通股股利。

表 4-9 利润及利润分配表

编制单位:黑龙江电力股份有限公司　　1997 年度　　单位:人民币元

项目	行次	1997 年度	1996 年度
一、主营业务收入	1	441 175 565.26	296 739 982.91
减:营业成本	2	324 458 537.99	194 336 639.12
销售费用	3	—	—
管理费用	4	13 640 373.81	11 499 309.35
财务费用	5	22 794 392.10	26 925 438.47
营业税金及附加	6	—	3 700 562.99
二、主营业务利润	7	80 282 261.36	60 278 032.98
加:其他业务利润	8	4 100 640.14	2 363 697.40
三、营业利润	9	84 382 901.50	62 641 730.38

（续表）

项目	行次	1997 年度	1996 年度
加:投资收益	10	115 933 466.67	84 871 154.00
营业外收入	11	—	—
减:营业外支出	12	56 265.37	6 289.52
加:以前年度损益调整	13	—	—
四、利润总额	14	200 260 102.80	147 506 494.86
减:所得税	15	—	22 227 255.16
五、净利润	16	200 260 102.80	125 279 239.70
加:年初未分配利润	17	48 133 362.42	7 897 825.08
盈余公积金转入数	18	—	—
六、可分配的利润	19	248 393 465.22	133 177 046.78
减:提取法定公积金	20	20 026 010.28	12 527 923.97
提取法定公益金	21	10 013 005.14	6 263 961.99
七、可供股东分配的利润	22	218 354 449.80	114 385 178.82
减:可分配优先股股利	23	—	—
提取任意盈余公积金	24	—	—
已/待分配普通股股利	25	—	66 251 816.40
八、未分配利润	26	218 354 449.80	48 133 362.42

(四) 如何对利润表进行盈利分析

1. 比率分析

(1) 每股净利润＝净利润总额/总股数

该指标越高越好,每股净利润越高,每一股可能分配的盈利也越高,说明企业盈利能力高。中国股市每股净利润在 0.2 元以下为绩差股,在 0.2～0.4 元属中等股,0.4～0.6 元属中上等股,0.6 元以上属绩优股。

(2) 净资产收益率＝(净利润/净资产)×100％

该指标越高越好,一方面反映出企业的盈利能力,另一方面也可以用来说明企业经营者在为股东拥有的资产争取充分收益的能力。对于股票的定价方面,净资产收益率也是极其重要的一个指标,必须引起投资者高度重视,寻找能够长期维持较高净资产收益率的公司应当是我们进行公司分析的重点。一般而言,净资产收益率在 20％以上为好。净资产收益率增长的股票往往有新的利润增长点。

(3) 市盈率=股价/每股净利润

该指标静态地反映了企业投资回收期,可作为股票投资价值判断的依据之一。一般在西方成熟股市,熊市时平均市盈率为5~10倍,牛市时平均市盈率为10~20倍。在我国这样的新兴市场,熊市时平均市盈率为10~20倍,牛市时为20~40倍。用市盈率结合成长性来判断投资价值更合理。

(4) 主营业务增长率=[(期末值-期初值)/期初值]×100%

(5) 净利润增长率=[(期末值-期初值)/期初值]×100%

主营业务与净利润同步增长的股票为好,增长值越高越好。

2. 利润表项目构成的财务分析

利润表的项目构成和勾稽关系,实际上是一个加减算术等式,比如:

主营业务利润(销售毛利)=主营业务收入-主营业务成本-主营业务税金和附加

营业利润=主营业务利润+其他业务利润-营业费用-管理费用-财务费用

例4-7 赤天化2000年和2001年年收益分别为6亿元和6.3亿元,变化不大,主营收入稳定。但是其主营业务利润却从7 240万元大幅度下降到4 040万元,在主营业务收入增加的情况下,主营业务利润却大幅度下降,明显不匹配。究其原因主要是因为主营业务成本大幅度提高,进一步分析是原材料成本大幅度提高,故公司的经营前景不容乐观。

对利润表分析可以从以下几个方面入手:

(1) 考察上市公司主营业务规模和主营业务赢利能力。只有突出主营业务的上市公司才有一定的竞争力。首先我们要根据公司的股本规模考察主营业务收入的大小,其次我们要考察主营业务利润大小。例如2001年赤天化公司主营业务6.3亿元,对于总股本1.7亿股的上市公司,其主营业务已具备较大的规模,使得该公司具备了更大规模发展的潜力。但是,2001年该公司实现主营业务利润4 040万元,其主营业务成本5.9亿元,毛利率仅为6.3%,因此该公司不具备长期投资价值。

(2) 分析上市公司非正常损益情况对公司年度利润的影响。主营业务利润加上其他业务利润减去期间费用后,就得到营业利润,营业利润反映企业经营业务的最后成果,属于公司的正常损益项目。对于赤天化来说,

2001年正常损益项目利润即营业利润为783万元,对于年收入6.3亿元的上市公司来说,营业利润实在是少之又少。

在确定企业的营业利润后,下一步就是确定企业的利润总额,具体过程如下:

营业利润+投资收益+补贴收入+营业外收入-营业外支出=利润总额

对于投资收益、补贴收入和营业外收支来说,他们属于上市公司的非正常损益,既不属于公司的主营业务,又不是公司经常性发生的项目,这部分损益发生具有不均衡性和不可预测性。所以,我们在对上市公司盈利以及成长性分析时,一定要注意利润的构成主要来自于主营业务收入还是来自于投资收益等非正常损益。

(3) 明确什么是可供股东分配和股利分配方式。企业当年净利润并不是可供股东分配的利润,它们之间的关系如下:

净利润+年初未分配利润=可供分配利润

可供分配利润-法定盈余公积-法定公益金=可供股东分配的利润

根据财务制度规定,利润分配首先在企业内部进行,即按照年度净利润计提10%的法定盈余公积,用于企业积累;按照年度净利润的5%～10%提取法定公益金,用于企业职工的集体福利。

(4) 对比前后年度相关数据的变动情况,分析其变动的原因并作出初步评价。

3. 盈利分析中其他注意事项

(1) 影响净利润的因素,真正能说明税后利润水平的应当是按照现行税法规定的所得税率计算得出的利润,若把分析的立足放在企业短期内所享受的特殊优惠政策基础上,那么,提供给投资的税后利润就有虚的成分。因此,把分析的基点定在15%所得税上较之于上市公司享受免税更能真实反映企业的获利能力。

(2) 关于所有者权益的构成及其变化。所有者权益及企业净资产增长的最可靠的来源应是原始投资(报表上"实收资本")及经营所得(报表上"盈余公积"和"未分配利润")。资本公积和特殊的来源渠道,对于绝大多数企业来说,不是经常发生,更不是大量发生的。但目前为数不少的上市公司净资产的增长在很大程度上是依靠高溢价发行与高价增发实现的。因此，投资者在用每股净资产衡量获利能力和财务实力时，应尽可能注意净资产的增加有多少份额是经营所得提供的。只有依靠盈利方式实现的净资产增长，才能反映出公司的获利能力。

(3) 周转指标。通常认为，周转指标主要用于分析企业的营运能力或者说反映企业利用经营资金的效率和综合管理水平。一些投资者认为经营管理的成果最终都将体现在利润上，因而没有必要过多关注周转问题，但实际情况不尽如此。

首先，周转状况对企业偿债能力有一定影响。目前在企业流动资产中存货和应收账款占绝大部分，倘若偿债能力指标正常但存货及应收账款周转缓慢，说明应收账款拖欠期长，企业销售能力薄弱或存货占用水平过高，这种情况将会大大影响企业短期偿债能力。如广东金曼从 1993 年起至 1995 年 7 月，速动比率从 52.48% 逐年降至 26.72%，同时存货周转率从 2.58 降至 1.02 表明该企业短期偿债能力大大下降，且非常薄弱。

其次，周转状况也影响企业获利能力。倘若公司获利水平很高，但应收账款周转速度缓慢，就不能排除下面的可能性：公司财务报告中利润的一部分可能仅仅是挂账利润，而不是现实的利润。

按照我国目前财务会计制度规定，逾期应收账款列作坏账的时间标准为三年，逾期三年应收账款仍无法收回的待报主管财税机关批准后才可列作坏账损失。换句话说，三年之中即使明知某笔款项无法收回或期满后并不报批，这部分事实上的损失仍可能体现为报表上的利润数，考虑到不及时处理坏账现象存在，因此，投资者在进行获利能力分析时，应充分考虑周转因素的影响，尽可能详细地了解存货和应收账款的内在质量。

4. 杜邦净资产收益率分析

净资产收益率对于股票价格决定具有非常重要的意义，因此我们可以运用杜邦分析对净资产收益率变动的原因进行分析。

(1) $\text{净资产收益率} = \dfrac{\text{利润}}{\text{销售收入}} \times \dfrac{\text{总资产}}{\text{净资产}} \times \dfrac{\text{销售收入}}{\text{总资产}}$ = 销售利润率 × 总资产对净资产比率 × 总资产周转率

(2) $\text{净资产收益率} = \dfrac{\text{利润}}{\text{销售收入}} \times \dfrac{\text{固定资产}}{\text{净资产}} \times \dfrac{\text{销售收入}}{\text{固定资产}}$ = 销售利润率 × 固定资产对净资产比率 × 固定资产周转率

(3) 净资产收益率 $=\frac{正常营业利润}{平均资产总额}\times\frac{平均资产总额}{平均净资产总额}=$ 资产收益率 $\times$ 资产对净资产比率

(4) 净资产收益率 $=\frac{利润}{销售收入}\times\frac{流动资产}{净资产}\times\frac{销售收入}{流动资产}=$ 销售利润率 $\times$ 流动资产对净资产比率 $\times$ 流动资产周转率

(5) 净资产收益率 $=\frac{利润}{销售收入}\times\frac{存货}{净资产}\times\frac{销售收入}{存货}=$ 销售利润率 $\times$ 存货对净资产比率 $\times$ 存货周转率

(6) 净资产收益率 $=\frac{利润}{销售收入}\times\frac{应收账款}{净资产}\times\frac{销售收入}{应收账款}=$ 销售利润率 $\times$ 应收账款对净资产比率 $\times$ 应收账款周转率

(7) 净资产收益率 $=\frac{利润}{销售收入}\times\frac{速动资产}{净资产}\times\frac{销售收入}{速动资产}=$ 销售利润率 $\times$ 速动资产对净资产比率 $\times$ 速动资产周转率

课堂作业小组讨论

根据黑龙江电力股份有限公司的资产负债表、利润表及利润分配表计算该公司的流动比率、股东权益比率、应收账款周转率、主营业务收入增长率、净利润增长率、每股净资产、净资产收益率、市盈率与市净率(设股票价格为 13 元),结合前面的分析方法对公司进行分析。

三、如何研读现金流量表

(一) 什么是现金流量表

现金流量表是以现金和现金等价物为基础编制,反映企业一定期间内现金收入和现金支出情况的会计报表,表明企业获得现金和现金等价物的能力,并反映企业如何运用现金和现金等价物。

现金流量表中所指的现金并不仅仅包括一般狭义上理解的由企业出纳员保管的零星备用金,它还包括企业在银行的存款,企业持有的期限短、流动性强、易于转换为已知金额的现金,以及价值变动风险很小的投资等。

现金流量表主要由三部分组成,分别反映企业在经营活动、投资活动和筹资活动中产生的现金流量。

公司经营活动产生的现金流量,包括购销商品、提供和接受劳务、经营性租赁、交纳税款、支付劳动报酬、支付经营费用等活动形成的现金流入和流出。

在责权发生制下，这些流入或流出的现金，其对应收入和费用的归属期不一定是本会计年度，但是一定是在本会计年度收到或付出。例如收回以前年度销货款，预收以后年度销货款等。公司的盈利能力是其营销能力、收现能力、成本控制能力、回避风险能力等相结合的综合体，由于商业信用的大量存在，营业收入与现金流入可能存在较大差异，能否真正实现收益，还取决于公司的收现能力。

筹资活动产生的现金流量，包括吸收投资、发行股票、分配利润、发行债券、向银行贷款、偿还债务等收到和付出的现金。其中，"偿还利息所支付的现金"项目反映公司用现金支付的全部借款利息、债券利息，而不管借款的用途如何，利息的开支渠道如何，不仅包括计入损益的利息支出，而且还包括计入在建工程的利息支出。因此该项目比损益表中的财务费用更能全面地反映公司偿付利息的负担。

投资活动产生的现金流量，主要包括构建和处置固定资产、无形资产等长期资产，以及取得和收回不包括在现金等价物范围内的各种股权与债权投资等收到和付出的现金。其中，分得股利或利润、取得债券利息收入而流入的现金，是以实际收到为准，而不是以权益归属或取得收款权为准的。这与利润表中确认投资收益的标准不同。例如，某上市公司投资的子公司本年度实现净利润 500 万元。该上市公司拥有其 80％的股权，按权益法应确认本年度有投资收益 400 万元。但子公司利润不一定立即分配，而且不可能全部分完(要按规定提取盈余公积)。如果该子公司当年利润暂不分配付讫，就没有相应的现金流入该上市公司。该上市公司当然也就不能在当年的现金流量表中将此项投资收益作为投资活动现金流入反映。

公司投资活动中发生的各项现金流出，往往反映了其为拓展经营所作的努力，可以从中大致了解公司的投资方向。一个公司从经营活动、筹资活动中获得现金是为了今后发展创造条件。现金不流出，是不能为公司带来效益的。投资活动一般较少发生一次性大量的现金流入，而发生大量现金流出，导致投资活动现金流量净额出现负数往往是正常的，这是为公司的长远利益，为以后能有较高的盈利水平和稳定的现金流入打基础的。当然错误的投资决策也会使事与愿违。所以特别要求投资的项目能如期产生经济效益和现金流入。

（二）现金量表研判一般准则

1. 一般来说，现金及现金等价物净增加额为正的较好

2. 一般而言，经营活动和筹资活动流入现金、投资活动流出现金的情况较合理

经营活动为现金流出，这会分流投资所需的现金，并要求投资日后有较高生现能力，即以投资收益掩盖主业亏损。

筹资活动流出，投资活动流入，经营活动流入现金大多为牺性经营现金和收回投资来偿还债务。筹资活动流出，经营活动流出，投资活动流入，则收回投资的现金还需弥补经营缺口。这两类公司的现金流可能萎缩。

经营活动流入现金，投资活动和筹资活动流出现金，会对当前现金周转构成压力。

3. 经营活动的现金流量是最重要的

经营活动是企业的根本所在，只有搞好企业的经营活动，使经营活动产生净流入流量，才有可能使总的现金流量为净流入，进而保证企业对资金的需要。它与总股本之比即为每股现金，反映公司经营生现能力。

（三）现金流量表可以分析哪些问题

1. 现金流量表能够说明企业一定期间内现金流入和流出的原因

如企业当期从银行借入 1 000 万元，偿还银行利息 6 万元，在现金流量表的筹资活动产生的现金流量中分别反映借款 1 000 万元，支付利息 6 万元。这些信息是资产负债表和利润表所不能提供的。

2. 现金流量表能够说明企业的偿债能力和支付股利的能力

通常情况下，报表阅读者比较关注企业的获利情况，并且往往以获利润的多少作为衡量标准，企业获利多少在一定的程度上表明了企业具有一定的现金支付能力。但是企业一定期间内获得的利润并不代表企业真正具有偿债或支付能力。在某些情况下，虽然企业利润表上反映的经营业绩很可观，但财务困难，不能偿还到期债务；还有些企业虽然利润表上反映的经营成果并不可观，但却有足够的偿付能力。产生这种情况有诸多原因，其中会计核算采用的权责发生制、配比原则等所含的估计因素也是其主要原因之一。

现金流量表完全以现金的收支为基础，消除了由于会计核算采用的估计等所产生的获利能力和支付能力。通过现金流量表能够了解企业现金流

入的构成，分析企业偿债和支付股利的能力，增强投资者信心和债权人收回债权的信心。

3．现金流量表能够分析企业未来获取现金的能力

现金流量表中的经营活动产生的现金流量，代表企业运用其经济资源创造现金流量的能力，便于分析一定时期内产生的净利润与经营活动产生现金流量的差异；投资活动产生的现金流量，代表企业运用资金产生现金流量的能力。通过现金流量表及其他财务信息，可以分析企业未来获取或支付现金的能力。如，企业通过银行借款筹得资金，从本期现金流量表中反映为现金流入，但却意味着未来偿还借款时要流出现金。又如，本期应收未收的款项，在本期现金流量表中虽然没有反映为现金的流入，但意味着未来将会有现金的流入。

4．现金流量表能够分析企业投资和理财活动对经营成果和财务状况的影响

资产负债表能够提供企业一定日期财务状况的情况，它所提供的是静态的财务信息，并不能反映财务状况变动的原因，也不能表明这些资产、负债给企业带来多少现金，又用去多少现金；利润表虽然反映企业一定期间的经营成果，提供动态的财务信息，但利润表只能反映利润的构成，也不能反映经营活动、投资和筹资活动给企业带来多少现金，又支付多少现金，而且利润表不能反映投资和筹资活动的全部事项。现金流量表提供一定时期现金流入和流出的动态财务信息，表明企业在报告期内由经营活动、投资和筹资活动获得现金，企业获得的这些现金是如何运用的，能够说明资产、负债、净资产变动的原因，对资产负债表和利润表起到补充说明的作用，现金流量表是联结资产负债表和利润表的桥梁。

5．现金流量表能够提供不涉及现金的投资和筹资活动的信息

现金流量表除了反映企业与现金有关的投资和筹资活动外，还通过附注方式提供不涉及现金的投资和筹资活动方面的信息，使会计报表使用者能够全面了解和分析企业的投资和筹资活动。

例 4-8

1．四川长虹 1997 年度报告中，实现销售彩电 126 万台，市场占有率达到 35%，销售收入、净利润均明显增加，但现金流入并未增加。因此在寻找

潜力成长股时，应看净利润主要体现在应收账款上还是现金流入。注意现金流量与经营活动的关系。

2．ST红光1997年上半年共筹资4亿多元，1997年度报告显示亏损2亿元，预计1998年还将亏损1.8亿元。因此，当上市公司现金流入大于流出时，其后果便是资金闲置，加大资金成本。而当现金流入小于现金流出时，将会导致建设项目、生产经营无法正常运转。在1997年度报告中，上市公司(A)股在总计1 511个计划投资项目中，有246个项目发生了变更，占16.8%。个别上市公司在募股资金到位后，将大部分计划项目进行了变更，这一点应引起广大投资者和管理层的重视。

3．银河动力1998年中报公布净利润2 487万元，每股收益0.35元，分别比去年同期增长6 117.50%和5 733.33%，但报表也同时公布公司于1998年6月26日以3 400万元的合同转让其持有的四川东力雅木有限责任公司的全部出资1 003万元，实现投资收益2 397万元，占公司上半年利润总额的96.4%，扣除此项利润来源，公司上半年实现利润与去年同期比增幅并不大。而如此大的一笔投资收益，只为公司带来同样数额的其他应收账款，并没有相应的可供支配的现金流入企业。

4．某些上市公司将本期支出的几千万元广告费列为递延资产予以分期摊销从而虚增当期利润，使公司本期账面利润与现金流量出现差额。广告费的递延效应对企业的影响极为不确定，按照会计核算的配比原则应将其在支出当期列为损益类支出科目而不能形成账面无形资产。否则，从资产负债表来看企业虚增一块资产，而现金流量表中却未反映一项现金流出，容易掩盖企业当期真实的经营业绩，对会计报表的使用者产生不必要的误导。

(四) 常用比率分析

1．上市公司短期偿债能力的现金流量比率＝经营活动的净现金流量/流动负债

比率越大，说明上市公司的短期偿债的能力越强。

2．上市公司偿付全部债务能力的现金流量比率＝经营活动的净现金流量/债务总额

比率越大，说明上市公司承担债务的能力越强。

3．每股流通在外普通股的现金流量的现金流量比率＝经营活动的净

现金流量/流通在外的普通股股数

比率越大,说明上市公司进行资本支出和支付股利的能力越强。

4. 上市公司支付现金股利的现金流量比率=经营活动的净现金流量/现金股利

比率越大,说明上市公司用年度经济活动的现金流量支付现金股利的能力越大。

第四节　财务比率综合分析

一、财务比率综合分析应当注意的事项

进行比率分析有两种分析方法:一种是横向比较,也就是通过和同行业比较,看分析的公司在处于同行业的什么位置?在选择比较对象时要注意可比性。另一个分析方法是纵向比较,也就是自己和自己比较,通过纵向的比较发现该分析公司的发展趋势,是否在向好的方向发展,还是向坏的方向发展?

进行比率综合分析时要根据自己的分析目的设置好分析指标体系。比如中国证监会组织的证券从业人员资格考试从变现能力、营运能力、长期偿债能力、盈利能力、投资收益、现金流量六个方面设计分析的指标体系进行分析。

在进行分析时要注意财务报表数据的准确性、真实性与可靠性。要高度重视审计部门出具的审计意见,避免投资审计部门出具保留意见的公司。要注意突发事件、通货膨胀、公司增资行为对财务结构的影响。

二、"经营五性"分析法

不同的指导思想,在指标体系的设置上也不相同。为了系统地从整体上把握企业的经营状况,这里介绍西方管理咨询的"经营五性分析法",将它用于对公司的评价。

(一) 设定"经营五性"指标体系

经营五性即"收益性"、"生产性"、"安全性"、"流动性"、"成长性"。也就是从企业的盈利状况、生产效率、偿债能力、资金周转、发展速度五个方

面对企业综合考察。其指标如下：

1. 收益性

净资产收益率、销售毛利率、每股收益。

2. 生产性

人均主营业务收入＝主营业务收入/职工人数

人均装备率＝固定资产净值/职工人数

人均净利润＝净利润/职工人数

3. 安全性

流动比率、速动比率、利息支付倍数。

4. 流动性

应收账款周转率、存货周转率、总资产周转率。

5. 成长性

主营业务收入增长率、净利润增长率、股东权益增长率。

(二) 计算出个股的指标与同板块指标的平均值，对企业类型进行归类

设个股指标高于板块平均值为正，低于板块平均值为负，我们可以根据和行业均值的差距设计不同的比分，通过综合正值与负值的比分确定出“经营五性”每个指标的正负值。则存在以下八类企业：

1. 稳定理想型

该型收益性、生产性、安全性、流动性、成长性均为正值。表明企业经营素质很好。

2. 保守型

其收益性、流动性、安全性为正值，生产性、成长性为负值。它表明企业较强调财务安全，在开拓、销售、设备投资方面存在不足，属保守型经营。要促使企业向稳定理想型发展，避免向消极安全型转化。

3. 成长型

表现为收益性、生产性、成长性、流动性为正值，安全性为负值。表明企业经营绩效处于恢复时期，而财政方面未能适应急速发展。企业应注意资金筹措，加强财政能力，以适应急速发展的需要，促使其向稳定理想型发展。

4. 特殊型

其收益性、生产性、流动性为正值，但安全性与成长性为负值。这是拥

有特殊技术企业所显示出来的经营图形。这类企业应增加销售收入，增加资金积累，促使其向成长型进而向稳定理想型发展，避免向均衡缩小型转化。

5. 积极扩大型

表现为生产性、成长性、安全性为正值，其余为负值。这是从量的角度积极扩大经营时常出现的图形。企业应根据精确的利润计划扩大营业的内容，根据需要投产高附加价值的产品，同时还要注意节约经费，力促企业向稳定理想型发展，避免向活动型、均衡缩小型转化。

6. 消极安全型

其安全性为正值，其余均为负值。这是维持消极经营时容易出现的图形。企业应利用财务方面的富余力量，提高生产、销售、资金、利润等的增长率，同时要促使企业努力开发新产品、录用新职工。通过上述两方面的努力，使企业经营向积极扩大型进而向稳定理想型发展，避免向均衡缩小型转化。

7. 活动型

其生产性、成长性为正值，收益性、流动性、安全性为负值。这是企业销售额急速增长，处于业绩恢复时期常见的图形。在这种情况下，如果遇到资金方面不景气的情况，就成问题。因此，企业应当制定长期利润计划，充实企业资金，以促进企业经营由活动型向成长型进而向稳定理想型发展。

8. 均衡缩小型

其五性均为负值。这是一种表现最差的经营状况，企业应当根据内外环境、产品发展方向、经营方针等制定其战略与策略，设法从均衡缩小型向活动型进而向成长型、稳定理想型发展，避免被淘汰出局、倒闭的厄运。

处于这八种类型的中间状态，我们都可根据动态发展数据将其归类于八种类型中的某一类。

作为经营良好的企业，其发展应当走以下两种模式："稳定理想型—成长型—稳定理想型"、"稳定理想型—积极扩大型—稳定理想型"。

表 4-10 列出了"经营五性"的指标特征以及不同公司类型之间的转化关系。

表 4-10 "经营五性"

公司类型	收益性	成长性	生产性	安全性	流动性	备注
稳定理想型	+	+	+	+	+	经营素质良好,打破平衡走成长型,在新层次上平衡
保守型	+	−	−	+	+	向稳定理想发展,避免向消极安全型转化
成长型	+	+	+	−	+	向稳定理想型发展
特殊型	+	−	+	−	+	向成长型发展,避免向均衡缩小型转化
积极扩大型	−	+	+	+	−	向稳定理想型发展,避免向活动型、均衡缩小型转化
消极安全型	−	−	−	+	−	向积极扩大型发展,避免向均衡缩小型转化
活动型	−	+	+	−	−	向成长型发展,避免向均衡缩小型转化
均衡缩小型	−	−	−	−	−	向活动型与成长型发展,避免淘汰出局

根据同板块的横向比较,我们知道企业是属于哪一种类型,根据年终、中期报告的动态比较,我们知道企业正向哪一种类型转化,是转好还是转坏。这样,我们对企业就有一个整体的把握。在"经营五性"分析的基础上,我们就可以通过杜邦分析等方法对上市公司进行更加深入的研究。

第五节 五类赚钱的股票

一、成长股

这是主力喜欢做的股种之一。在中国,成长股的最重要的标志是几何平均利润增长率,一般几何平均年利润增长率名义值高于 50% 的,可认为是成长股(这一数值高于成熟市场)。表 4-11 是 1992 年 12 月 31 日～1994 年 12 月 31 日成长股的年收益率与市盈率、利润增长率之间的关系。

表 4-11 部分成长股年投资收益率、市盈率与利润增长率

股票	年投资收益率%			1992.12.31	年几何平均利润增长率	
	1993年	1994年	几何平均	市盈率	名义值	真实值
综合指数	6.85	−22.30	−8.89			
爱使股份	257.96	−7.44	92.02	1 266.67	205.36	34.04
大众出租	81.33	68.45	74.77	69.70	58.68	46.18
飞乐音响	183.87	−5.36	63.91	175.00	117.49	23.20
申华实业	96.74	20.47	53.95	107.06	107.08	−0.40
延中实业	138.74	−15.54	42.00	198.17	154.08	84.23
飞乐股份	93.15	−13.67	29.13	161.43	56.64	32.52
联农股份	82.86	−26.41	16.22	110.11	63.12	29.60
兴业房产	42.94	−17.64	8.50	128.75	63.78	2.76

通过上表可以看到中国的成长股成长性都很高，初期市盈率也很高，但由于名义平均年利润增长率(包括增资扩股所引起的因素)高于年收益率，故经过两年后市盈率就大幅度下降。

如爱使股份，在上证指数从 1 558 点跌到 333 点的中途(500 多点)时，创了历史新高。投资其他股票的投资者亏损累累，而当时投资爱使股份的投资者却盈利。

如果买对一只成长股并且长期持有收益是很高的。以“申华”为例，1987 年 3 月，向社会公开发行股票(社会公众股)6 995 股，每股面值 100 元，每股发行价 100 元。1990 年 12 月，100 元面值的股票分割为面值 10 元，同时增资扩股 40 万股，每股面值 10 元，溢价发行，每股溢价 15 元。1992 年 5 月，第一次增股 50 万股，溢价发行每股 95 元。随后拆细，1 股变 10 股。为了达到总股本需规范的 5 000 万股以上，破例实施 1 送 3 股，1994 年 10 配 3 后送 7，1995～1996 年，10 送 2 配 3。如果最初投资 2 万元，拥有 200 股，单参与配股，到 1997 年初，十年间股票总数已经超过 100 万股，以当时市价 18 元计算，时价将近 2 000 万元！十年增值近千倍。

日本的索尼公司在短短的 20 年内从一个不知名的小公司变为世界性的跨国公司时，长线投资者的收益率高达 3 600 倍！投资股票最大的乐趣与收益就是享受资本的增值。

投资成长股的策略，最好是在熊市末期股价偏低时买进并长期持有，在牛市高峰时抛出，耐心等待，在下一循环低点时再买回心爱的成长股。

二、并购概念股(可能复苏股)

这些股票大多为一度业绩不好,价格急跌,被人冷落而又可能复苏的股票。在我国大多以并购概念的形式出现,由于业绩不好,主力易于收集,在并购消息出台后以投机的形式暴升,一般股价上几个台阶后短期内难以再回到起涨点。

这类股票 1995 年内有:北京北旅、四川广华、一汽金杯等。如一汽收购金杯后,在大盘股革命下,股价从 1.6 元升至 4 元以上。又如北京北旅从 2.5 元起涨,升至 12 元以上。1998～2001 年又以收购"壳资源"的形式出现,如阿城钢铁重组成科利华,从钢铁业转型为计算机技术培训、信息产业;美伦股份重组为泰达股份从针织转型为公用事业;众城实业模拟包玉刚登陆香港,重组为中远发展。每只股价都有数倍的升幅。

可能复苏股是高风险高收益股。比如美国的第三大汽车公司克莱斯勒公司,在其濒临倒闭的 1980 年,其每股售价为 1.5 美元/股,当艾科卡在美国白宫听证会取得美国政府 12 亿美元贷款时,其股价立即上升至 4 美元/股,1982 年达 6 美元/股,随着企业业绩不断好转,1987 年其股价达到 90 美元/股。

在购买可能复苏股时应看负债率,负债率不要太高,还应看是否有政策扶持。

三、周期起伏型

一般为钢铁、石化、交通、建筑等行业股票。在经济良好时,企业大把大把地赚钱,这时其发展比衣食住行行业快,而在萧条时,则下跌很快,所以应及早发现早期衰退现象。要密切注视公司的存货和供求情况。

如美国的福特汽车公司,1982 年为 4 美元/股,1988 年为 38 美元/股,以后又上涨了近 40%。

四、资产隐蔽型

这类公司拥有未被人注意到的资产,如一片沙砾荒滩、一片土地、一批房产、一笔现金、一种税收和政策优惠。

这也是主力喜欢做的一种股票,并且常利用此来制造概念,如 1994 年逆市而行的界龙股票。

五、稳健发展型

这类股票大多为公用事业股及衣食住行、日用品大中型企业，经营业绩比较稳定，年收入增长在10％～12％。所以在经济衰退与不景气的时候，它也能帮助股东保住财产，对不愿冒险的人来说当属上上股票。

第六节　股票池Ⅰ的建立示例

一、海富通精选投资基金建立股票池的方法

通过对中国股票市场进行实证研究，寻找影响股票收益率持续跑赢整个市场的因素，确定股票分析决策支持系统的定价指标。然后，计算所有A股市场股票(剔除PT股票)的相关定价指标水平，在考虑交易成本等因素对计算出的定价指标水平做适当调整后，筛选出至少有一个定价指标低于行业、市场平均水平的股票，形成备选股票池Ⅰ。各类研究机构与分析师进行第二步骤——盈利预测分析，以盈利预测为基础对备选股票池Ⅰ进行筛选，筛选出盈利预测指标高于行业、市场平均水平的股票，形成备选股票池Ⅱ。

二、资产配置模型——多因素分析决策支持系统

海富通基金采取“至上而下”的多因素分析决策支持系统，结合定量分析和定性分析，形成对不同市场的预测和判断，适度主动地动态调整基金资产在股票、债券和现金之间的比例，以规避或控制市场系统性风险，提高基金收益率。它主要是以宏观经济分析为重点，基于经济结构调整过程中相关政策与法规的变化、证券市场环境、金融市场利率变化、经济运行周期、投资者情绪以及证券市场不同类别资产的风险/收益状况等，判断宏观经济发展趋势、政策导向和证券市场的未来发展趋势，确定和构造合适的基金资产配置比例。

多因素分析决策支持系统是由两个层次构成。证券市场的价格水平、上市公司盈利和增长预期、市场利率水平及走势、市场资金供求状况、市场

心理与技术因素以及政府干预与政策导向等六大因素构成多因素分析决策支持系统的第一层次。基金管理人通过分析这六大因素，把握宏观经济和证券市场的发展趋势，确定投资组合的资产配置。该系统的第二个层次是由分析这六大因素的一系列具体指标构成的，这些具体指标构成了多因素决策支持系统的第二层次。表 4-12 是多因素决策支持系统的结构图。

表 4-12

投资组合资产配置	◂ 证券市场价格因素	◂ 市盈率、市净率、收益率差
	◂ 上市公司盈利和增长预期	◂ 市场平均每股收益率、平均净资产收益率、平均每股收益的增长等
	◂ 市场利率水平及走势	◂ 存款利率、国债收益率、收益率曲线等
	◂ 市场资金状况	◂ 货币供应量、新股发行、增发配股等
	◂ 市场心理及技术因素	◂ 市场成交量、技术指标等
	◂ 政府干预与政策导向	◂ 国有股减持、其他政策等

资料来源：海富通基金路演资料。

三、股票投资模型——精选股票分析决策支持系统

股票决策分析支持系统的目的是要挑选出定价指标低于行业、市场平均水平且盈利预测指标高于行业、市场平均水平的备选股票池。下图为精选股票分析决策支持系统的基本构造：

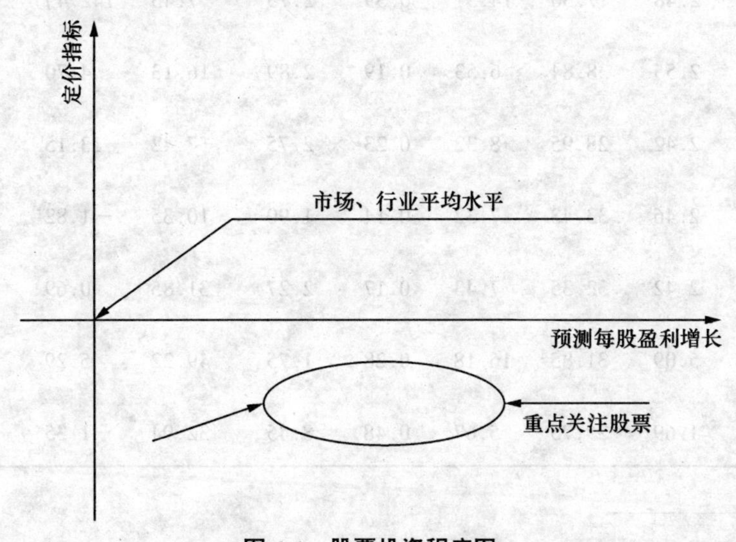

图 4-1 股票投资程序图

其中 Y 轴代表定价指标，X 轴代表盈利预测指标，坐标轴的中心代表行业、市场的平均水平。定价指标低于行业、市场平均水平且盈利预测指标高于行业、市场平均水平，即位于坐标轴中第四象限的股票，构成基金重点关注的投资对象。

四、备选股票池 I 的选择

下面我们根据海富通基金的方法，模拟选股。①

(一) 分行业计算定价与增长指标

第一步通过年度报表以及季度、半年度报表计算以下指标：

行业平均市盈率、行业平均市净率、行业平均净资产收益率、行业平均每股收益、行业平均主营业务增长率、行业平均净利润增长率、行业平均每股收益增长率。

下面以 2003 年年度公路桥梁行业的报告为例进行分析。(2004-04-31)

表 4-13　2003 年度路桥行业初步筛选表

企业名称	市净率(倍)	市盈率(倍)	净资产收益率(%)	每股收益(元/股)	每股净资产(元/股)	主营业务增长率(%)	净利润增长率(%)	每股收益增长率(%)
深高速 600548	2.48	17.36	14.31	0.39	2.73	−7.43	142.49	152.25
宁沪高速 600377	2.55	38.84	6.53	0.19	2.89	16.13	4.70	17.28
五洲交通 600368	2.42	28.95	8.32	0.23	2.75	−7.42	−13.15	−11.53
山东基建 600350	2.46	33.43	7.32	0.14	1.90	10.35	−1.82	−1.42
西藏天路 600326	2.42	32.35	7.43	0.17	2.27	−31.85	0.69	0.66
浦东建设 600284	5.09	31.85	16.18	0.28	1.75	49.22	5.29	11.86
赣粤高速 600269	1.69	29.75	5.67	0.48	8.45	32.94	−1.35	0.00

① 笔者 2004 年根据海富通介绍的方法模拟选股，不是真正的海富通基金的选股方法，但是效果还不错。

（续表）

企业名称	市净率（倍）	市盈率（倍）	净资产收益率（%）	每股收益（元/股）	每股净资产（元/股）	主营业务增长率（%）	净利润增长率（%）	每股收益增长率（%）
重庆路桥 600106	2.19	28.42	7.62	0.26	3.36	-26.24	10.82	10.83
四川路桥 600039	1.65	36.72	4.61	0.18	4.01	-22.04	-32.54	-60.86
楚天高速 600035	3.18	32.22	9.90	0.18	1.82	16.55	21.41	38.46
福建高速 600033	2.28	21.62	10.65	0.37	3.5	25.49	17.8	-1.7
中原高速 600020	2.00	27.65	7.24	0.26	3.57	17.75	-11.6	-35.19
皖通高速 600012	2.33	31.7	7.38	0.17	2.31	19.28	9.63	6.26
均值	2.52	30.07	8.70	0.25	3.17	7.11	11.72 (8.1*)	9.76 (-2.11*)

* 由于深高速的净利润大幅度增长是来自投资收益，所以（8.1）、（-2.11）为把异常数据深高速扣除后调整的数字。

通过以上方法分行业计算出所有行业的数据，供选择用。

（二）进行盈利增长筛选

以上面计算的公路桥梁行业的公司为例：

（1）净资产收益率高于行业均值的公司有：600548、600284、600035、600033。

（2）每股收益高于行业均值的公司有：600548、600284、600269、600106、600033、600020。

（3）每股净资产高于行业均值的公司有：600269、600106、600039、600033、600020。

（4）主营业务收入增长率高于行业均值的公司有：600377、600350、600284、600269、600035、600033、600020、600012。

（5）净利润增长率高于行业均值的有（用调整后数据）：600548、600106、600035、600033、600012。

（6）每股收益增长率高于行业均值的有（用调整后数据）：600548、

600377、600350、600326、600284、600269、600106、600035、600033、600012。

表 4-14 盈利增长定价筛选表

代码	净资产收益率	每股收益	每股净资产	主营增长	净利润增长	每股收益增长	得分
600548	+	+	−	−	+	+	4
600284	+	+	−	+	−	+	4
600035	+	−	−	+	+	+	4
600033	+	+	+	+	+	+	6
600269	−	+	+	+	−	+	4
600106	−	+	+	−	+	+	4
600039	−	−	+	−	−	−	1
600020	−	+	+	+	−	−	3
600377	−	−	−	+	−	+	2
600012	−	−	−	+	+	+	3
600350	−	−	−	+	−	+	2
600326	−	−	−	−	−	+	1

得分 4 分以上的有：600548、600284、600035、600033、600269、600106。

结合一季度主营业务收入与净利润增长考察：

因为 600548 一季度业绩大幅度下降，600106 去年利润的 1/3 来自投资收益，预计业绩将大幅度下降，所以初步确定有：600284、600035、600269(一季度主营业务增长 89.21%，净利润增长 86.05%)。600033(一季度主营业务增长 28.60%，净利润增长 63.18%)。以上四只股票主营业务与净利润都同步增长，说明利润增长主要来自于主营业务，公司的利润增长有坚实的基础。公司的净资产收益率高于行业均值说明公司单位净资产的盈利能力较高。

(三) 进行定价筛选

(1) 市净率低于行业平均值的股票有：600548、600368、600350、600326、600269、600106、600039、600033、600020、600012。

(2) 市盈率低于行业平均值的股票有：600548、600368、600269、600106、600033、600020。

两者都低于行业平均值的股票有：600548、600368、600269、600106、600033、600020。这些股票的相对定价低于行业的平均水平。

(四) 确定备选股票Ⅰ

(1) 盈利增长筛选的股票有：600284、600035、600269、600033。

(2) 定价筛选的股票有：600548、600368、600269、600106、600033、600020。

两者的交集为：600269、600033。两市公路桥梁行业最后筛选的股票确定为600269和600033。

我们可以运用以上的方法确定出更多行业的备选股票。

五、各类筛选法

随着股票数量的增加，选股的难度越来越大，所以可以运用各种筛选法先预选，然后再深入研究。下面是本人1997年7月根据1996年报运用筛选法对沪市股票筛选的实例。

(1) 选出主营业务与净利润都增长的股票共158家企业；

(2) 对158家进一步筛选，要求净资产收益率高于15%，剩下60家企业；

(3) 对60家企业进一步筛选，要求净利润增长率高于50%，剩下30家企业；

(4) 根据市盈率低与净资产倍率低的原则，从30家企业中选出：600790轻纺城、600728远洋渔业、600726龙电股份、600742一汽四环、600794大理造纸、600887伊利股份。

经过以上步骤，仅剩下6只股票，这时就要从企业行业前景、主业是否突出、是否享有优惠政策、企业经营状况的财务分析、企业生产技术装备状况、企业管理层水平、募集资金投向及进展状况、投资价值测算、该股历史最高价与历史最低价、企业股权结构与潜在风险、大主力的持仓成本、投资组合的风险与报酬等进一步深入研究。站在当时的角度(还未加入WTO)，我认为未来中国老百姓的收入中很大部分要用于买轿车，中国的轿车业是成长股，因此选择了600742；当时沪市处于历史相对高点，从规避风险的角度与成长性两方面考虑选择了公用事业股600726；看到伊利牛奶在福建很畅销，因此选择了600887。这样最终将备选股票缩减为三只。下面就是当时对 600726 的部分分析：

小盘(流通 A 股 4000 万股)、绩优、高成长。投资方向符合国家政策(将资金投向基础设施,拉动经济增长)。

1997 年、1998 年免税,1999～2001 年减税。1997 年免税一项将增收 2 100 万元以上。1997 年 3 月全部机组提价,平均提价 0.015 元/度,现电价 0.26 元/度,仍有上升空间。该公司 1997 年计划发电 22 亿度,提价增收 3 000 万元。1997 年 6 月,公司闪电式募集 8 000 万股 B 股,共募集 5.3 亿元人民币,现有 B 股 18 000 万股。该资金全部投往牡丹江第二发电厂(现有电厂,立即产生效益),募集资金按净资产收益率 15.2% 计算,1998 年应有 8 000 万元净利润。5.3 亿元资金在 1997 年下半年产生的利润也应在 1 000 万元以上。以往投资的资金于 1997 年 12 月产生效益,牡丹江第二发电厂 7 号机组投产。1997 年股东大会决议收购富拉尔发电厂,该电厂为 100 万千瓦机组,全年发电量 40 亿度,是现发电量的两倍。B 股海外投资者对该公司评价很高。该股 1997 年报预测每股收益 0.5～0.6 元,1998 年 0.8～1.00 元。故该股短、中、长题材均有,成长性极佳。

表 4-15　龙电股份财务指标分析表

项目 \ 年度	1993	1994	1996	1997	评价
主营业务收入(万元)	2 949.4	19 881.6	27 889.5	29 674	近三年以年均 115.88% 的速度高速增长,很好
净利润(万元)	1 593	5 466.4	8 303.08	12 528	近三年以年均 98.88% 的速度增长,1996 年为 50.88% 很好
每股收益(元/股)	0.11	0.27	0.41	0.40	中上
净资产收益率(%)	7.29	19.31	26.64	20.30	好
股东权益比率(%)	48.29	50.00	52.60	61.11	合理
每股净资产(元/股)	1.37	1.40	1.54	1.98	偏低,不太好
速动比率				1.10	安全
应收账款周转率(次/年)				10.15	较好
销售毛利率(%)				34.5%	很好
相对市盈率 $\left(\frac{\text{利润增长率}\times 100}{\text{市盈率}}\right)$					50.88/35 = 1.45,比较合理,如能以更低的市价买入更好

从以上分析看，龙电股份财务状况良好，可以考虑买进。计划买入价为14元以下。

实际情况为：龙电股份1997年每股收益0.51元，1998年为0.40元(10送5后)。1998年10送5后填权。2000年7月，股票价格达17.69元。按10送2转增3，10配3派1.5复权后，年复利收益率高于30%。分析基本没有太大错误。600742也有很好表现，1997年7月价格为14元左右，1997年10派2.5配3，1999年10派2.5，1999年中期10送2转增3，2000年7月股价为17元左右，年复利收益率也高于30%。600887近几年业绩一直不错。实践证明，本方法还是可行的。

显然，筛选原则与标准不同，结论也不同，投资者可以根据个人投资心理与市场流行主题而确定个人的筛选原则并且在实践中不断完善。

本章提要

通过本章学习，我们了解到对公司进行证券投资的分析与一般的管理咨询分析不同，投资分析更加注重上市公司的盈利能力以及未来的成长性，其他分析都是围绕着这两个核心进行的。公司分析分为公司基本素质分析与公司财务分析两大块。要注意公司资料的长期跟踪。

在公司基本素质分析中，上市公司的技术进步水平，上市公司能否用好募集资金，上市公司是否诚信，是否有良好的治理结构，公司领导层的战略思想是当前对中国上市公司分析的关键。

在公司财务分析部分，我们介绍了比率分析法与项目分析法。在综合比率分析法中介绍了“经营五性”分析法。我们可以通过与行业的平均值比较，看公司在行业中所处的地位，通过自己与自己的纵向比较，看公司的发展趋势。通过杜邦分析进一步深化研究。在比率分析中要特别注意几个指标。一个是市净率与市盈率指标，一个是净资产收益率指标。上市公司能否长期保持较高的净资产收益率是需要我们高度关注的。在分析公司盈利时必须注意依靠主营业务利润来取得较高收益的公司具有较高的投资价值。此外，我们还必须关注公司的周转指标、现金流量、关联交易等项目，关注审计师事务所出具的审计报告，要防止买入“问题公司”的股票。在进行公司分析前必须列好调查提纲与项目，做仔细的工作。

本章最后介绍了海富通基金筛选股票的方法以及投资管理程序。本章还介绍了其他的筛选方法，同学们可以吸取各派优点，结合不同时期的市场主题来制定自己的筛选原则。

练习与思考

一、简答题

1. 对公司的竞争地位应如何分析？

2. 如何分析公司的偿债能力？

3. 如何分析公司的投资收益？

4. 如何分析公司的盈利能力？

二、论述题

1. 在进行公司未来成长性分析时要注意哪些问题？

2. 在进行公司财务分析时要注意哪些问题？

三、判断题

1. 一般地说，如果主营业务增长率超过 8%，说明公司产品处于成长期，将继续保持较好的增长势头。

2. 资产负债表是反映公司在某一特定时点财务状况的动态报告。

3. 市盈率又称本利比。

4. 股东权益收益率是反映投资收益的指标。

5. 决定公司竞争地位的首要因素在于公司的管理水平。

6. 公司分析分为基本素质分析和财务分析两大部分。

四、计算题

1. 运用“经营五性分析法”，分析能源行业一家公司的经营状况。

2. 收集 600649 历年主营业务收入的数据，运用二次指数平滑预测法预测未来一年的主营业务收入。

3. 运用海富通基金建立股票池 I 的方法，选择旅游行业的股票(可以更换行业)。

阅读材料

巴菲特投资理念①

巴菲特的投资理念，比起随机漫步、有效市场假说以及资本资产定价理论，要简单得多。但简单的东西不一定不深刻。在不少人那里，巴菲特就等于绩优加长线。其实，事情远非这么简单。

巴式方法大致可概括为5项投资逻辑、12项投资要点、8项选股标准、和2项投资方式。

(一) 5项投资逻辑

(1) 因为我把自己当成是企业的经营者，所以我成为优秀的投资人；因为我把自己当成投资人，所以我成为优秀的企业经营者。

(2) 好的企业比好的价格更重要。

(3) 一生追求消费垄断企业。

(4) 最终决定公司股价的是公司的实质价值。

(5) 没有任何时间适合将最优秀的企业脱手。

这5项投资逻辑，构成巴式投资方法的基本框架，是我们理解巴式方法的基本要素。

(二) 12项投资要点

(1) 利用市场的愚蠢，进行有规律的投资。

(2) 买价决定报酬率的高低，即使是长线投资也是如此。

(3) 利润的复合增长与交易费用和税负的避免使投资人受益无穷。

(4) 不在意一家公司来年可赚多少，仅在意未来5至10年能赚多少。

(5) 只投资未来收益确定性高的企业。

(6) 通货膨胀是投资者的最大敌人。

(7) 价值型与成长型的投资理念是相通的；价值是一项投资未来现金流量的折现值，而成长只是用来决定价值的一项预测过程。

(8) 投资人财务上的成功与他对投资企业的了解程度成正比。

(9) "安全边际"从两个方面协助你的投资：首先是缓冲可能的价格风险，其次是可获得相对高的权益报酬率。

---

① 资料来源：158海融证券网，2000年8月15日。

（10）拥有一只股票，期待它下个星期就上涨，是十分愚蠢的。

（11）就算联储主席偷偷告诉我未来两年的货币政策，我也不会改变我的任何一个作为。

（12）不理会股市的涨跌，不担心经济情势的变化，不相信任何预测，不接受任何内幕消息，只注意两点：(1) 买什么股票；(2) 买入价格。

这 12 项要点，代表了 12 个相互独立的理论。每一个理论都有其完整而深刻的内涵。

参考文献

[1] 柯原：《上市公司竞争力评价指标体系的研究》，《福建行政学院福建经济管理干部学院学报》2003 年第 4 期，第 57 页。

[2] Aswath Damodaran 著，张志强、王春香等译：《价值评估》，北京大学出版社 2003 年版，第 66 页。

[3] 王会武、周晓艺：《上市公司财务报表解读方法与技巧》，《上市公司研究》2002 年第 1～7 期。

[4] 柯原：《"经营五性"选股法》，《福建行政学院福建经济管理干部学院学报》1994 年第 4 期，第 20～21 页。

第五章 有价证券的价格决定

学习目标与要求

通过本章学习，要求掌握债券基本价值的估算、债券定价原理、债券收益率曲线以及债券久期和凸性理论；掌握股票定价的零增长模型、不变增长模型、两元增长模型、有限持有模型以及市盈率模型；掌握基金与可转换债券的定价理论。

通过本章学习，能够计算债券的理论价值、到期收益率，能够运用债券定价原理以及久期理论进行债券的投资组合。能够熟练地将公司分析与股票内在价值的测算结合起来，计算所投资的股票以及可转换债券的内在价值，能够熟练地在股票、基金、债券、可转换债券之间寻找投资机会。

第一节　债券的价格决定

一、债券的基本价值评估

(一) 假设条件

要正确理解债券估价的基本方法，首先应对那些肯定能够全额和按期支付的债券进行考察。此类债券的典型即是政府债券。虽然该种债券肯定按期支付约定金额，但就该约定金额的购买力而言，仍具有某种不确定性，即通货膨胀的风险。

因此，在评估债券基本价值前，我们假定各种债券的名义和实际支付金额都是确定的，尤其是假定通货膨胀的幅度可以精确地预测出来，从而使对债券的估价可以集中于时间的影响上。完成这一假设之后，影响债券估价的其他因素就可以纳入考虑之中。

(二) 货币的时间价值：未来值和现值

货币的时间价值是指使用货币按照某种利率进行投资的机会是有价值的，因此一笔货币投资的未来价值高于其现值，多出的部分相当于投资的利息收入；而一笔未来的货币收入(包含利息)的当前价值(现值)必须低于其未来值，低于的部分也就相当于投资的利息收入。

1. 未来值的计算

如果知道投资的利率为 r，若进行一项为期 n 年的投资，到第 n 年时的货币总额为：

$$P_n = P_0(1 + r)^n \tag{5-1}$$

或

$$P_n = P_0(1 + r \cdot n) \tag{5-2}$$

式中：P_n——从现在开始 n 个时期后的未来值；

P_0——本金；

r—每期的利率；

n—时期数。

公式(5-1)是按照复利计算的未来值，公式(5-2)是按照单利计算的未来值。

例 5-1 某投资者将 1 000 元投资于年息 10%，为期 5 年的债券（按年计算），此项投资的未来值为：

$$P = 1\,000 \times (1 + 10\%)^5 = 1\,610.51(\text{元})$$

或

$$P = 1\,000 \times (1 + 10\% \times 5) = 1\,500(\text{元})$$

可见单利计算的未来值比复利计算的未来值略低。

2. 现值的计算

根据现值是未来值的逆运算关系，运用未来值计算公式，就可以推算出现值。

从公式（5-1）中求解出 P_0，得出现值公式：

$$P_0 = P_n / (1 + r)^n \tag{5-3}$$

从公式（5-2）中求解出 P_0，得出现值公式：

$$P_0 = P_n / (1 + r \cdot n) \tag{5-4}$$

式中：P_0——现值；

P_n——未来值；

r——每期利率；

n——时期数。

公式（5-3）是针对按复利计算未来值的现值而言，公式（5-4）是针对用单利计算未来值的现值而言的。

例 5-2 某投资者面临以下投资机会，从现在起的 7 年后收入 500 万元，其间不形成任何货币收入，假定投资者希望的年利为 10%，则投资现值为：

$$P_0 = 5\,000\,000 \div (1 + 10\%)^7$$
$$= 2\,565\,791(\text{元})$$

或

$$P_0 = 5\,000\,000 \div (1 + 10\% \times 7)$$
$$= 2\,941\,176.4(\text{元})$$

可见，在其他条件相同的情况下，按单利计息的现值要高于用复利计息的现值。根据未来值求现值的过程，被称为贴现。

（三）债券的基本估价公式

1. 一年付息一次债券的估价公式

对于普通的按期付息的债券来说，其预期货币收入有两个来源：到期日前定期支付的息票利息和票面额。其必要收益率也可参照可比债券确定。因此,对于一年付息一次的债券来说,若用复利计算,其价格决定公式为:

$$P = \frac{C}{(1+r)} + \frac{C}{(1+r)^2} + \cdots + \frac{C}{(1+r)^n} + \frac{M}{(1+r)^n}$$

$$= \sum_{t=1}^{n} \frac{C}{(1+r)^t} + \frac{M}{(1+r)^n} \tag{5-5}$$

如果按单利计算,其价格决定公式为:

$$P = \sum_{t=1}^{n} \frac{C}{1+t \cdot r} + \frac{M}{1+n \cdot r} \tag{5-6}$$

式中:P——债券的价格;

C——每年支付的利息;

M——票面价值;

n——所余年数;

r——必要收益率;

t——第 t 次。

2. 半年付息一次债券的估价公式

对于半年付息一次的债券来说,由于每年会收到两次利息支付,因此,在计算其价格时,要对公式(5-5)和公式(5-6)进行修改。第一,年利率要被每年利息支付的次数除,即由于每半年收到一次利息,年利率要被 2 除。第二,时期数要乘以每年支付利息的次数,例如,在期限到期时,其时期数为年数乘以 2,用公式表示如下:

$$P = \sum_{t=1}^{n} \frac{C}{(1+r)^t} + \frac{M}{(1+r)^n} \tag{5-7}$$

或

$$P = \sum_{t=1}^{n} \frac{C}{1+r \cdot t} + \frac{M}{1+n \cdot r} \tag{5-8}$$

式中:C——半年支付的利息;

n——剩余年数乘以 2;

r——必要收益率;

P——债券的价格。

公式(5-7)是用复利计算的半年付息的债券价格公式,公式(5-8)是用单利计算的半年付息债券价格公式。

3. 债券基本估价公式的简化公式

如果计算的年限很长，直接用基本公式计算附息债券的现值就比较麻烦，可以用等比数列求和公式将复利计算公式转化为：

$$P = C \cdot \left[\frac{1-(1+r)^{-n}}{r}\right] + \frac{M}{(1+r)^n} \tag{5-9}$$

$$P = \frac{C}{2} \cdot \left[\frac{1-\left(1+\frac{r}{2}\right)^{-2n}}{\frac{r}{2}}\right] + \frac{M}{\left(1+\frac{r}{2}\right)^{2n}} \tag{5-10}$$

式中：P——债券的价格；

C——每年支付的利息；

M——票面价值；

n——所余年数；

r——必要收益率。

例 5-3 一种债券面值为 1 000，年息为 12%，偿还期限为 20 年，贴现率为 15%，求每年付息一次与每半年付息一次的债券价格。

解 运用基本估价公式的简化公式，每年付息一次的债券价格为：

$$P = C \cdot \left[\frac{1-(1+r)^{-n}}{r}\right] + \frac{M}{(1+r)^n}$$

$$= 1\,000 \times 12\% \times \left[\frac{1-(1+15\%)^{-20}}{15\%}\right] + \frac{1\,000}{(1+15\%)^{20}} = 812.18(\text{元})$$

每半年付息一次的债券价格为：

$$P = \frac{C}{2} \cdot \left[\frac{1-\left(1+\frac{r}{2}\right]^{-2n}}{\frac{r}{2}}\right] + \frac{M}{\left(1+\frac{r}{2}\right)^{2n}}$$

$$= \frac{1\,000 \cdot 12\%}{2} \times \left[\frac{1-\left(1+\frac{15\%}{2}\right)^{-40}}{\frac{15\%}{2}}\right] + \frac{1\,000}{\left(1+\frac{15\%}{2}\right)^{40}} = 811.08(\text{元})$$

即每年付息一次的债券价格为 812.18 元，每年付息两次的债券价格为 811.08 元。

4. 收益率的计算

假设 P 表示 n 年后将到期的债券的当前市场价格，该债券每年承诺给投资者的现金流量是：第一年为 C_1，第二年为 C_2 等。那么，该债券的到期收益率（具体说是承诺的到期收益率）可以通过求解下面的方程式中的 Y 得到。

$$P = \frac{C_1}{(1+Y)^1} + \frac{C_2}{(1+Y)^2} + \frac{C_3}{(1+Y)^3} + \cdots + \frac{C_n}{(1+Y)^n}$$

$$= \sum_{t=1}^{n} \frac{C_t}{(1+Y)^t} \tag{5-11}$$

例 5-4　一种债券现行售价为 900 元，剩余年限为三年。假设面值为 1 000 元，年利息为 60 元。求：(1) 该债券的到期收益率；(2) 如果合理的到期收益率为 9%，债券现价格为 900 元，对现价购买进行评价。

解　(1) $900 = \frac{60}{(1+Y)^1} + \frac{60}{(1+Y)^2} + \frac{1\,000+60}{(1+Y)^3}$

通过试错法求解可得 $Y = 10.02\%$。

(2) 因为债券的合理到期收益率为 9%，10.02%＞9%，说明该债券定价偏低。

二、债券的定价原理

(一) 马凯尔债券价格五大定理

由债券价格的决定我们看出：债券价格与债券本身的票面利率、复利年收益率、到期期间均有关系。马凯尔（Burton G. Malkiel）的研究将债券价格的特性归纳成五点，称为马凯尔债券价格五大定理，分别叙述如下。

第一定理　债券价格与到期收益率成反比。

1. 如果一种附息债券的市场价格等于其面值，则到期收益率等于其票面利率；如果债券的市场价格低于其面值（当债券贴水出售时），则债券的到期收益率高于票面利率。反之，如果债券的市场价格高于其面值（债券以升水出售时），则债券的到期收益率低于票面利率。

2. 如果一种债券的市场价格上涨，其到期收益率必然下降；反之，如果债券的市场价格下降，其到期收益率必然提高。债券价格与到期收益率成反比。

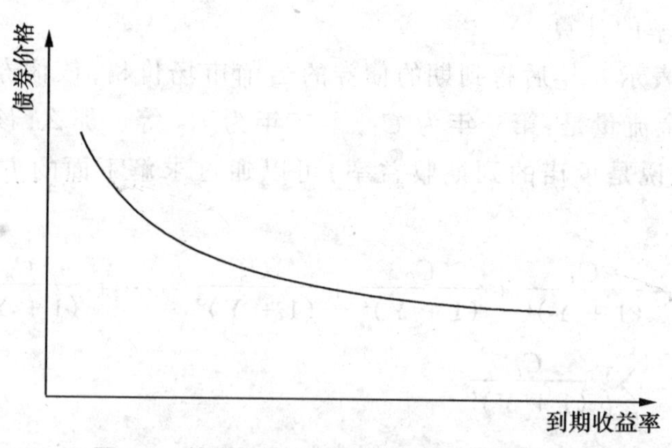

图 5-1 债券价格与到期收益率之间的关系

通过图 5-1 我们可以理解债券定价的第一定理。比如,面值为 100 元、5 年期的债券,票面利率为 6%;当市场价格为 104.376 元时,其到期收益率就降低到 5%;当市场价格为 95.842 元时,债券到期收益率为 7%。

第二定理 到期期间越长,债券价格对利率的敏感性越大。

其他条件相同下,若同时有到期期间长短不同的两种债券,当市场利率变动 1% 时,到期期间较长的债券价格波动幅度较大,而到期期间较短的债券价格波动幅度较小。也就是说长期债券相对于短期债券具有较大的价格波动性,风险较大。

例如,甲债券面值 100 元,期限 5 年,票面利率 6%;乙债券面值 100 元,期限 10 年,票面利率 6%;当市场利率上升到 8.5%,甲债券价格下跌到 89.986 元,而乙债券下跌到 83.382 元。同样,当市场利率降低到 5%,甲债券价格将上升到 104.376 元,乙债券价格将上升到 107.795 元。乙债券的波动幅度大于甲债券。

第三定理 债券价格对利率变动的敏感性之增加程度随到期期间延长而递减。

虽然到期期间越长,债券价格对利率变动之敏感性越高,但随着到期期间的拉长,敏感性增加的程度却会递减。例如 2 年期债券价格对于利率变动的敏感性固然比 1 年期的债券高,但前者对利率变动的敏感性却不及后者的两倍。又如,债券甲为 5 年期债券,票面利率为 6%;债券乙为 10 年期债券,票面利率也为 6%。当到期收益率从 7% 下跌到 6.5%,债券乙的到期期间虽然是债券甲的2倍，但是债券甲的上涨幅度是2.14%，债券乙的上涨幅度是3.74%，债券乙上涨的幅度只是债券甲的1.75倍。

第四定理　到期收益率下降使价格上涨的幅度，高于到期收益率上扬使价格下跌的幅度。

到期收益率同样变动1%，当到期收益率下降1%造成债券价格上涨的幅度，会比到期收益率上扬1%时造成债券价格下跌的幅度高。以定律三债券甲为例，当到期收益率由7%下跌为6.5%时（50 bps），其价格上涨2.14%；而当到期收益率由7%上扬到7.5%时(同为50 bps)，价格却只下跌2.09%。因此，投资者在利率下跌前买入债券获利会比利率同幅上升前卖空债券的获利还高。

第五定理　低票面利率债券对利率变动的敏感性高于高票面利率债券。

其他条件相同，若有票面利率不同的两种债券，当利率变动1%时，低票面利率债券价格之波动，会比高票面利率债券价格波动大。例如债券甲为5年期债券，票面利率为6%；债券乙为5年期债券，票面利率为8%。当到期收益率从7%跌为6.5%时，前者的价格上涨2.14%，而后者的价格只上涨了2.07%。

（二）债券买卖时机的确定

(1) 利率。当物价指数和利率同步下跌时，可以买入债券；当物价上升，利率下跌时，应逐步卖出债券；当物价与利率同步上升时，坚决卖出债券；当物价下跌，利率上升时，应等待合适的时机买入债券。

(2) 经济周期。经济由高峰向下滑落时，可以逐步买入债券；经济接近谷底时，同时利率由高探底，应逐步派发；经济逐步向好，出现通货膨胀时，可以卖出债券。

(3) 市场供求情况。当供大于求时，卖出债券；反之，则买入债券。

(4) 税费因素。交易税费下调，则买入债券；反之，则卖出。

(5) 相关市场变化。如国债回购市场活跃，在一定程度上将刺激国债市场上扬，卖出国债。反之，可以吸纳国债。

(6) 市场主力。国家在公开市场上的业务操作，在一定程度上能左右行情。

三、债券的收益率曲线及其运用[①]

1. 什么是收益率曲线

收益率曲线(Yield Curve)是指附息债券到期收益率(Yield to Maturity)和剩余年期的关系,代表着如果当下持有这个剩余年期的债券而且持有到期,包含期间所有的利息收入与期末的本金返还、整体的内部投资报酬率(Internal Rate of Return)。横轴为各到期期限(Time to Maturity),纵轴为相对应之到期收益率(Yield to Maturity),用以描述两者之关系。

2. 为何需要估计收益率曲线

从固定收益证券的投资与操作来看,掌握市场的收益率曲线是进行投资的首要工作,因为收益率曲线具有下列意义:

(1) 代表性。收益率曲线代表一个市场的利率结构,能够真实反映出一个市场短中长期利率的关系,对投资者操作长期或短期债券十分重要。

(2) 操作性。收益率曲线是根据市场上具有代表性的交易品种所绘制出来的利率曲线。这些具代表性的品种称为指标债券,由于指标债券必须具备流动性大、交投热络的条件,因此具备可操作性。投资者可以根据收益率曲线上的利率进行操作。

(3) 解释性。收益率曲线对固定收益证券的价格具有极强的解释性,了解曲线的结构有助于了解债券价格。如果某一支债券价格偏离了根据收益率曲线推算出来的理论价格,通常会有两种情况:一是该支债券流动性不足,因此偏离的价格无法透过市场机制加以修正;二是该支债券流动性足够,这种偏差将只是短暂现象,很快就会被拉回合理价位。

(4) 分析性。在进行债券的资产管理与风险分析时,收益率曲线是必要参考的数据。在许多财务金融的应用上,如未来开放利率衍生性商品后,对于这类商品的定价以及利率相关商品风险管理制度等,收益率曲线均是不可缺少之基本数据。

3. 如何分析收益率曲线

我们可以从以下几个方面运用收益率曲线:

(1) 合理价格区间法。投资人可以在债券收益率散点图中设定上下合

---

① 收益率曲线以及表格内容摘自和讯网站。

理利率范围，当债券的收益率散点落于该曲线范围内，则价格视为合理；如果落于曲线范围之外，代表相对不合理，便有了介入的机会（因为至少当下立即卖掉债券可以买入同年期、收益率更高的债券，或是当下持有到期比从市场上另外买入同年期的债券获得更高的收益率）。

(2) 浮动利率债券分析法。由于国内的浮动利率债券票面基础利率是按照一年期定期存款利率设定的，该利率又是人民银行所规定、非市场交易的结果，因此常常市场利率大幅波动时，定期存款利率并不会改变。

正向浮动利率债券（Positive Floaters）可以在未来利率上升时获得票面的补偿、弥补利率上升时的跌价损失；反向的浮动利率债券（Negative Floaters）则可以在未来利率下跌时获得票面的补偿、增加利率上升时的升值空间，因此浮动利率债券搭配债券收益率散点图会对国内这种基础利率不变动的情形起很大的指导作用。

将浮动利率债券的基础利率按照当前基础利率推展，使之成为一个固定利率债券，按照当前市价可以推算出一个到期收益率，把这个到期收益率与债券剩余年限的关系以散点形式画在散点图上。如果是一个正向浮动利率债券、散点落于曲线下方，代表着价格较高，则投资人会普遍存在对未来利率上升的期待，反之如果散点在曲线上方，则代表未来有降息的可能。

所以用债券收益率散点图搭配浮动利率债券，可以观察出市场的利率走向与预期。

(3) 分段利率曲线分析法。分析收益率曲线的形状与散点可以发现投资机会。例如，一般债券期限越长风险越大。那么如果收益率曲线在5年～20年期是扁平的，5年的到期收益率几乎等于20年期，如果不考虑再投资风险，那么选择5年期债券是较好的选择。又如，收益率曲线呈现拱形的（先上升，然后在某一年限转折向下），某投资者准备投资3个月的债券，发现收益率曲线在2年处转弯下降，并且认为收益率曲线会保持不变，这时，他买入2年期债券，3个月后变现，比买入3个月期债券的投资收益高。

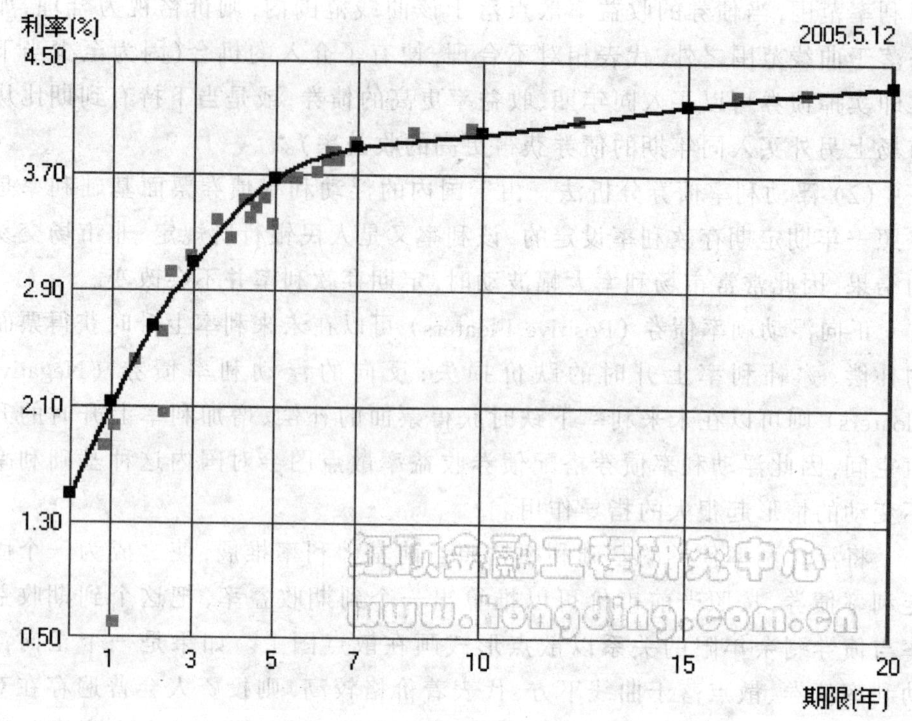

图 5-2　红顶交易所国债收益率曲线

四、债券的久期与凸性

债券投资者需要对债券价格波动性和债券价格利率风险进行计算。这里介绍久期与凸性。

1. 久期

债券久期的定义就是测量债券持有人平均收到现金支付的期限。测量一个 n 年的零息债券，其久期就是 n 年。然而，测量一个 n 年的附息债券，其久期就要小于 n 年。因为在第 n 年以前，债券持有人就收到了一些现金支付。假定债券发行者在时间 $t_i(1 \leqslant i \leqslant n)$ 提供债券持有人现金为 c_i，债券的价格为 P，到期收益率为 Y(以连续复利计算)，则：

$$P = \sum_{i=1}^{n} c_i e^{-yt_i} \tag{5-12}$$

则这个债券的久期定义为：

$$D = \frac{\sum_{i=1}^{n} t_i c_i e^{-yt_i}}{P} = \sum_{i=1}^{n} t_i \left[\frac{c_i e^{-yt_i}}{P}\right] \tag{5-13}$$

对公式 5-12 的 y 微分，我们可以得到：

$$\Delta P = -\Delta y \sum_{i=1}^{n} c_i t_i e^{-yt_i} \tag{5-14}$$

将 5-13 代入 5-14 方程，可以得到：

$$\Delta P = -PD\Delta y \quad 即 \quad \frac{\Delta P}{P} = -D\Delta y \tag{5-15}$$

通过 5-15，我们就可以计算出当到期收益率变动 0.1% 时，债券价格会如何变化？

例 5-5 已知某 20 年期的债券的久期为 15.55 年，现价为 98.60 元，假设未来预期利率上升 0.2%，求该债券下跌的幅度为多少？

解 $\Delta P = -PD\Delta y = -98.6 \times 15.55 \times 0.002 = -3.07$(元)

98.60 − 3.07 = 95.53，债券价格将从 98.60 元跌到 95.53 元。

上面我们分析的基础是建立在假定 y 为连续复利。如果 y 用每年的复利表示，我们可以得到以下公式：

$$\Delta P = -\frac{PD\Delta y}{1+y} \tag{5-16}$$

如果每年支付 m 次利息，则：

$$\Delta P = -\frac{PD\Delta y}{1+y/m}$$

令 $D^* = \dfrac{D}{1+y/m}$ D^* 为修正久期，则有：

$$\Delta P = -PD^*\Delta y \tag{5-17}$$

2. 凸性

大多数债券价格与收益率的关系都可以用一条向下弯曲的曲线来表示，这条曲线的曲率就被称为债券的凸性。由于存在凸性，债券价格随着利率的变化而变化的关系就接近一条凸函数而不是直线函数。

当收益率变动时，用修正久期来计算得到的债券价格变动与实际的价格变动总是存在误差。当收益率降低时，估算的价格上升幅度小于实际的价格上升幅度；当收益率上升时，估算的价格下降幅度又大于实际价格的下降幅度。凸性的作用在于可以弥补债券价格计算的误差，更准确地衡量债券价格对收益率变化的敏感度。

$$\frac{\Delta P}{P} = -D^{*}\Delta y + \frac{1}{2} \times \text{凸性} \times (\Delta y)^2 \qquad (5\text{-}18)$$

当利率变动比较小时我们可以不考虑凸性，当利率变动比较大时，我们就要考虑凸性。

$$\text{近似凸性值} = \frac{P_1 + P_2 - 2P_0}{P_0(\Delta r)^2}$$

式中：P_1：当收益率上升 X 个基本点时的价格；

P_2：当收益率下降 X 个基本点时的价格；

P_0：起始价格；

Δr：假定的收益率变化。

表 5-1　上市交易券种行情收益列表

（2005-05-13 每日 12:00、16:30 更新）①

国债名称	代码	剩余年限	净价	应计天数	应计利息	全价	到期收益率(%)	修正久期	凸性
96 国债(6)	000696	1.0849	112.21	334	10.8253	123.0353	0.51	1.0787	1.1143
97 国债(4)	009704	2.3151	117.89	251	6.7254	124.6154	1.80	2.1593	3.4366
99 国债(5)	009905	2.2712	101.35	267	2.3993	103.7493	2.66	2.1690	3.4260
99 国债(8)	009908	4.3671	99.20	233	2.1066	101.3066	3.50	3.9968	10.1559
20 国债(4)	010004	5.0301	97.78	356	2.5359	100.3159	3.36	4.5933	13.1296
20 国债(10)	010010	2.5068	99.39	181	1.3042	100.6942	2.88	2.3905	4.0406
21 国债(3)	010103	2.9507	100.45	20	0.1792	100.6292	3.11	2.7705	5.2442
21 国债(7)	010107	16.2274	101.21	103	1.2121	102.4221	4.16	11.6576	85.0447
21 国债(10)	010110	6.3726	95.19	231	1.8670	97.0570	3.81	5.6717	19.5777

① 收益率曲线以及表格内容摘自和讯网站。

（续表）

国债名称	代码	剩余年限	净价	应计天数	应计利息	全价	到期收益率(%)	修正久期	凸性
21 国债(12)	010112	6.4685	95.63	196	1.6378	97.2678	3.82	5.7351	20.0244
21 国债(15)	010115	3.6027	98.73	147	1.2082	99.9382	3.38	3.3532	7.3540
02 国债(3)	010203	6.9370	92.14	26	0.1809	92.3209	3.85	6.1787	22.9734
02 国债(10)	010210	4.2630	95.63	271	1.7745	97.4045	3.51	3.9581	9.9154
02 国债(13)	010213	12.3644	86.92	55	0.3886	87.3086	3.95	10.2894	61.2781
02 国债(14)	010214	2.4493	99.26	202	1.4666	100.7266	2.96	2.3352	3.8798
02 国债(15)	010215	4.5699	97.74	159	1.2764	99.0164	3.47	4.1941	11.0740
03 国债(1)	010301	4.7753	96.39	84	0.6122	97.0022	3.49	4.3871	12.0187
03 国债(3)	010303	17.9397	90.25	27	0.2508	90.5008	4.18	13.0263	105.4231
03 国债(7)	010307	5.2740	95.41	267	1.9458	97.3558	3.63	4.8061	14.2509
03 国债(8)	010308	8.3534	93.93	239	1.9775	95.9075	3.88	7.1935	31.1253
03 国债(11)	010311	5.5233	99.24	176	1.6877	100.9277	3.65	4.9359	15.1047
04 国债(3)	010403	3.9397	104.23	24	0.2904	104.5204	3.25	3.5869	8.3913
04 国债(4)	010404	6.0356	106.52	354	4.7426	111.2626	3.66	5.1998	16.9478
04 国债(5)	010405	1.0904	98.01	333	0	98.0100	1.86	1.0678	1.0942
04 国债(7)	010407	6.2877	105.25	262	3.3809	108.6309	3.75	5.4052	18.2087
04 国债(8)	010408	4.4411	103.67	206	2.4268	106.0968	3.39	4.0080	10.2761
04 国债(10)	010410	6.5397	106.29	170	2.2636	108.5536	3.75	5.5774	19.3773
04 国债(11)	010411	1.5890	100.95	150	1.2247	102.1747	2.36	1.5428	1.9430
05 国债(1)	010501	9.8000	103.86	75	0.9199	104.7799	3.96	7.9276	37.3350
05 国债(2)	010502	0.8356	98.50	60	0	98.5000	1.82	0.8231	0.6775
05 国债(3)	010503	4.9534	99.36	18	0.1627	99.5227	3.44	4.4930	12.6448

表 5-1 列出上海证券交易所各国债的剩余年限、到期收益率、修正久期与凸性。通过这个表格，投资者就可以发现各种债券的投资收益率以及风险，根据自己的投资偏好进行投资决策。

五、债券组合管理

债券组合管理分为积极的债券组合管理与消极的债券组合管理。积极的债券组合管理有水平分析、债券互换、应急免疫、乘骑收益率曲线等方法。消极的债券组合分为指数化投资与免疫策略。这里介绍水平分析、债券互换、指数化策略与免疫策略。

1. 水平分析

水平分析是一种基于对未来利率预测的债券组合管理策略，被称为利率预期策略。在这种策略下，债券投资者基于对未来利率水平的预期来调整债券资产组合，以使其保持对利率变动的敏感性。由于久期是衡量利率变动敏感性的重要指标，这意味着如果预期利率上升，就应当缩短债券组合的久期；如果预测利率下降，则应当增加债券组合的久期。

2. 债券互换

债券互换就是同时买入和卖出具有相近特性的 2 个以上债券品种，从而获取收益级差的行为。例如，当债券投资者在观察 AAA 级和 A 级的债券收益时，如果发现两者的利差从大约 75 个基点的历史平均值扩大到 100 个基点，而投资者判断这种对平均值的偏离是暂时的，那么投资者就应买入 A 级债券并卖出 AAA 级债券，直到两种债券的利差返回到 75 个基点的历史平均值。

3. 指数化策略

指数化策略的目标是使债券投资组合达到与某个特定指数相同的收益。基金实行指数化策略的主要原因是指数化投资组合相对积极的债券组合管理管理费用更低，因此这种基金的表现就比大多数采用积极组合管理策略的基金业绩要好。指数化的构造有分层抽样法、优化法、方差最小法。

4. 免疫策略

所谓免疫策略，是指构造这样一种投资组合，以至于任何由利率变化引起的资本损失（或利得）能被再投资的回报（或损失）所弥补。免疫之所以能够避免利率波动的影响，原理在于一只给定久期的附息债券可以精确地近似于一只久期相同的零息债券。

免疫的例子：假如在第2年后需要偿付一笔100万元的债务，希望目前投资一定的金额以保证到期偿还。我们考虑投资两种债券，一种为期限3年的债券，久期2.78年，到期收益率10%的债券；另外一种是期限1年，票面利率7%，到期收益率10%的债券。

现在债券经理可以有多种选择。他可以将所有的资金投在1年期债券上，1年后将所有的收入再投资另一个1年期债券。但是这样做会冒一定的风险。因为如果下一年利率下降，则从第一年投资回收的收入就不得不投资于收益率低于10%的债券。这样，债券投资经理就会面临再投资风险，因为1年以后收回的资金再投资时利息率可能较低。

第二种方法是将所有的资金投资于3年期债券。但是，这也同样要冒风险。因为这些3年期债券在2年以后必须出售，以满足100万元付款的要求，而在此之前如果利率上升，则债券价格一般会下跌，售价将低于100万元。债券经理将面临利率风险。

另一种可行方法就是将一部分债券投资于1年期债券，而其余资金投资于3年期债券。如何分配资金？如果运用免疫资产，解下列联立方程就可以得出答案：

$$W_1 + W_3 = 1$$

$$(W_1 \times 1) + (W_3 \times 2.78) = 2$$

其中 W_1 和 W_3 分别表示组合中1年期债券和3年期债券的资金分配比重(权数)。解联立方程得到：$W_1 = 0.4382$；$W_2 = 0.5618$。

在这个例子中，债券经理需要投资826 446元[$=1\,000\,000/(1.1)^2$]来购买债券以构成充分的免疫资产。其中362 149元[$=0.4382\times 826\,446$]用来购买1年期债券，464 297元[$=0.5618\times 826\,446$]用来购买3年期债券。

免疫资产如何发挥作用呢？从理论上说，如果收益率上升，则组合因为2年以后贴现3年期债券所招致的损失正好能够被1年以后1年期债券到期所收回的收入(以及3年期债券的第一年的息票利息)，再进行高利率投资所带来的额外收益所补偿。相反，如果收益率下降，则1年以后1年期债券到期所收回的收入(以及3年期债券的第一年的息票利息)，再进行低利率投资所遭受的损失，正好可以被2年以后出售3年期债券的价格升值所抵补。因此,该债券组合可以免受因未来利率变动所带来的任何影响。

六、投资策略的选择

1. 如果投资者认为市场效率较强时,可采用指数化的投资策略。

2. 投资者对未来的现金流量有特殊的需求时,可采用免疫和现金流量匹配策略。

3. 当投资者认为市场效率低,而自身对未来现金流没有特殊的需求时,可采取积极的投资策略。

第二节　股票的价格决定

一、零增长模型

假设股票价格的形成,可以看做是股票投资者对未来预期股息的现在价值,是按一种适当利率的贴现。设股票内在价值为 V,持有期限为 n 年,未来各期预期股息为 D_1、$D_2 \cdots D_n$,几年后出售的价值为 S,在一定风险程度下合适的贴现率为 k。

$$\begin{aligned} V &= \frac{D_1}{(1+k)^1} + \frac{D_2}{(1+k)^2} + \cdots + \frac{D_n}{(1+k)^n} + \frac{S}{(1+k)^n} \\ &= \sum_{t=1}^{n} \frac{D_t}{(1+k)^t} + \frac{S}{(1+k)^n} \end{aligned} \tag{5-19}$$

如果我们进一步假设未来各期的预期股息为固定值 D_0,利润增长率为零,且持有期限为无限大。即,$D_1 = D_2 = D_3 = \cdots = D_n$,且 $n \to \infty$。

V 的后项 $\lim\limits_{n \to +\infty} \frac{S}{(1+k)^n} \to 0$

则 V 的前项变为一个等比数列求和的极值问题。

$$\begin{aligned} \lim_{n \to +\infty} \sum_{t=1}^{n} \frac{D_t}{(1+k)^t} &= \lim_{n \to +\infty} \frac{\left\{\frac{D_1}{(1+k)} \cdot \left[1 - \frac{1}{(1+k)^n}\right]\right\}}{\left(1 - \frac{1}{1+k}\right)} \\ &= \lim_{n \to +\infty} \frac{D_1 \cdot [1 - (1+k)^{-n}]}{k} = \frac{D_1}{k} \end{aligned}$$

故:

$$V = \frac{D_1}{k} = \frac{D_0}{K} \tag{5-20}$$

判断股价是否合理可以用净现值和内部收益率。净现值等于内在价值与成本之差，即

$$NPV = V - P = \sum_{t=1}^{\infty} \frac{D_t}{(1+k)^t} - P \tag{5-21}$$

式中：P 为在 $t=0$ 时购买股票的成本。

如果 NPV＞0，意味着所有预期的现金流入的现值之和大于投资成本，即这种股票被低估价格，因此购买这种股票可行。

如果 NPV＜0，意味着所有预期的现金流入的现值之和小于投资成本，即这种股票价格被高估，因此不可购买这种股票。

在了解了净现值之后，我们便可引出内部收益率这个概念。内部收益率就是使投资净现值等于零的贴现率。如果用 k^* 代表内部收益率，由(5-21)可得：

$$\sum_{t=1}^{\infty} \frac{D_t}{(1+k^*)^t} - P = 0 \tag{5-22}$$

由公式(5-22)可以解出内部收益率。如果 $K^* > K$，则可以考虑买这种股票；如果 $K^* < K$，则不要购买这种股票。在零增长模型中，(5-22)式可以改写为：

$$\frac{D_1}{k^*} - P = 0$$

所以：

$$k^* = \frac{D_1}{P} \tag{5-23}$$

例 5-6 津克公司在未来无限期支付每股股利为 8 美元，现股价 65 美元，必要收益率为 10%，评价该股票并计算内部收益率。

解 (1) 该股票的内在价值为：

$$V = \frac{D_1}{k} = \frac{8}{10\%} = 80(\text{美元 / 股})$$

$$NPV = V - P = 80 - 65 = 15(\text{美元})$$

这股票被低估 15 美元，因此建议购买该股票。

(2) 内部收益率

$$K^* = \frac{D_1}{P} = \frac{8}{65} = 12.3\%$$

12.3%>10%，建议买入。

二、不变增长模型

如果我们假设各期净利润与股利永远按不变的增长率增长，且净利润与股利增长率 g 小于贴现率 k，即：

$$D_1 = D_0(1+g), D_2 = D_1(1+g)\cdots D_n = D_0(1+g)^n \quad n \to \infty \tag{5-24}$$

将(5-24)代入(5-19)得：

$$V = \frac{D_0(1+g)}{(1+k)} + \frac{D_0(1+g)^2}{(1+k)^2} + \cdots + \frac{D_0(1+g)^n}{(1+k)^n} + \frac{S}{(1+k)^n}$$

后项求极值为零，前项为收敛的等比级数。对该等比数列求极值得：

$$V = \frac{D_1}{k-g} = \frac{D_0(1+g)}{k-g} \tag{5-25}$$

$$\text{内部收益率 } K^* = \frac{D_1}{P_0} + g \tag{5-26}$$

例 5-7 已知某股票去年支付股利 0.2 元，预计在未来日子其股利将按每年 15% 的速度增长，期望收益率为 17%，现股价 7 元，评价该股票，并计算内部收益率。

解 $V = \frac{D_0(1+g)}{k-g} = \frac{0.2 \times 1.15}{0.17 - 0.15} = 11.5$(元/股)

$$\text{NPV} = 11.5 - 7 = 4.5 > 0$$

该股票被低估，建议购买该股票。

内部收益率 $K^* = \frac{D_1}{P_0} + g = \frac{0.2 \times 1.15}{7} + 0.15 = 18.29\%$

18.29%>17%，该股票被低估。

三、多元增长模型

设第一阶段股利无规则变化，第二阶段不变增长即：

第一阶段 $t = 1 - m$

$$V_1 = \sum_{t=1}^{m} \frac{D_t}{(1+k)^t} \tag{5-27}$$

第二阶段 $t = m + 1 \to \infty$

$$V_2 = \sum_{t=m+1}^{\infty} \frac{D_t}{(1+k)^t} \tag{5-28}$$

将 $D_t = D_m(1+g)^{t-m}$ 代入(5-28)得

$$V_2 = \frac{1}{(1+k)^m} \cdot \sum_{t=m+1}^{\infty} \frac{D_m(1+g)^{t-m}}{(1+k)^{t-m}} = \frac{D_{m+1}}{(k-g)} \cdot \frac{1}{(1+k)^m}$$

$$= \frac{D_m(1+g)}{(k-g)(1+k)^m} \tag{5-29}$$

由(5-27)、(5-29)得：

$$V = V_1 + V_2 = \sum_{t=1}^{m} \frac{D_t}{(1+k)^t} + \frac{D_m(1+g)}{(k-g)(1+k)^m}$$

例 5-8 假设麦克利公司 D_0 为 0.75 美元，D_1 为 2 美元，D_2 为 3 美元，从 $T=2$ 时起，预期在未来无限时期，股利按每年 10% 的速度增长，给定必要收益率为 15%，目前股价 55 美元，评价该股票并计算内部收益率。

解 (1) $D_3 = 3 \times (1 + 10\%) = 3.3$ 美元

$$V = \sum_{t=1}^{m} \frac{D_t}{(1+k)^t} + \frac{D_{m+1}}{(k-g)(1+k)^m}$$

$$= \frac{2}{(1+0.15)} + \frac{3}{(1+0.15)^2} + \frac{3.3}{(0.15-0.1)(1+0.15)^2}$$

$= 53.92$(美元)

和 55 美元基本相同，该股票定价相当公平。

(2) $55 = \frac{2}{(1+k^*)} + \frac{3}{(1+k^*)^2} + \frac{3.3}{(k^*-0.1)(1+k^*)^2}$

通过试错法，设 K^* 为 14% 时为 67.54 美元＞55 美元，说明 K^* 太小，设 K^* 为 15% 时为 53.92 美元＜55 美元，说明 K^* 在 14%～15% 之间，进一步试，最后 $K^* = 14.9\%$ 和 15% 相近，说明麦格利股价定价相当公平。试错法在计算机上运算相当方便。

四、有限持有模型

当我们无法对未来长期增长进行准确预测时，可以采用阶段性投资价值模型计算。可以应用(5-12)计算。

$$V = \frac{D_1}{(1+k)} + \frac{D_2}{(1+k)^2} + \cdots + \frac{D_n}{(1+k)^n} + \frac{D_n P}{(1+k)^n q} \quad (5\text{-}30)$$

P:出售时市盈率;

q:股息分配比例;

D_i:第 i 期股息。

P 的选取可以参照以下数据,它来自于对美国 20 世纪 40～80 年代股票市盈率的统计资料,由企业成长性、市场利率水平、公司魅力三要素组成。

表 5-2　市盈率选取表

公司 3～5 年内每股收益的可能成长性	魅力好的企业的债券年收益率			魅力一般的企业的债券年收益率		
	3%～5%	8%～9%	11%～15%	3%～5%	8%～9%	11%～15%
5%	18%～20%	9%～10%	6%～7%	10%～15%	5%～7%	3%～5%
10%	20%～25%	16%～18%	8%～9%	16%～18%	9%～12%	6%～7%
15%	25%～30%	21%～24%	10%～12%	19%～20%	13%～16%	8%～9%
20%	30%～35%	24%～30%	13%～15%	20%～25%	16%～20%	10%～20%
25%	35%～40%	30%～35%	16%～19%	25%～30%	20%～25%	13%～15%
30%	40%～45%	35%～40%	20%～23%	30%～35%	25%～30%	16%～18%
35%	45%～50%	40%～45%	24%～26%	35%～40%	30%～35%	19%～21%
40%	50%～55%	45%～50%	27%～30%	40%～45%	35%～40%	22%～24%
45%	55%～60%	50%～55%	31%～33%	45%～50%	40%～45%	25%～28%
50%	60%～65%	55%～60%	34%～36%	50%～55%	45%～50%	29%～31%

贴现率可以通过证券市场线求得。贴现率 = 无风险利率 + β(股权风险补偿)。无风险利率这里统一选取为中长期国债利率。股权风险补偿为中长期国债收益率与股票市场收益率的差额。根据美国 1928～2000 年的统计数据,股票对债券的风险补偿额的几何平均数为 5.51%。根据 1970～1996 年的统计数据,日本的股权风险补偿额为 3.04%,英国为 4.61%,法国为 2.34%,加拿大为 0.68%,德国为 -0.8%,中国香港为 7.73%,澳大利亚为 1.48%,瑞士为 3.38%。清华大学朱世武教授运用 1995～2002 年中国上海与深圳市场的数据进行统计分析,得出中国的股权风险补偿为 2.11%。在进行国际投资时贴现率还必须考虑加入国家风险补偿额。国家风险补偿额的计算方法之一是根据债券的等级确定违约补偿额。表 5-3 列出了不同债券等级的违约补偿额。

表 5-3　根据评估等级的违约补偿额

评级	补偿额	评级	补偿额
AAA	0.75%	B+	4.75%
AA	1.00%	B	6.50%
A+	1.50%	B−	8.00%
A	1.80%	CCC	10.00%
A−	2.00%	CC	11.50%
BBB	2.25%	C	12.70%
BB	3.50%	D	14.00%

资料来源：Aswath Damodaran 著，林谦译：《投资估价》(上)，清华大学出版社 2004 年版，第 160 页。

例 5-9　某商业集团公司 1993～1997 年净利率增长率的加权平均值为 28.29%，1996 年股息为 0.3 元，假设未来三年仍保持 25% 的增长率，国债利率为 8%，贝塔系数为 1，股权风险溢价为 5%，股息支付比例为 80%，求投资价值。

解　查表 5-1，市盈率取 30 倍，商业股在我国市盈率一般较低，取系数 0.9，则市盈率定为 27 倍，贴现率取 8% + 5% = 13%。

$$V = \frac{0.3 \times 1.25}{(1 + 13\%)} + \frac{0.3 \times 1.25^2}{(1 + 13\%)^2} + \frac{0.3 \times 1.25^3}{(1 + 13\%)^3} + \frac{0.3 \times 1.25^3 \times 27}{0.8 \times (1 + 13\%)^3}$$

$$= 14.81(\text{元} / \text{股})$$

五、股票投资的市盈率模型

1. 处于稳定状态的公司市盈率

根据不变增长模型：

$$V = \frac{D_1}{k - g} = \frac{D_0(1 + g)}{k - g} = \frac{EPS_0 \times q \times (1 + g)}{k - g}$$

这里，EPS_0 为 $t = 0$ 时的每股收益，q 为股息支付比例。两边同除以 EPS_0，我们得到理论市盈率公式：

$$V/EPS_0 = \frac{q \times (1 + g)}{k - g} \tag{5-31}$$

如果市盈率是依据下一期的期望利润来计算的，则公式可以简化为：

$$V/EPS_1 = \frac{q}{k - g} \tag{5-32}$$

我们可以通过股票目前的市盈率和计算出来的理论市盈率进行比较，来判断股票是否值得投资。

2. 高速增长公司的市盈率

高速增长的公司我们可以运用两元增长模型测算其内在价值，其公式如下：

$$V_0=\frac{EPS_0\times q\times(1+g)\times\left[1-\frac{(1+g)^n}{(1+k)^n}\right]}{k-g}+\frac{EPS_0\times q_n\times(1+g)^n\times(1+g_n)}{(k-g_n)(1+k)^n}$$

这里，EPS_0 = 第 0 年的每股收益；

g = 前 n 年的增长率；

k = 要求的股权回报率；

q = 前 n 年的股息支付比率；

g_n = n 年后的永续增长率；

q_n = n 年后公司稳定状态下的股息支付比率；

两边同除以 EPS_0，则得到：

$$\frac{V_0}{EPS_0}=\frac{q\times(1+g)\times\left[1-\left(\frac{(1+g)^n}{(1+k)^n}\right)\right]}{k-g}+\frac{q_n\times(1+g)^n\times(1+g_n)}{(k-g_n)(1+k)^n} \tag{5-33}$$

例 5-10 用两阶段模型估计高增长公司的理论市盈率。

假设你要估计一家公司的市盈率，该公司具有如下特点：

前 5 年的增长率为 30%　　前 5 年的股息支付比率为 20%

5 年后的增长率 = 6%　　5 年后的股息支付比率为 50%

$\beta = 1.0$　　无风险利率 = 政府长期债券利率 = 5%

股权风险补偿 = 5.5%

股权要求回报率 = 5% + 1 × (5.5%) = 10.5%

$$理论市盈率=\frac{0.2\times(1+0.3)\left[1-\frac{(1.30)^5}{(1.105)^5}\right]}{0.105-0.3}+\frac{0.5\times(1.3)^5\times(1.06)}{(0.105-0.06)(1.105)^5}$$

$$=28.21$$

六、市净率定价模型

1. 稳定增长的公司模型

由公式 5-18 得到：

$$V_0 = \frac{D_1}{K - g_n} = \frac{EPS_1 \times q}{K - g_n} = \frac{BV_0 \times ROE_1 \times q}{K - g_n} \tag{5-34}$$

式中：V_0：今天的每股价值；

EPS_1：下一年的每股收益；

g_n：股息增长率(永久性)；

K：股权资本成本；

ROE_1：下一年的净资产收益率；

BV_0：当前的每股净资产。

对 5-34 两边同除以 BV_0，得到：

$$市净率 = \frac{ROE_1 \times q}{K - g_n} = \frac{ROE_0 \times (1 + g) \times q}{K - g_n} \tag{5-35}$$

例 5-11　某公司每股收益 0.5 元，每股股息 0.2 元，盈利与预期增长率长期内预期等于 6%，净资产收益率 12%，β 系数为 0.95，中长期无风险利率为 5%，市场风险补偿为 4%，目前该公司股票价格为 6.3 元，每股净资产 3.8 元，试问该股定价是否合理？

解　现股息支付比例 $q = 0.2/0.5 = 40\%$

盈利与股息增长率 $g = 6\%$

净资产收益率 $ROE_1 = 12\%$

股权资本成本 $K = 0.05 + 0.95 \times 0.04 = 0.088$

$$市净率 = \frac{ROE_1 \times q}{K - g_n} = \frac{0.12 \times 0.4}{0.088 - 0.06} = 1.71(倍)$$

目前市净率为 6.3/3.8＝1.66 倍，所以该股定价合理。

2. EBO(Edwards-Bell-Ohlson)市净率模型

首先根据股息折现模型有：

$$P_t = \sum_{j=1}^{\infty} \frac{d_{t+j}}{(1 + r)^j} \tag{5-36}$$

如果令 B 为每股净资产，则每股净资产的变动：

$B_t - B_{t-1} = E_t - d_t$ 等式的右边等于当期会计盈余减去分派的股利。

将 $d_t = E_t - (B_t - B_{t-1})$ 代入公式(5-36)得：

$$P_t = \sum_{j=1}^{\infty} \frac{E_{t+j} - (B_{t+j} - B_{t+j-1})}{(1+r)^j}$$
$$= \sum_{j=1}^{\infty} \frac{B_{t+j-1}(1+r) - B_{t+j}}{(1+r)^j} + \sum_{j=1}^{\infty} \frac{E_{t+j} - rB_{t+j-1}}{(1+r)^j}$$

其中：

$$\sum_{j=1}^{\infty} \frac{B_{t+j-1}(1+r) - B_{t+j}}{(1+r)^j} = \left[B_t - \frac{B_{t+1}}{(1+r)}\right] + \left[\frac{B_{t+1}}{(1+r)} - \frac{B_{t+2}}{(1+r)^2}\right] + \sum_{j=3}^{\infty} \frac{B_{t+j-1}(1+r) - B_{t+j}}{(1+r)^j} = B_t$$

因此：

$$P_t = B_t + \sum_{j=1}^{\infty} \frac{E_{t+j} - rB_{t+j-1}}{(1+r)^j} \tag{5-37}$$

因为 rB_{t+j-1} 为投资者要求的必要报酬，$E_{t+j} - rB_{t+j-1}$ 为公司在 $t+j-1$ 至 $t+j$ 期间的超额报酬，通过(5-37)我们可以看出股票的内在价值是每股净资产以及预期未来超额报酬的现值之和。

又 $E_t = B_{t-1} \times \text{ROE}_t$，将其代入(5-37)，经过整理得到：

$$P_t = B_t + \sum_{j=1}^{\infty} \frac{(\text{ROE}_{t+j} - r)B_{t+j-1}}{(1+r)^j} \tag{5-38}$$

两边同除以 B_t，得到：

$$\text{市净率} = \frac{P_t}{B_t} = 1 + \sum_{j=1}^{\infty} \frac{(\text{ROE}_{t+j} - r)B_{t+j-1}}{(1+r)^j B_t} \tag{5-39}$$

公式(5-38)表明，净资产收益率高出权益资本成本的幅度越大，时间越长，股票的内在价值越高。

第三节　投资基金的价格决定

一、开放式基金的价格决定

开放式基金由于经常不断地按客户要求购回或者卖出基金单位，因此，开放式基金的价格分为两种，即申购价格和赎回价格。

（一）申购价格

开放式基金一般不进入证券交易所买卖，而是主要在场外进行交易，投资者在购入开放式基金单位时，除了支付基金资产净值外，还要支付一定的销售附加费用。也就是说，开放式基金单位的申购价格包括资产净值和一定的销售费用。

对于一般投资者来说，该附加费是一笔不小的成本，增加了投资者的风险，因此，国外出现了一些不计费的开放式基金，其销售价格直接等于资产净值，投资者在购买该种基金时，不需交纳销售费用。

（二）赎回价格

开放式基金承诺可以在任何时候根据投资者的个人意愿赎回其所持基金单位。对于赎回时不收取任何费用的开放式基金来说，

赎回价格 = 资产净值

有些开放式基金赎回时是收取费用的，费用的收取是按照基金投资年数不同而设立不同的赎回费率。持有该基金单位时间愈长，费率越低，也有一些基金收取的是统一费率。可见开放式基金资产价格是与资产净值密切相关的。

我国开放式基金暂行条例规定销售费用与赎回费用之和的上限是8%。

二、封闭式基金的价格决定

封闭式基金的价格和股票价格一样，可以分为发行价格和交易价格。封闭式基金的发行价格由两部分组成：一部分是基金的面值；另一部分是基金的发行费用，包括律师事务费、会计师费等。封闭式基金发行期满后一般都申请上市交易，因此，它的交易价格和股票价格的表现形式一样，可以分为开盘价、收盘价、最高价、最低价、成交价等。封闭式基金的交易价格主要受六个方面的影响：即基金的资产净值、市场供求关系、宏观经济状况、证券市场状况、基金管理人的管理水平以及政府有关基金的政策。其中，确定基金价格最根本的依据是每基金单位资产净值及其变动情况。由于考虑基金为分红卖股票变现时会受一定的损失，封闭式基金交易价格有时相对资产净值有一定的折扣。台湾股市封闭式基金的交易价格在资产净值正负

20%范围波动,2005年深沪股市封闭式基金出现了高达40%的折价。

第四节 可转换债券的价格决定

一、可转换债券的价值

由于可转换债券既有债券与优先股的特征,又有转化成普通股的潜在可能,所以在不同的条件下具有不同的价值,主要有理论价值、转换价值及市场价格。

(一) 可转换债券的理论价值

可转换债券的理论价值又称投资价值,这一价值相当于将未来一系列债息或股息收入加上面值按一定市场利率折成的现值。我们以可转换债券为例,一般每年支付一次利息的普通股可转换债券的理论价值可由下式计算:

$$P_b = \sum_{t=1}^{n} \frac{C}{(1+r)^t} + \frac{F}{(1+r)^n} \tag{5-40}$$

其中:P_b——债券的理论价值;

C——债券年利息收入;

F——债券面值;

r——市场平均利率;

n——离到期的年限。

如果考虑可转换债券的转换因素,债券转换为普通股后,债券不复存在,不再具有债券到期按市场利率折算成的现值,而需将以上公式作如下修正:

$$P_b = \sum_{t=1}^{n} \frac{C}{(1+r_c)^t} + \frac{\mathrm{CV}}{(1+r_c)^N} \tag{5-41}$$

其中:CV——债券的转换价值;

r_c——可转换债券预期收益率($r_c \geqslant$可转换债券息票收益率);

N——转换前的年份数($N \leqslant n$)。

因为可转换债券在普通股票上涨时转换较为有利,所以它的转换价值与能转换到的股票价格有关。如果股票目前的市价为P_0,那么,一段时间后股票价格可用下列计算公式表示:

$$P_t = P_0(1+g)^t \tag{5-42}$$

其中：P_0——股票价格；

P_t——t 期末的股票价格；

g——股票价格的预期增长率。

可转换债券的转换价值等于预期股票价格（P_t）乘以转换比例（R），用公式表示：

$$CV = P_0(1+g)^t \cdot R = P_t \cdot R \tag{5-43}$$

例 5-12　某一可转换债券，面值为 1 000 元，票面利率为 8%，每年支付 80 元利息，转换比例为 40，转换年限为 5 年，若当前的普通股市价为 26 元 1 股，股票价格预期每年上涨 10%，而投资者预期的可转换债券到期收益率为 9%，则该债券的理论价值为：

$$CV = P_0(1+g)^t \cdot R = 26 \times (1+10\%)^5 \times 40 = 1\,675(\text{元})$$

$$P_b = \sum_{t=1}^{5} \frac{80}{(1+0.09)^t} + \frac{1\,675}{(1+0.09)^5} = 1\,399.81 \approx 1\,400(\text{元})$$

（二）可转换债券的转换价值

转换价值是可转换证券实际转换时按转换成普通股的市场价格计算的理论价值。转换价值等于每股普通股的市价乘以转换比例，用公式表示：

$$CV = P_0 \cdot R \tag{5-44}$$

在例 5-12 中，可转换债券转换比例为 40，若股票市价为 26 元 1 股时，其转换价值为：$CV = 26 \times 40 = 1\,040$(元)

显然，1 040＜1 400，即此时的转换价值低于债券的理论价值，投资者不会行使转换权。在转换价值小于理论价值时，投资者可继续持有债券，一方面可得到每年固定的债息，另一方面可等待普通股价格的上涨。如果直至债券的转换期满，普通股价格上涨幅度仍不足以使其转换价值大于理论上的投资价值，投资者可要求在债券期满时按面值偿还本金。或者，在这一期间，投资者需要现金时，可以将它作为债券出售，其市场价格以债券的理论价值为基础，并受供求关系影响。只有当股票价格上涨至债券的转换价值大于债券的理论价值时，投资者才会行使转换权，而且，股票价格越高，其转换价值越大。例 5-10 中，只有当股票价格上涨至每股 35 元以上时，债券的转换价值才会大于理论价值。当然可转换债券的理论价值和转换价值都是可变的,其理论价值主要随市场利率的变动而变动,转换价值则随普通股市价涨跌而变动。

(三)可转换债券的市场价格

可转换债券的市场价格必须保持在它的理论价值和转换价值之上。如果可转换债券市场价格在理论价值之下,该证券价格低估,这是显而易见的;如果可转换债券的市场价格在转换价值之下,购买该证券并立即转化为股票就有利可图,从而使该证券价格上涨直到转换价值之上。为了更好地理解这一点,我们引入转换平价这个概念。

1. 转换平价

转换平价是可转换债券持有人在转换期限内可以依据把债券转换成公司普通股票的每股价格。除非发生特定情形,如发售新股、配股、送股、派息、股份的拆细与合并以及公司兼并、收购等情况,转换价格一般不做任何调整。前文所说的转换比率,实际上就是转换价格的另一种表示方式。

$$\text{转换平价} = \text{可转换债券的市场价格} / \text{转换比率} \tag{5-45}$$

转换平价是一个非常有用的指标,因为一旦实际股票市场价格上升到转换平价水平,任何进一步的股票价格上升肯定会使可转换债券的价值增加。因此,转换平价可视为一个盈亏平衡点。

2. 转换升水和转换贴水

一般来说,投资者在购买可转换债券时都要支付一笔转换升水。每股的转换升水等于转换平价与普通股票当期市场价格(也称基准股价)的差额,或者说是可转换债券持有人在将债券转换为股票时,相对于当初认购转换债券时的股票价格(即基准股价)而作出的让步,通常被表示为当期市场价格的百分比。公式如下:

$$\text{转换升水} = \text{转换平价} - \text{基准股价} \tag{5-46}$$

$$\text{转换升水比率} = (\text{转换升水} / \text{基准股价}) \times 100\% \tag{5-47}$$

而如果转换平价小于基准股价,基准股价与转换平价的差额就被称为转换贴水,公式如下:

$$\text{转换贴水} = \text{基准股价} - \text{转换平价} \tag{5-48}$$

$$\text{转换贴水比率} = (\text{转换贴水} / \text{基准股价}) \times 100\% \tag{5-49}$$

转换贴水的出现与可转换债券的溢价出售相关。

3. 转换期限

可转换债券具有一定的转换期限,即该证券持有人在该期限内,有权将持有的可转换债券转化为公司股票。转换期限通常是从发行日之后若干年起至债务到期日止。

例 5-13　某公司的可转换债券,票面利率 10.25%,2 000 年 12 月 31 日到期,其转换价格为 30 元,其股票基准价格为 20 元,该债券价格为 1 200 元。

转换比率 = 1 200/30 = 40(股)

转换升水 = 30 − 20 = 10(元)

转换升水比率 = (10/20) × 100% = 50%

本章提要

本章主要观点如下:

1. 债券的复利未来值大于债券单利的未来值。债券的价值是等于债券的各期利息的现值与票面价值的现值之和。在已知债券的现在价格情况下,我们可以通过试错的方法求出债券的到期收益率。

2. 一般债券的价格和银行的利率成反比;期限越长,票面利率越低的债券对利率的敏感性越高,较小的利率变动就可以引起较高的价格变动。我们可以通过债券的久期与凸性计算出利率变动与债券价格变动之间的关系,进行债券投资的风险控制。

3. 同样我们可以借用债券债息折现的方法,通过股息折现的方法求出股票的内在价值。运用股票内在价值模型时要注意公司成长的速度与类型,合理选择模型。未来公司成长速度是合理定价的关键因素之一,必须结合公司分析中的定量与定性分析进行。折现率的选取可以运用证券市场线确定,折现率是无风险利率加上股权风险溢价和贝塔系数的乘积,在国际投资时,还必须考虑国家风险补偿问题。

4. 基金的定价要将开放式基金与封闭式基金分开,开放式基金的交易价格是基金的资产净值,而封闭式基金和市场的心理状况有关,围绕着基金资产净值波动,封闭式基金一般是折价交易。

5. 可转换债券的价值分为纯债券价值与可以转换为股票的理论价值两种。纯债券价值的测算和债券的理论价值定位相同,是可转换债券的防御下限，值得特别关注。可转换债券的理论价值和公司分析密切相关，和公司的成长性有关，可转换债券的转换价值低于理论价值时可以继续持有债券，高于债券理论价值时可以将其转换为股票。

练习与思考

一、简答题

1．零增长模型与不变增长模型之间、不变增长模型与多元增长模型之间存在什么关系？

2．如何理解投资基金的单位资产净值？

3．说明可转换债券的价值及其对可转换证券市场价格的影响。

二、论述题

1．说明债券的定价原理。

2．论述影响股票定价的因素。

三、判断题

1．债券的票面利率越低，债券价格的易变性就越小。

2．如果债券的市场价格高于其面值，则债券的到期收益率高于票面利率。

3．一笔未来的货币的当前价值必须等于其未来值。

4．根据现值求未来值的过程，被称为贴现。

5．如果净现值大于零，意味着这种股票被低估价格，因此购买这种股票可行。

6．任何一只证券的预期收益等于无风险债券利率加上风险补偿。

7．零增长模型假定股利增长率等于零，而不变增长模型假定股利永远按不变的增长率增长。

8．零增长模型和不变增长模型都有一个简单的关于内部收益率的公式，而对于多元增长模型而言，不可能得到如此简洁的表达式。

9．可转换债券的市场价格必须保持在它的理论价值和转换价值之下。

五、计算题

1．一张债券的票面价值为 100 元，票面利率 8%，期限 3 年，利息每年支付一次，如果目前市场上的必要收益率是9%，试计算其价格（分别用单利和复利方法）。

2．有一张债券的票面价值为100元，每半年支付利息5元，期限2年，如果目前市场上的必要收益率是10%，请分别用单利与复利方法计算其价格。

3．某投资者用952元购买了一张面值为1 000元的债券，息票利率10%，每年付息一次，距到期日还有3年，试计算其到期收益率。

4．某股份公司拟在未来无限时期每年支付每股股利2元，相应的贴现率（必要收益率）为10%，当时该公司股票价格为18元，试计算该公司股票的净现值和内部收益率，并对该股票价格的高低作出判断。

5．某股份公司去年支付每股股利2.50元，预计在未来该公司股票的股利按每年2%的速度增长，假定必要收益率为8%，现实该股票价格为45元，试计算该公司股票的内在价值和内部收益率，并对现实股票价格的高低进行判断。

6．某股份公司下一年预期支付的每股股利为1元，再下一年预期支付每股股利为2元，以后股利将按每年8%的速度增长。另假定该公司的必要收益率为10%，公司股票现实价格为87.41元，试计算该公司股票的内在价值和内部收益率。

7．有一投资基金，其基金资产总值根据市场收盘价格计算为6亿元，基金的各种费用为50万元，基金单位数量为1亿份，试计算该基金的单位资产净值。

8．某公司可转换债券的转换比率为20，其普通股票当期市场价格（即基准股价）为40元，该债券的市场价格为1 000元。请计算转换平价、转换升水与转换升水比率。

六、思考题

1．在不同的时期，运用公司市盈率模型测算出来的价值是否相同？

2．在跨越国度的投资过程中，对公司股票定价需要考虑什么因素？和国内股票定价有什么不同？

阅读材料

一、如何解读可转债发行条款[①]

今年的可转换债券无疑是我国证券市场的一大亮点，其独特的产品特征与稳健的市场表现逐渐得到机构投资者的认可。然而，在已发行和拟发行的转债中，发行条款大同小异，差异化设计特征不甚明显，尤其是对发行公司所在的行业特性和发展周期、公司财务状况、现金流量特点考虑不足，转债本身的发行条款相对复杂，这样对转债定价无论从理论上还是从实践上都极具挑战性，特别是给投资者进行价值判断造成一定的难度。

可转换债券是一种含权债券，它既包含了普通债券的特征，也包括了权益特征，同时，它还具有相应的标的股票的衍生特征。在价值形态上，可转换债券赋予投资者一个保底收入，即债券利息支付与到期本金偿还构成的普通付息券的价值，同时它还赋予投资者在股票上涨到一定价格条件下转换成发行人普通股票的权益，即看涨期权的价值。可转换债券的发行条款相应地围绕着这两个方面的特征进行设计。按照相关规定的要求，可转换债券募集说明书中的发行条款应包括：发行规模、发行期限、票面利率、转股期限、初始转股价格以及修正条款、赎回条款、回售条款及其他条款等。

1. 决定可转债债权价值的条款分析

可转换债券首先表现出债性特征。类似于普通债券，可转换债券的债权价值反映在票面利率与本金的偿付方面。由于受到《可转换债券管理暂行办法》的限制，已发行转债的票面利率都低于同期银行存款利率，票面利率多数以逐年递增的方式设计，平均年利率在1.8%左右。与普通债券有所不同的是，部分转债品种到期不是按面值额偿付本金，而是以高于面值的一定比例偿付，在发行条款中称之为时点回售，如国电转债、龙电转债等，这一条款通常被看做为债权的资本利得。除此之外，在一些转债的条款中还增加了利息补偿条款，如钢钒转债等，对于补偿的利息部分，通常也将其作为债权的资本利得进行处理。因此，判断转债的债权价值必须考虑利息收入和资本利得两个方面的现金流量。在测算债权价值时，合理的折现率

---

① 摘自全景网络，2003年12月，有删节。

应该采用相同期限、相同信用等级的企债市场的到期收益率。

可转换债券的债权价值对于判断一、二级市场转债的投资价值必不可少。在一级市场上,通过比较转债与企债的到期收益率,初步可以判定转债的投资价值。以国电转债为例,按照公告书中的条款测算,发行时该转债的到期收益率为3.45%,比当期同期限企债品种的到期收益率高出20多个基点,也就是说,在不行使任何转债期权的情况下,该转债的投资价值远高于普通债券。二级市场方面,通常用转债市场价格与债权价值的相对比率度量转债所暴露的风险头寸,这一指标实际上反映了转债价格下跌的最大幅度,为风险偏好不同的投资者选择合适的投资品种提供依据。如国电转债,以9月8日的收盘价计算,该转债价格的最大下跌幅度不会超过8.2%。

2. 影响可转债期权价值的条款分析

债权价值为可转换债券提供了底部收入,那么,转债价值的增长潜力究竟有多大?期权价值则是提升转债价值的动力来源。根据发行条款分析,转债的期权价值中包括了转股权、赎回权、回售权以及修正权价值,其中转股权、回售权以及修正权价值越高,越有利于投资者,而赎回权价值越高,对发行人越有利。当然,在转债所含的众多期权中,不同的条款影响不尽相同。

- 初始转股价格。初始转股价格也就是转股权的执行价格,是决定期权价值的主要因素之一。按照《可转换债券管理暂行办法》的规定,转债的初始转股价是以公告日前30个交易日公司A股收盘价的算术平均值上浮一定比例确定。由于30日均价是固定的,而溢价幅度由发行人与承销商确定,因此,在当前整个股市非常低迷的环境下,30日均价处于绝对偏低的水平,这时的溢价幅度高低对期权价值影响就比较大。目前初始转股价格的溢价幅度一般在0.1%~10%之间;
- 转股期限。转股期限是指转债持有人行使转股权的时间区间,当前已发行转债的转股区间一般在发行后的6个月或12个月之后至期满日。由于转债的期权是一种美式期权,因此,转股期限越长,转股权价值就越大,反之,转股期限越短,转股权价值就越小;
- 回售条款。回售条款是赋予转债持有人的一种权利,它是指当股票价格持续低于转股价格达到一定幅度时,转债持有人按事先约定的价格,将转债卖给发行人的一种权利。通常情况下,回售期限越长、转股价比率越高、回售价格越大,回售的期权价值就越大;相反,回售期限越短、转股价比率越低、回售价格越小,回售的期权价值就越小。但是,在已发行的部分转债中,由于回售条件的转股价比率低于修正转股价比率在10%以上,当转股价进行修正时,两者的相对幅度都不会改变,只要修正价格不低于每股净资产,这种回售条件就很难达到,因此,在某些转债中该条款形同虚设。

● 赎回条款。赎回条款是赋予发行人的一种权利,指发行人的股票价格在一段持续的时间内,连续高于转股价达到一定幅度时,发行人按照事先约定,将尚未转股的转债买回。一般地,赎回期限越长、转股价比率越低、赎回价格越小,赎回的期权价值就越大,越有利于发行人,反之亦然。在股价走势向好时,赎回条款实际上起到强制转股的作用,也就是说,当公司股票增长到一定幅度,转债持有人若不进行转股,那么,他从转债赎回得到的收益将远低于从转股中获得的收益。因此,赎回条款又锁定了转债价格上涨的空间。当前已发行转债的赎回条件一般是当期转股价比率的130%~150%,个别品种没有设立赎回条款。

● 修正条款。修正条款包括自动修正和有条件修正。因向股东发生了派息、送红股、公积金转增股本、增发新股或配售、公司合并或分立等情况,股权遭到稀释,转债的转换价值必然发生贬值,这时自动修正是必需的。特别是对于基准股票派息率较高的转债品种,投资者不仅可以获得丰厚的股息收入,而且同样达到自动修正转股价格的目的,有利于提高转债的投资价值。除此,在已发行的转债中,还设计有条件修正条款,即当股票价格连续数日低于转股价时,发行人以一定的比例修正转股价格。设置修正条款有利于保护投资者的利益,提高转债的期权价值,另一方面,也促使转债顺利转成股权。修正比例越大、频率越高,转股权的价值就越大,反之亦然。

在转债的期权部分,转股权、赎回权、回售权以及修正权是相互影响、相互制约的。根据我国转债发行的特点,一种较为可行的定价方法是采用二叉树模型。一般情况下,通过模型计算得到的转债理论价值高于其市场的价格,这是由于在对可转债进行定价时,投资者仅仅认识到认股权价值,而忽略了其他各项条款对可转债理论价值的影响。此外,由于近年来股票市场持续低迷,使得投资者对股票未来价格的预期降低,也从一定程度上造成转债理论价值高于市场价格这一现象。在实际应用中，以理论价值除理论价值溢(折)价比来度量转债价格的上涨空间，通过比较这个指标，初步可以判定转债价值的增长潜力。另外一个指标也很有用，就是转换价值溢(折)价，其反映了转债市场价格与转换价值的套利空间。

实际上，转债条款分析是一种静态判断方法。要判断转债的投资价值，必须动态分析市场环境与公司基本面的变化，这里最核心的因素就是对公司股票未来价格走势的预期。宏观经济环境、行业状况、证券市场环境以及公司的基本面等是股价预期的主要因素，但是，转债的发行规模、发行期限以及其他条款对股价的预期都有一定影响，特别是发行规模，转债转股后的股本增加对流通盘的扩容压力不容忽视。

可转债的价值分析是一个非常复杂的技术问题，只有很好地将公司股票未来价格判断与可转债条款分析结合起来考虑，才能准确地把握可转债的投资价值和投资机会。

二、从公司基本面看可转债投资价值

可转换债券的价值评估包括两个主要环节：一是对债权价值的评估，二是对期权价值的评估，而公司基本面的研究则是这两个环节的基础，它对评估可转换债券价值和确定可转换债券投资策略至关重要。公司所属行业、公司财务结构的稳健性、公司经营业绩、经营效率等基本面因素不仅决定了可转换债券的偿付风险、可转换债券基准股价的成长性，而且对研判可转债条款设计中某些增加期权价值条款的“虚实”也非常关键。通常在投资可转债时，投资者应关心发行可转债上市公司基本面的以下方面：

(一) 公司所属行业及该行业的景气度

遵循价值投资的理念，上市公司行业景气度的提升能带动上市公司业绩的增长，进而拉动上市公司股价的上涨。对可转债而言，基准股价上扬可以提升转债的期权价值，进而推动转债价格上扬。比如2003年上半年，钢铁、汽车、金融等行业景气度的提升带动了行业内上市公司业绩的大幅上扬，并造就了股市以这些行业为龙头的局部牛市行情。在基准股票新钢钒、民生银行的价格拉动下，钢钒转债、民生转债上半年都有卓越的表现，为投资者提供了良好的回报。一般来说，对行业景气度较好，债券底价又相对较高的上市公司可转债，即使是在相对弱市中，投资者也可采取中长线的投资策略。

（二）公司资产负债率、流动比率、速动比率与同行业的对比以及是否有稳定的收入和现金流

稳健的财务结构及稳定的收入和现金流是公司偿还债务的保证。虽然目前对可转换债券已经实行了信用评级制度，绝大多数可转债有商业银行等担保机构进行担保，且大多数可转债在条款设计中也说明了出现偿还现金不足时代为偿付的机构和方式。但投资者，尤其是可转换债券中长线投资者对上市公司资产负债率、流动比率、速动比率等衡量偿债能力和资产流动性的指标仍不能忽视。资产负债率相对同行业内其他公司较高，又缺乏稳定收入和现金流保障的上市公司，未来偿债能力可能会受到质疑，这一定程度上会影响可转换债券的债券底价，甚至还会影响公司股价未来的上涨空间，进而影响可转换债券的投资价值。

（三）公司在所属行业中的地位，公司的经营业绩及盈利能力

由于可转换债券的发行条件相对较为严格，目前发行可转债的上市公司不少是行业内的龙头公司，这些公司通常具有稳定的经营业绩和良好的盈利能力。经营业绩和盈利能力是衡量可转债投资价值的重要指标，上市公司经营业绩和盈利能力对可转债价值的影响主要体现在两个方面：

一是经营业绩提升、盈利能力增强可以带动公司股价的上扬，进而拉升可转换债券的期权价值，使转债投资者获利。

二是公司的经营业绩和盈利能力一定程度上决定了公司再融资的难易程度。对于净资产收益率已经处于增发、配股临界边缘，同时盈利能力又不强的上市公司，虽然其可能在转债发行条款中规定了诸如“股票连续5个交易日的收盘价低于转股价的95%时，董事会有权向下修正”的最优惠转股价修正条款以及其他增加期权理论价值的条款，但考虑到盈利能力所限制的再融资潜在危机，公司也会因注重转债转股后的业绩稀释效应而慎重实施这些条款，使得这些优惠条款实质贡献的期权价值大打折扣。对于这类上市公司的可转债，投资者通常还需要关注其实质性回售条款的启动条件、启动时间和启动价格。对启动条件宽松、启动时间早、启动价格高于转债市价的可转换债券，优惠的转股价修正条款才会有被尽早实施的动力。

（四）公司的利润分配情况，是否有高派现、高转送的惯例及潜力

可转换债券持有者可以通过转债转股价格的降低间接分享到上市公司以派现、转增股本、送股等形式进行的利润分配，因而评估转债价值时不能

忽视公司历年来的利润分配情况。发行可转换债券的上市公司不少是业内的龙头企业，大都比较注重对股东的回报，如新钢钒、国电电力等上市公司，自上市以来，几乎每年都以派现或是高送转方式向股东进行利润分配。高比例派现或转送可以从两个方面提升转债的价值：一是具有这种题材的股票，价格在利润分配方案公布或实施前通常会大幅上涨，从而拉动转债价格的上扬，如万科转债在除权前的表现以及水运转债2003年七、八月间的表现。二是实施利润分配方案后，可转换债券的转股价格根据调整公式相应向下调整，当股价有填权倾向时，转债价值自然提升，如民生转债在除权后的表现。由于不排除某些发行可转债的上市公司通过高转送等利润分配方式降低转股价，达到促使转债转股、减轻债券负担的目的，因而除关心上市公司是否有高派现、高转送的分配惯例外，净资产、公积金是否具备高转送的潜力也是投资者必须关注的基本面因素之一。

整体而言，可转换债券条款的设计直接决定了可转换债券的价值，而上市公司的基本面研究贯穿于评估转债各项条款价值的每个环节当中。投资者在选择转债品种时切切不可忽视对公司基本面的研究。

参考文献

[1] 谢剑平：《投资学基本原理与实务》，北京大学出版社2004年版。

[2] John C. Hull, *Fundamentals of Futures and Options Markets*, New Jersey: Hamilton Printing Company, 2004. 138～141

[3] [美]威廉·F.夏普，戈登·J.亚历山大，杰弗里·V.贝利著，赵锡军等译：《投资学》（第五版），中国人民大学出版社1998年版。

[4] Aswath Damodaran著，林谦译：《投资估价（上下）》，清华大学出版社2004年版。

[5] 高阿山、王苏苏：《市盈率指标的理论分析》，《复旦学报（社会科学版）》，2001年第5期，第5页。

第六章　K 线 理 论

学习目标与要求

通过本章学习，掌握K线的画法，掌握单根K线的意义、K线战争图、K线组合的理论，掌握研究历史与逻辑推理预测的方法。

通过本章学习，要求学员会看K线，能够灵活运用K线组合预测后市，能够运用历史的方法、逻辑推理的方法预测后势。

第一节 K线的种类与识别

一、K线的画法

K线又称阴阳线或红黑线，是用来表示买方与卖方力量的增减与转变过程。

画K线的步骤如下：

(1) 收集一天的开盘价、收盘价、最高价与最低价；

(2) 在开盘价、收盘价处用"—"标记，在最高价、最低价处用"·"标记；

(3) 将开盘价、收盘价横杠之两端连接起来，形成方格状；

(4) 将最高价最低价与收盘价或开盘价相连；

(5) 若开盘价低于收盘价，则K线保持原状，若K线之收盘价价位低于开盘价时，则K线之方格就需涂黑。

例6-1 开盘价13元，最高价13.80元，最低价13元，收盘价13.80元。

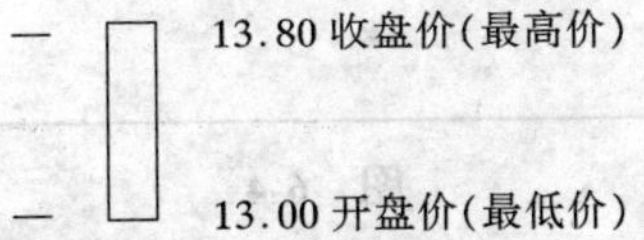

13.80 收盘价(最高价)

13.00 开盘价(最低价)

图 6-1

例6-2 开盘价10.05元，最高价10.05元，最低价9.55元，收盘价9.55元。

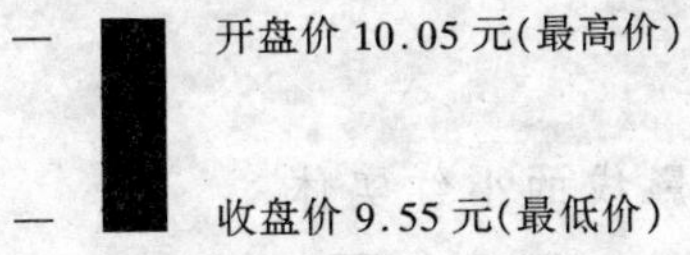

开盘价10.05元(最高价)

收盘价9.55元(最低价)

图 6-2

例6-3 开盘价4.3元，最高价4.37元，最低价4.27元，收盘价4.28元。

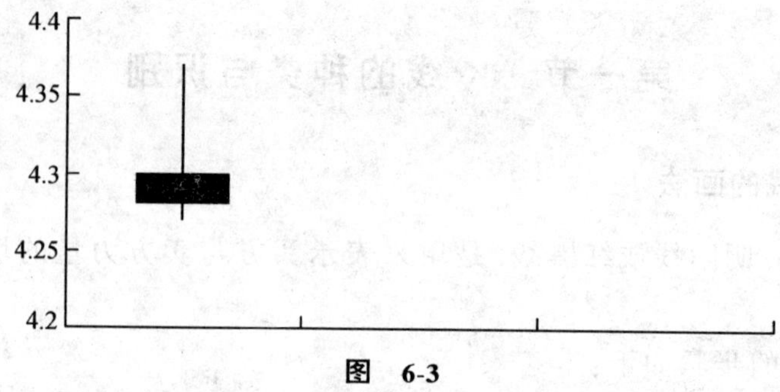

图 6-3

例 6-4 开盘价 21 元，最高价 21.8 元，最低价 20.7 元，收盘价 21.4 元。

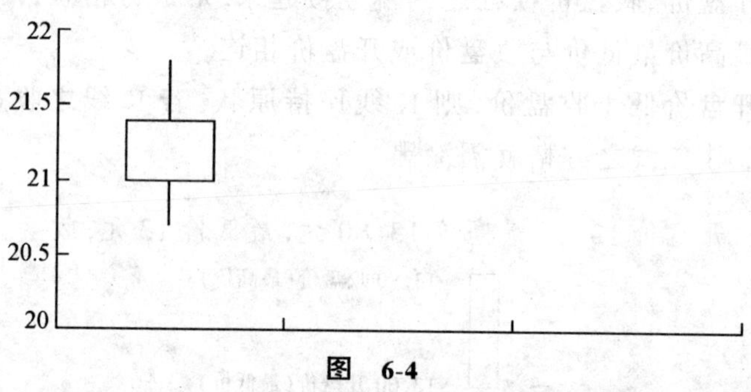

图 6-4

K 线预测有相当的准确性，但是 K 线易被大机构所操纵，所以结合周 K 线、月 K 线判断有助于提高趋势判断的准确性。目前已有相当多的投资者用周 K 线作为短期与中期研判、操作的依据。

二、K 线的种类

1. 没有上影线与下影线的小红实体

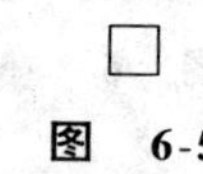

图 6-5

这种图有几种意义：

(1) 盘整，买方力量增强，以最高价收盘，但因时机未成熟，买方不敢作深入性攻击。

(2) 阴跌，卖方当日作战失败，仍有反攻机会。

图　6-6

(3) 高潮,买方疯狂涌进,不限价买进,卖方产生惜售心理,供需发生极不平衡现象,当日开盘价以高于昨日收盘价几个喊价单位成交,一路上升,以最高价收盘。

图　6-7

(4) 抵抗,当日开盘价较昨日收盘价低数挡,而以最高价收盘,却仍比昨日收盘价低,表明买方顽强抵抗,卖方力量受考验。

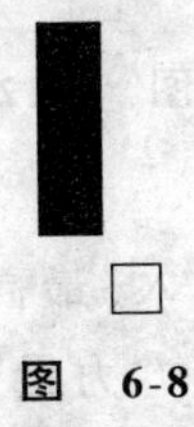

图　6-8

2. 没有上影线与下影线的小黑实体

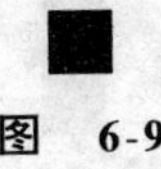

图　6-9

这种图形有几种意义:

(1) 盘整,卖方力量加强以最低价收盘,买方仍在抵抗,卖方仅能将股价逐渐向下压。

(2) 卖方在当日(或当周)作战失败,仍有发动反攻的力量与可能性。

(3) 低潮,卖方不限价疯狂杀出,造成恐慌心理,当日开盘价就比前一日的收盘价低几个喊价单位,收盘时亦不振,以最低价收盘。

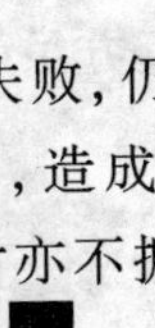

图　6-10

(4) 跳空高开,而以最低价收盘,但比昨日收盘价还高,表示卖方仍不服输,继续抵抗。

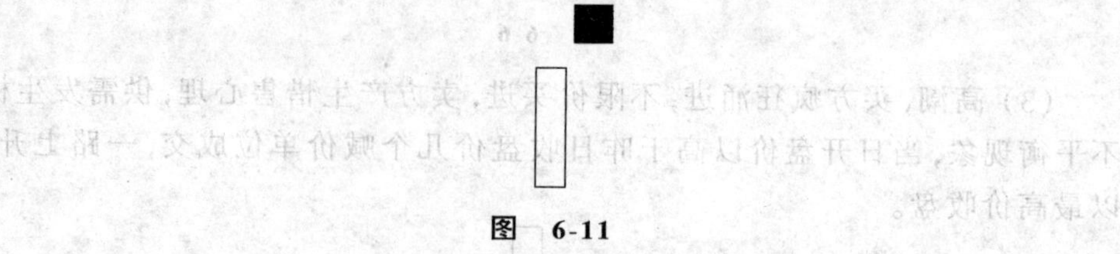

图 6-11

3. 长红实体

上下均没有影线的长阳线。这是买方发挥最大力量的表现,尤其在盘档末期出现时,表示买方已占上风,卖方阵地已告失守。

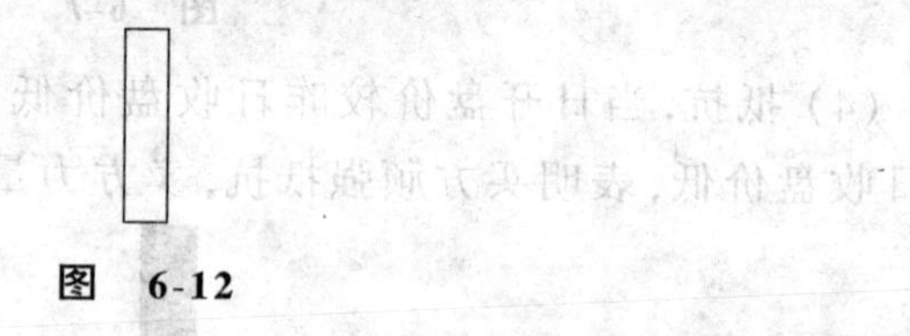

图 6-12

4. 长黑实体

表示卖方占绝对优势,长驱直入,最高价开盘,最低价收盘。尤其出现在盘整末期与反转之初期,表示买方力量已崩溃。

图 6-13

5. 带上影线之红实体

为上升抵抗型,主要根据上影线与实体之比判断。

(1) 实体长于上影线,表示买方虽受到挫折,主力仍在当日战斗中占上风。

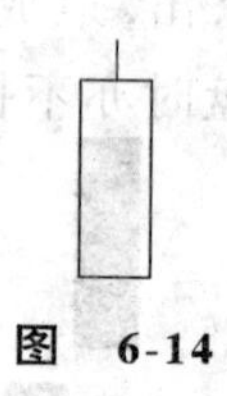

图 6-14

(2) 实体与上影线等长，表示买方向高价位推进，卖方压力在迅速增强中。

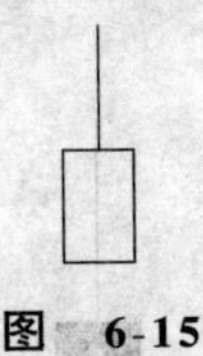

图　6-15

(3) 上影线长于实体，表示买方力量受严重考验，在当日战斗结束后，卖方已准备在第二日全力攻占买方堡垒(红实体)。

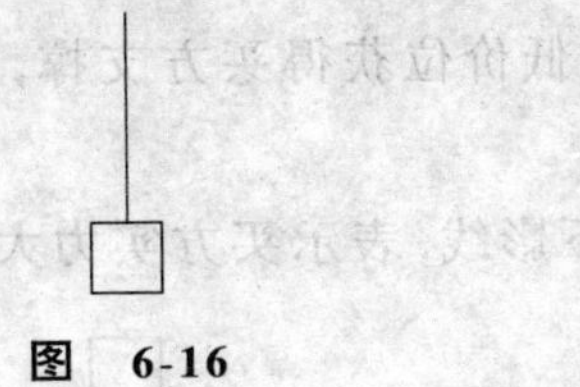

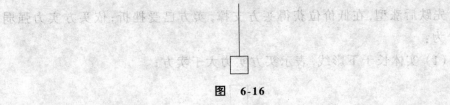

图　6-16

6. 带上影线黑实体

先涨后跌型，根据实体部分判断。

(1) 实体长于上影线，表示买方虽然意图振作，但受到卖方主力的压制，以当日最低价收盘，卖方实力强大。

图　6-17

(2) 实体与上影线部分等长，表示卖方居于主动地位，局势对卖方有利。

图　6-18

(3) 实体比上影线短,表示卖方虽从高价位将买方逐退,但是从整日作战中,卖方仅占少许优势,次日若买方全力反攻,则卖方堡垒(黑实体)很容易被攻占。

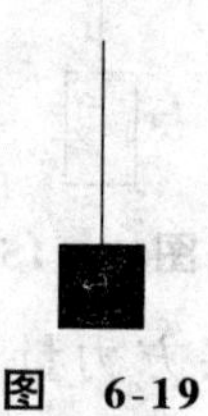

图 6-19

7. 带下影线之红实体

先跌后涨型,在低价位获得买方支撑,卖方已受挫折;依买方实力强弱可分为:

(1) 实体长于下影线,表示买方实力大于卖方;

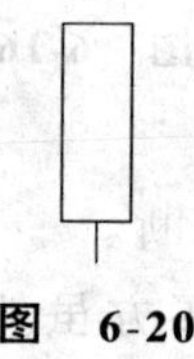

图 6-20

(2) 实体与下影线等长,表示双方交战激烈,买方主动,对买方有利。

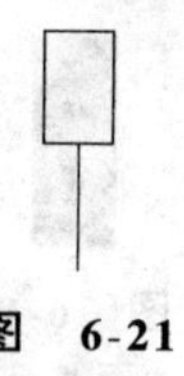

图 6-21

(3) 实体比下影线短,表示买方优势不大,次日如卖方全力反攻,则买方堡垒很容易被攻占。

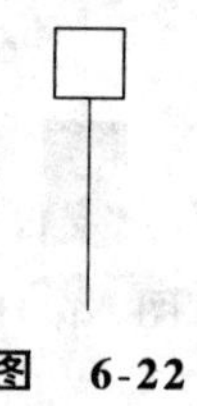

图 6-22

8．带下影线之黑实体

下跌抵抗型，卖方力量强大，但在低价位遭遇买方抵抗。

（1）实体长于下影线，表示卖压比较大，一开盘，大幅度下压，在低点遇买方抵抗但买方上推不多，总体上卖方占较大优势。

图 6-23

（2）实体与下影线等长，表示买方抵抗在增强，但卖方仍占优势。

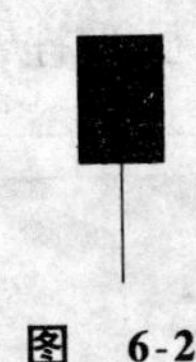

图 6-24

（3）实体小于下影线，表示卖方把价位一路压低，在低位上遇买方抵抗，卖方仅占极少优势，后市很可能买方会全力反攻，把小黑实体全部吃掉。

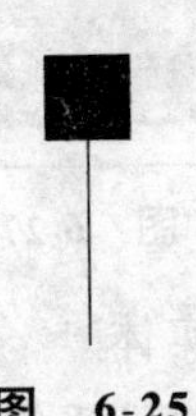

图 6-25

9．带上下影线红实体，反转试探型

表示多空双方以开盘价为基点开展“肉搏战”。

（1）上影线长于下影线的红实体。

① 影线长于红实体，表示买方力量受挫。

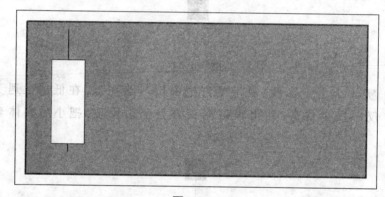

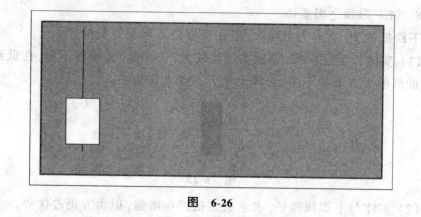

图 6-26

② 红实体长于影线，表示买方虽受挫，仍占优势。

图 6-27

（2）下影线长于上影线的红实体。

① 红实体长于影线，意即买方虽受挫，仍占据主动地位。

图 6-28

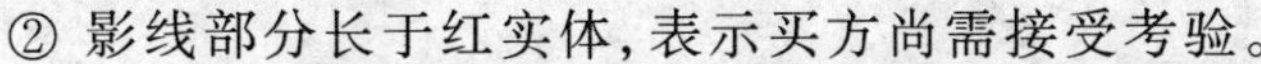

② 影线部分长于红实体，表示买方尚需接受考验。

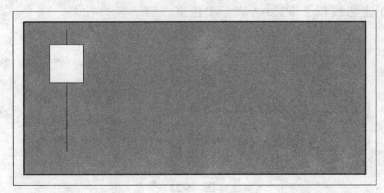

图　6-29

10．带上下影线之黑实体

在每日交易过程中，股价在开盘后，有时会力争上游，卖方力量增强，买方不愿追逐高价，卖方渐渐居于主动，股价逆转，在开盘价下交易，股价下跌，在低价位遇买方支撑，买气转强，不至于以最低价收盘。有时股价在上半场以低于开盘价成交，下半场买意增强，股价回至高于开盘价成交，临收盘前卖方又占优势而以低于开盘价之价格收盘。这也是一种反转试探。具体可分为类似带上下影线红实体的四种情况，见图 6-30。

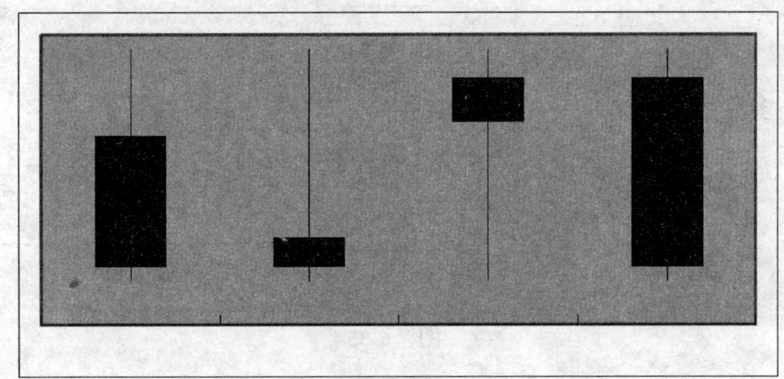

图　6-30

11．十字星

这是一种只有上下影线，没有实体的图形。开盘价即是收盘价，表示在交易中，股价出现高于或低于开盘价成交，但收盘价与开盘价相等，买方与卖方几乎势均力敌。

（1）上影线长于下影线，表示卖压重。

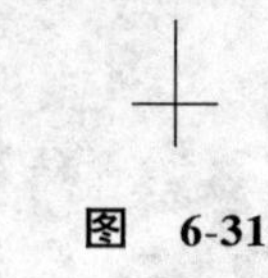

图 6-31

（2）下影线长于上影线，表示买方旺盛。

图 6-32

（3）上下影线等长，称为转机线，常在反转点出现。

图 6-33

12. 空胜线

总体看卖方稍占优势，如在高价区，行情可能会下跌。

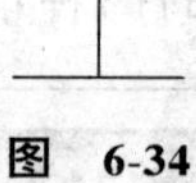

图 6-34

13. 多胜线

表示卖方虽强，但买方实力更大，局势对买方有利，如在低价区，行情将回升。

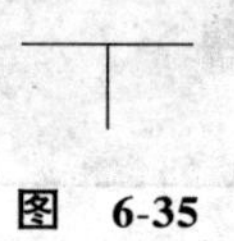

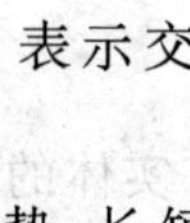

图 6-35

14. "一"图形

全日交易只有一档价位成交，表示交易冷清，冷门股此类情形较易发生。

总之，K 线的阴阳代表总体趋势，长短代表内在动力和趋势的强弱，影线代表转折信号。

第二节 K 线战争图

如何运用 K 线进行综合预测,这就需运用 K 线战争图原理进行预测。如果我们将 K 线看做战争中的"领土",那么我们就可以通过"领土"的得失来判断何方的力量大,从而预测短期走势。

K 线战争图主要是根据多空双方的交战区域预测未来走势,其交战区域分为:上影线上端、上影线部分、实体部分、下影线部分、下影线下端五个区域。

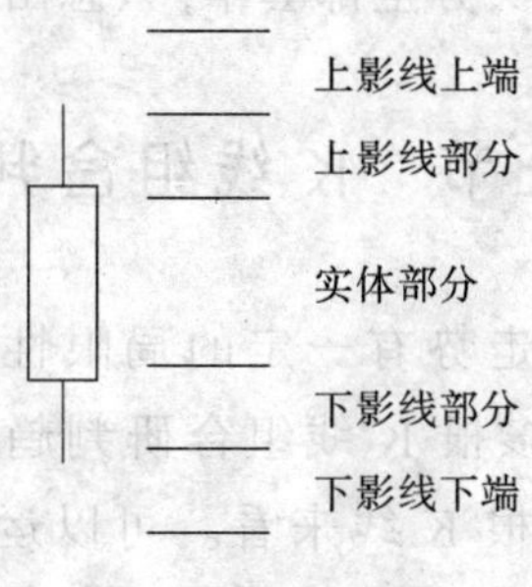

图 6-36

一、昨日是带上下影线的阴线实体

(1) 战斗区域在上影线之上端。表示买方借利多消息奋力抢进,卖方完全弃守阵地而不加抵抗,极可能出现长阳线。

(2) 战斗区域在上影线部分。表示卖方亦失去控制能力,处于被动地位,买方有力量以高价收盘。

(3) 战斗区域在实体部分。表示买方反攻,与卖方正面接触,胜负尚难预料,要看买卖双方力量的转变来决定今日之战果。

(4) 战斗区域在下影线部分。表示卖方再度施加压力,买方则以守为攻,处于不利地位,随时有创新低价之可能。

(5) 战斗区域在下影线之下端。表示卖方在开盘后便全力进攻。创新低价,并在低价区战斗,买方无心恋战,收盘以长阴线居多。

二、昨日是带上下影线的阳线实体

(1) 战斗区域在上影线之上端。表示卖方在高价区所施压力不强,买方在开盘后全力进攻，在新高价区域与卖方战斗，很可能出现长阳线。

(2) 战斗区域在上影线部分。表示卖方虽处于劣势，但仍与买方拼斗，随时有被击退可能，以阳线收盘机会较大。

(3) 战斗区域在实体部分。表示卖方反攻，买方亦不退让，胜负完全决定于买卖双方力量的增加与减少。

(4) 战斗区域在下影线部分。表示卖方力量强大，突破买方阵地，使买方处于不利地位，有创新低价之可能，收盘以阴线机会居多。

(5) 战斗区域在下影线之下端。表示卖方借利空消息出现开盘后便使战斗区域发生在新低价，买方全部套牢，只想出脱，极可能以长阴线收盘。

第三节 K 线组合判断走势

通过一根 K 线预测走势有一定的局限性，往往会落入主力圈套中，所以较为准确的方法是用多根 K 线组合研判趋势。运用 K 线组合研判走势可以将几根 K 线当作一根 K 线来看。可以运用历史的逻辑的方法进行研判，研究过去历史的头部与底部特征，运用逻辑推理进行综合研判，运用否定之否定的哲学思想思考问题。

一、历史的方法

1. 运用清晨星组合判断底部

为底部反转形态。特征：在跌势中，一根长而有力的阴线之后，出现低开跳空的小实体 K 线，然后第三天出现较长的阳线（没有第二个缺口，仍是有效底部反转形态）。

当两边均有缺口且第三根长阳线的收盘价深深切入第一根长阴线实体之内时，更加强清晨星组合反转意义。

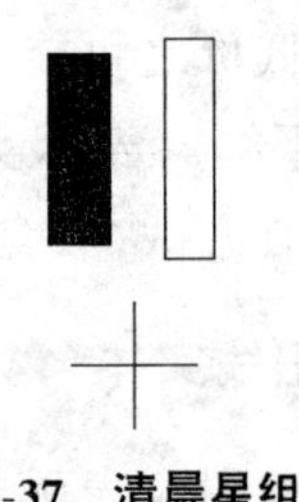

图 6-37 清晨星组合

例 6-1　1994 年 8 月 1 日大势反转

如图 6-38，1994 年 4 月至 7 月沪市一路阴跌，毫无反弹，在 400 点左右出现了少有的两天的放量反弹，随后又出现放量下跌，市场主力借机大量吸筹而许多中小投资者忍受不了暴跌的痛苦在历史最低点 333 点附近割肉离场成为最大的失败者。

1994 年 8 月 1 日，在"三大利好政策"刺激下，大盘从 333.92 点(收盘价)向上跳空 60.95 点于 394.87 点开盘，一路向上冲击，当天拉出一根长阳线，覆盖了两周以来的所有阴线。由于长期的空头市场使人们产生了空头思维，第二天大量获利盘、割肉盘涌出，成交量放至 26 亿元，出现一根带长长上影线的小阴线。第三天市场主力以前所未有的勇气与气魄接住所有抛盘，引发一轮所有踏空者抢进，多逼空的行情。股指向历史成交密集区 777 点冲击，第一次冲击在心理压力下失败，经过两周多的对称三角形整理，大盘选择了向上突破，本轮行情历时一个半月，最高点为 1 052.94 点。

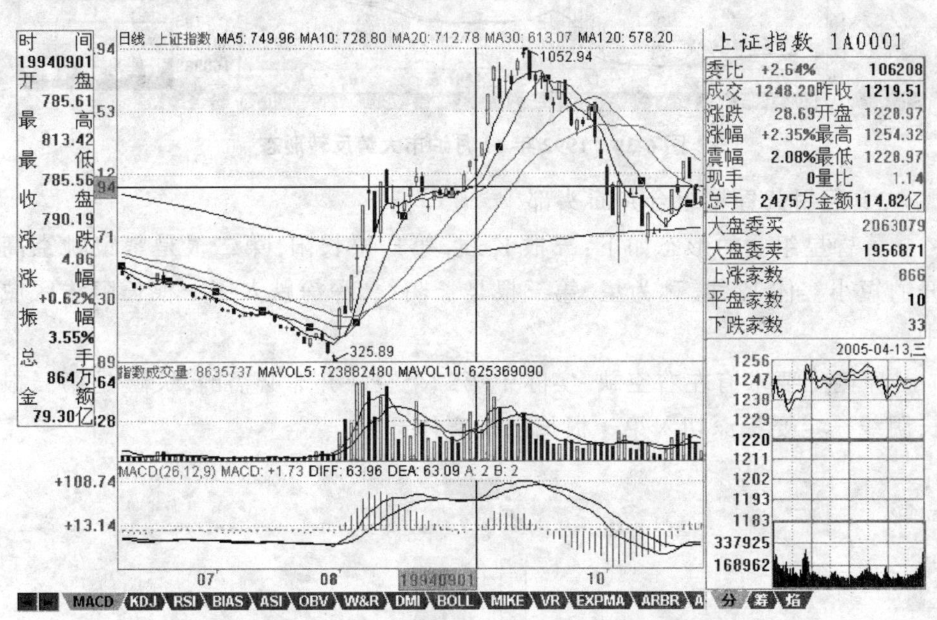

图 6-38　1994 年 8 月 1 日大势反转形态

2. 圆底反转形态

由一些小阴小阳的 K 线组成，常有十字星出现，随后出现一个跳空缺口。

例 6-2 如图 6-39 是 1992 年 11 月 386.85～1 558.95 点大势反转形态。

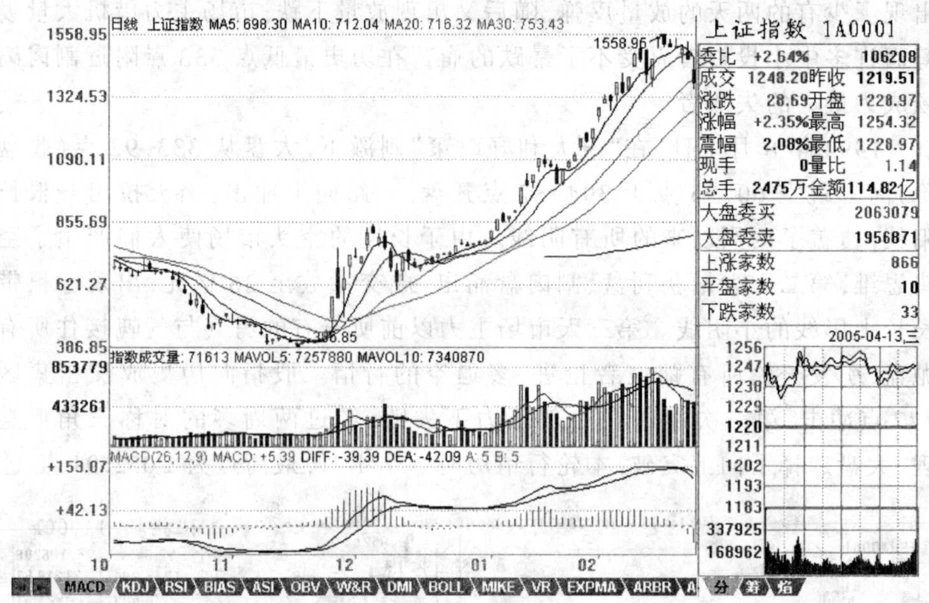

图 6-39 1992 年 11 月沪市大势反转形态

3. 运用黄昏星组合判断头部

黄昏星组合的形态如下：三根 K 线，第一根长阳，第二根是紧跟跳空高开的短小实体 K 线，称为星，第三根是长阴线，深深跌入第一根长阳线区域中。

原则上要求有左右空缺，实际中第二个空缺并非必需的，关键是第三根长阴线一定要深深切入第一根长阳线实体部分。

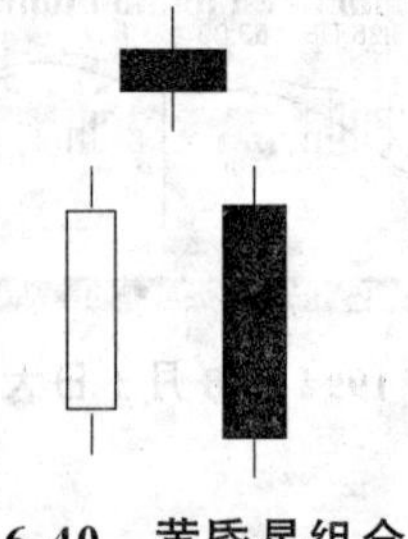

图 6-40 黄昏星组合

4．运用空降下跌型判断急剧下跌过程的空头陷阱

这是空头最乐意看到的一种胜利形态，三五天之内股价跌幅在15%以上，获利极为迅速。如图6-41，1994年9月13日沪市从1 052.94点头部反转后，空方主力制造关于“邓小平身体状况”的谣言，股指连拉四根阴线，一路狂泻。不明真相的散户在500点左右纷纷加入割肉大军，所持筹码被做空机构捡去后，在短短十几分钟内股指止跌并向上暴涨200多点，为世界股市历史上所罕见状况。

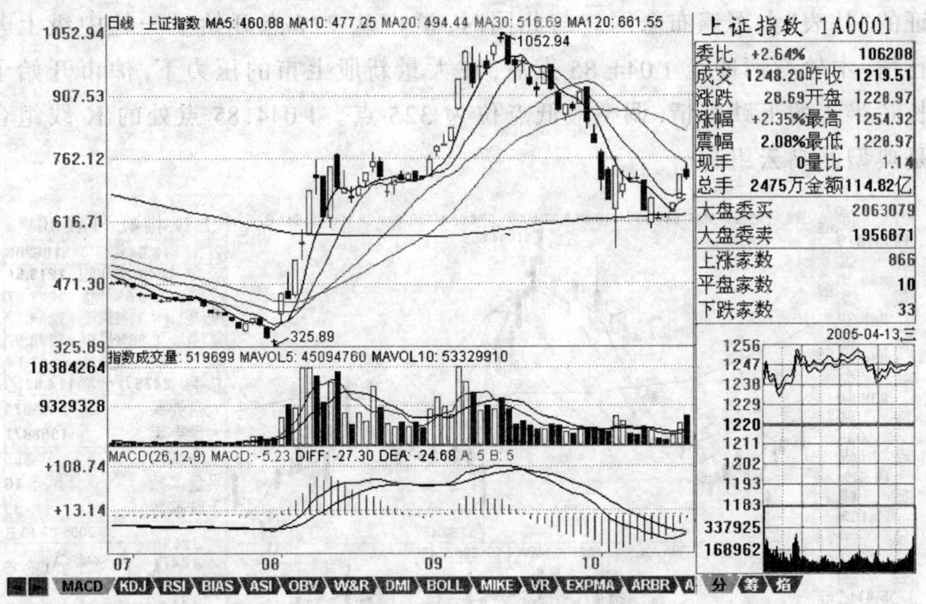

图6-41 1994年9月13日沪市头部反转形态

5．头部区域经常出现的组合

(1) 乌云组合。一般出现在上涨趋势后形成顶部反转或出现在高价盘整区域形成顶部。其特征是：

① 阴线切入阳线实体一半以上；

② 在长期涨势中出现光脚阴线；

③ 如阴线开盘高于主要阻力线但未能突破而失败，显示涨势未能控制市场；

④ 开盘伴随非常大成交量，但出现阴线，说明新多头意识搭错车溃不成军撤离市场。

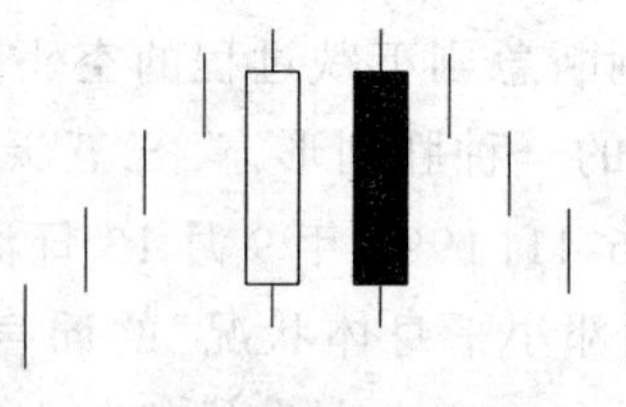

图 6-42　乌云组合

例 6-3　1993 年 12 月头部反转

1993 年 10 月沪市开始新一轮扩容，各地都在发新股认购证，购买认购证的“扑表”大军遍布全国。与此同时，沪市从 777 点开始了一轮中级上升行情，本轮行情冲至 1 044.85 点后，在大量新股上市的压力下，沪市开始了长达半年的下跌行情，调整最低点位为 325 点。1 044.85 点处的 K 线组合是典型的乌云组合。

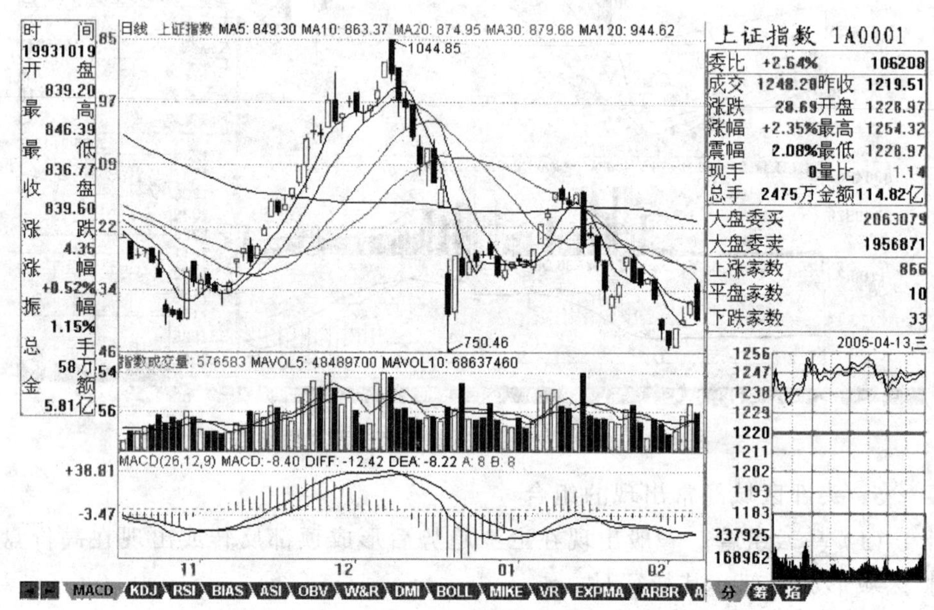

图 6-43　1993 年 12 月沪市头部反转形态

(2) 并吞组合。并吞组合可以发生在底部区域，也可以发生在顶部区域，其在头部的反转意味要高于乌云组合。其特征是：

① 市场的表现必须呈现涨跌趋势，即使是短期趋势的涨跌也是可以的；

② 必须由两根 K 线组合成，且第二根的实体部分必须并吞前一根的实

体；

③ 第二根的实体部分的颜色必须与第一根实体相反(例外：如果在一个延伸的跌势中，先出现很小白色实体K线，近似一个十字线，紧跟随又一根相当长的白色实体出现，这样组成的并吞组合，可以构成跌势的反转底。另外在一个涨势中，一根很小的黑色实体被一根长的黑色实体所并吞，可以构成看跌的反转并吞组合)。

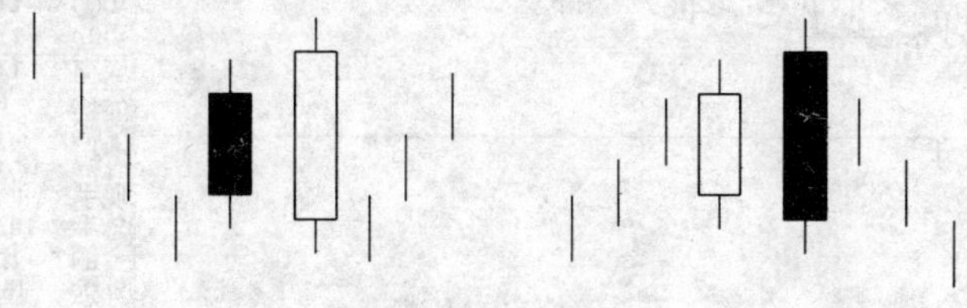

图 6-44　并吞组合

二、逻辑推理的方法

例 6-4　跟庄山东黄金的逻辑推理运用实例

山东黄金股票，代码 600547，2003 年 8 月 28 日发行，发行价格 4.78 元，首日收盘价格为 10.71 元。从图 6-45 可以看到，山东黄金上市后的前三天拉出了三根阳线，前三天的成交量合计为 6 751.25 万股，该股流通股为 6 000 万股，三天换手率大于 100%。由于发行价为 4.78 元，首日收盘价为 10.71 元，一级市场中签的投资者收益高达 124%。因此，我们可以逻辑推理：大多数中签的一级市场投资者，在获利比较丰厚的情况下，一般是抛售股票，既然有人卖就有人买，如果是散户在买卖，那么很难达到三天的成交量超过流通股的数量。因此，这么大的成交量说明有大资金在吸纳，同时我们可以通过三根阳线进一步证实我们的判断——拉高建仓，主力迫不及待地大量买进。三天的最高价为 12.77 元，最低价为 10.08 元，均价为 11.42 元。我们可以通过三天的成交量以及均价得出大资金的成本区间在 11.42 元左右。那么大资金为什么这么急着吸纳，这背后也许有我们不知道的好消息，根据主力投入的资金量估计，其期望目标值肯定不止仅限于 10% 左右的空间，没有足够的高度，大资金是很难获利卖出股票的。估计至少也要有 30% 以上的出货空间。因此，我们就可以在这支股票回调到接近主力成本区 10.44 元时买进股票。这支股票在 2004 年 1 月 7 日达到了最高价

18.33元，上升高度高达75.5%，所以，这个逻辑判断是正确的。

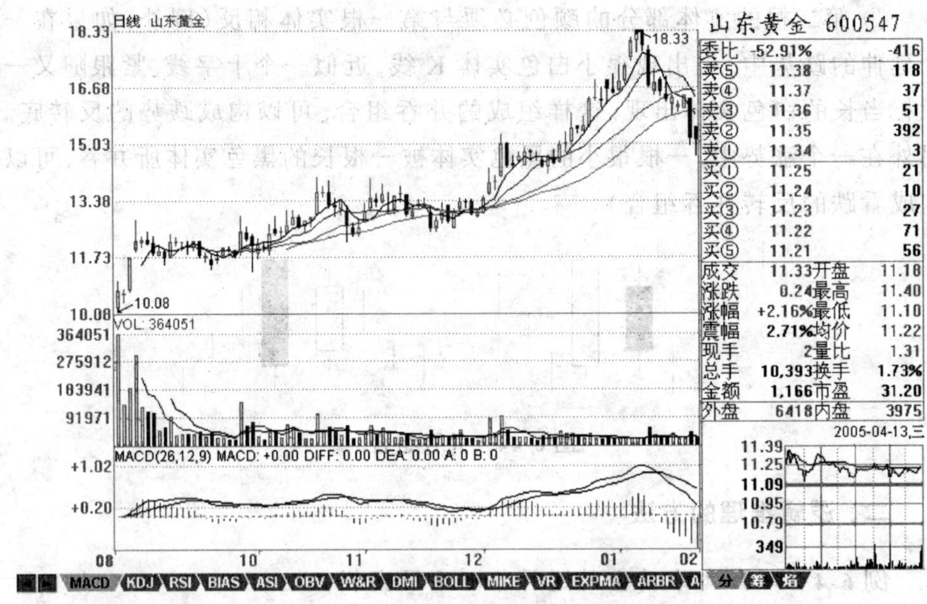

图 6-45 山东黄金股指曲线图

例 6-5 运用综合逻辑推理逃顶 1995 年 5 月 18 日井喷行情

1995 年 5 月 18 日（星期四），中国证监会宣布暂停过度投机的国债期货交易。一石激起千层浪，大盘从 582.89 点向上跳空 158.92 点，在 741.81 点开盘，在获利盘抛售下，大盘回档至 682.01 点，就被主力接住并往上推高，在短短三天就从 582.89 点升到 927.94 点。这时市场股评一致看好，认为股价会上升到 1 200 点。由于股价上升过快，大多数投资者获利也很丰厚。这时，笔者在周末就面临着两种决策，一种是加大投资资金，继续持有股票去争取更大的收益，但是如果这里是头部，就会把原先的盈利全部赔进去，还会有较大的亏损。另一种就是全部清仓，但是也可能因为市场情绪高涨，如 333 到 1 052 行情那样，中途休息后，整个市场继续大幅度上涨，这样就会散失一次较大的盈利机会。经过综合研判后，笔者决定先减一半的股票，然后观察市场表现再做决策。

观察市场表现关键是观察是否在这里形成顶部，运用历史法查找各类资料，在张龄松的《股票操作学》里找到阳线三条型的当日反转型。该型是这样描述的："多为重大政治事件与利多消息激发，其多为阳线三条型，但也可能变为当日反转型，第三根收阴后暴跌。"这告诉我们在台湾股票市场历史上曾经出现过这种情景，因此在减仓后如果出现阳线三条型的当日反转型，就应当立即清仓。

5月22日，股票市场高开，按照计划立即先卖掉一半的股票。这时成交量不断放大，根据前半小时成交量的预测，当日成交量预计可以达到100亿元，相当当时流通股票市值的一半，也就是说放出了巨量。但是整个指数没有继续上升，还出现微微下跌的情况。逻辑推理：在顶部放量但是股价上升艰难，说明有大资金在出货，很可能形成阳线三条型的当日反转型，当即卖出余下的所有股票。果然当日形成了阳线三条型的当日反转型的图形，第二天(1995.5.23)中国证监会宣布55亿新股额度，大盘跳低100多点开盘，出现暴跌，直跌至610点方才止跌。

孙子兵法："夫未战而庙算胜者，得算多也；未战而庙算不胜者，得算少也"。这说明，胜利者大多在战斗前进行深入综合地分析。K线理论在实战过程中可以将历史的方法与逻辑的方法融为一体进行综合研判。

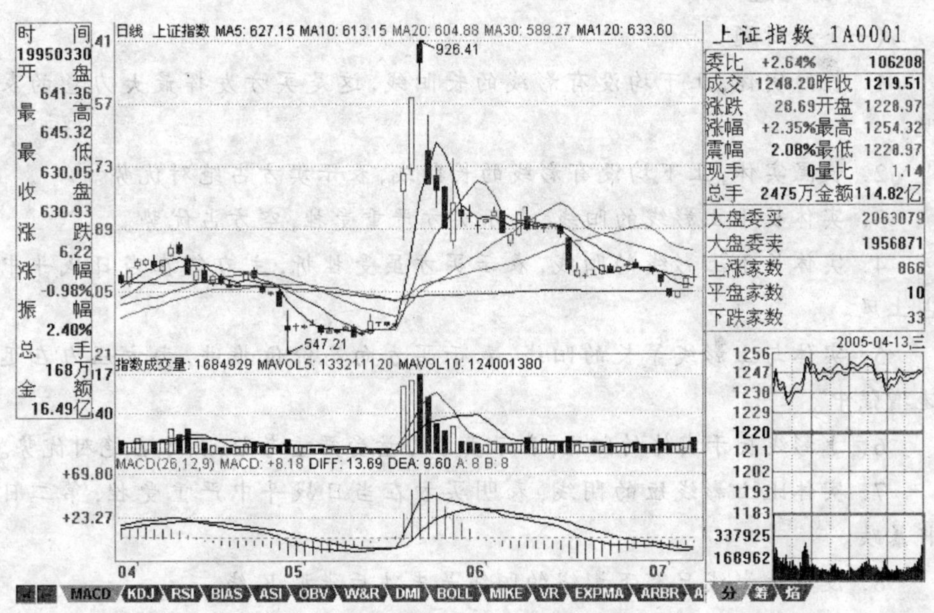

图6-46　1995年5月18日井喷行情图

本章提要

通过本章学习,我们知道如何画K线,知道K线是由实体、影线、颜色组成。虽然K线的种类很多,但是我们可以通过“K线的阴阳代表总体趋势,长短代表内在动力和趋势的强弱,影线代表转折信号”来掌握运用一根K线预测后市的方法。我们可以通过历史上已经发生过的相似的K线组合预测后市,我们也可以通过分析量价关系以及K线表现出来的形态,通过逻辑推理来判断在K线背后的人的行为动因。我们可以通过将历史分析与逻辑推理相结合的方式,取得较好的战绩。

练习与思考

一、练习题

(一) 判断题

1. 长红实体,上下均没有影线的长阳线,这是买方发挥最大力量的表现。

2. 长黑实体,上下均没有影线的长阴线,表示卖方占绝对优势。

3. 实体长于上影线的阳线,表示买方严重受挫,空方占优势。

4. 实体长于上影线的阳线,表示买方虽受挫折,主力仍在当日战斗中占上风。

5. 实体与上影线等长的阳线,表示买方向高价位推进,卖方压力在迅速增强中。

6. 上影线长于实体的阳线,表示卖方力量受严重考验,买方占绝对优势。

7. 实体比上影线短的阴线,表明买方在当日战斗中严重受挫,第二日将暴跌。

8. 没有上影线只有下影线的阳线是先跌后涨型K线。

9. 上影线长于下影线但是红实体长于上下影线的阳线,表示买方虽然受挫,但是仍占优势。

10. 上下影线等长的十字星,称为转机线,常在反转点出现。

11. 并吞组合可以发生在底部区域,也可以发生在顶部区域。

12. 并吞组合只可以发生在顶部区域,不可以发生在底部区域。

(二) 简答题

1. 简述秃头光脚大阳线实体的市场含义。

2. 简述秃头光脚小阴线实体的市场含义。

3. 简述秃头光脚小阳线实体的市场含义。

4. 简述秃头光脚大阴线实体的市场含义。

5. 试述有上下影线的阳线的市场含义。

6. 试述有上下影线的阴线的市场含义。

7. 运用K线组合判断后市的一般方法是怎样的?

(三) 论述题

1. 你是如何运用K线组合投资证券的?

(四) 综合题

绘制600649原水股份最近一个月的K线图(注意标好日期、比例关系),并且根据K线图谈你对这股票未来走势的预测。

二、思考题

1. 如何通过量价关系看到K线背后的意义?

2. 运用K线战争图的适用条件是什么?

3. 从界龙股份的炒作中你得到什么启示?

阅读材料

逆市而行的"界龙股份"

界龙曾经是上海股市最著名的庄股之一。在1994年5月13日至6月24日曾创下连续上涨31天、其中27根阳线的纪录。界龙的炒作可分为以下几个阶段。

(1) 1994年2月24日上市到1994年3月10日,利用当时上海股市暴炒新股的时机,经过5天吸收筹码后,连续上拉6天,出现5个跳空缺口,股价从12.2元上拉到29.8元(此期间大盘从795点跌到694点),3月10日出货时曾出现5分钟内从29.8元暴跌到19元的凶狠震仓手法。至此,庄家吸筹主要在12元至13元区间,加上拉抬过程,总成本约在15元至16元之间,市场价格在23元左右,本来已经可以较顺利地出局,但是情况出现了变化。

(2) 3月14日市场受证监会“四不政策”利好刺激，跳空57点上涨，这时庄家出现判断失误，认为大盘将会继续上涨，于是在22至24元左右大量捡回了筹码，无奈大势下行，个股炒作风潮已退，市场上接盘寥寥无几，界龙的成交量从2 093万股骤减到14万股，庄家无法脱手，在20元附近托盘失败，至4月21日已被逼到成本价位15.1元，庄家被套。

(3) 4月21日起上海股市出现阶段性反弹，庄家借机再次拉抬界龙股票，至5月11日到达27.9元，接近前次高点，但在这次行情中投资者纷纷以短平快对付庄家，在上涨过程中见利就走，出货比庄家还快，维持行情的代价是庄家手中积压了更多筹码，价位虽高却无法脱手。

(4) 5月12日庄家尝试着能否出货，把价位从27元打到22元却没能出手多少筹码，成交量和前一日相似，维持在170万左右。说明外面的浮动筹码极少，接盘也不活跃，筹码集中在庄家手中。

为解脱困境并吸引接盘，庄家利用各种舆论工具进行宣传界龙。上海某著名股评家每周必在福建经济广播电台宣传界龙。说界龙地处浦东，其地价的潜在价值就是目前价位的数倍，“界龙要炒到多少元”，“投资界龙包赚”。同时庄家也开始了独出心裁的操作：在每天操作中把价位一分一分地拉抬，由于庄家完全控盘，使每天的盘面走势几乎成为一条向右上方倾斜的直线。庄家把每天的涨幅控制在0.1至0.5元左右，使短线投机无利可图，以此锁定外面的获利筹码。结果创造出31天上涨、27根阳线的一幅人造风景。面对如此奇怪的走势，多数投资者十分警觉，完全退出不再参与，界龙每日成交量维持在几十万股，庄家自拉自唱，苦不堪言。

在界龙天马行空的时候，大盘处于不断下跌过程，明言人已经看出：界龙不定哪天就会暴跌。事实也是如此，庄家勉强把价位拉到32.6元，造成突破天价的假象后再也坚持不住了，6月27日一开盘就跳空开在27.28元，随后几天并没有出手多少筹码，价位便回到17元附近，至此庄家已完全陷入炒作失败的窘境，只能把价位苦撑在20元附近，等待时机。

8月初证监会“三大”利好政策给市场带来了新的活力，也给界龙庄家带来一线生机。

但是界龙庄家被套已经尽人皆知，没有其他主力来为庄家解围，界龙在8月初市场的火爆行情对比下黯然失色，涨幅甚小且成交量不大，明显被市场冷落，庄家只好大搞“生产自救”。这一次庄家收敛锋芒，老老实实地看大盘的"眼色"行事，第一步把价位拉到25元附近进行长时间盘整，借助9月上旬大盘上涨、市场火热的条件，9月6日先于大盘到达最高价31.26元后分批出货了结。界龙股价也终于回归，融合到大盘走势之中。

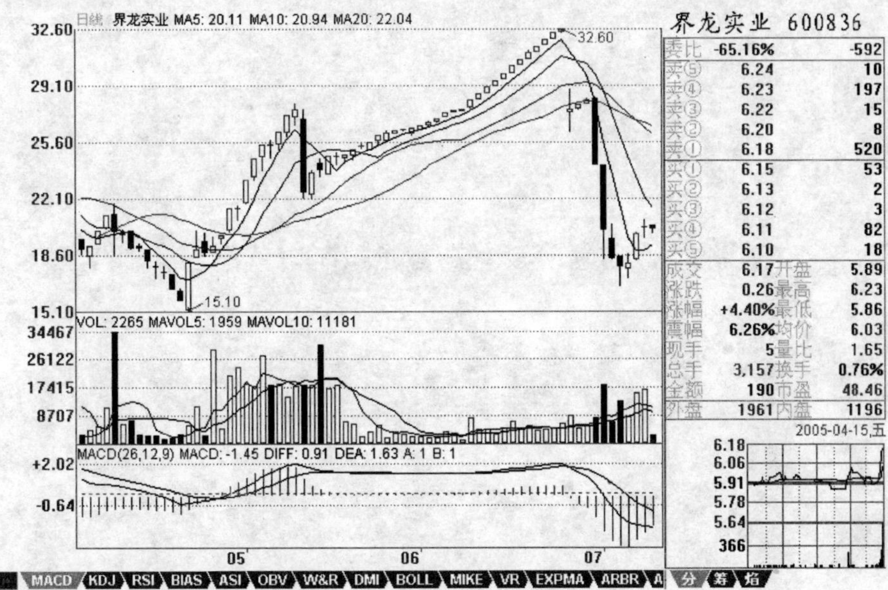

图 6-47 界龙实业股指曲线图

参考文献

[1] 张龄松、罗俊:《股票操作学》，中国大百科全书出版社1994年版。

[2] 马波:《证券投资实战指南》，中信出版社1997年版。

第七章 均线理论

学习目标与要求

通过本章学习，掌握移动平均线的八大法则，能够运用均线组合判断未来股价走势的趋势，为投资决策提供参考。

通过本章学习，能够用坐标纸正确地画出移动平均线，能够将移动平均线与乖离率技术指标综合起来运用。

第一节　道·琼斯股价理论

道氏股份理论是由美国《华乐街日报》的创办人查理斯·琼在他撰写的大量股价分析文章中逐步创立，又由该报总编汉密尔顿进一步补充和发展的，它是最早而且最有名的技术分析理论之一，它不仅能根据道琼斯工业股平均数的波动，来解释并预测股市未来动向，而且还能成为一般景气动向的指标。

道氏理论认为平均股价由长期趋势、中期趋势和短期趋势这三种相辅相成、互相影响的变动趋势构成。

长期趋势分为上升趋势与下跌趋势两种，根据汉氏对1900年6月～1923年8月期间的股票市场变动资料的统计与分析，发现多头市场趋势从开始至结束，平均经历25个月，空头市场趋向从开始至结束平均经历17个月。如果依照日期计算，多头市场长约3、4年，最短亦达15个月；空头市场长约2年，最短亦有11个月。

上升股市分为三个阶段：

第一阶段，股价徐徐上升，这是由于买方对企业业绩看好开始买进，或卖方卖出减少的结果。但由于这段时期，企业公布的财务报告的情况仍不十分理想，投资大众对投资股票尚存戒心，所以股市交易不活跃，交易量只是温和地、小额地增加。

第二阶段，股价已趋上升。随着企业盈余的增加，投资大众对股票投资的信心增加，使股市交易开始活跃，交易量大幅度增加。

第三阶段，企业盈余额巨大，投资股票获利甚丰，诱使大众纷纷投资股票，导致股市一片繁荣，新股也趁此时机大量发行。在这一阶段的尾声，投机性股票的价格升腾不止，而主流股票的价格反而显示停滞不前。

下跌股市也包括三个阶段：

第一阶段是上升股市的尾声。此时，许多敏感者感到企业收益已达到顶峰，遂将持有的股票卖出以获价差，交易额虽有增加，但增幅已很小。

第二阶段为恐慌阶段，因企业收益开始下降，购买股票者显著减少，而卖出股票的卖者却不断增加，致使股市供大于求、股价大幅下跌。这一阶段要持续很长的时间，然后才步入第三阶段。

第三阶段，由于企业收益明显减少和企业状况恶化的消息不断传出，使股票持有者纷纷卖出股票。一般情况是，投机性浓的股票价格率先大幅度下跌，然后，传染至主流股票。使主流股票交易额下降，主流股股价也大幅下跌，下跌股市接近尾声。

当中期工业股平均股价和铁路平均股价均由跌转升时，即表示长期上升股市开始，反之当两种中期平均股价均由升转跌时，即说明长期下跌股市开始。

中期趋势是指长期上涨趋势中的下跌阶段。或是长期下跌趋势中的回升阶段，道氏认为时间大约为两星期到一个月或更久，变动幅度约为长期趋势的 3/8，通常两三个中期趋势组成一个长期趋势。

中期趋势的起因是由于投资大众的太乐观或太悲观，促使股价暴涨或暴跌，此时发生技术性的回跌或反弹。专业性的投资机构或资金雄厚的投资人乘此机会调节市场供需状况，大众投资人亦相随而获利了结，“回档”乃是正常现象。但是前面所产生的涨势阻力小，时间短，则必有较急迫的下跌反应，前面跌势愈深，回升之可能也愈可确定。由于没有数学公式可以提出次级波动发生或结束的时间。因此引用道·琼斯理论时，缺乏经验的投资人无法确实区分原始移动（长期趋势）与次级移动（中期趋势）趋势，降低对大势研判的正确性。

短期趋势是指数小时至数天的变动，一般 3 个或 3 个以上短期趋势构成一个中期趋势。由于短期趋势往往是人为操纵形成的，与反映客观经济态势的中长期趋势有本质不同，故一般不宜作为趋势分析对象。

第二节　移动平均线介绍

一、移动平均线的意义

如何了解股票市场的动态？最基本的方法，便是以一周股价平均数为根据。那么将上周六的平均数与本周六的平均数相比，就能洞悉趋势的发展，对日后操作预做准备。

所谓趋势，简要地说就是股价变动方向。比如说，本周的股价平均数较上周高，股价趋势向上可以确认，若本周的股价平均数较上周低，股价下跌便是事实。如何掌握趋势？我们可以在计算每日算术平均数后，与当日股价加权指数（或是个别股票当日收盘价格）同时表现在图纸上。经过一段时间，若清楚地看出移动平均线向上移动，则股价为上升趋势；若清楚地看出移动平均线向下移动，为下跌趋势。因此要了解股价趋势就需要把握股价与移动平均线的动向。

股票市场投资者为何要建立“移动平均”的观察？第一，当日股价上下波动大，不容易看出股价趋势，若将一定期间的股价加起来平均，则知道目前股价的平均成本。再与当日股价做一比较，并且从过去股价的变动可以看出平均持股成本增加或降低。当移动平均数开始逐渐扣高股价时，买进成本不断增加，获利者相对减少，短期内继续上涨，则需激起更大的买气，否则卖意增强，股价即将回跌。当移动平均数开始扣低点数时，成本越来越低，易激起买气，则股价上涨机会增加。第二，道·琼斯理论已为世界各国投资大众接受，自然有它的优点与准确性。移动平均线系统则是将该理论数字化，从数字变动中去预测股价短期、中长期、长期的变动方向，同时从移动平均线图也可窥见成本变动情形，早谋对策。

二、移动平均线的计算与种类

1. 由于计算方法不同，移动平均线有简单移动平均数制作的平均线，加权移动平均数制作的平均线，简单指数平滑法制做的平均线。现介绍简单移动平均数与加权移动平均数计算方法：

(1) 简单移动平均数计算方法如下：

① 先计算出 n 日算术平均值 M_t

$$M_t = \frac{\sum_{t=1}^{n} P_t}{n}$$

P_t：每日收盘价。

② 随后随着日期推移，计算 $\sum P_t$ 时 每日加上当日股价，减去最先一天的股价，再除以 n，就得出 $t+1$ 日的算术平均值；依此类推就可求出 $t+i$ 日的算术平均值，这样就可在坐标纸上画出移动平均线。

(2) 加权移动平均数计算方法如下：由于股价近期影响因素大于远期，所以每日股价根据实践经验乘以一加权系数 W_t。

① 先计算出 n 日股价加权平均值 M_t

$$M_t = \frac{\sum_{t=1}^{n} W_t P_t}{\sum_{t=1}^{n} W_t}$$

② 方法同简单移动平均数，所不同的是求加权平均。

2. 以不同时间基础的移动平均数可制出不同的移动平均线。目前国内常用的有 5 日、10 日、20 日、30 日、60 日、120 日、240 日移动平均线。

一般移动的基础时间天数越少，移动平均线对股价的反映越灵敏，反之则越迟钝。

一般 5～10 天移动平均线反映近期趋势；20～60 天移动平均线反映中期趋势，在我国当前 20 天线常常反映的是一段中级行情；120 天以上在我国已是反映长期趋势了。

移动平均线的优点是：① 能避免人为的短线临作收盘价陷阱；② 能看出变动趋势，自动发出买卖讯号；③ 运用者可根据移动平均线理论，自己确定风险水平，将可能的亏损降至最低点。其缺点是：① 其表现的平均股价与实际股价有超前或滞后，难于把握股价的最高峰或最低点。② 在采用简单移动平均线时，如果价格波幅不大，就会出现锯齿式交错的买卖讯号，使讯号追随者无所适从。

第三节　移动平均线操作运用

一、葛南维尔移动平均线八大法则

美国投资家葛南维尔（Granvile）就如何利用移动平均线确定买卖时机提出八大法则，其中四条属买进时机（买进讯号），另四条为卖出时机（卖出讯号）。

(1) 移动平均线下降后转为平移或上升状态，而股价曲线从其下方逐渐上升并突破移动平均线时，说明股价将继续上涨，为买入信号。移动平均线走平并上升说明股价将转为上升趋势，而当天平均线被突破，说明股价已脱离卖方压力，而买方已处于相对优势地位。

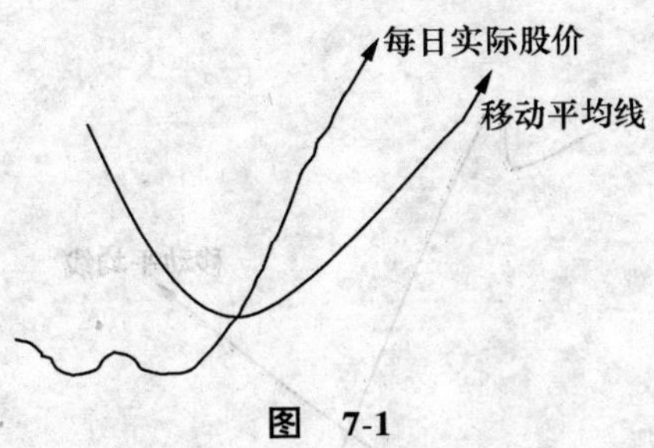

图　7-1

(2) 移动平均线呈上升状态，而股价曲线却降至其下方时，说明股价趋向反弹，为买入信号。

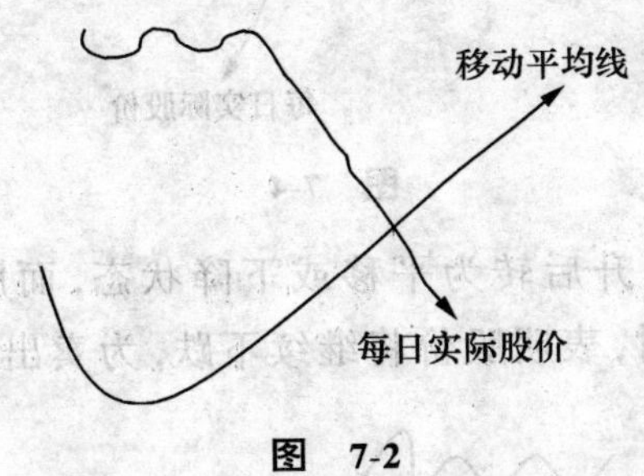

图　7-2

(3) 股价曲线在移动平均线的上方，并朝着接近移动平均线的方向下降，但在其相交之前又转为上升状态时，说明每日股价与周期平均股价趋向一致，都是上升，为买入信号。这种情况多发生于多头市场的回档，消化获利盘后，又重新上升。

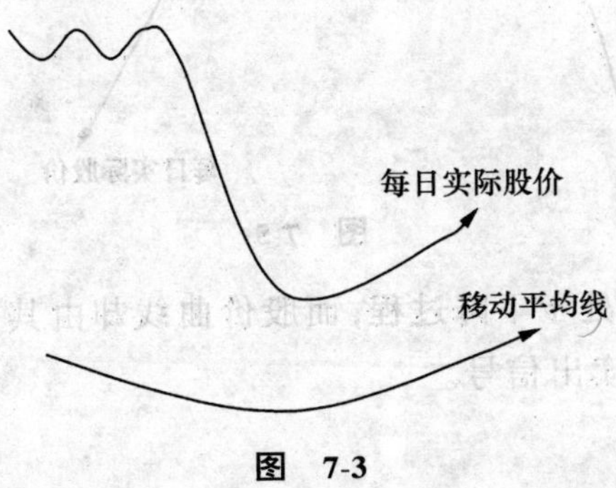

图　7-3

(4) 移动平均线呈上升状态，而股价曲线却远离移动平均线暴落时，说明股价偏低,极有可能反弹至移动平均线附近,为买入信号,这种情况多发生于空头回补做反弹。

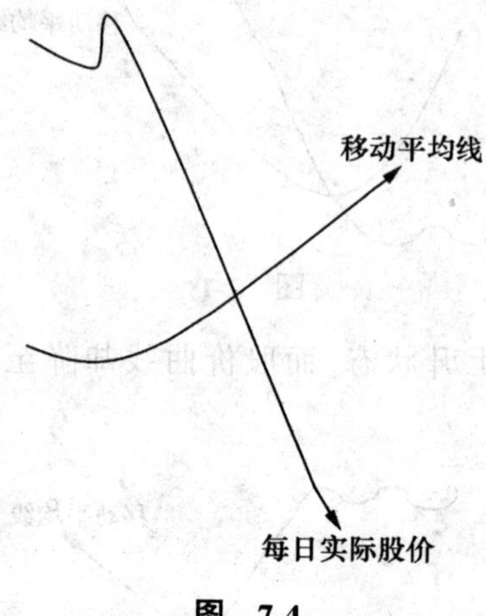

图 7-4

(5) 移动平均线上升后转为平移或下降状态,而股价曲线则从其上方向下突破移动平均线时,表明股价将继续下跌,为卖出信号。

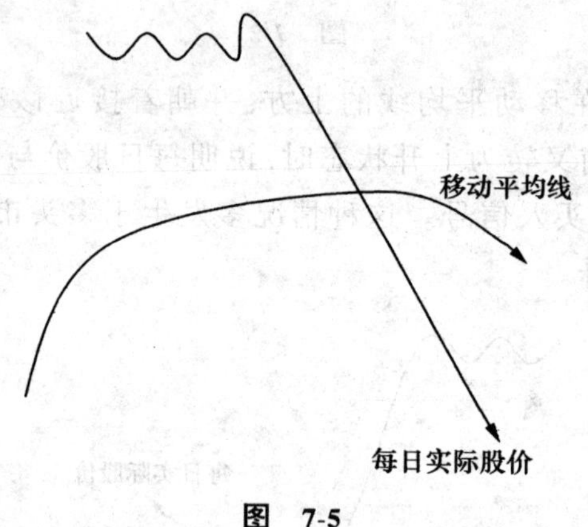

图 7-5

(6) 移动平均线处于下降过程,而股价曲线却由其下方升至上方时,表明股价大势趋跌,为卖出信号。

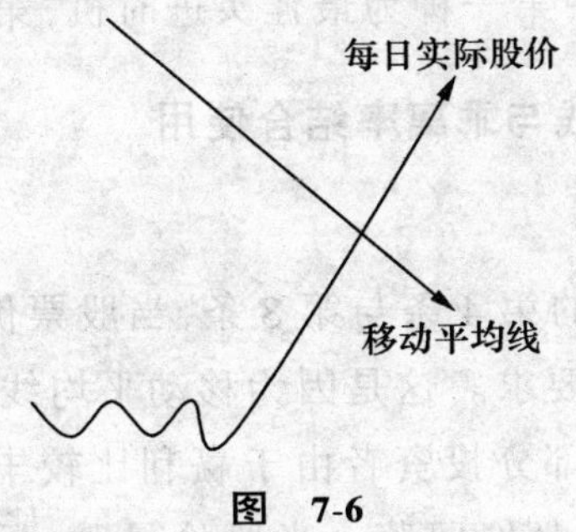

图　7-6

(7) 股价曲线在移动平均线的下方,并朝着接近移动平均线的方向上升,但在与其相交之前又转而开始下降时,表明股价疲软,看跌,为卖出信号。

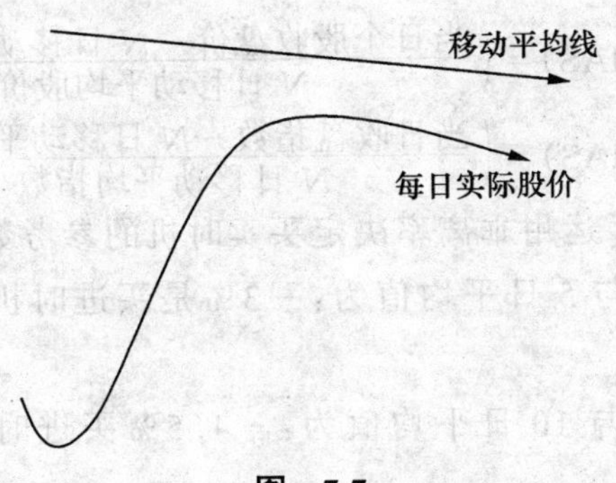

图　7-7

(8) 移动平均线呈上升态势,而股价曲线在其上方突然暴涨,远离移动平均线时,表明股价高峰已差不多,极可能回落。

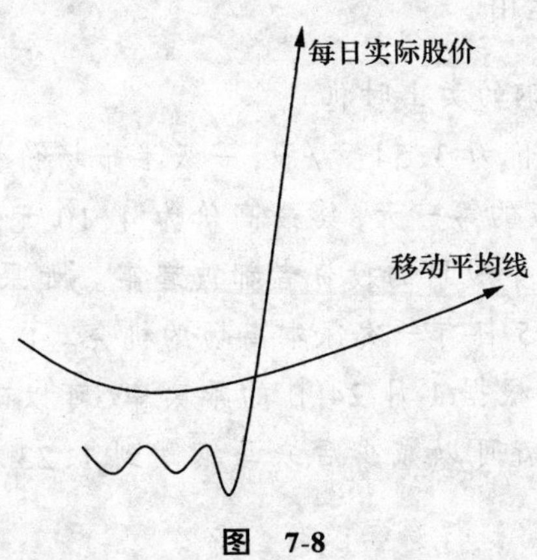

图　7-8

以上八种情况，其中第一种为最佳买进时机，第五种为最佳卖出时机。

二、单根移动平均线与乖离率结合使用

1. 乖离率指标

根据前面八大法则的第4条与第8条，当股票价格远离移动平均线时，具有回到移动平均线的要求。这是因为移动平均线就是投资者的平均持股成本，当股价暴涨时，一部分投资者由于赢利比较丰厚，产生了“落袋为安”的思想，在抛售压力下，股价回落。当股价暴跌，远离移动平均线，大多数投资者都被深度套牢，因此也就不到市场看盘，抛售的压力就很轻，短线投机者就可以做反弹行情。但是，我们如何定量暴涨与暴跌呢？这里引进乖离率指标，根据股价偏离移动平均线的百分比进行度量。

$$N\text{日个股乖离率(BIAS)}=\left(\frac{\text{当日个股收盘价}-N\text{日移动平均股价}}{N\text{日移动平均股价}}\right)\times 100\%$$

$$N\text{日指数乖离率(BIAS)}=\left(\frac{\text{当日收盘指数}-N\text{日移动平均指数}}{N\text{日移动平均指数}}\right)\times 100\%$$

钱龙软件提供了运用乖离率决定买卖时机的参考数据：

- 股价或指数与5日平均值为：-3%是买进时机，+3.5%是卖出时机；
- 股价或指数与10日平均值为：-4.5%买进时机，+5%是卖出时机；
- 股价或指数与20日平均值为：-7%是买进时机，+8%是卖出时机；
- 股价或指数与60日平均值为：-11%是买进时机，+11%是卖出时机。

2. 乖离率指标运用

例7-1　安徽马钢的卖出时机

安徽马钢的发行价为3.54元/股，一级半市场价格为4元/股，1994年1月17日是马钢上市的第一天，其最高价为4.10元，开盘后就迅速下跌，许多到安徽购买一级半股票的投资者都被套牢。如果根据乖离率，在1994年1月24日～1月25日有一次保本离场的机会。1月25日集合竞价的开盘价为4.10元，如果根据1月24日的乖离率，可以确定为卖出时机，1月25日参加集合竞价，就可以减少后来马钢跌到1.23元的损失。其应用如表7-1。

表 7-1 安徽马钢乖离率计算表

日期	1.17	1.18	1.19	1.20	1.21	1.24
收盘价	3.91	3.82	3.71	3.80	3.76	3.98
5日均价						3.81
5日乖离率						+4.46%

例 7-2　1996 年 12 月股市暴跌的抄底

1996 年 12 月，笔者在《中国证券报》、《上海证券报》、《证券时报》同时讲市场风险时抛空股票，在最高点离开了市场。三天后，《人民日报》发表评论员文章，股市出现暴跌，所有股票整日封在跌幅限制处，没有一丝生气。第二天集合竞价，所有的股票仍然封在跌幅限制处，沪市的 10 日负乖离率已近 30%。根据以往统计资料，当股市指数 10 日的负乖离率达 20% 以上时，是绝佳的买入时机，100% 发生反弹。因此再结合国家需要政治稳定的思考，笔者在第二个跌幅限制处买入股票，买入股票的第二天所有的股票收盘时都封在涨幅限制处，由于是反弹行情，故第二天在涨幅限制处卖掉股票，以后在均线走平，第二次探底成功后再满仓介入(见图 7-9)。

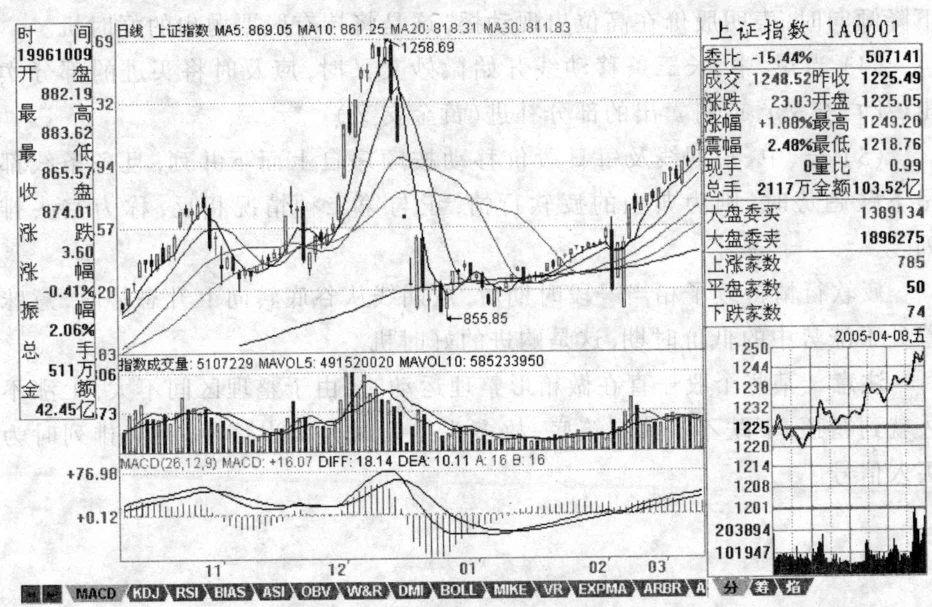

图 7-9　1996 年 12 月股市暴跌的抄底

注意 实际运用乖离率时应对个股历史资料进行统计，并确定牛市、熊市、盘整期的乖离率。因为在强烈的多头市场中，股价会一涨再涨，正乖离率很大，运用平时经验会出现卖得过早的现象。在强烈的空头市场中，股价会一跌再跌，出现离奇的负乖离率，用平常经验会出现买得过早的现象。每只股票的盘子大小与股性也不一样，具体情况具体分析成功率更高。

二、以移动平均线组合判断股价行情

以一种时间基础的移动平均线判断股价趋势有一定的局限性，因此如能将短、中、长期移动平均线组合来综合研判股价行情则准确率更高。研判依据如下：

（1）当短期线急剧地超越中长期线向上方移动，意味着买进的时机到来。

（2）每日股价移动平均线位于最上方并同短期线、中期线和长期线并列，且各条线都呈上升状态，这种情况是最令人安心的坚挺行情，称为多头排列。

（3）坚挺行情持续了相当一段时期后，短期线从停滞状态的高点出现下降倾向时，表明股价在高位出现动摇，这是将持有股票抛出的好时机。

（4）当短、中、长三条移动线开始微妙交叉时，应及时将买进的部分卖出（死亡交叉），或将卖出的部分补进（黄金交叉）。

（5）长、中、短期线及每日股价移动按顺序自上而下并列，且各条线都呈下跌趋势时，则为典型的疲软行情，正与第二种情况相反，称为空头排列。

疲软行情持续了相当一段时期后，短期线从谷底转向上升态势时，意味着处于涨势中的低价时期，这是购进的好时机。

注意 某些个股一直在做箱形整理运动时，由于整理区间不大，上涨不久就到箱顶，下跌不多就到箱底，故多头排列时为卖出信号，空头排列时为买入信号。

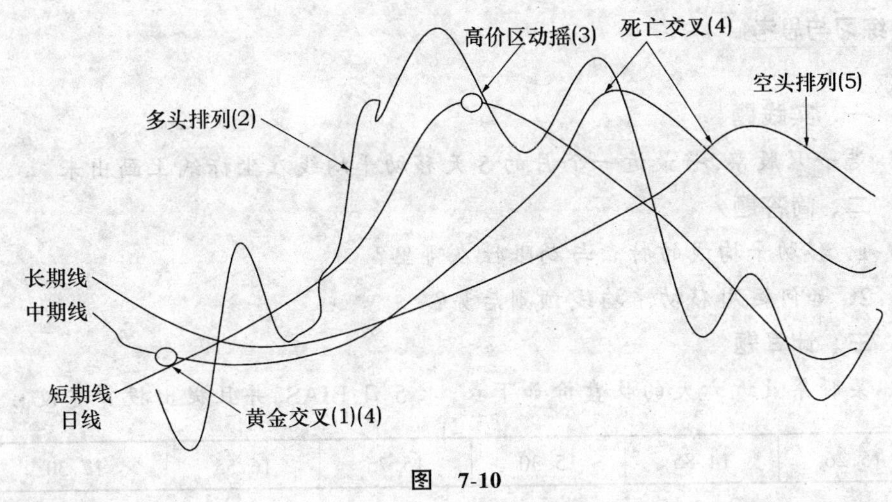

图　7-10

本章提要

通过本章的学习，我们了解到股票市场的波动是有趋势的，其分为长期趋势、中期趋势以及短期趋势。短期趋势随机性很大，比较难以把握。因此，我们重点把握中期趋势和长期趋势。为了能够较为准确地判断趋势走向，引入了移动平均线。

移动平均线能够平滑日线的波动，更容易看出股价波动地趋势。一般短期均线比较敏感，但是其准确性不高，长期均线比较平滑，反应比较不敏感，但是其显示的趋势比较准确。移动平均线还可以表示投资者的平均持股成本，因此可以作为判断支撑与压力所在位置的根据。

本章的第三部分介绍了运用移动平均线的八大法则，其中第一种情况是最佳的买进时机，第五种情况是最佳的卖出情况。移动平均线可以结合乖离率判断买卖时机，在运用乖离率时，必须结合不同的大势情况以及个股情况进行买卖，要注意具体情况具体分析。

最后本章介绍了如何运用多根均线研判趋势，一般黄金交叉为买进时机，死亡交叉为卖出时机。多头排列为持股信号，空头排列为持币信号。要注意做箱形运动的个股，多头排列为卖出信号，空头排列为买进信号。

练习与思考

一、实践题

选一只股票，将最近一个月的5天移动平均线在坐标纸上画出来。

二、简答题

1. 移动平均线的特点与局限性在哪里？

2. 如何运用移动平均线预测后势？

三、计算题

某股票最近六天的收盘价如下表，求5日BIAS，并且提出投资建议。

15.26	14.85	15.30	15.75	16.55	17.30

四、思考题

1. 今日申能股份的股价上涨了，但是30日均线却是往下行的，你能够解释为什么会有这种现象吗？

2. 在运用乖离率指标时，如何避免进入600666这样的陷阱？

阅读材料

重庆药业的"空中爆炸"

沪市的600666原名重庆药业，该股当时业绩一般，每股净利润0.26元。1994年1月至3月中旬共两个半月的反复，从6元涨到11.4元。由于没有任何消息背景支持，因此舆论认为该股价位已经偏高。但3月14日至3月17日作一个下降楔形整理后，就开始连拉13根阳线暴涨至23.46元。这期间各股评专家们纷纷说该股超值了，严重超值了，太疯狂了，劝投资者不要买该股，但该股就不理会专家们的评论，一直往上升。听股评家的人眼巴巴地看着股价往上升心里真难受，而大胆的人都有收获，虽然中间也有几次震仓但都是有惊无险，因此人们就逐渐放松警惕。

惊心动魄的事终于在1994年4月5日发生，该股在近200多万股集合竞价的成交量伴随下，以23.50元略高开，仅上摸23.80元，就开始倒水式出货，股价随后跌去1元、2元、3元、4元、5元…前阶段眼睁睁看着该股上涨而不敢动手的人，前阶段在其盘中“跳水”而勇于承接并获利者，见其股价下跌如此迅猛，只认为是主力的又一次洗筹，故越跌越买。结果，当日在22元买进，即套牢，在20元补仓也迅速套牢，再在18元补仓，照样没反弹也套牢，咬咬牙再在15元补仓，股价又迅速下沉。技术派人士认为的支撑位，神奇数字0.382、0.5、0.618均一一被击穿，上述人员均被深度套牢。股价当天跌去10.36元，以后一直跌到主力建仓成本区不远处才有一个小小的反弹，从此1994年4月5日的最低价13.10元几乎成为3年来的最高价。

重庆药业凶悍无比的炒作手法震惊了全国的投资者，人们将此称为“空中爆炸”，该股也被福州的大中户起了一个外号“六六六粉”，这在一定程度上也损害了庄家自身的声誉和该股的市场形象。也正是吸取了这次教训，广大投资者不愿意跟风，导致其后的界龙、山西汾酒的炒作失败。

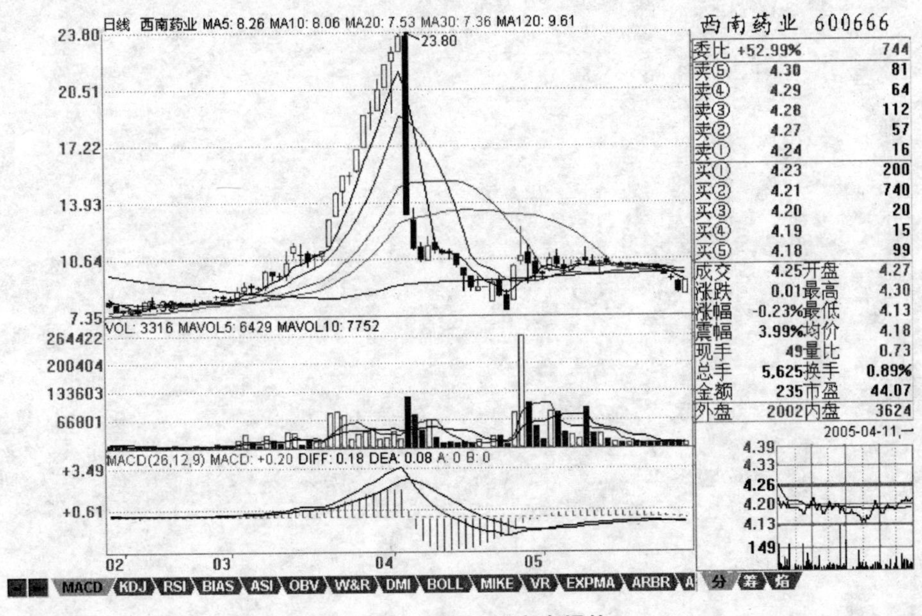

图7-11　600666的空中爆炸

参考文献

[1] 张龄松、罗俊:《股票操作学》，中国大百科全书出版社1994年版。

[2] 马波:《证券投资实战指南》，中信出版社1997年版。

第八章 形态分析

学习目标与要求

通过本章学习，要求掌握各种形态预测股价走势的方法，重点掌握趋势线、轨道线、头肩顶、头肩底、双底、双顶、三重底、三重顶、圆底、圆顶的常用形态。初步掌握筹码分析的理论。

通过本章学习，能够熟练运用各种形态与其他技术分析手段结合起来进行股价走势的预测。

第一节　趋　势　线

一、趋势线

股价不管是上升还是下降，其波动有一定的方向性。在上升的行情里出现一底比一底高的上升，在下跌行情里出现一个高点比一个高点低的状况，这就是趋势，称为上升趋势或下降趋势。

趋势线为直线，趋势朝一个方向移动的时间可能很短，也可能很长，一般几个次级趋势形成一个中级趋势，几个中级趋势形成一个长期趋势。

产生以上现象的原因：

(1) 股价上升时，一片看好，大家都在等回档时买进，价值观提高，在回落至前一低点之前，浓厚的买气阻止股价下跌并且回升，这种看涨心理心态造成上升趋势。股价下跌时，一片看坏，大家都在等反弹卖出，目标值在逐渐下降，在回升至前一高点之前，已经有大量筹码等着出脱，促使股价只有再趋下游，形成下跌趋势。

(2) 业绩不好，投资人不敢追高，怕套牢，故稍有差价，就争先脱手，故一波比一波低。业绩好，投资人高价卖出后而愿在低价补回，故形成一波比一波高。

二、趋势线的画法

1. 以收盘价画趋势线

原始上升趋势线包括几段中级行情，明显地看出每段中级行情之低点均较前段行情之低点为高，因此，连续两个最先形成的中级行情低点，就形成上升行情原始趋势线。同样地，中级行情亦包括几段小行情，将最先发生两小段小行情之低点连线便形成中级趋势线。最后，我们亦可将平时上涨时出现下跌，然后再上升之两点连线，而形成次级趋势线。

下跌行情亦是如此，将最先形成或最具有意义的两高点连线而形成原始趋势线、中级趋势线与次级趋势线。

原始趋势之最初低点即是由下跌行情转为上升行情出现之第一个底部形成点，短期内(至少 1 年)此价位没有再出现。原始趋势之最高点是由上升行情转为下跌行情所出现之第一个头部形成部，短期内（至少10个月）没有出现比此价位更高之股价。

2．以K线图画趋势线

（1）上升行情。

① 正统画法：连接两条决定性阳线之开盘价，并向右上方延长，角度较平缓，适用于中级与原始上升趋势。

② 连接两条决定性阳线之最低价，向右上方延长，由于向上倾斜度大，容易被突破，有效性降低因此适用于次级行情。

（2）下跌行情。

① 正统画法：连接两条决定性阴线之开盘价位，并向右下方延长，角度较为平缓，适用于中级与原始下跌趋势。

② 连接两条阴线最高价，向右下方延长，向下斜角度大，容易被突破，有效性降低，适用于次级行情。

三、趋势线的运用

1．通过趋势线的突破来决定买卖时机

如图8-1所示，中级行情的上升趋势线被突破，回抽后碰趋势线又回落，可考虑卖出。

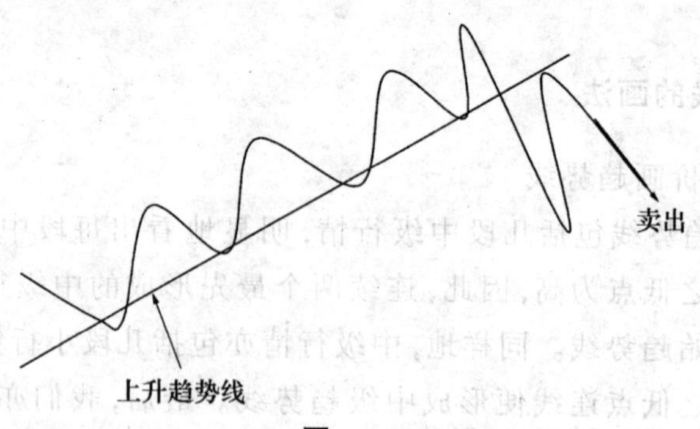

图 8-1

2．利用上下轨道决定买卖策略

如图8-2在A点卖出股票，在B点买进股票；达到高点时，在C点持币观望；走下跌通道时，D点买进，E点卖出；在底部时，可在F点持股观望。

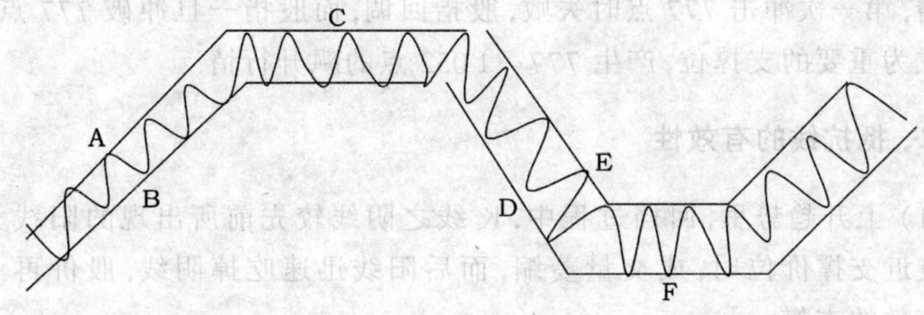

图 8-2

四、趋势线的有效性

(1) 趋势线太平或太陡有效性下降，一般 30°左右的中级趋势线意义较大。

(2) 股价接触趋势线次数越多，跨越时间越长越有效。

(3) 突破趋势线必须是收盘价，上升时突破趋势线必须伴有量的放大。下降过程中一般破线第一天成交量并不显著增加，随后放量，再后开始萎缩。

(4) 股价跌破趋势线后，距趋势线不远，成交量并没有迅速增加，成交量萎缩至相当程度，股价回升至趋势线下方，此时成交量如果扩大，股价再度下跌，就可确定上升趋势被破坏。

第二节 抵 抗 线

一、抵抗线

趋势线是通过动态来确定支撑与阻力位，抵抗线则不同，并不需技术分析者刻意去找出决定性的两点来画线，大致一眼就可分辨出抵抗线之价位，那是过去股价盘整区域，或是上段行情的最高价或最低价，属静态的分析方法。

抵抗线分为上值抵抗线(阻力线)和下值抵抗线(支撑线)。一般成交密集带可成为抵抗区域，可通过 K 线图及静态图的支撑压力表看出。

例如沪市 1993 年多次在 777 点获支撑，因此 777 是成交密集区与重要心理关口。当股指向下破位 777 点时，777 就成为“铁顶”，因此 1994 年 8

月行情，第一次冲击 777 点时失败，股指回调，而股指一旦冲破 777 点，777 点就成为重要的支撑位，产生 777～1 052 点的飙升行情。

二、抵抗线的有效性

(1) 上升趋势里，回档过程中，K 线之阴线较先前所出现的阳线为弱，尤其接近支撑价位时，成交量萎缩，而后阳线迅速吃掉阴线，股价再上升，这是有效的支撑。

(2) 上升趋势里，回档过程 K 线频频出现阴线，空头势力增强，即使在支撑线附近略作反弹，接手乏力，股价终将跌破支撑线。

(3) 在压力线附近形成盘档，经过一段时间整理，出现长阳线，支撑线自然有效。

(4) 在支撑线附近形成盘档，经过整理却出现一根长阴线，支撑带顿时成为大批筹码套牢圈，投资者为减少损失，争相出脱，股价将下跌一段。

(5) 下跌趋势出现反弹，K 线之阳线较先前之阴线为弱，尤其接近阻力价位时，成交量无法放大，而后阴线迅速吃掉阳线，股价再下跌，这是强烈的阻力。

(6) 下跌趋势见强力反弹，阳线频频出现，多头实力坚强，即使在阻力附近略作回档，但换手积极，股价必可突破阻力线，结束下跌趋势。

(7) 在阻力线附近盘旋一段时间，出现长阴线，阻力线自然有效。

(8) 在阻力线附近进行整理，最后出现一根长阳线向上突破，成交量增加，低档接手有人，激励买方，股价自将调升一段。

注意　当市场并没有出现我们所预测的抵抗线时，应当放弃原先投资计划。

三、筹码分析

抵抗线近年来发展为筹码分析，筹码分析主要分析筹码的密集与分散形态。

筹码在低位密集，一般被理解为主力的缓慢吸筹，低位密集的买入条件有两个：一个是确认了主力的高度控盘，另一个是确认大盘的中级行情已经开始。一些股票从高位密集区下跌了 30％左右再次密集，这样的密集不认为是低位密集，低位的定义是筹码的转移至少要有 6 个跌停板的空间。

与筹码的低位密集相反的是筹码的高位密集，当出现筹码从低位密集向高位密集转移的时候，很可能是主力出货的现象。

有时筹码在低位密集，而股价则继续上升，没有出现筹码的分散现象，这就叫做筹码的低位锁定，一般说明主力持仓数量很大。

第三节　各种形态

一、头肩顶

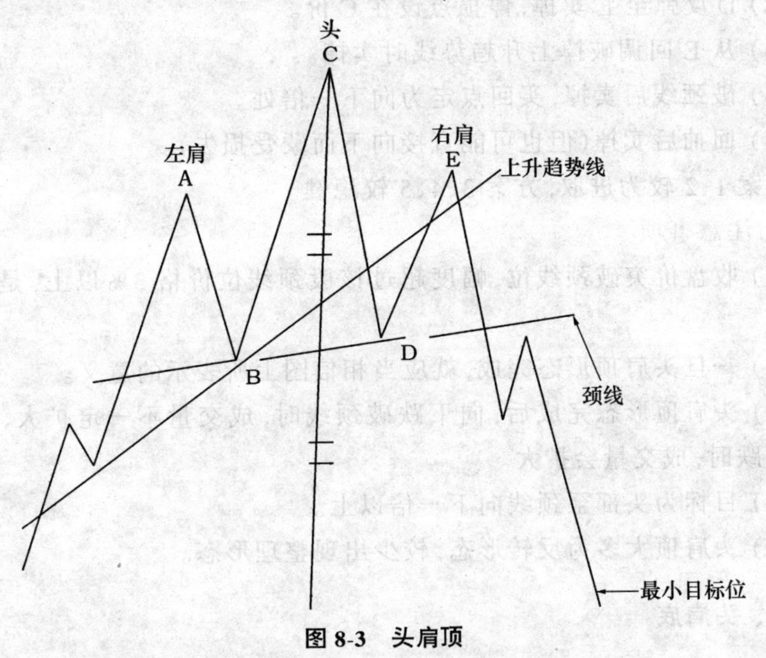

图 8-3　头肩顶

1. 头肩顶形态一般有六个阶段

(1) 伴随成交量放大，股价升至 A 点在获利回吐下，出现价跌量减，在上升趋势线 B 点处获支撑。

(2) 股价再度反弹并创新高至 C 点，但成交量不及 A 点，出现量价背离。

(3) 股价继续下跌，跌破原上升趋势线，并在原上升趋势线下方 D 点止跌。头肩顶的雏形已出现，B、D 连线为未来的颈线。

(4) 股价再次回升至E点,但E点比C点低,未创新高,且成交量下降。

(5) 股价下跌,突破颈线形成头肩顶形态(如未破颈线则不成立)。

(6) 一般破颈线后有一回抽,回抽至颈线下方后再度下跌,头肩顶形态最终确立。

2. 操作策略

(1) 破上升趋势线或C、D的2/3时卖出,以防直接跌破D点,如反弹超过A点,则C价为停损买盘。

(2) D反弹至E卖掉,停损点设在C价。

(3) 从E回调破掉上升趋势线时卖掉。

(4) 破颈线后卖掉,买回点定为向下一倍处。

(5) 回抽后卖掉(但也可能直接向下而蒙受损失)。

方案1、2较为进取,方案3、4、5较稳健。

3. 注意事项

(1) 收盘价突破颈线位,幅度超过该股颈线位价格3%以上,是有效之突破。

(2) 一旦头肩顶形态完成,就应当相信图上所表示的意义。

(3) 头肩顶形态完成后,向下跌破颈线时,成交量不一定扩大,但日后继续下跌时,成交量会扩大。

(4) 目标为头部至颈线向下一倍以上。

(5) 头肩顶大多为反转形态,较少出现整理形态。

二、头肩底

和头肩顶相反,目标位在头部至颈线一倍处。头肩顶破颈线不一定要有量,而头肩底破颈线则一定要有量。这种形态也多为反转形态,较少为整理形态。

头肩底还可以有复合头肩底形态(见图8-5、图8-6),同理头肩顶也有复合形态(见图8-7,图8-8)。

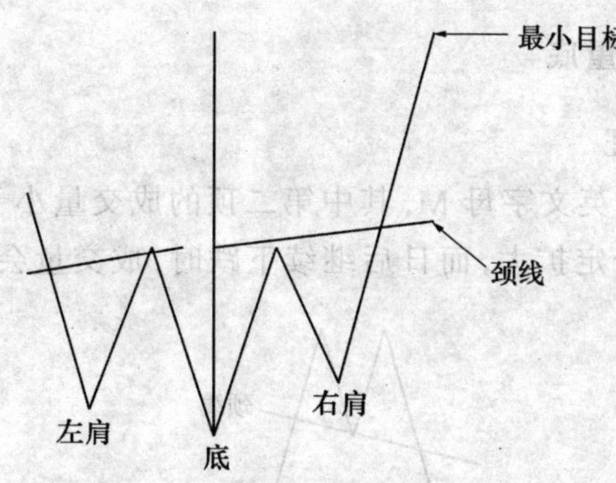

图 8-4　头肩底

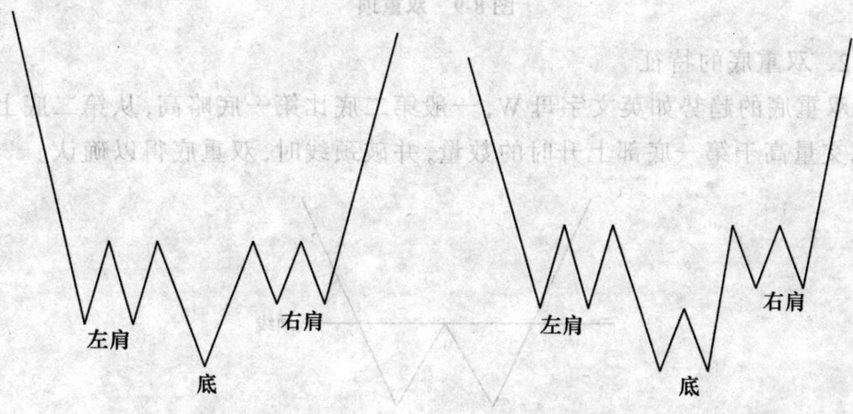

图 8-5　复合头肩底　　图 8-6　复合头肩底

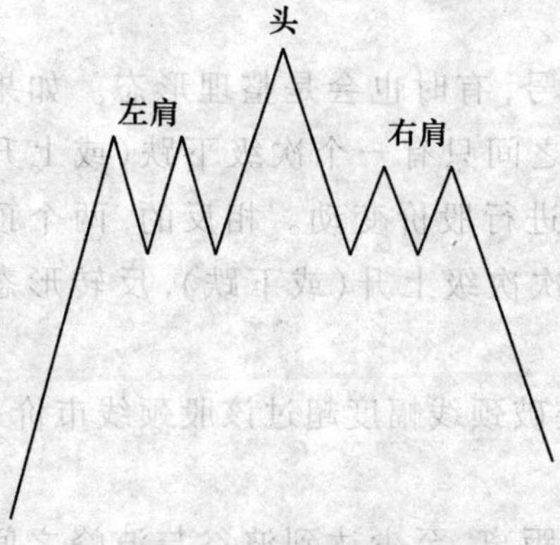

头
左肩
右肩

图 8-7　复合头肩顶

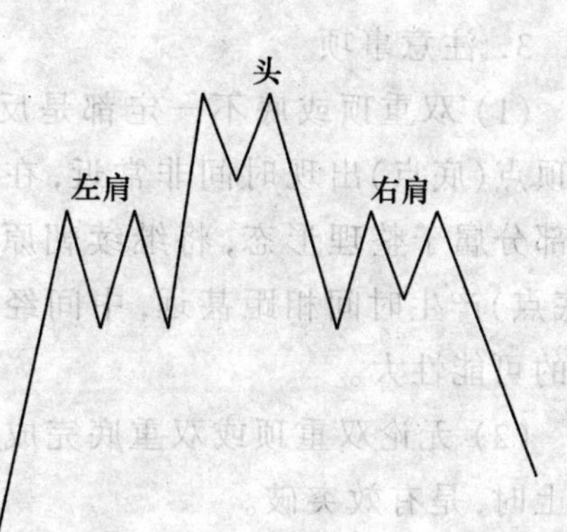

图 8-8　复合头肩顶

三、双重顶与双重底

1. 双重顶的特征

双重顶的走势如英文字母 M，其中第二顶的成交量小于第一顶，双重顶破颈线时成交量不一定扩大，而日后继续下跌时，成交量会扩大。

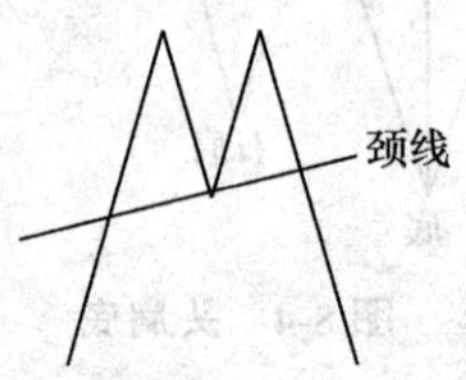

图 8-9 双重顶

2. 双重底的特征

双重底的趋势如英文字母 W，一般第二底比第一底略高，从第二底上升时成交量高于第一底部上升时的数量，并破颈线时，双重底得以确认。

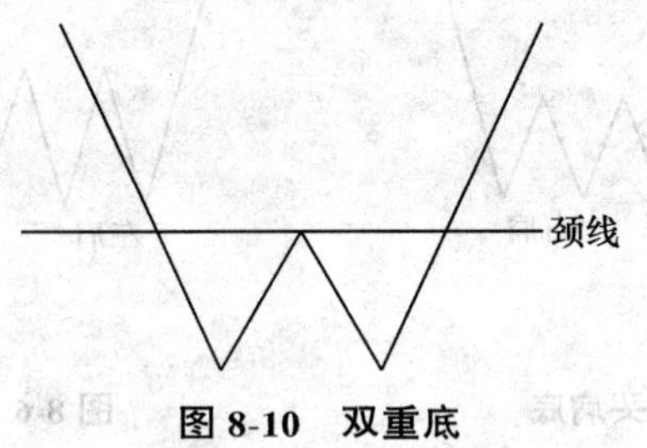

图 8-10 双重底

3. 注意事项

(1) 双重顶或底不一定都是反转信号，有时也会是整理形态。如果两个顶点(底点)出现时间非常近，在他们之间只有一个次级下跌(或上升)，大部分属于整理形态，将继续朝原方向进行股价变动。相反的，两个顶点(底点)产生时间相距甚远，中间经过几次次级上升(或下跌)，反转形态形成的可能性大。

(2) 无论双重顶或双重底完成后，突破颈线幅度超过该股颈线市价 3% 以上时，是有效突破。

(3) 测量完成双重顶形态最小下跌距离，至少达到波谷与波峰之间垂直距离。

四、三重顶与三重底

这种形态大多为反转形态，较少为整理形态，这是一种造顶与盘底较长过程的一种形态，最易使投资人迷惑不解。没有耐心的投资人在形态没有完全确定，便急于跳进跳出，未如意料中走势时又急于杀出或抢进。等到大势底定，股价正式反转上升或下跌，仍照预期方向进行，此时投资人信心已动摇，开始犹豫不决，眼看一段大行情溜掉，甚或造成重大损失。

三重顶其顶部与顶部之间相距很远、很深，而且时常有圆形下跌。其特征：

(1) 三重顶(底)之峰顶与峰顶或谷底与谷底的间隔距离与时间不必相等。

(2) 三个顶点与三个谷底的股价不需相同，高低最大差距可达3%，不应苛求。

(3) 三重顶的第三个顶，成交量非常小时，即显示出下跌征兆；而三重底在第三个底部完成而股价上升时，成交量大量增加，即表示股价将会突破颈线而上升。

(4) 未跌破或突破颈线前，并不适于买进或卖出的委托，因为反转时间尚未成熟。主力与做手尚未抛出手中持有的大部分股票或尚未买足预订之数量前，仍欲使股价继续整理，直到三重顶(底)完成后，方才进行反转，突破颈线上升下跌，此时便是买进时机或卖出时机。

(5) 三重顶或三重底之最小跌幅或涨幅，是从顶部之最高价或底部之最低价至颈线之垂直距离。

例8-1　沪市1995年走势(上升趋势线、双重底、复合头肩底、三重顶、下降趋势线)

如图8-11所示，沪市1995年2月开始的行情，从524.43点开始有一标准的上升趋势线，沿着一条30多度的上升通道上升。

5月18日行情的低点548.20点与年初的524.43点构成双重底，股指在特大利好刺激下直接冲破680点颈线位，理论度量最小目标位为850点，最终走到927.94点。故在850点以上派发是理性的。

从927.94点下调至610点附近后，沪市构成了标准的复合头肩底形态，其最小目标位780点左右，而沪指最高走到792点，偏差很小。

5月18日行情被套主力在610点摊平成本后，利用头肩底形态向上攻击，用了三个月完成了大三重顶形态，并解套出局。

随后沪市就沿着45度下降趋势线的下跌通道一路阴跌到512点。1995年的走势带有非常标准的技术性质。

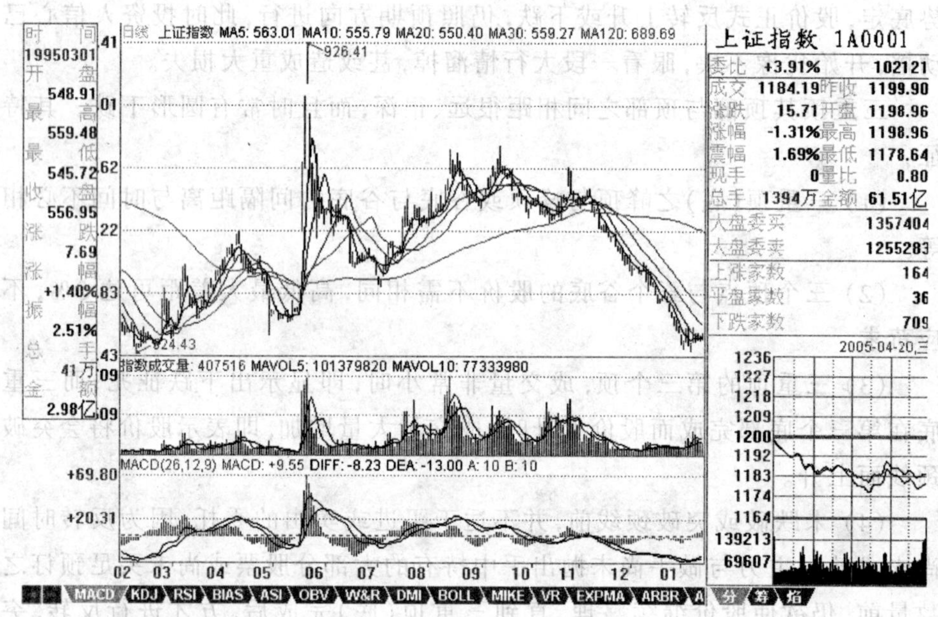

图 8-11 沪市 1995 年走势

五、圆形底与圆形顶

1. 圆形底

其基本形态是股价变动呈弧形下跌，成交量逐渐减少，然后当股价缓跌至相当价位时，上下波动几乎呈水平状态，成交量也减少至交易几乎停顿。此时供需渐渐增加，股价缓慢上升，呈一弧形，成交量随股价上升亦显著增加，而股价亦加快脚步上升，轨道趋于陡直。经过几天的直线上涨，涨势在顶点碰到大量卖出才停止。

2. 圆形底特征

(1) 底部成交量极小，上涨初期亦不大，股价开始向上冲刺时，成交量迅速扩大。

(2) 从反转过程看，不论股价或成交量都呈圆形。

(3) 这种上升行情属于爆发性，涨得急，结束得也快，完全是一口气拉升，中间极少出现回档整理。(注意：近年来在我国圆形底已经发展为慢牛行情，其度量升幅往往达 300％以上)。

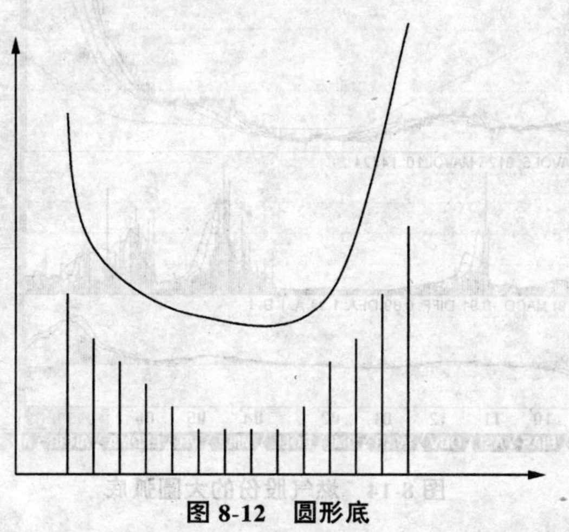

图 8-12　圆形底

3．圆形顶

当股价变动进入上升行情里，上涨初期，多头快速拉升股价，表示其实力强劲。涨升一段后，多头开始遇阻力，而使股价上升快速减缓，甚至下跌，多空间形成拉锯战，多头由主动而变为被动，最后力竭，快速下跌。

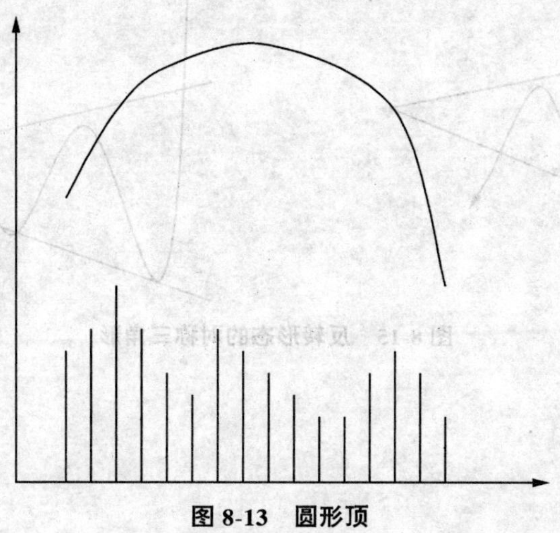

图 8-13　圆形顶

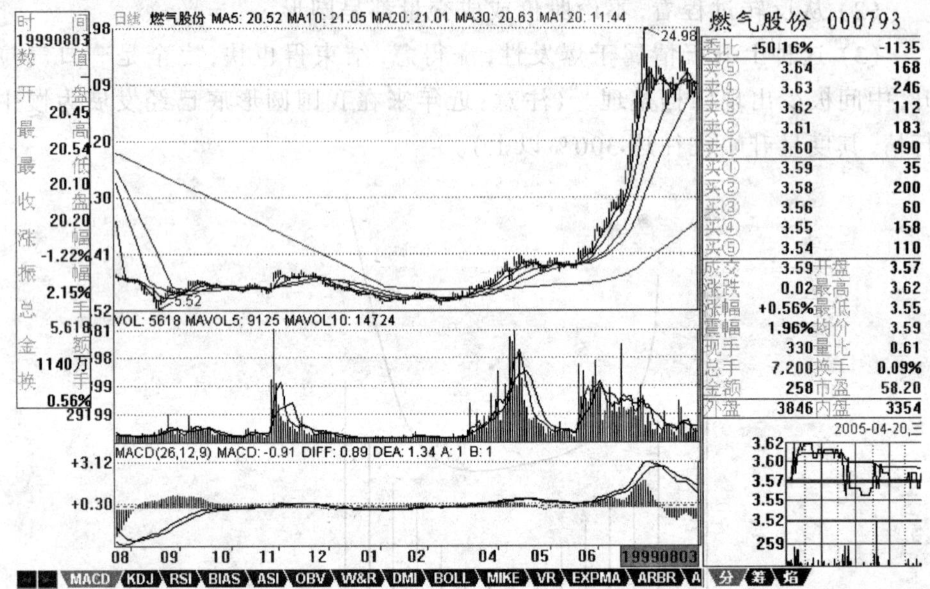

图 8-14　燃气股份的大圆弧底

六、对称三角形

1. 图形

对称三角形的基本形态如图 8-15、图 8-16。

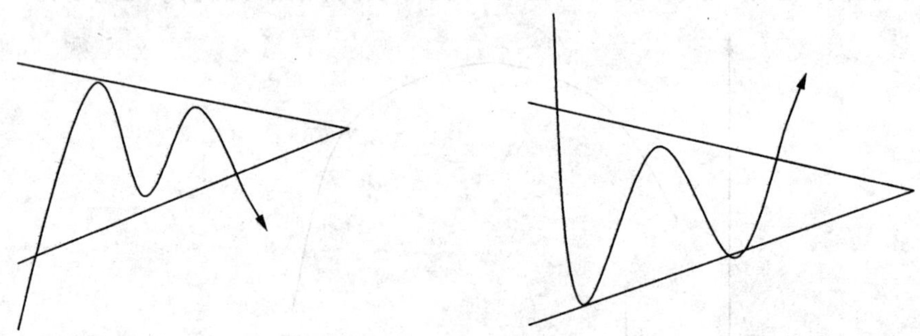

图 8-15　反转形态的对称三角形

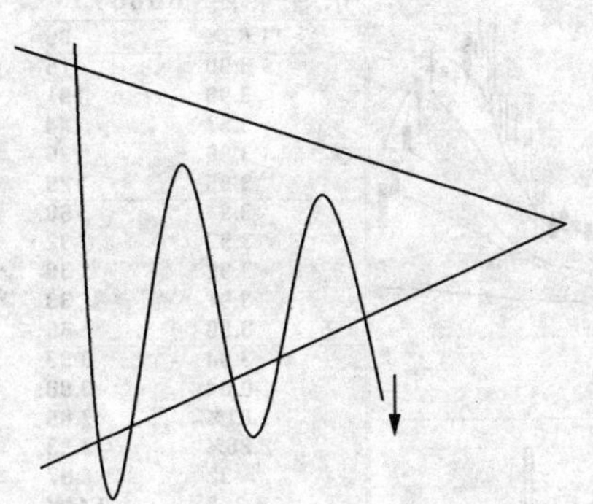
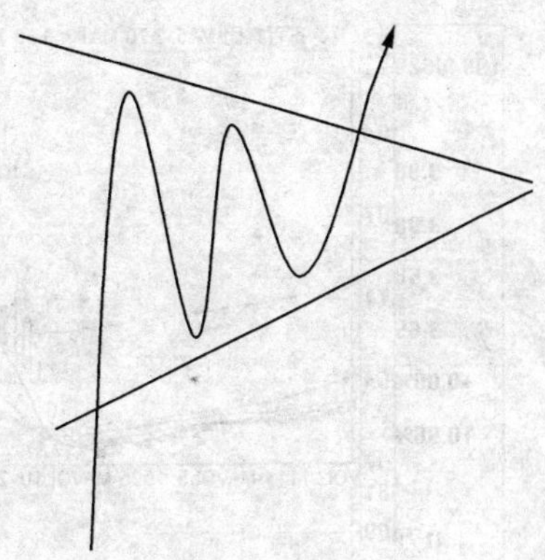

图 8-16　整理形态的对称三角形

2. 注意事项

(1) 此形态大多出现于整理形态,反转形态之机会为 1/4。

(2) 中国出现反转对称三角形,多半为中级上升行情结束,次级下跌开始,借盘局出货,然后再将行情打下去。

(3) 对称三角形完成后的上升或下跌是另一次极佳的买进或卖出的时机。

(4) 当股价在靠近对称三角形尖端或上下界限时突破,向上突破又没量的配合,多为"假突破"。

(5) 进行整理半途,买方以长阳线与成交量配合,突破整理形态上限,脱离盘局,快速上升,另一段行情即将展开,回档便是买进时机。

(6) 进行整理途中,卖方以长阴线从整理形态下方突破,此时成交量扩大,有时并无显著增加,而下跌后不久出现大成交量时,确定跌势,反弹时便是卖出时机。

例 8-2　福州东百的对称三角形

如图 8-17 所示,福州东百 1994 年 8 月 1 日从 2.37 元起涨,第一波在 5～6.5 元内进行对称三角形整理,突破后在 6.5～8 元处又一次整理,最终上冲至 13.21 元。如能在整理中坚持住的人,在这一次行情中可赚近 5 倍。福州的林学真同志在 2.5 元左右抄到大底后,根据技术分析,坚持持股,成为一个半月赚 5 倍的胜利者,他本人也因为介绍其成功的经验获得福建经济广播电台首届经广股友演讲会第一名。

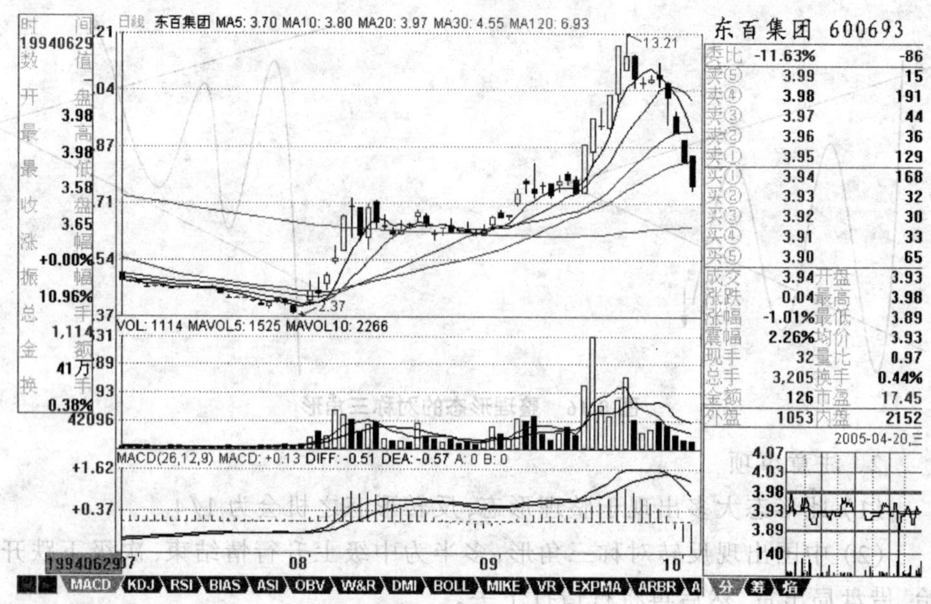

图 8-17 福州东百的对称三角形

七、直角三角形

1. 图形

直角三角形分为上升直角三角形与下降直角三角形，见图 8-18 与图 8-19。

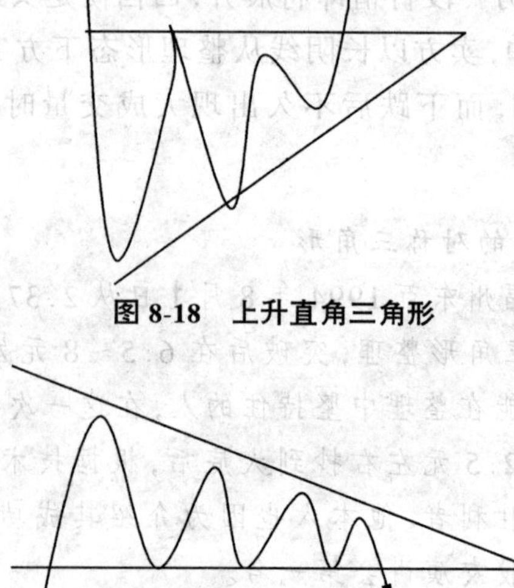

图 8-18 上升直角三角形

图 8-19 下降直角三角形

2．注意事项

(1) 这种图形是很容易让投资人预测未来股价走势的形态。若下跌趋势末期出现上升直角三角形盘局，表示股价即将反转上升，可以大胆买进。上升趋势末期出现下降直角三角形，表示股价即将反转下跌，必须及早卖出，减少损失。

(2) 一般来说，上升三角形表示股价上升的信号，下降三角形表示股价下降的信号，虽然也有例外，但误差比率不到1/5。

(3) 这种形态的成交量变动情形与对称三角形一样，当价格波动移向尖端时，成交量缩小，当股价突破而上升时成交量应当扩大。成交量若没有在突破上限时增加，需留意是一个假突破，不久会再回至原先的形态内。下跌突破时成交量没有扩大，不影响它的有效性，可以依赖。

(4) 未来股价动态：直角三角形突破后，股价变动的最小幅度至少为三角形的顶点与底边的垂直距离。

八、矩形

1．图形

矩形的图形如图8-20：

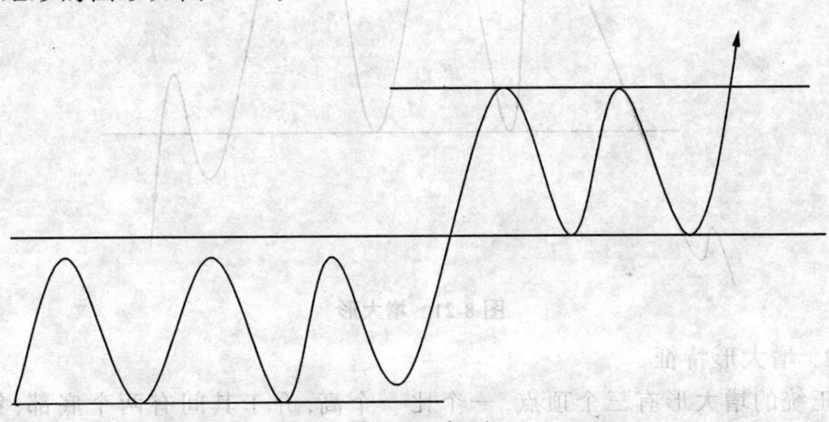

图8-20　矩形

矩形的变动之上限与下限皆呈水平状，成交量变动则随着形态的发展愈来愈小。向矩形上方突破时亦需有大成交量配合，向下突破则不一定出现大成交量。

2. 注意事项

(1) 多为整理形态,少为反转形态。在底部发生反转次数比顶部多。

(2) 与对称三角形一样,上升行情时,突破整理形态的成交量要放大,而且距上界线不能太低,否则有效性降低。

(3) 在矩形初期采取高卖低买容易获利。

(4) 在投机性较浓的华人区股市中,矩形整理形态大多出现于下跌行情里,而且面积愈大,愈不易上升,有"久盘必跌"之术语。

(5) 一旦突破,涨跌幅度至少是上限至下限间的差价。

九、增大形

1. 图形

增大形的图形如图 8-21:

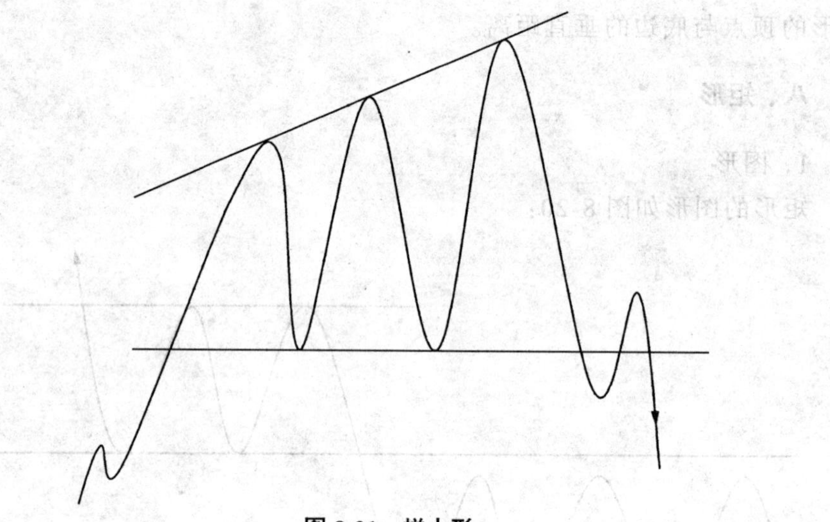

图 8-21 增大形

2. 增大形特征

正统的增大形有三个顶点,一个比一个高,介于其间有两个底部,第二个底比第一底还低,如果第三次从顶点下跌,价位低于第二个底部,即确定这是一个重要反转信号。

3. 注意事项

(1) 增大形又称为倒三角形,因为走势进入盘局后,起初上下起伏不大,随后股价变动愈来愈激烈,振荡范围扩大,两条界限呈发散形状。

(2) 增大形的成交量增减通常不规则，并不随形态的发展而递减。

(3) 通常此形态象征多头市场的结束。

十、菱形

1. 特征

此反转形态可描述成双重头肩形态，其颈线为 V 字形，不像其他形态为直线，也可以说是从增大形转为对称三角形的合并图形，形状因与钻石类似而得名。

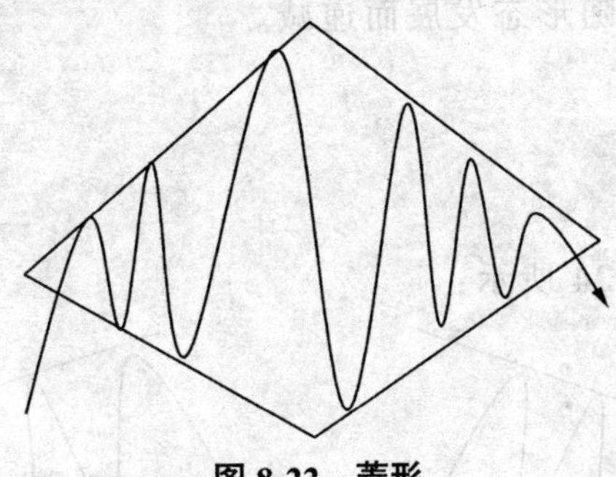

图 8-22　菱形

2. 注意事项

(1) 该形态很少出现在底部反转，通常在中级下跌前的顶部或大量成交的顶点出现。

(2) 股价未来动态：其下跌幅度至少达到由突破点开始计算该形态中最大的垂直差价。

十一、楔形

1. 图形

楔形图形如图 8-23 所示：

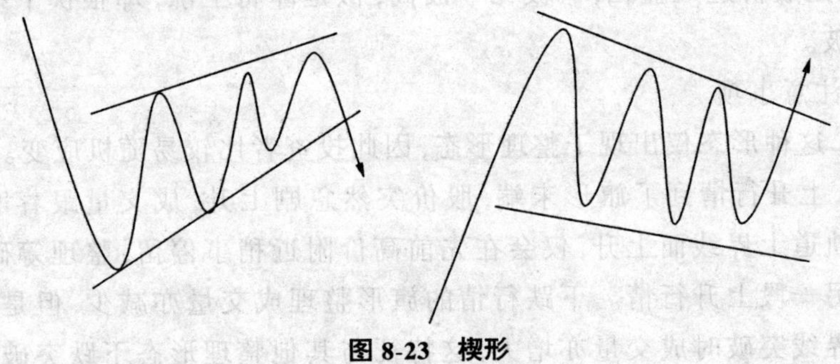

图 8-23　楔形

2. 楔形特征

它是一个价格形态，其价格在收敛的两条直线间变动，但与三角形不同处是两条界线同时上倾或下跌，恰似轨道上界限与下界限一样。一个上升楔形的两条界线都由左向右上倾，但因为两条界限是收敛的，下面一条直线自然要比上面一条陡些，下跌楔形则相反。楔形是持续整理形态。楔形偶尔也可能出现在顶部或底部而作为反转形态。

3. 注意事项

成交量之变化则随形态发展而递减。

十二、旗形

1. 图形

旗形图形如图 8-24 所示：

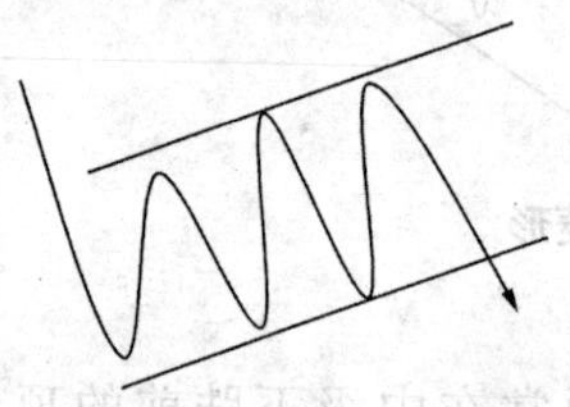

图 8-24　旗形

2. 旗形特征

(1) 上升行情中途出现此形态，它的图形就如一面小旗，轨道由左向右下斜，也就是股价进入盘档，一波比一波低，似是即将反转下跌，却扭转跌势，向上界线突破。

(2) 下跌行情中途出现此形态，它的图形则倒反过来，轨道由左向右上倾，也就是股价进入盘档，一波比一波高，似是即将上涨，却很快下跌，向下界线突破。

3. 注意事项

(1) 这种形态仅出现于整理形态，因此投资者比较易随机应变。

(2) 上升行情到了旗形末端，股价突然急剧上升，成交量跟着增加，而且突破轨道上界线而上升，仅会在先前高价附近稍事停留，整理筹码后，就将展开另一段上升行情。下跌行情的旗形整理成交量亦减少，但是股价向轨道下界线突破时成交量亦增大，这特征与其他整理形态下跌突破时成交量不一定增加不同。

十三、V 形

V 形反转是一种急剧的反转形态，经常伴随岛形跳空反转出现，而且在 V 形反转之前，通常有突发性的利空或利多谣言，使投资人信以为真，匆忙做出决断，致使股价发生急剧反转。其图形如下：

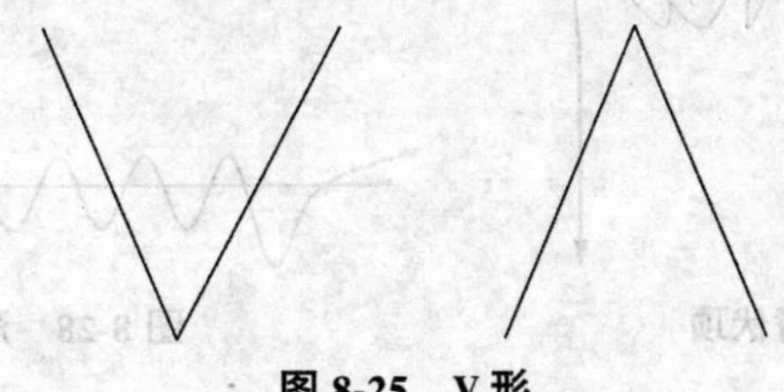

图 8-25　V 形

例 8-3　1998 年 8 月沪市的 V 形底

1998 年由于东南亚金融风暴以及长江洪水的心理影响，沪市在两周内从 1 333 点暴跌到 1 043.02 点。而这时新成立的安信基金却正确地估计了形势，利用这次暴跌的机会大胆建仓，大盘在安信基金建仓的影响下出现 V 形反转。安信基金也因为这次成功的建仓，使得它投资业绩一跃成为沪市基金的第一名，并且将这种优势一直保持到 2001 年。

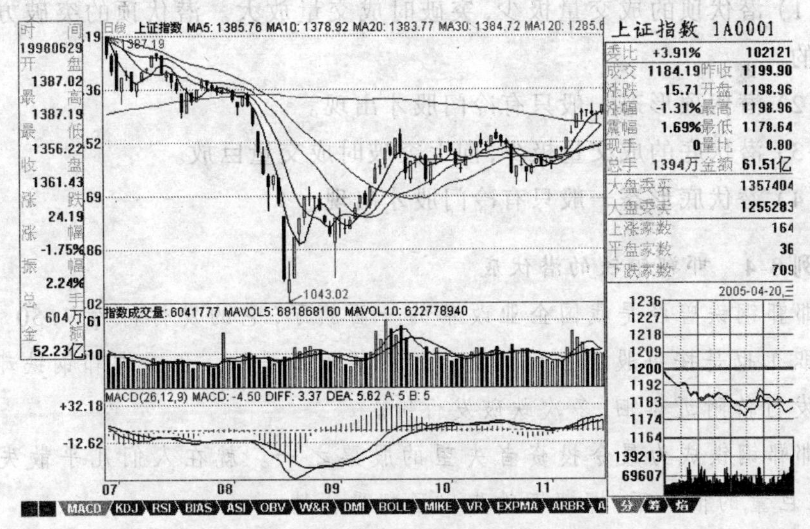

图 8-26　1998 年 8 月沪市的 V 形底

十四、潜伏顶与潜伏底

1. 图形

潜伏顶与潜伏底图形如图 8-24、8-25 所示：

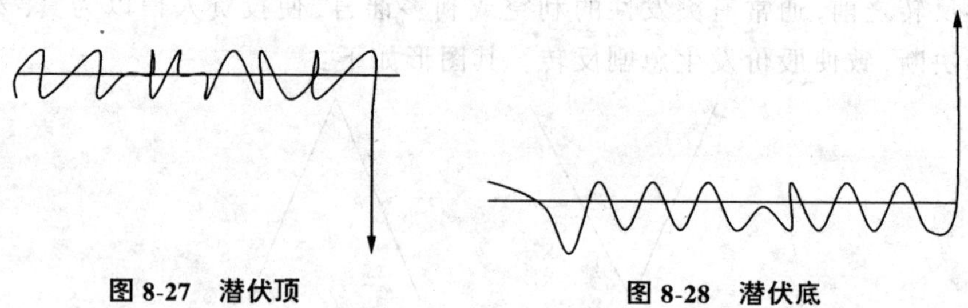

图 8-27　潜伏顶　　　　图 8-28　潜伏底

2. 潜伏顶与潜伏底特征

潜伏顶是股价经过一段时间上升后在某变动不大的区域极缓慢而细微地变动，随时间的延长几乎是一条水平的直线，之后突然向下突破，这即是潜伏顶。股价经过一段时间下跌后在某个变动不大的区域内缓慢的做小幅震动，随时间的延长几乎是一条直线，之后突然向上突破，形成潜伏底。

3. 注意事项

(1) 潜伏顶的成交量极少，突破时成交量放大。潜伏顶的突破方向是向下的。

(2) 潜伏顶形态一般只有冷门股才出现。

(3) 潜伏底的成交量极少，向上突破时成交量巨放。

(4) 潜伏底形态一般只有冷门股才出现。

例 8-4　邯郸钢铁的潜伏底

邯郸钢铁曾经是我国企业改革的一面旗子，它的发行价为 7.50 元，邯郸的职工也是按每股 7.5 元的发行价购买职工股的。但是邯郸钢铁却一年多在发行价附近徘徊，多次跌破发行价。

邯郸钢铁成为最令投资者失望的股票之一。就在人们几乎散失信心时，在巨量的推动下，邯郸钢铁走出了翻番行情。

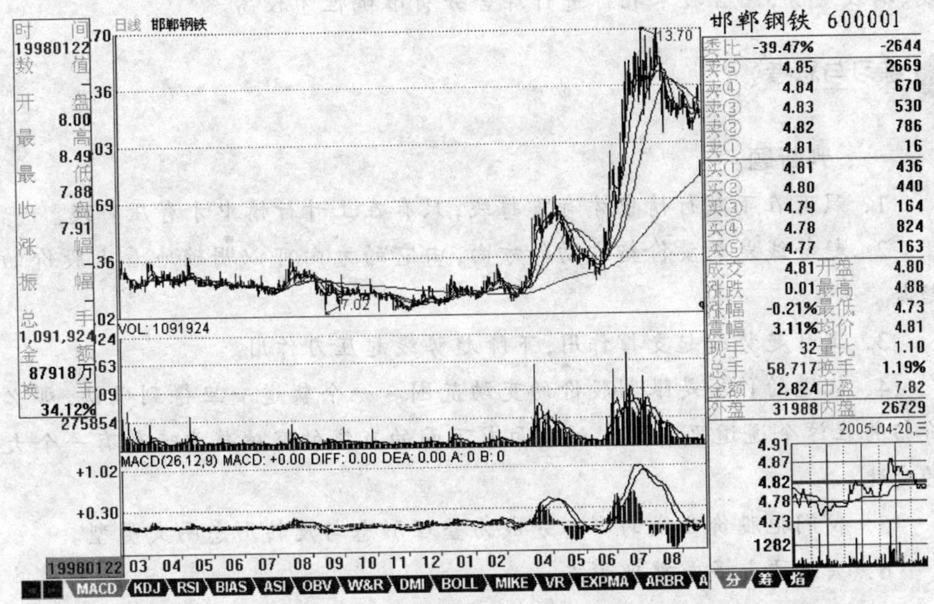

图　8-29　邯郸钢铁的潜伏底

本章提要

本章主要观点如下：

1. 股价的上升与下跌可以通过趋势线进行观察，趋势线可以有多条：短期趋势线、中级趋势线和原始趋势线。可以通过突破与跌破趋势线作为判断买卖的时机，也可以通过轨道线进行买卖。

2. 抵抗线与筹码的分析，可以通过筹码堆积的部位判断支撑位与阻力位。在低位出现筹码的堆积，如果成功突破最大的阻力位，回调站稳了并且上升，则这里成为主力资金的成本区，上升的概率很高。如果，筹码从低位向高位移动，在高位堆积，则下跌的可能性就很大。如果在高位有效突破最大筹码堆积处，则这里就成为阻力位。

3. 从形态上面要注意区分反转形态与整理形态。头肩顶、头肩底、三重顶、三重底、圆形顶、圆形底大多数为反转形态，较少出现整理形态。而双重顶与双重底如果间隔时间不长，成为整理形态的概率就较高。此外，对称三角形、矩形成为整理形态的概率也较大。各种形态的分析应当结合 K

线、均线走势，结合技术指标进行综合分析准确性才较高。

练习与思考

一、判断题

1. 只有在下跌行情中才有支撑线，只有在上升行情中才有压力线。

2. 趋势线是衡量价格波动的方向，由它的方向可以明确地看出股价的趋势。

3. 上升趋势线起支撑作用，下降趋势线起压力作用。

4. 轨道的作用是限制股价的变动范围。一个轨道一旦得到确认，那么价格将在这个通道里变动。对上面或下面的直线的突破将意味着有一个大的变化。

5. 我们把股价曲线的形态分成为整理形态与反转形态两大类型。

6. 头肩顶大多是整理形态。

7. 头肩顶下跌的最小幅度是顶部至颈线向下一倍。

8. 头肩顶收盘价突破颈线位幅度超过该颈线位价格3%以上，是有效之突破。

9. 头肩底大多为底部反转形态。

10. 头肩顶的特性之一是对称性。

11. 双重顶一定是顶部反转形态。

12. 双重顶的两个顶的顶点出现时间很近，大多为反转形态。

13. 双重底或者双重顶两个底点或者顶点产生的时间相距甚远，中间经过几次次级上升或下跌，反转形态的可能性大。

14. 三重顶的三个顶的高度要一样，间隔距离也要相同。

15. 三重顶的第三个顶，成交量非常小时，即显示出下跌征兆，而三重底在第三个底部完成而股价上升时，成交量大量增加，即表示股价将会突破颈线而上升。

16. 三角形主要分为上升三角形、下降三角形、对称三角形三种。

17. 对称三角形大多为整理形态，反转形态的机会率为25%。

18. 股价在靠近对称三角形尖端突破，向上突破又没有量的配合，多为“假突破”。

19．一般来说，上升三角形表示股价下降的信号，下降三角形表示股价上升的信号。

20．圆形底与圆形顶是反转形态。

21．矩形大多为整理形态，少为反转形态，在底部发生反转次数又比顶部多。

22．增大型成交量增减通常不规则，并不随形态的发展而递减。此形态象征多头市场的结束。

23．增大型是底部反转形态。

24．旗形与楔形大多为整理形态，楔形偶尔也可能出现在顶部或底部而作为反转形态。

25．菱形是底部反转形态。

26．菱形大多是顶部看跌形态。

27．V形是一种急剧的反转形态。

28．潜伏底与潜伏顶形态一般出现在冷门股。

29．菱形又称为钻石形。

二、简答题

1．简述一下头肩形态的形成。

2．三角形形态包括哪几种？如何应用三角形形态进行分析？

阅读材料

用博弈K线观察主力筹码[①]

博弈K线是和传统K线相对应的一个概念。之所以提出博弈K线这个概念，是基于这样一种认识，那就是同样幅度的涨跌在不同价位的含义应该是有所不同的，冲破成交密集区的5%涨跌和在成交稀疏时的5%涨跌对二级市场的投资者具有不同的市场意义。举个例子，如果一只股票全部筹码密集在10元到11元的价格区域，现股价从10元涨到11元，涨幅是一个涨停板，但对二级市场的变化是100%的套牢盘变成了100%的获利盘。还是这只股

① 资料来源：《北京青年报》2000-11-27。

票，股价从10元跌到9元，假设换手5%，又从9元涨到9.90元，仍然是一个涨停板的涨幅，但二级市场的变化是大约只有5%的套牢筹码因此转变成为获利筹码。同样幅度的涨跌因为所跨越的价格区域中堆积的成交量不同，因而对二级市场的实际影响有很大差别，传统K线没有表达出这种差异。

还用上面的例子来看，对传统K线来说，两种情况下都是一根涨10个点的阳线。而用博弈K线来看，虽然都是一个涨停板，但由于这两个涨停板向上穿越的筹码堆积不一样，因而对二级市场的实际影响也不一样，博弈K线直观地表示出了这种差异。第一种情况因为向上穿越了100%的筹码堆积，所以在博弈K线上是一根顶天立地长度为100的大阳线。而第二种情况因为向上只穿越了5%的筹码堆积，所以在博弈K线上只是一根长度为5的小阳线。博弈K线的长阳因为考虑了向上跨越的价格区域中所堆积的成交量的因素，所以比传统K线的长阳能揭示更多的市场信息。

低位、无量和长阳都是一些比较相对的概念。低位指的是筹码分布在中轴线以下，即股价低于市场平均持仓成本；无量指的是换手率很小，通常理解为不到3%；长阳指的是向上穿越了较多筹码，通常理解为30%以上。所以，博弈K线低位无量长阳这个概念可以这么来理解，在股价的相对低位，以不到3%的换手率向上穿越了超过30%的流通筹码。稍有经验的投资者马上就会意识到，这也就是说，这部分流通筹码中的大部分都很有可能是主力筹码。用博弈K线来表达的话，也可以说这根长度为30的博弈长阳帮助我们捕捉到了一只值得关注的潜力股。

在实际操作中，当我们发现了博弈K线低位无量长阳的个股后，也不用急于跟进，还可以继续观察一段时间。博弈长阳如果在低位伴随着少量博弈K线的阴线反复出现，则后市上涨的可能和把握就更大一些，这是因为庄家把股价向上做需要做多的资金实力、庄家把股价向下做需要做空的筹码数量。如果主力在筹码密集区内可以控制股价涨跌随意、上下自如，那也可以说明该股主力具有很强的控盘实力，后市理所当然可以看涨。

参考文献

[1] 张龄松、罗俊：《股票操作学》，中国大百科全书出版社1994年版。

[2] 陈浩：《筹码分布》，中国商业出版社2002年版。

第九章　技术指标分析

学习目标与要求

通过本章学习，掌握各种技术指标的原理以及适用条件。学会运用技术指标辅助其他的技术分析方法预测买卖时机。

通过本章学习，能够熟练地、辩证地运用 KDJ、RSI、BOLL、MACD、OBV、VR、SAR、ADR、DMI、PSY 技术指标中间的几项指标进行综合预测股价走势。

第一节　常用技术指标分析

一、威廉指标(%R)

威廉指标是 Larry Willian 于 1973 年所发表的，原名为“威廉氏超买超卖指标”，简称“WMS%”或“%R”。

1. 计算公式

首先要决定周期次数，此日数乃取自一个买卖循环期之半数。在欧美，技术分析专家认为一个买卖循环期为 28 日，但扣除周六与周日，实际交易为 20 日，而在一个较长的买卖循环期有 56 日，交易日为 40 日。因而“%R”的周期日数取前 20 日与 40 日之半数。即使用 10 日“%R”或者 20 日“%R”，也有取更小周期日数 5 日“%R”者。

以 10 日%R 为例：

$$\text{WMS\%} = \frac{C_{10} - L_{10}}{H_{10} - L_{10}} \times 100\%$$

H_{10}：10 日内最高价；L_{10}：10 日内最低价；C_{10}：第 10 日收盘价。

2. 应用法则

计算出的%R 数值与 RSI 一样介于 0 至 100 间，其功能为：

(1) 当“%R”低于 20，即处于超卖状态，行情将见底，20 这一横线，称之为“买进线”。

(2) 当“%R”高于 80，即处于超买状态，行情即将见顶，80 这一横线，称之为“卖出线”。

(3) 当“%R”由超卖区向上爬升，只是表示行情趋势转向，若是突破 50 中轴线，便是涨势转强，可以买进。

(4) 当“%R”由超买区向下滑落，跌破 50 中轴线，可以确认跌势转强，应予卖出。

(5) 当“%R”进入超买区，并不表示行情会立刻下跌，在超买区内的波动，只是表示行情价格仍然属于强势中，直至%R 回头跌破“卖出线”时，才是卖出讯号。反之亦然。

3．使用诀窍

为了提高准确性，可以在威廉指标2～4次触顶时卖出，2～4次触底时买进。

小组讨论

1．威廉指标的几何含义是什么？（提示：此日数乃取自一个买卖循环期之半数）要求每个人先用笔在纸上画一下。

2．如果股价一直向上或者一直向下走，威廉指标会有怎样的图形出现？

二、随机指标（Stochastics, KD Line）

随机指标是欧美期货常用的一套技术分析工具。由于期货风险波动性较大，需要较短期、敏感的指标工具，因此该指标对中短期股票的技术分析也颇为适用。随机指标综合了动量观念、强弱指标与移动平均线的优点，计算随机指标数值时，以9天日期为例，首先须找出最近9天内曾出现过的最高价、最低价与第9天的收盘价，然后利用这三个数字来计算第9天的未成熟随机值RSV（Row Stochastic Value）。

1．计算公式

$$RSV=\frac{\text{第 9 天收盘价}-\text{最近 9 天最低价}}{\text{最近 9 天内最高价}-\text{最近 9 天内最低价}}\times 100$$

计算出未成熟随机值（RSV）之后，再根据平滑移动平均线的方法来计算K值与D值。

当日K值＝2/3前一日K值＋1/3RSV

当日D值＝2/3前一日D值＋1/3当日K值

若无前一日的K值与D值，可以分别用50来代入计算，经过长期的平滑运算之后，起算基期不同的都将趋于一致，不会有任何差异，K与D值永远介于0与100之间。

2．KD线的随机观念，远比移动平均线实用很多

移动平均线在习惯上只以收盘价来计算，因而无法表现出一段行情的真正波幅。换句话说当日或最近数日的最高价、最低价，无法表现在移动平均线，因而有些专家才慢慢开创出一些更进步的技术理论，将移动平均线的

应用发挥得淋漓尽致。KD线即是其中一个代表性的杰作。

KD线中的未成熟随机值，随着9日中高低价、收盘价的变动而有所不同。如果行情是一个明显的涨势，会带动K线向上升，但如涨势开始迟缓，便会慢慢反映到K值与D值，使K线跌破D线，此时中短期跌势确立。由于KD线本质上是一个随机波动的观念，在自然波动状态下，对于掌握中短期的行情趋势非常准确。

3. 应用原则

(1) D值在70以上时，市场呈现超买现象，D值30以下时市场呈现超卖现象。

(2) 当K线发生倾斜度趋于平衡时，是为警告讯号。

(3) 当K值大于D值，显示目前是向上涨升的趋势，因此在图形上K线向上突破D线时，即为买进的讯号。

(4) 当D值大于K值，显示目前的趋势是向下跌落，因此在图形上K线向下跌破D线时，即为卖出讯号。

(5) K线与D线的交叉，须在70以上、30以下讯号才较为正确，K线与D线在特性上与强弱指标一样，当K值与D值在70以上已显示超买的现象，惟强弱指标不能明显地显示买卖时机，而KD线则可以达到此目的。

(6) 背离讯号产生时，亦可非常正确地作为买进、卖出时机。

(7) 发行量太小、交易太小的股票KD不适用，指数以及热门大型股准确性极高。

(8) KD在50处交叉为盘局，此指标无明显的买卖讯号。

在介绍KD时，往往还附带一个J指标，计算公式为$J=3D-2K$（有的书为$J=3K-2D$），J的实质是反映D和D与K的差值。J指标取值超过100和低于0，都属于价格的非正常区域，大于100为超买，小于0为超卖。

4. 使用诀窍

KD指标有可能出现钝化现象，因此可以结合周KD线判断底部与顶部区域。其次可以通过“共振”现象判断底部与顶部区域。也就说，当日线、周线与月线的KD指标共同显示买入时机的时候，是很好的买入时机；当日线、周线与月线的KD指标共同显示卖出时机的时候，是很好的卖出时机。短线操作的时候，在买入时机的选择方面可以通过将指标参数延长的方法，当显示买入时机的时候再买进，买进后应当将参数降低（例如5日）来确定卖出时机。

三、RSI 相对强弱指标(ReLative Strength Index)

从一特定期间内股价、指数(商品价值)之变动关系,去推敲其未来价位变动的方向,且根据股价或指数之涨跌幅度及波动来显示市场之强弱,因而谓之强弱指标。

1. 计算公式

先介绍 RSI 的参数,然后再讲 RSI 的计算。

参数是天数,即考虑的时间长度,一般有 5 日、10 日、14 日等。下面以 14 日为例介绍 RSI(14)的计算方法,其余参数的计算方法与此相同。

先找到包括当天在内的连续 15 天的收盘价,我们会得到 14 个数字,这 14 个数字中有正(比上一天高)有负(比上一天低)。

$A=14$ 个数字中正数之和

$B=14$ 个数字中负数之和 $\times(-1)$

此时,A 和 B 都是正数,这样我们就可以计算出 RSI(14):

$$\mathrm{RSI}(14)=\frac{A}{A+B}\times 100$$

从数学看,A 表示 14 天中股价向上波动的大小,$A+B$ 表示股价总的波动大小。RSI 实际上是表示向上波动的幅度占总的波动的幅度的百分比,如果占的比例大就是强势,否则就是弱市。很显然 RSI 的计算只涉及收盘价,并且可以选择不同的参数,RSI 取值介于 0~100 之间。

2. RSI 之分配

(1) 常态分配:30~70。

(2) 强势市场:85~95 为卖出信号。

(3) 弱势市场:5~15 为买进信号。

(4) 盘局:65~80 为卖出信号(70 为卖点),20~35 为买进信号(30 为买点)。

3. RSI 特性

(1) 0<RSI<100。

(2) 将每日之 RSI 连成线称为 RSI 曲线。

(3) 某些价位上涨或下跌时,RSI 向上或向下移动速度是价位移动速度的两倍。

(4) 多头市场的 RSI:3 日>5 日>10 日>20 日>60 日;空头市场的 RSI:60 日>20 日>10 日>5 日>3 日。

(5) RSI 重要讯号之一是和股价背离。

(6) RSI 比 K 线、美国线更能看出其走势形态,因此可以利用切线划出支撑线或阻力线,以判定未来之走向。

(7) RSI 可依头肩顶、头肩底、三角形等形态作买卖点的讯号。

(8) RSI 在 50 以下为弱势市场,50 以上为强势市场。

(9) RSI 在 50 以上的准确性较高。

(10) 5 日 RSI 值 85 以上为超买、15 以下为超卖。在 85 附近出现 M 头可卖出,15 附近形成 W 底可以买进。

(11) 盘整时,RSI 一底比一底高,表示多头势强,后市可能再涨一段,反之一底比一底低是卖出信号。

(12) 若股价尚在盘整阶段,而 RSI 已整理完成并呈现形态,则价位将随之突破整理区:

① 在股价创新高点,同时 RSI 也创新高点时,表示后市仍强;若 RSI 未能同时创新高点时,则表示即将反转。

② 在股价创新低点,同时 RSI 也创新低点时,表示后市仍弱;若 RSI 未同时创新低点,股价极可能反转。

(13) 当股价三度创新高价,而 RSI 欲呈现一峰比一峰高,则可视为天价;相对地股价创新低价,而 RSI 呈现一底比一底低,显然地,可视为底价。

(14) 强弱指标图形之反压线(下降趋势线)呈现 15 度至 30 度时最具反压意义,如果反压线的角度太陡,很快地会被突破,失去反压的意义。

(15) 抵抗线(上升趋势线)理论同上一点,但上升行情,从强弱指标图形可以明显地看出其振荡之低点多聚集在 30 至 50 之间。换言之,股价出现回档时,多头第一道防线是在 50;第二道防线是在 40;最后的一道防线是在 30。依照多头防守力量来说,行情回档,强弱指标值最低点不跌破 50,再度同股价上升而向上跳动时,股价创高价,强弱指标亦很容易地穿越先前之高点,与股价相互辉映表示多头气势之强劲。

(16) 虚弱回转:虚弱回转在 70 以下及 30 以上是市场反转的强烈信号。

(17) 当股价再创新高峰,强弱指标值随之向上跳动,多半未能同时突破先前之高点。因此,当股价创新高峰而继续上涨,3 天内强弱指标若仍无力突破先前之高点,多头拉升力量显然用尽,自然是卖出时机。

(18) 虽然 RSI 已被普通使用,但仍有缺点。如果在大涨或大跌势市场,RSI 值进入超买区或超卖区时,可能出现价位持续大涨或大跌,而指标却只有微幅增减。因此为避免因它的图形钝化而使投资人过早卖出或买入,造成少赚或被套之风险,应配合其他技术分析的方法研判。

4. 使用诀窍

当股票价格出现一顶比一顶高,相应位置的 RSI 出现一顶比一顶低时,这种现象称为顶背离,可以考虑卖出。因为很可能是主力采取边拉升边派发的策略,进少出多。当股票价格出现一底比一底低,而相应位置的 RSI 出现一底比一底高的现象,称为底背离状态,可以考虑买进。因为很可能是边打压边进货,进多出少的表现。

四、布林线(BoLLinger Bands)

BOLL 是由 John BoLLinger 所提出,BoLLinger Bands 由 4 条线构成,外面的 2 条是该趋势的支撑线(最低)与阻力线(最高)。由带状的宽度可以看出股价变动的幅度,愈宽表示股价的变动愈大,当股价穿越最外面的压力线(支撑线)时,表示卖点(买点)出现,当股价沿着压力线(支撑线)上升(下降),虽然并未穿越,但已回头突破第二条线也是卖点或买点。布林线收口时,往往意味着要变盘。

此指标是计算一定期间内价位变动率而转化出来的,可设定期间的长短(日数)。此参数不得小于 6,内定值是 10,计算指标的方式除了使用收盘价来计算外,BoLLinger 本人提出使用中价 $(C+H+L)/3$ 或 $(C\times2+H+L)/4$ 来计算,效果也很好。

五、周转率

周转率乃是市场人气强弱的一种指标,其定义为在一定期间内,市场中股票转手买卖频率。

1. 计算公式

$$周转率=\frac{当日成交量(手)}{发行总股数(手)}$$

2. 应用法则

(1) 股票周转率愈高,意味着该股股性愈活泼,也就是投资人所谓的热门股;反之,周转率甚低的股票,则是所谓的冷门股。

(2) 热门股的优点在于进出容易,较不会有要买买不到,或想卖卖不出的现象。然而值得注意的是,周转率高的股票,往往也是短线操作投机者介入的对象,故股价起伏也会较大。

(3) 由于每只股票在外流通的筹码数量不同,看周转率时,应当用趋势的眼光来看是增加或减少,不应局限在数值的高低。

(三) 使用诀窍

运用周转率可以根据资金流向排行榜进行综合考察,可以结合新股发行进行综合考察(见山东黄金的案例)。

六、平滑异同移动平均线(MACD)

平滑异同移动平均线(Moving Average Convergence and Divergence)简称MACD,为近来美国所流行的技术分析工具。MACD乃是根据移动平均线的优点所发展出来的技术工具,运用移动平均线作为买卖时机的判断,最头痛的莫过于碰上牛皮盘档的行情。此时所有的买卖几乎一无是处,绩效收益奇差无比,但是趋势明显时,又能获得最巨大的利润绩效;根据移动平均线原理所发展出来的MACD,一则去除掉移动平均线频繁的假讯号缺陷,二则能确保移动平均线最大战果。

1. 计算公式

MACD是利用两条不同速度(长期与中期)的平滑移动平均线(EMA)来计算两者的差离状况作为研判行情的基础,现以参数12和26为例:

(1) 首先分别计算出12日平滑移动平均线(12EMA)与26日平滑移动平均线(26EMA)。

今日12EMA = 0.1538 × 今日收盘价 + 0.8462 × 昨日12EMA

今日26EMA = 0.0741 × 今日收盘价 + 0.9259 × 昨日26EMA

(2) 计算出12EMA与26EMA后,以12EMA的数字减去26EMA的数字,得到正负差(DIF),亦即DIF = 12EMA - 26EMA。

(3) 计算出正负差DIF之后,再对DIF进行连续数天的算术平均,该数值为DEA,DEA的参数就是天数。对DIF的平均就像对收盘价做移动平均一样，是为了消除偶然因素的影响，使结论更可靠。

(4) 计算柱状线 BAR：

$$BAR = 2 \times (DIF - DEA)$$

2. MACD 的应用法则

利用 MACD 进行行情预测，主要是从两个方面进行：

第一，以 DIF 和 DEA 的取值和这两者之间的相对取值对行情进行预测。其应用法则如下：

(1) DIF 和 DEA 均为正值时，属多头市场。DIF 向上突破 DEA 是买入信号；DIF 向下跌破 DEA 只能认为是回落，作获利了解。

(2) DIF 与 DEA 均为负值时，属空头市场。DIF 向下突破 DEA 是卖出信号；DIF 向上穿破 DEA 只能认为是反弹，作暂时补空。

第二，利用 DIF 的曲线形状，利用形态进行行情分析。最主要的是运用股价与指标的背离进行判断。MACD 适用于中线投资，在盘整态时失误很多。此外也可以根据柱状线的增减进行买卖决策。

3. 使用诀窍

当 MACD 在低位两次黄金交叉时，往往有较大的上升行情；当 MACD 在高位两次死叉时，往往有较大的下跌。

七、累积能量线(OBV)

OBV 是用统计成交量变动的趋势来推测股价趋势的一种线形，其主要理论是认为“量是价的先行指标”，股价的波动与成交量的扩大或萎缩有密切关联。通常，股价上升所需的成交量总量较大；下跌时，则成交量总是较小。

1. 计算方法

(1) 当日收盘价比较前一日收盘价，如果呈上涨局面时，则将当日成交金额视为“需求量”纪录成正值。

(2) 当日收盘价比较前一日收盘价，如果呈下跌局面时，则将当日成交金额视为“供给量”纪录成负值。

(3) 累计每日的需求量与供给量即为 OBV。

表 9-1　OBV 的计算

日期	收盘价	成交金额	需求量+	供给量-	OBV
1/12	5.43				0
2/12	5.52	10 000	10 000		10 000
3/12	5.49	5 000		5 000	5 000
4/12	5.16	8 000		8 000	-3 000
5/12	5.33	7 000	7 000		4 000
8/12	5.58	10 000	10 000		14 000
9/12	5.00	15 000		15 000	-1 000
10/12	4.88	6 000		6 000	-7 000

2. 运用原则

(1) OBV 线下降,股价上升,表示买盘无力,为卖出信号。

(2) OBV 线上升,股价下降,表示逢低接手强,为买进信号。

(3) OBV 线缓慢上升时,表示买气逐渐加强,为买进信号。

(4) OBV 线急速上升时,表示力量将用尽,为卖出信号。

(5) OBV 线从正的累积数转为负数时,为下跌趋势,应该卖出所持股票。反之,OBV 线从负的累计数转为正数时,应该买进股票。

(6) OBV 累积了 5 个"箭号",代表股价将产生短期反转。

(7) OBV 累积了 7 或 9 个"箭号"时,代表股价将产生大方向的扭转,但是,这种情形发生在下跌趋势居多。为了便于判断,最后一次上升潮的跌潮如果跌破前一次跌潮的低点,则下跌反转概率很大;最后一次下跌潮中的升潮如果突破其前一次升潮的高点,则向上反转的概率很大。

(8) 当 N 型波由连续的小 N 波,变为一个大 N 波时,此时上涨行情多半快接近尾声。

(9) OBV 和股价产生"背离"时,行情随时都有可能反转。

(10) OBV 在低位拉平台时间高达一个月以上,往往有大的爆发性上升行情。

八、SAR

SAR(Stop and Reverse),即停损点转向操作系统,原名为抛物线指标(Para Bolic),属于威尔德技术分析中的一项工具。

此种技术分析工具在图形上及运用上与移动平均线原理颇为相似,属于价格与时间并重的分析工具。由于组成该线的点以弧形的方式移动故称“抛物线指标”。当投资者买进之后，其停损点设于“极点价”(第一天的最低价)。所谓“极点价”是指最近数日的最高价或最低价。

当行情价格持续向上涨时，停损点随着时间向上推移。直至行情价格与停损点接触交叉，此时投资者除了将手头上的股票卖出外，同时反向放空。因为在此系统中，停损点除了卖出外尚需反向操作，所以称之为停损点转向操作点。

1. 计算公式

假设投资者于第4天进场后，SAR设于“极点价”50元。次日向上调整时，其调整幅度为前1日(第4日)的最高价与SAR间的差距乘上“调整系数”(AF)0.02。

$$SAR5 = SAR4 + AF(H4 - SAR4)$$

$$SAR5 = 50.00 + 0.02 \times (52.5 - 50.00)$$

$$SAR5 = 50.00 + 0.02 \times 2.50$$

$$SAR5 = 50.00 + 0.5$$

$$SAR5 = 50.05$$

第5日的SAR即为50.05。“调整系数”AF是个累进的数字，开始的第1日为0.02，每1次累进0.02直至最高0.2为止。当每1日的行情价格有创新高价的情况出现(即当日最高价比前1日最高价高)，SAR向上调整系数AF则增加0.02。假若当日并无新高价出现，则调整系数仍用前1天的数值，以第6日为例，计算方式为：

$$SAR6 = SAR5 + AF(H5 - SAR5)$$

$$SAR6 = 50.05 + 0.04 \times (53.00 - 50.05)$$

$$SAR6 = 50.05 + 0.04 \times 2.95$$

$$SAR6 = 50.05 + 0.12$$

$$SAR6 = 50.17$$

依此计算原则，第7日以后的如下；

$$SAR7 = 50.17 + 0.06 \times (53.50 - 50.17) = 50.37$$

$$SAR8 = 50.37 + 0.08 \times (54.00 - 50.37) = 50.66$$

$$SAR9 = 50.66 + 0.10 \times (54.50 - 50.66) = 51.04$$

$$SAR10 = 51.04 + 0.12 \times (55.00 - 51.04) = 51.52$$

$$SAR11 = 51.52 + 0.14 \times (55.50 - 51.52) = 52.08$$
$$SAR12 = 52.08 + 0.16 \times (56.00 - 52.08) = 52.71$$

2. SAR 有以下几项原则

(1) 开始计算时，第一个 SAR 为“极点价”。买进时为最近期底部的最低价，卖出时为最近期头部的最高价。

(2) 第 2 日以后的 SAR 则根据下列原则：

① 调整系数 AF 从 0.02 开始逐渐递增，直至 0.2 最高为止。即使再创新高价，亦不宜超过 0.2。

② SAR 不得设于当日行情价格或前一日行情价格幅度之内。若是在买进期间计算出次日的 SAR 比今日或昨日最低价高，则应以今日或昨日的最低价为次日 SAR。反之，若是在卖出期间，计算出次日的 SAR 比今日或昨日最高价低，则应以今日或昨日的最高价为次日 SAR。

3. 应用法则

(1) 股价曲线在 SAR 曲线之上时，为多头市场。

(2) 股价曲线在 SAR 曲线之下时，为空头市场。

(3) 股价曲线由上向下跌破 SAR 曲线时，为卖出讯号并应同时放空。

(4) 股份曲线由下向上穿破 SAR 曲线时，为买进讯号并应同时补空。

4. 使用诀窍

由于 SAR 是随着股价上升而上升的，因此我们可以将其作为资金保管者。也就是说，当我们赢利的时候，也必须防止从赚钱变为亏钱，通过 SAR 的及时止损，我们就可以保住胜利成果。

九、涨跌比率 ADR(Advance/DecLine Ratio)

ADR 又称回归式的腾落指数，其样本大小并无硬性规定，随使用者需要而定，国内技术分析专家多采用 10 日比率，代入 ADR 公式为：

1. 计算公式

$$十日涨跌比率 = \frac{10日内股票上涨家数的移动合计}{10日内股票下跌家数的移动合计}$$

涨跌比率大致而言有预警作用，尤其在短期反弹或回档方面，能比大势线路图出现更早征兆。

2．应用法则

(1) 十日涨跌比率上升，而指数亦往上升时，股市仍将继续上升。

(2) 十日涨跌比率下降，而指数亦往下降时，股市仍将继续下降。

(3) 十日涨跌比率上升，而指数却往下滑时，股市将会反弹，反之亦然。

(4) 十天涨跌比率的常态分布当在0.5～1.5之间，而0.5以下或1.5以上则为非常态分布。

(5) 在大多头市场与大空头市场里，常态分布的上限与下限将扩大至1.9以上与0.4以下。

(6) 涨跌比率超过1.5时，表示股价长期上涨，此脱离常态超买现象产生，股价容易回跌，是卖出信号；反之，低于0.5时股价容易反弹，是买进时机。

(7) 多头市场低于0.5的现象极少，是极佳的买点。

(8) 如果十日涨跌比率升高至0.5以上则表示空头市场即将结束，不过在大势扭转之前，可能在0.5上下来回移动数次。

(9) 涨跌比率如果不断下降，低于0.75，通常显示短线买进机会已经来临，在多头市场中无例外，在空头市场末期，十日涨跌比率降至0.5以下时，则为买进时机。

(10) 除了股价刚进入大多头市场或展开第二段主上升行情之初期，涨跌比率有机会出现2.0以上外，其余的次级上升行情只要是超1.5就是卖点。

(11) 涨跌比率下降至0.65之后再回升至1.40，但无法突破1.40，则显示上涨的气势不足。但如回升能向上冲过1.40时，暗示市场行情的上涨至少具有两波以上的力量。

与ADR指标具有类似功能的还有ADL、OBOS。

3．运用诀窍

由于中国股票市场有许多非流通股，这就会对指数产生扭曲作用。例如中国石化流通股只有28亿股，总股数是867亿股，其每上涨1元，就能够提高867亿元的市值，这样对指数的影响力就相当于700多家福州东百公司这样大小的公司股价上涨1元。因此，在股票市场的高点，这样的股票上涨了，但是其他股票全面下跌，仍然会造成指数没有下跌还有上升的假象。同样，当在底部区域，这样的股票下跌了，其他股票上升，也可能出现指数下跌的假象。这就为大资金的运作提供了手段。投资者为了避免出现误操作,就可以将指数和 ADR 指标结合起来观察。

十、趋向指标(DMI)

1. 趋向变动值 DM

$$+DM = 今日最高价 - 昨日最高价$$

$$-DM = 今日最低价 - 昨日最低价$$

2. 求波幅 TR

从当日最高价 - 当日最低价,当日最高价 - 昨日收盘价;当日最低价 - 昨日收盘价中选数值最大者为当日真正波幅 TR。

3. 计算趋向比率

$$+DI = \frac{+DM}{TR} \times 100$$

$$-DI = \frac{-DM}{TR} \times 100$$

4. 计算趋向比例

$$DX = \frac{(+DI) - (-DI)}{(+DI) + (-DI)} \times 100$$

ADX 为 DX 的移动平均数。

应用法则:

(1) 当图形上 + DI 从下向上递增,突破 - DI 时,显示市场内有新的多头进场,为买进信号。

(2) 当 - DI 从下向上突破 + DI 显示市场内部有新的空头进场,可视为卖出信号。

(3) 当行情趋势明显地朝单一方向前进时,ADX 会逐渐增加,而当行情反复涨跌时,ADX 会出现递减。

(4) 当 ADX 降至 20 以下,横向前进时,可以断定市场为“牛皮盘档”,趋向失败,而当 ADX 值转向之时,亦可分析行情是否到顶或到底。

十一、心理线(PSY)

1. 计算公式

$$PSY = \frac{A}{N} \times 100$$

N:天数,是心理线的参数;

A:在这 N 天内上涨的天数;

心理线是从英文名字 Psychological Line 而来,是研究某段期间内投资人趋向于买方或卖方的心理与事实。作为买卖股票的参考,国内一般投资人画心理线,均以 10 天为样本。例如 10 天中如果有 5 天上涨,5 天下跌,心理线就是 $5/10\times100=50$,再将此数值标在坐标图纸上,每天延续下去,再将每天的数值连接起来,即成为心理线。心理线最好与 K 线相互对照,如此更能从股价变动中了解超买或超卖的情形。

由心理线来看,当一段上升行情展开前通常超卖现象的最低点会出现两次,因此投资人观察心理线若发现某一天的超卖现象严重、短期内低于此点的机会极小,当心理线向上变动而再度回落此点时,就是买进机会。反之亦然。所以无论上升行情或下跌行情展开前,都会出现两次以上的买点与卖点,使投资人有充分的时间研判未来股价变动方向,依此做出最后决策。

2. 运用法则

(1) 一段上升行情展开前,通常超卖之低点会出现两次,同样一段下跌行情展开前,超买的最高点也会出现两次。

(2) 百分比 25~75 是常态分析。

(3) 超过百分比 75 或低于百分比 25 时,就是超买或超卖,股价回跌或回升的机会强,此时可准备卖出或买进。

(4) 当出现百分比 10 或低于 10 时是真正的超卖,抢反弹的机会相对提高,此时为买进时机。

(5) 高点密集出现两次为卖出信号,低点密集出现两次是买进信号。

十二、VR 指标(Volume Ratio)

1. 计算公式

VR 指标,中文译为容量比率,亦是利用某段期间股价上升日的交易金额总计与股价下降日的交易金额总计的比值统计得之,VR 值能表现出股市买卖的气势,进而掌握股价可能之趋势走向。

$$VR=\frac{N\text{ 日内股价上涨日的成交值总和}+1/2(N\text{ 日内股价平盘的成交值总和})}{N\text{ 日内股价下跌日的成交值总和}+1/2(N\text{ 日内股价平盘的成交值总和})}$$

2. 应用法则

(1) 低价区域:40～70 是可进区域。

(2) 完全区域:80～150 是正常分布区域。

(3) 获利区域:160～450 视情况设定获利了结点。

(4) 警戒区域:450 以上时警戒股市可能过热,为卖点。

(5) 交易金额的突然增加,VR 值也直冲上升,常会带来上升股市的开始。

(6) 低档时 VR 增加,而股价未增,为介入时机。

(7) 高档时 VR 增加,而股价增加,需注意高档出货。

3. 使用诀窍

一般而言,VR 指标在观察低价圈时,较具可信度;观察高价圈时,宜与其他指标一并参考。

对于没有大比例送股的股票,可以通过前期高点的 VR 值作为参考,用于判断卖出时机。

十三、成交量

成交量与股价的一般关系如下:

(1) 从底部上升时,价涨量增,成交量温和放大,为上升趋势。

(2) 到达顶部区域,成交量放天量而股价上升艰难或持平,预示股价可能下跌(因为主力在此出货,而以后如没有更大的成交量推动,就可能下跌)。

(3) 价跌量增为恐慌性暴跌。

(4) 价跌量减为正常空头市场,大多为阴跌。

(5) 价跌速度放慢,成交量极度萎缩有可能到阶段性底部,如此时止跌,成交量开始放大,可能是底部的概率更高。

第二节 技术指标综合运用

一、6 日相对强弱指标与布林线结合用于波段操作实例

(1) 相对强弱指标是一种经典指标,它是依据供需平衡理论产生的,反映买卖双方力量的强弱程度。选用 6 日 RSI,因为其周期较短,反应灵敏,

是波段操作的较好指标,使用方法如下:

① 在强势市场中,6 日 RSI 值升至 85 以上可考虑卖出,若在 90 以上则可坚决卖出。

② 在弱市市场中,6 日 RSI 升至 80 以上即可考虑卖出,若在 85 以上则应坚决卖出。

③ 当 RSI 达到 25 以下,则可以分批买进;达到 15 以下时,应坚决重仓买进。

(2) 布林线反映的是股价的波动区间,在钱龙动态中的黄线代表股价压力线(上轨线),白线代表股价波动的中轨位置(中轨线),紫线代表支撑线(下轨线)。当股价盘整时,布林线的黄线与紫线开始收缩,称收口。当股价发生突破时,黄线与紫线被撑开,称开口。当布林线开口向上时,预示着股价要大涨;当布林线向下开口时,则预示着股价要大跌;当股价向上突破压力线时,应卖出;当股价向下突破支撑线时,要买入。当股价涨升(下降)的速度跟不上布林线张口(收口)的速度时,也是很好的买点或卖点。

下面就实战情况分析如何运用两项指标,逃离顶部区域或抄进波段底部区域:

(1) 沪市 1 500 点与深市 6 000 点的顶部区域是有预兆的,让我们看看 1997 年 5 月 5 日至 7 日的指标情况。

表 9-2　1997 年 5 月 5 日至 7 日股指数据

日期	深圳成指	布林线上轨	6 日 RSI	上证指数	布林线上轨	6 日 RSI
1997.5.5	5 493	5 350.06	96.81	1 449	1 474.74	86.00
1997.5.6	5 789	5 448.84	98.05	1 483	1 489.53	89.38
1997.5.7	5 995	5 601.64	98.53	1 495	1 508.05	90.39

深圳成指从 5 日起冲破了布林线的上轨,RSI 也达到了空前的高数值,技术指标已发出了强烈的卖出信号。无论你哪一天卖出,都可以胜利大逃亡。若分批减仓,越涨越卖,则效果会更好。而此时上海市场也发出了卖出信号,投资者可以从容逃离这一顶部区域。

(2) 沪市 1 025 点与深市 3 661 点的波段底部区域是可以抄到的,我们再看看 1997 年 9 月 22 日至 23 日的指数情况,就可以一目了然。

表 9-3　1997 年 9 月 22 日至 23 日股指数据

日期	深圳成指	布林线下轨	6 日 RSI	上证指数	布林线下轨	6 日 RSI
1997.9.22	3 954.03	4 146.72	14.81	1 103.97	1 127.79	19.37
1997.9.23	3 698.52	4 066.08	9.23	1 041.96	1 112.2	13.08

上述指标都符合我们的买入原则,如果采取越跌越买的分批买入法,虽然暂时会被套牢,但随后不出几日就会解套并有丰厚的获利。

注意　两种指标在盘中都是动态的,只要盘间值符合买卖原则,就可以坚决作出相应操作。另外,在抄底时,最好伴随成交量的放大,成功率就更高了。

二、股票投资中技术指标 KDJ 的综合运用研究

1. 问题的提出

KDJ 指标是目前股票投资最常用的技术指标之一,标准 KDJ 以 9 天为一个周期进行计算。

通过对 KD 指标来源分析,我们发现 KD 推导公式中的 RSV 实际上是威廉指标,只不过威廉指标的参数设定为 10 天,而 RSV 的参数设定为 9 天,其几何意义就是认为股票价格波动的周期为 18 天,取其一半计算。当 RSV 在 80 以上时,股票价格处于波段的高位,考虑卖出;当 RSV 在 20 以下时,股票价格处于波段的低位,可以考虑买进。

K 值是运用了指数平滑移动平均预测法对 RSV 进行指数平滑处理,D 值是运用双重指数平滑移动平均法对 K 值进一步平滑,显然 D 值比 K 值更加平滑,所以 K 值为快线,D 值为慢线。通过指数平滑处理,既考虑了近期因素的权重,又减少了杂讯。从理论上讲它综合了动量观念、强弱指标与移动平均线优点,是一个相当先进的技术指标。但是在实际应用中常常出现以下问题:

(1) 大幅震荡对技术指标的破坏。根据 RSV 的公式,我们发现,只要有一笔反常的交易将成交价打到相当的低位或拉升到相当的高位,就会造成 KD 值从低位向上走或从高位向下走,破坏了 KD 指标的正常指示功能。实行股票价格涨跌幅限制后,对 KD 指标的破坏作用会大大减低,但不会消除对技术指标的破坏作用。

(2) KD 指标的钝化。运用标准的 9 天 KDJ 决定买卖时机的一个难点就是 KD 指标会钝化,造成过早地买入或过早地卖出。

(3) 日线 KD 指标与周线 KD 指标、月线 KD 指标矛盾问题。参考 KD 指标买卖股票时,经常会发现 9 日 KD 指标发出买入信号,而周线 KD 指标和月线 KD 指标却发出卖出信号,当出现矛盾现象时如何处理也是一个必须解决的问题。

(4) KD 指标的 50 交叉问题。钱龙 Vc2.0 版本中指出 KD 指标在 50 左右的交叉是没有意义的。但在实践中人们常常发现,KD 指标在 50 左右的交叉常会产生较为强烈的涨升或下跌。

(5) 短期 KD 值易被利用进行技术骗线问题。比如要吸筹码时可以人为将股价砸低并盘整一段时间,这时股价只要略微上升,9 日 KD 值立即上升到高位,短线技术派人士或对技术指标一知半解的人纷纷卖出股票,岂知已中人家圈套。又如要出货时可以大幅拉升股价并且在高位盘整一段时间,这时股票价格略微下调,KD 指标就已到低位,短线技术派人士这时纷纷买进,但这正是人家将股票派发到你手上的大好时机。

正因为一个理论上很好的技术分析指标,在实际使用中存在以上问题,这就造成许多应用 KDJ 指标预测股票价格走势的人在判断方面出现失误,造成投资收益不理想。

2. 改进研究的理论假设与实证检验

(1) 理论假设。股票的价格运动是一种振动运动,在主流大资金的股票变为资金、资金变为股票的不断循环中,股价进行周期性的波动。其波动分为次级波动、中级波动和大行情波动。在不同的市场发展阶段,由于交易规则的不同,市场规模的不同,投资者的投资理念不同,投资者持股时间不同,市场的波动周期也不相同。随着市场的规模扩大与市场的成熟,波动周期会延长。KDJ 指标是一种周期性指标,因此可以根据市场的不同发展阶段,合理选择参数以提高预测能力。

根据我国成功的投资者一年做两次行情交易的经验。说明我国中级波动的周期至少不低于 2 个月。因此 9 天 KDJ 指标是近似反映一种波幅不大的,无强外力干预状态下股市固有频率的次级波动。由于时间周期太短,股票价格运动的趋势特征就不明显,随机性较强。中级波动和大行情波动反映的是在重大利好与重大利空消息刺激下的强迫振动,趋势性较强。适当延长时间周期的参数选择可以减低指标钝化、指标的破坏以及技术骗线问题。当长周期 KDJ 指标与短周期 KDJ 指标发生矛盾时,以参考长周期指标为主。当短周期 KDJ 指标与长周期 KDJ 指标一致时,说明固有频率与外力发生共振,股票价格将出现大级别的波动。

(2) 参数改进与实证检验。为了提高准确率,就必须把参数设为与中级以上的行情相吻合。研究对象取上证指数,采取对历史数据进行统计的方法。我们把大盘波动幅度超过 15%的波动,认为是中级波动。1996 年 3 月到 1999 年 8 月共发生 7 次中级波动,平均 5.86 个月发生一次。基本符合每年两次行情的经验。根据每个月 20 个交易日,参数可选为(5.86×20)÷2=58.6,取整数定为 58。由于大多数股票的涨跌和指数的相关性较强,因此 58 也可以作为个股的参考参数,特别是应用于和股票指数相关性很强的指数基金。表 9-4 显示对参数改进后的实证结果。

表 9-4　参数日期为 58 的 KDJ 指标与指数的关系

J 值为负值的日期	J 值最低	J 值为负值时的波动区间	最低指数	上升目标位
1996.9.12	−5.42	760	750.68	1258.00
1996.12.24	−13.87	880	855.84	1510.17
1997.7.7	5.28	1100	1066.04	1422.97
1998.8.17	0.42	1080	1043.00	1300.15
1999.2.5	−4.48	1080	1064.17	1205.46
1999.5.14	0.17	1060	1047.83	1756.18

通过将参数放大后,在买入时机方面准确率大大提高,从目前所选的区间实证检验结果看,买入点几乎 100%处于底部区域,都有 10%的获利空间。延长参数确实可以较好地解决指标钝化、指标破坏与技术骗线等问题。但是如果按 J 值大于 100 作为卖出时机,用 58 的参数就不是非常理想。特别在一些大级别上升波动中途,经常 J 值未达到 100 时,股价就做了深幅调整,有时会调整接近起涨点,然后再度上升。另一些情况是 J 值达到 100 以上时,股票价格仍在上升。

从投资策略上讲,较好的解决买点已很好了。只要每次获利 10%,就离场休息,然后等待下一次买点的到来就行了。但是对于风险承受能力较强的投资者,对于进取心较强的投资者,这是不够的,因此有必要进一步研究与调整卖点。为了进一步提高投资水平，就必须研究日线 KDJ、周线 KDJ、月线 KDJ 三者之间的关系。

首先，我们对 1992 年以来的月线 KDJ 进行统计，以 20 以下为买入点，80 以上为卖出点。我们发现沪市共发出 3 次买入信号，一次是 1994 年 8 月的 333 点，另一次是 1996 年初的 512 点，最后一次是 1999 年 5 月的 1046 点。同理，按照 80 以上卖出，沪市共发生过 2 次，一次 1996 年 12 月的 1258 点，另一次是 1997 年 5 月的 1528 点。这说明月线的 KDJ 反映的是大趋势、大周期，其准确率几乎为 100%。(见图 9-3)

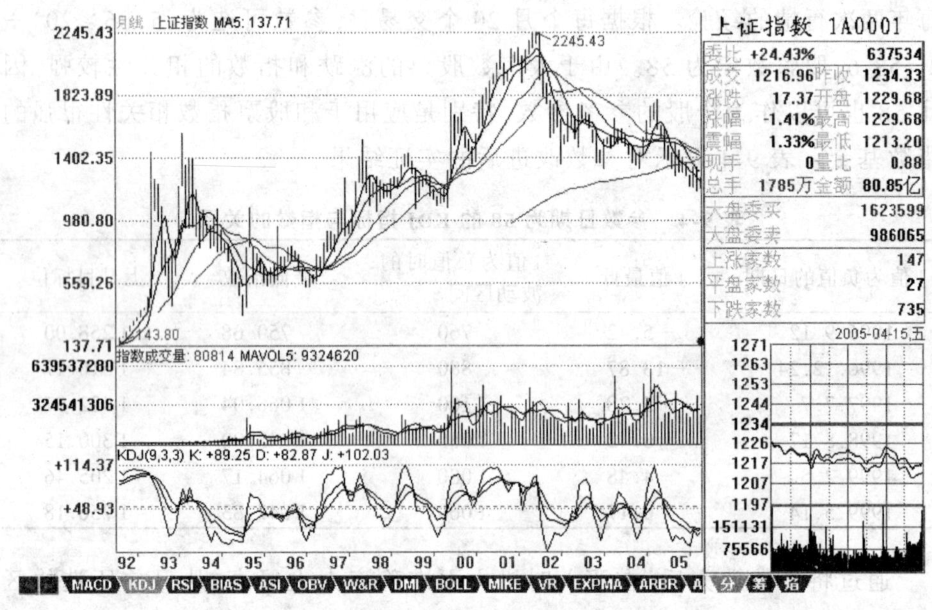

图 9-3　1992～2005 年上证指数曲线图

其次我们对 1992 年以来周线的 KDJ 进行统计，我们可以发现共有 12 次买入信号，13 次卖出信号。其中仅有一次买卖信号不太准确。其准确率达 96%。这说明周线反映的是中级与次中级行情，其准确率相当高。同时，当月线发出 4 次买卖信号时，周线也发出了买卖信号。

再次，对 9 日日线 KDJ 统计中，我们发现经常出现矛盾的是日线 KDJ 与周线 KDJ 指标方向相矛盾，比如 1999 年 2 月底，股市下跌，日线 KDJ 已在低位钝化而周线 KDJ 刚刚发出卖出信号。这种矛盾状况出现时，短线反弹力度都很小，搏反弹失败的概率都较高。

最后，我们发现当日线、周线、月线共同显示买卖点时，将发生共振现象，一个级别很大的振动将开始。如1999年5月的行情就是日线、周线、月线共同在低位发出买入信号，是共振现象的较好例子。

通过对历史数据统计，我们还可以发现在KD指标50左右向上黄金交叉时，如果有成交量的配合，往往有力度较大的上升行情。

3．结论

通过对技术指标KDJ的深入研究，我们可以做出以下结论：

（1）在无强外力干预的市场微幅震荡时期，可用传统的9天KDJ值进行分析，准确率较高。

（2）想获取较高收益，进行波段操作时，可以根据市场不同的发展阶段与个股特性将技术参数适当延长，每个投资者可以根据自己的投资风格，选择合理的技术参数。这样可以较好的解决买入时机。

（3）周线KDJ是很好的研判指标，当日线与周线背离时，以周线为主要参考依据，当日线与周线一致时是较好的行动时机，当日线、周线、月线一致时，是一次千载难逢的大时机。

（4）大牛市的卖出时机以月线KDJ值为参考更好。

（5）任何一个技术指标都有其局限性，将技术参数延长，虽然较好的解决了买入时机问题，但是在卖出时机方面仍不够理想。将日线KDJ与周线KDJ、月线KDJ结合起来综合研判，在牛市的卖出时机把握方面准确率很高，但因为时间周期长，人们在实际操作中在心理方面难以把握；对中级波动的卖出时机方面虽然也有较高的准确率，但仍有出现失误的可能。因此在实际使用中还可以结合布林线、SAR、成交量进行综合研判。根据自身特点将资金分为中长线资金与短线资金两块，进行滚动操作，将理性判断与心理承受能力相结合。

本章提要

本章主要观点如下：

1．KDJ指标中的K值是威廉指标加上指数平滑处理后的技术指标，D值是对K值的平滑处理，所以D值是慢线，K值是快线。我们可以通过KD的低位交叉以及高位交叉来判断买卖时机。为了解决KDJ指标使用中的问题，我们可以将日线、周线、月线综合起来使用。

2. RSI指标的实质是股价向上波动占总波动的百分比。一般RSI大于80，可以考虑卖出，低于20可以考虑买进。使用RSI时，可以利用形态理论进行研判趋势，也可以运用背离状况研判股价未来的走势。将RSI与布林线结合起来使用是一种很好的方法。

3. KDJ以及RSI主要用于短线操作，MACD可以用于中线操作，其中PIF、DEA数值是判断多头市场还是空头市场的关键。运用两次交叉能够提高使用该指标的成功率。

4. OBV与VR都是通过成交量来判断未来趋势的技术指标。OBV在底部长期横盘往往是很好的买进时机，在高位出现大N的形态时，往往预示着量能释放的过多，要预防形成顶部。VR用于卖出时机的研判还是效果较好的，主要根据前期高点VR值辅助参考。

5. ADR是一种研究大盘的指标，和指数结合起来综合研判效果较好。SAR可以作为停损的参考指标，也可以单独使用，但是在使用过程中要有严格地纪律约束。

随着一些新型交易软件的推出，各种新的技术指标以及技术分析方法层出不穷。但是，我们要记住技术指标仅仅是一种参考工具，不能够将其变为教条，每种技术指标都有其缺陷，大多数技术指标在盘整期失灵。所以，将技术分析与基本分析、行为分析结合起来使用能够更好地控制投资风险，取得较好的投资战绩。

练习与思考

一、判断题

1. 只有在下跌行情中才有支撑线，只有在上升行情中才有压力线。

2. ADR、ADL和OBOS既可以运用到个股，又可以运用到综合指数。

3. 量和价是市场行为最基本的表现。

4. 在价、量基础上进行的统计、数学计算、绘制图表方法是技术分析主要的方法。

5. 价格、成交量、时间、空间是进行分析的要素。这几个因素的具体情况和相互关系是进行正确分析的基础。

6．RSI 的计算只涉及收盘价。

7．KDJ 的计算只涉及收盘价。

8．RSI 不可以根据头肩顶、头肩底、三角形、趋势线等形态进行买卖。

9．KDJ 与 RSI 出现底背离现象，可以考虑买进。

10．J 值大于 100 应当买进股票，J 值小于 0 应当卖出股票。

11．描述股价与股价移动平均线相距的远近程度的指标是乖离率。

12．描述股价与股价移动平均线相距的远近程度的指标是涨跌比率。

13．OBV 的 N 波由连续的小 N 波变为一个大 N 波时，此时上涨行情多半接近尾声。

14．MACD 作为短线买卖指标很灵敏。

15．OBV 在低位拉平台时间高达一个月以上，往往有大的爆发性行情。

16．SAR 不可以单独使用。

17．ADR 上升，指数下降，股市将会反弹。

18．PSY 是心理线，超过 75 为超买，低于 25 为超卖。

19．ADR 低于 0.5，可以考虑买进。

20．股价连续上升后放出巨量，股价上升艰难或者持平，预示着股价可能下跌。

21．VR 创出个股历史最高值，是卖出的警戒讯号。

22．强势市场中 6 日 RSI 达到 90 以上，股价突破布林线上轨，可以考虑卖出。

23．弱势市场中 6 日 RSI 达到 15 以下，股价突破布林线下轨，可以考虑买进。

24．KD 指标达到 90 以上卖出一定准确。

25．运用 BIAS 时，在牛市、熊市、盘整市的参考值是一样的。

二、简答题

1．如何使用 KDJ 指标？

2．相对强弱指标在分析时如何应用？

3．在运用技术指标时要注意哪些问题？

4．BIAS 的应用法则是什么？

5．OBV 的应用法则是什么？

三、论述题

1. 论述技术分析的三大假设。

2. 论述技术分析方法应用时应注意的问题。

3. 论述成交量与价格趋势的关系。

4. 论述 ADR 的应用法则和注意事项。

四、计算题

1. 某股票最近6日的收盘价如下表，求5日 RSI。

表 9-5　　单位：元

54.80	54.35	55.10	56.80	57.85	57.65

2. 若某股票3天内的股价情况如下表，求星期三的3日 WMS%值、PSY(3)值。

表 9-6　　单位：元

	星期一	星期二	星期三
开盘价	11.35	11.20	11.50
最高价	12.45	12.00	12.40
最低价	10.45	10.50	10.95
收盘价	11.20	11.50	12.05

3. 若某股票市场共有股票450只，3日内的股票价格涨跌情况如下表所示，求星期三的3日 ADR 值。

表 9-7

	星期一	星期二	星期三
上涨股票数	340	230	190
下跌股票数	50	140	250
平盘股票数	50	80	10
停牌股票数	10	0	0

五、思考题

1. 小李根据 KDJ 的卖出原则，在80以上时卖出了上海机场股票，结果该股票继续上涨，你能够解释这是为什么吗？

2. 有量才会上涨，这是小李总结出来得经验，但是有时有的股票放出天量后不仅没有上涨，反而下跌了，你说这是为什么？

阅读材料

炒股要用辩证法①

不要以为研究辩证法是哲学家的专利，身在股市的投资者也应该对辩证法予以关注。倒不是想让你成为哲学家，而是想让你通过辩证法的掌握，成为在股票市场上纵横驰骋、无往而不利的赢家。实际上，股市中到处都充满着辩证的学问。冷与热，强与弱，好与坏等等，都是值得关注的现象。

（1）冷与热，是指冷门股和热门股。在一个变化的市场中，冷门股和热门股是可以互相转化的。今天的冷门股，明天就可能炙手可热。今天的热门股，明天也可能“门前冷落车马稀”。明白了这一道理，就不会总去追涨杀跌了。对于冷门股，如果你持有它，其基本面不坏的话，你可以用耐心换回钱来；如果你手中没有它，而且见它蠢蠢欲动，不妨打它个“冷枪”，保不准就是下一个阶段的黑马。对于热门股，如果你有幸买了它，在涨幅过大时，一定要注意获利了结，免得“坐电梯”；如果你手中没有它，则千万别眼热别人赚钱，不管涨幅多高，都跟着杀进去，弄不好，就接下了庄家最后一棒。

（2）强与弱，是指强势股和弱势股。股谚云：强者恒强，弱者恒弱。这话有道理。但要注意的是，“强者恒强，弱者恒弱”之“恒”，并不是永恒之“恒”，而是在某一阶段内之“恒”；当这一阶段告一段落时，“恒”则生变。了解了这个道理，就会做识时务之俊杰，该出手时就出手。如果你以为它是永恒之“恒”，对于强势股，像美国老太太那样死抱着不放，那当它转弱时，你可就惨了。一些强庄股上演的跳水比赛，就是最好的说明。对于弱势股抱着偏见，即使它走好，你也置之不理，就会错过赚钱的好时机，让黑马白白溜掉。

（3）好与坏，是指好消息和坏消息。对于消息的好坏，也要结合具体情况，相对辩证地看待。坏消息，股市称为利空。利空当然不是好事，但有时

---

① 资料来源：《北京晨报》，2000-12-28。

坏事可以变成好事。所以股市有“利空出尽就是利好”之说。如果遇有利空而股价不跌时，你可以大胆地继续持股，或进场吸纳。好消息，股市称为利好。虽然是利好，有时也可好事变坏事。当该股股价处于“山脚”时，上市公司有利好消息传出，这是绝对利好，宜重拳出击；当股价处于“山腰”时传出利好，这是相对利好，可小仓一试；当股价处于“山顶”时利好频传，这可能是“坏”利好，宜多加警惕为好。

参考文献

[1] 张龄松、罗俊：《股票操作学》，中国大百科全书出版社 1994 年版，第 238～324 页。
[2] 陈浩：《筹码分布》，中国商业出版社 2002 年版。
[3] 邱一平：《笑傲股林——钱龙股经系列》，复旦大学出版社 1996 年版。
[4] 柯原：《股票投资中技术指标 KDJ 的综合运用研究》，《福建行政学院福建经济管理干部学院学报》1999 年第 3 期，第 23～24 页。

第十章　证券投资组合

学习目标与要求

通过本章学习掌握证券组合的收益与风险衡量，掌握马柯维茨均值—方差理论、资本资产定价理论、国际资本资产定价理论以及证券投资组合绩效评价的理论。

能够运用历史统计数据计算市场回报率、β系数。能够运用资本资产定价理论以及证券市场线建立最优证券投资组合。能够通过投资实际回报率评估投资组合的绩效。

第一节 证券和证券组合的收益衡量

投资期限一般用年来表示;如果期限不是整数,则转换为年。在股票投资中,投资收益等于期内股票红利收益和价差收益之和,计算公式如下:

$$r = \frac{\text{红利} + \text{期末市价总值} - \text{期初市价总值}}{\text{期初市价总值}} \times 100\% \quad (10\text{-}1)$$

对于收益不确定的证券,我们在衡量其投资收益时,首先要计算出该证券的期望收益率。下面,我们给出证券期望收益率的一般计算公式。

某种证券 Z,它的投资收益受 n 种可能性事件的影响。其中,第一种可能性事件发生的概率为 P_1,第二种可能性事件发生的概率为 P_2,……第 n 种可能性事件发生的概率为 P_n。当第一种可能性事件发生时,证券 Z 的投资收益为 r_1,当第二种可能性事件发生时,证券 Z 的投资收益为 r_2,……当第 n 种可能性事件发生时,证券 Z 的投资收益为 r_n。证券 Z 的期望收益 E_z 可以通过下面公式计算:

$$E_z = P_1 r_1 + P_2 r_2 + \cdots + P_n r_n = \sum_{i=1}^{n} P_i r_i \quad (10\text{-}2)$$

例 10-1 中央电视台在今天的早间新闻节目中预告,今天晚上 8 点钟,总书记将针对国内经济发展的某一问题发表重要讲话,有关部门将根据总书记讲话精神采取重大措施。投资者分析,总书记的此次重要讲话可能会涉及政府职能转变、企业转换经营机制、对外开放、价格改革等内容。假设,投资者认为总书记此次的重要讲话可能涉及 a、b、c、d、e、f、g、h 八个方面中的任何一个方面。涉及 a、b、c、d、e、f、g、h 的概率分别为 10%、20%、10%、25%、15%、10%、5%、5%。对于证券 Y 来说,无论讲话内容涉及其中的哪一方面,投资者都会改变对证券 Y 的未来前景的预期,从而引起证券 Y 的价格和投资收益的变化。投资者经过认真分析以后预测:当讲话内容涉及 a 时,证券 Y 的收益为 40 元;当讲话内容涉及 b、c、d、e、f、g、h 时,证券 Y 的投资收益分别为 42 元、40.5 元、41 元、38 元、40.5 元、45 元、40.5 元。求期望收益率。

解 $E_Y = 0.1 \times 40 + 0.2 \times 42 + 0.1 \times 40.5 + 0.25 \times 41 + 0.15 \times 38 +$

$0.1 \times 40.5 + 0.05 \times 45 + 0.05 \times 40.5 = 40.73$(元)

即证券 Y 的期望收益为 40.73 元。

以上我们衡量的投资收益,都是针对单个证券而言,即用期望收益衡量某种证券的投资收益。但是,在现实经济生活中,投资者在进行证券投资时,往往同时持有多种证券,构成一种证券组合。如何衡量证券组合的投资收益呢?证券组合的期望收益率可以叠加,其计算公式如下:

$$E_P = \sum_{i=1}^{n} X_i E_i \tag{10-3}$$

其中:E_P:证券组合的期望收益率;

X_i:投资于证券 i 的期初市场价值在组合中所占的比重;

E_i:证券 i 的预期收益率;

n:组合中证券种类的数目。

例 10-2 假设某位投资者同时买下 A、B、C 三种证券。A、B、C 三种证券各占投资总额的比重为 $X_A = 25\%$、$X_B = 25\%$、$X_C = 50\%$;而且,三种证券的期望收益率分别为:$E_A = 10\%$、$E_B = 20\%$、$E_C = 30\%$。求该证券组合的期望收益率。

解 $E_P = X_A E_A + X_B E_B + X_C E_C = 25\% \times 10\% + 25\% \times 20\% + 50\% \times 30\% = 22.5\%$

第二节 证券投资风险衡量

一、风险衡量方法

从风险的定义来看,证券投资风险是在证券投资过程中,投资者的收益与本金遭受损失的可能性。风险衡量就是要准确地计算出投资者的收益与本金遭受损失的可能性大小。

一般来讲,有三种方法可以衡量证券投资的风险。

第一种方法是计算证券投资收益低于其期望值的概率。假设,某证券的期望收益率为 10%,但是,投资该证券取得 10% 和 10% 以上收益的概率仅为 30%,那么,该证券的投资风险为 70%,或者表示为 0.7。这一衡量方法严格从风险的定义出发，计算了投资于某种证券时，投资者的实际收益低于期望收益的概率，即投资者遭受损失的可能性大小。但是，该衡量方法有一个明显的缺陷：许多种不同的证券都会有相同的投资风险。显然，如果采取这种衡量方法，所有收益率的概率分布为对称的证券，其投资风险都等于0.5。然而，实际上，当投资者投资于这些证券时，他们遭受损失的可能性大小会存在着很大的差异。

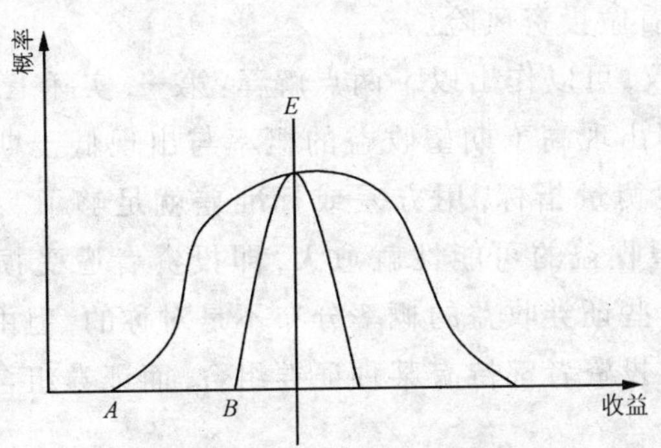

图 10-1　证券 A、B 的收益概率曲线

如图 10-1 所示，A、B 两证券的收益分布都是对称的，E_A 和 E_B 分别代表 A 和 B 收益的期望值。如果用第一种方法来衡量，他们的投资风险都等于0.5。然而从图中我们可以看出，投资 A 证券遭受损失的可能性大于 B。

第二种方法是计算证券投资出现负收益的概率。

这一衡量方法把投资者的损失仅仅看做本金的损失，投资风险就成为出现负收益的可能性。这一衡量方法也是极端模糊的。例如，一种证券投资出现小额亏损的概率为 50%，而另一种证券投资出现高额亏损的概率为40%，究竟哪一种证券投资的风险更大呢？采用该种衡量方法时，前一种投资的风险更高。但是，在实际证券投资过程中，大多数投资者可能会认为后一种投资的风险更高。之所以会出现理论与实际的偏差，基本的原因就在于：该衡量方法只注意了出现亏损的概率，而忽略了出现亏损的数量。

第三种方法是计算证券投资的各种可能收益与期望收益之间的离差，即证券收益的方差或标准差。

这种衡量方法有两个鲜明的特点：其一，该衡量方法不仅把证券收益低于期望收益的概率计算在内，而且把证券收益高于期望收益的概率也计算在内。其二，该衡量方法不仅计算了证券的各种可能收益出现的概率，而且也计算了各种可能收益与期望收益的差额。与第一种和第二种衡量方法相比较，显然，方差或标准差是更合适的风险指标。

也有理论研究者对方差或标准差指标提出非议。他们认为，风险是遭受损失的可能性，计算证券收益低于期望收益的概率，以及计算两者之间的差额是可以的。但是，如果把证券收益高于期望收益的概率，以及高出的数额也计算在内，那么就没有准确地衡量出风险的大小，因为任何投资者都不会把这部分变化看做投资风险。

对于以上非议，可以作出以下两点解释：第一，实际上，只要收益的概率分布是对称的，即出现高于期望收益的概率与出现低于期望收益的概率相等，作为一种风险衡量指标，用方差或标准差就足够了。方差或标准差愈大，出现低于期望收益的可能性就愈大，即投资者遭受损失的可能性就愈大。第二，尽管有些证券收益的概率分布不是对称的，但由于投资分散化的普遍存在，大多数投资者都持有某种证券组合，而证券组合收益的概率分布几乎都是对称的。

由于以上原因，方差或标准差作为一种风险衡量指标，得到了相当广泛地运用。我们在衡量证券投资风险时，也采取方差或标准差指标。

二、单个证券的风险衡量

单个证券风险衡量的公式如下：

$$S_Z = \sum_{i=1}^{n} P_i(r_i - E_Z)^2 \tag{10-4}$$

S_Z：证券 Z 的方差；

P_i：可能性事件 i 的概率；

r_i：可能性事件 i 发生时，证券 Z 的收益；

E_Z：证券 Z 的期望收益。

$$\sigma_Z = \sqrt{S_Z}$$

σ_Z：证券 Z 收益的标准差。

例 10-3　假设证券 Z 的投资收益受 a、b、c 三种可能性事件的影响。a、b、c 三种可能性事件发生的概率分别为 20%、35% 和 45%；当事件 a 发生时，证券 Z 的投资收益为 -10%；当 b 事件发生时，证券 Z 的投资收益为

5%；当 c 事件发生时，证券 Z 的投资收益为 15%。求 S_Z、σ_Z。

解 先求 E_Z

$$E_Z = \sum_{i=1}^{n} P_i r_i = 0.2 \times (-0.1) + 0.35 \times 0.05 + 0.45 \times 0.15$$

$$= 0.065 = 6.5\%$$

$$S_Z = \sum_{i=1}^{n} P_i (r_i - E_Z)^2 = 0.2 \times (-0.1 - 0.065)^2$$

$$+ 0.35 \times (0.05 - 0.065)^2 + 0.45 \times (0.15 - 0.065)^2$$

$$= 0.008775$$

$$\sigma_Z = \sqrt{S_Z} = \sqrt{0.008775} = 0.093675 = 9.3675\%$$

在实际中，我们也可使用历史数据来估计方差：假设证券的月或年实际收益率 $r_t(t = 1, 2, \cdots, n)$，那么估计方差的公式为：

$$\sigma^2 = \frac{1}{n-1} \sum_{t=1}^{n} (r_t - \bar{r})^2 \qquad (10\text{-}5)$$

三、证券组合的风险衡量

证券组合风险衡量公式如下：

$$\sigma_p^2 = \sum_{i=1}^{n} \sum_{j=1}^{n} X_i X_j \mathrm{Cov}(X_i, X_j) \qquad (10\text{-}6)$$

σ_p^2：证券组合 P 的方差；

X_i：证券 i 占证券组合 P 的投资比重；

X_j：证券 j 占证券组合 P 的投资比重；

$\mathrm{Cov}(X_i, X_j)$：证券 i 与证券 j 收益之间的协方差，当 $i = j$ 时，$\mathrm{Cov}(X_i, X_j)$ 就成为证券 i 或 j 的方差。

下面介绍两种证券的投资组合方差（特例）的计算：

$$\sigma_p^2 = X_A^2 \sigma_A^2 + 2 X_A X_B \mathrm{Cov}(X_A, X_B) + X_B^2 \sigma_B^2 \qquad (10\text{-}7)$$

$$\mathrm{Cov}(X_A, X_B) = \rho_{AB} \sigma_A \sigma_B \qquad (10\text{-}8)$$

式中：$\mathrm{Cov}(X_A, X_B)$：证券 A 与证券 B 收益之间的协方差；

ρ_{AB}：证券 A 与证券 B 收益的相关系数；

σ_A：证券 A 的标准差；

σ_B：证券 B 的标准差。

在实际中，可以根据历史数据计算两种证券的协方差：

$$\mathrm{Cov}(X_A, X_B) = \frac{1}{n-1}\sum_{i=1}^{n}(r_{Ai} - \bar{r}_A)(r_{Bi} - \bar{r}_B) \tag{10-9}$$

例 10-4 通过历史数据统计，已知证券 A 三年的回报率分别为 5%，15%，25%；证券 B 三年的回报率分别为 25%，15%，5%。求两者的协方差，相关系数。假设证券 A 投资 60%，证券 B 投资 40%，求投资组合的方差。

解 1 证券 A 的收益均值 $\bar{r}_A = (0.05 + 0.15 + 0.25)/3 = 0.15$

证券 B 的收益均值 $\bar{r}_B = (0.25 + 0.15 + 0.05)/3 = 0.15$

$$\begin{aligned}&\mathrm{Cov}(X_A, X_B)\\&= \frac{(0.05-0.15)(0.25-0.15)+0+(0.25-0.15)(0.05-0.15)}{3-1}\\&= -0.01\end{aligned}$$

$$\sigma_A = \left\{\frac{1}{2}[(0.25-0.15)^2 + 0 + (0.05-0.15)^2]\right\}^{\frac{1}{2}} = 0.1$$

$$\sigma_B = \left\{\frac{1}{2}[(0.05-0.15)^2 + 0 + (0.25-0.15)^2]\right\}^{\frac{1}{2}} = 0.1$$

$$\rho_{AB} = \frac{\mathrm{Cov}(X_A, X_B)}{\sigma_A\sigma_B} = \frac{-0.01}{0.1\times 0.1} = -1$$

解 2 $\sigma_p^2 = 0.6^2 \times 0.1^2 + 2\times 0.6\times 0.4\times(-0.01) + 0.4^2 \times 0.1^2 = 0.0004$

四、投资分散化对风险的影响

根据两种证券组合投资风险度量的公式，我们可以做一些推理：

当证券收益完全正相关，即 $\rho_{AB} = +1$ 时，证券组合的风险为：

$$\rho_P^2 = X_A^2\sigma_A^2 + 2X_AX_B\sigma_A\sigma_B\rho_{AB} + X_B^2\sigma_B^2 = (X_A\sigma_A + X_B\sigma_B)^2$$

即：

$$\sigma_P = X_A\sigma_A + X_B\sigma_B$$

当 A、B 两证券的收益完全正相关,证券组合 P 的风险就等于 A、B 两证券风险的加权平均数,以各证券占证券组合的投资比重为权数。这就表明:投资者把投资资金分散于收益完全正相关的两种证券上时,他承担的投资风险等于这两种证券风险的加权平均数。显然,在这种情况下,投资分散化并没有有效地降低投资风险。

证券收益完全负相关,即 $r_{AB} = -1$ 时,证券组合的风险为:

$$\begin{aligned}\sigma_P^2 &= X_A^2\sigma_A^2 + 2X_AX_B\sigma_A\sigma_B\rho_{AB} + X_B^2\sigma_B^2 \\ &= X_A^2\sigma_A^2 - 2X_AX_B\sigma_A\sigma_B + X_B^2\sigma_B^2 \\ &= (X_A\sigma_A - X_B\sigma_B)^2\end{aligned}$$

即:

$$\sigma_P = X_A\sigma_A - X_B\sigma_B$$

如果投资者在购买 A、B 两种证券时,使得各证券所占的投资比重与其风险成反比,即:

$$\frac{X_A}{X_B} = \frac{\sigma_B}{\sigma_A}$$

则:

$$\sigma_P = (\sigma_A \cdot X_B \cdot \sigma_B / \sigma_B - X_B\sigma_B) = 0$$

这就是说,当两种证券的收益完全负相关时,投资者采取适当的投资策略可以把证券组合的风险降低到零。这就表明:投资者把资金合理地分散于收益完全负相关的两种证券上,可以把投资风险降低到最低点,即完全消除证券组合的风险。

证券收益不相关,即 $\rho_{AB} = 0$ 时,证券组合的风险为:

$$\sigma_P^2 = X_A^2\sigma_A^2 + 2X_AX_B\sigma_A\sigma_B\rho_{AB} + X_B^2\sigma_B^2 = X_A^2\sigma_A^2 + X_B^2\sigma_B^2$$

即:

$$\sigma_P = \sqrt{X_A^2\sigma_A^2 + X_B^2\sigma_B^2}$$

从这一结果难以看出投资分散化对证券组合风险的影响。我们举一个简单的例子。

假设,证券 A、B 的标准差相等,都等于 10,即 $S_A = S_B = 10$;而且证券 A、B 占证券组合的投资比重各为 50%,则证券组合的风险为:

$$S_P = \sqrt{0.5^2 \times 10^2 + 0.5^2 \times 10^2} = \sqrt{50} = 7.07$$

显然,这种证券组合的风险要低于证券组合中各证券的风险。

由此可见,当两种证券的收益不相关时,投资者把投资资金分散于两种证券上，可以有效地降低投资风险。

不仅如此，我们可以进一步推广该结论。

当证券组合 P 中包含了 N 种收益不相关的证券时，证券组合的风险为：

$$\sigma_P^2 = X_1^2\sigma_1^2 + X_2^2\sigma_2^2 + \cdots + X_N^2\sigma_N^2$$

其中：

σ_P：证券组合的标准差；

$X_1, X_2, \cdots, X_N$：各证券占证券组合 P 的投资比重；

N：证券组合包含的证券种数；

$\sigma_1, \sigma_2, \cdots, \sigma_N$：各证券的标准差。

我们假设，各证券的标准差相等，都为 10，而且各证券所占的投资比重也相等。

$$\sigma_P^2 = \left(\frac{1}{N}\right)^2 \times 10^2 + \left(\frac{1}{N}\right)^2 \times 10^2 + \cdots = N\left(\frac{1}{N}\right)^2 \times 10^2$$

这样，我们得到：

$$\sigma_P = \frac{10}{\sqrt{N}}$$

当证券收益不相关时，证券组合中包含的证券种数越多，证券组合的风险越小。

通过理论计算，我们可以得到以下重要结论：

两种证券收益相关系数越小，由这两种证券组成的证券组合的风险越小。投资分散化的一般原则是选择相关程度较低的证券构成证券组合。由于在中国股票市场上不存在具有负相关甚至零相关的两只股票。通常，各种股票表现出一定程度的正相关，但是比完全正相关要弱。因此我们无法构造出所有风险为零的证券投资组合。所以，通过多样化，可以导致投资组合的方差在一定程度内减小，但是却不能完全消失。因此，总风险就可以分解为两个部分，一部分是可以通过多样化投资组合消除的风险，称为非系统风险；另一部分则是无法通过多样化投资组合消除的风险，这种风险作用于全体证券，所以我们称为系统风险。

多样化投资组合消除风险随着证券数量的增加，迅速地丧失作用。图 10-2 显示了这种影响。所以进行证券投资组合时并不是证券种类越多越好，要根据自己的资金实力进行安排。

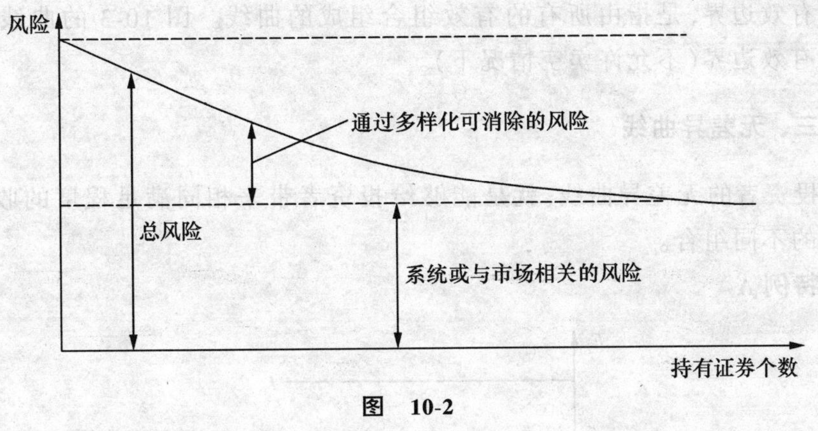

图　10-2

第三节　马柯维茨均值—方差理论

一、证券组合的可行域

我们把 $X_i \geqslant 0, \sum X_i = 1$ 的 X_i 进行种种变化，就会得到不同的 E_P、σ_P，我们将这些点标到坐标图上，就形成证券组合可行域。

二、有效证券组合与有效边界

有效证券组合是指一个证券组合，如果没有其他的证券组合在与之同样的风险水平下，给予更高的收益率；或在同样的收益率水平下，给予更小的风险，就称此证券组合为有效组合。

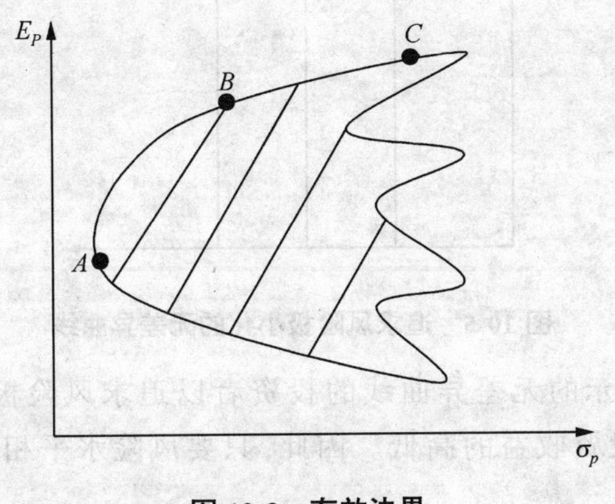

图 10-3　有效边界

有效边界，是指由所有的有效组合组成的曲线。图 10-3 的曲线 *ABC* 就是有效边界（不允许卖空情况下）。

三、无差异曲线

投资者的无差异曲线，就是能够给投资者带来相同满足程度的收益与风险的不同组合。

特例 A

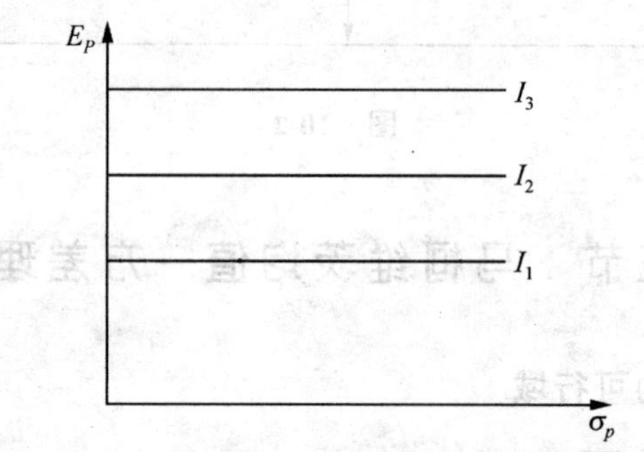

图 10-4　追求收益最大化的无差异曲线

这种无差异曲线的投资者以追求收益最大化为惟一目标，完全忽略投资风险。因此，只要收益水平相等，而不管投资风险的大小，投资者获得的满足程度都相同。从提供的满足程度看，$I_3 > I_2 > I_1$。

特例 B

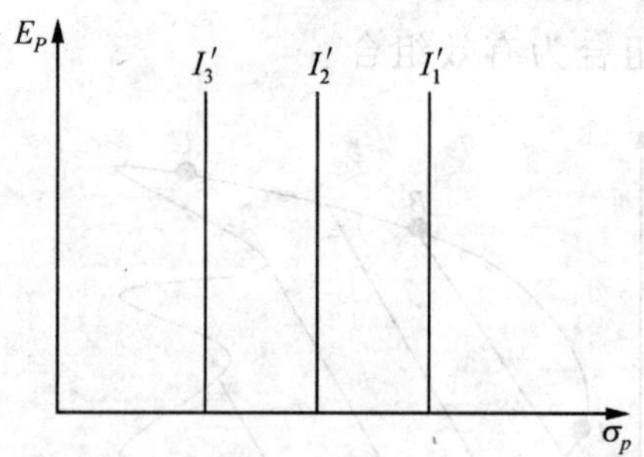

图 10-5　追求风险极小化的无差异曲线

图 10-5 所显示的无差异曲线的投资者以追求风险极小化为惟一投资目的，而不考虑投资收益的高低。因此，只要风险水平相等，投资者得到的

满足程度就相等。从提供满足程度看，$I_3' > I_2' > I_1'$。

现实生活中，很少出现上述两种特殊情况，大多数投资者都同时兼顾收益与风险两个方面，其无差异曲线如下图：

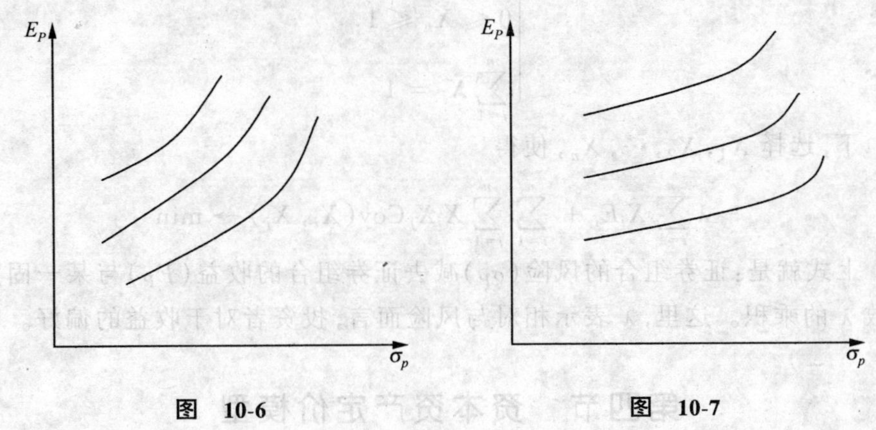

图　10-6　　　　图　10-7

无差异曲线具有以下特征：

(1) 具有正斜率。主要出于两条假定：投资者是风险规避者，他们对较高的收益率的偏好胜过对较低收益率的偏好，在其他条件完全相同的证券组合中，投资者将选择预期收益较高的那一个。上方的无差异曲线比下方的无差异曲线能够给投资者带来更大的满足度。

(2) 比较陡直的无差异曲线表明投资者承担额外1单位的风险时，必须得到较高的收益补偿，才能保持相同的满足程度，说明投资者对风险的厌恶程度较高。反之，比较平坦的无差异曲线表明投资者对风险的偏好程度较高。

(3) 任何两条无差异曲线不相交。

四、最优证券投资组合

最优证券投资组合就是有效边界与无差异曲线的相切点。其数学表达如下：

在约束条件

$$\begin{cases} 0 \leqslant X_1 \leqslant 1 \\ 0 \leqslant X_2 \leqslant 1 \\ \vdots \\ 0 \leqslant X_n \leqslant 1 \\ \sum_{i=1}^{n} X_i = 1 \end{cases}$$

下，选择 $X_1, X_2, \cdots, X_n$，使得

$$-\lambda \sum_{i=1}^{n} X_i E_i + \sum_{i=1}^{n} \sum_{j=1}^{n} X_i X_j \text{Cov}(X_i, X_j) \to \min$$

上式就是：证券组合的风险(σ_P)减去证券组合的收益(E_P)与某一固定系数 λ 的乘积。这里，λ 表示相对与风险而言，投资者对于收益的偏好。

第四节　资本资产定价模型

资本资产定价模型由假设条件、资本市场线、证券市场线组成。马柯维茨均值—方差理论有很大的缺陷，就是实际运用时比较困难。如果投资者将 1 000 种证券进行组合，他就必须计算 1 000 个期望收益数据、1 000 个方差与标准差数据以及 499 500 个协方差数据，而且每次变动现有证券组合，他都必须考虑全部证券，并对全部证券进行重新估计。显然大多数投资者不可能完成如此复杂的计算任务。威廉·夏普引进了无风险证券，并且进行了理论化后，极大地简化了最优证券组合的计算。

一、假设条件

(1) 投资者都依据组合的期望收益率和方差选择证券组合。

(2) 投资者对证券的收益和风险及证券间的关联性具有完全相同的预期。

(3) 资本市场没有摩檫。

所谓摩檫，是指对整个市场上的资本和信息的自由流通的阻碍。因此该假设意味着不考虑交易成本及对红利、股息和资本收益的征税，并且假定信息向市场中的每个人自由流动，在借贷和卖空上没有限制以及市场只有一个无风险利率。

二、资本市场线

考虑包含有无风险证券借贷关系下的证券组合以及有效边界的状况。无风险证券一般指短期政府债券。引入无风险证券后，投资者就有了借入和贷出资金的可能。对无风险证券的投资常常称作无风险贷出。

我们用 R_f 表示无风险利率，E_m 表示风险证券组合的预期收益率，X_m 表示投资于风险证券组合的比例，$1-X_m$ 表示投资于无风险证券的比例，σ_f 表示无风险收益率的标准差，σ_m 表示风险证券组合的标准差。

那么，新投资组合的预期收益率与标准差为：

$$\begin{cases} E_P = (1-X_m)R_f + X_m E_m \\ \sigma_P = \sqrt{(1-X_m)^2\sigma_f^2 + 2X_m(1-X_m)\text{Cov}_{fm} + X_m^2\sigma_m^2} \end{cases}$$

因为 $\sigma_f = 0$, $\text{Cov}_{fm} = 0$,

所以
$$\sigma_P = \sqrt{X_m^2\sigma_m^2} = X_m\sigma_m$$

可见新投资组合的标准差，完全取决于投资于风险资产的比例。

将标准差公式变形：$X_m = \dfrac{\sigma_P}{\sigma_m}$带入预期收益率式子，得：

$$E_P = R_f + \frac{E_m - R_f}{\sigma_m}\sigma_P \tag{10-10}$$

这就是资本市场线的方程。这是一个线性方程，截距为 R_f，斜率为 $(E_m - R_f)/\sigma_m$。

由于引入无风险证券投资组合后，使原有的有效边界发生了很大的变化。如下图：

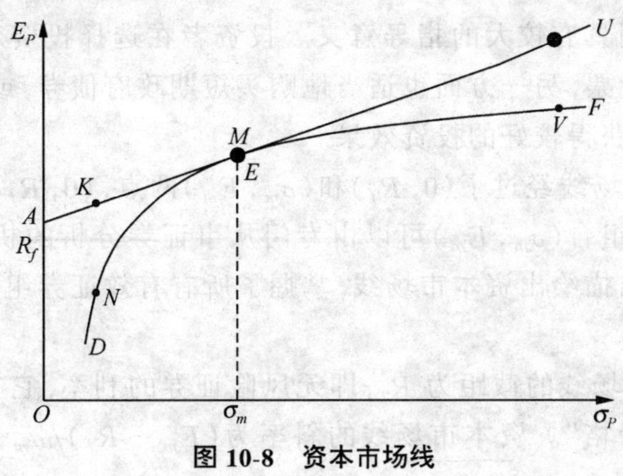

图 10-8　资本市场线

图中,我们过 R_f 作一射线与有效边界 DEF 曲线相切,设切点为 M。由于 M 点在有效边界 DEF 曲线上,它是没有借入和贷出资金条件下的有效证券组合,称为市场证券组合。

在 M 点下方,投资者可以通过贷出资金,即投资者用一部分资金购买证券组合 M,另一部分购买无风险证券 A,M 和 A 所占的投资比重不同,投资者可以达到 A、M 连线之间任何一点所代表的证券组合,如 K 点。

在 M 点的右上方,投资者可以通过借入资金,即以无风险利率 R_f 借入资金(无风险证券投资额为负值,风险证券组合投资额大于1,两者之和为1),购买更多单位的证券组合 M,从而达到如 U 点所示的证券组合。

也就是说,投资者可以通过以无风险利率 R_f 借入或贷出资金,从而达到 AM 射线上任何一点所代表的证券组合。

进一步考察:在 M 点下方,K 点与 DEF 曲线的 N 点相比,他们的标准差相等,但是,K 点所代表的证券组合的期望收益要高于 N 点。在 M 点的右上方,U 点与 DEF 曲线上的 V 点相比,标准差相同,但 U 点的期望收益要高于 V 点。这就说明投资者通过借入或贷出资金所得到的证券组合,比原来的效率边界所代表的有效证券组合更加有效。因此射线 AM 就成为在投资者可以通过以无风险利率 R_f 借入或贷出资金时所有有效证券组合的集合。射线 AM 也就是资本市场线 CML(Capital Market Line)。在借贷利率相等的情况下,资本市场线是一条直线,代表有效边界。

由资本市场线得出的结论:

(1) 投资者在持有的证券组合中加入无风险证券,可以在标准差相同时,提高证券组合的期望收益,或在期望收益相等时,降低证券组合的投资风险。这一原则具有较大的指导意义。投资者在选择投资对象时,一方面购买多种普通股票,另一方面也适当地购买短期政府债券,或从金融机构中借入资金,可以获得较好的投资效果。

(2) 资本市场线经过了$(0, R_f)$和(σ_m, E_m)两点,$(0, R_f)$投资者很容易确定,市场证券组合(σ_m, E_m)可以由专门从事证券分析的机构提供。这样投资者也就可以描绘出资本市场线,掌握了所有有效证券组合,大大简化了马柯维茨方程。

(3) 资本市场线的截距为 R_f,即无风险证券的利率,它被称为"等待的报酬"或"时间价格"。资本市场线的斜率为$(E_m - R_f)/\sigma_m$,它表明投资者承担额外一单位风险时所要求得到的补偿。资本市场线的斜率也被称为"风险价格"。

(4) 一个投资者的最优风险证券组合，不需要知道这个投资者对于风险和收益的偏好就可以确定(由有效边界与从无风险利率出发的射线的切点确定)。

(5) 我们将于整个市场风险证券比例一致的证券组合称为市场证券组合。在满足基本假设条件的均衡状态下，最优风险组合 M 必定是市场证券组合。

(6) 最优投资策略由投资者的无差异曲线与资本市场线的相切点决定。

三、证券市场线

1. β 系数的定义

证券 i 的 β 值是相对于证券组合 P 而言，证券 i 的收益的变动性。用公式表示如下：

$$\beta_i = \frac{\text{Cov}(R_i, R_m)}{S_m}$$

其中：β_i：证券 i 的 β 系数；

$\text{Cov}(R_i, R_m)$：证券 i 与市场证券组合 m 收益之间的协方差；

S_m：市场证券组合 m 收益的方差。

β 系数是衡量当市场投资组合报酬率变化 1% 时，个别资产预期报酬率的变化幅度。幅度越大代表个别资产对市场报酬率(R_m)变化的敏感度越大，反之则越小。

证券组合 q 的 β 值等于该证券组合中各证券 β 值的加权平均数，以各证券占证券组合 q 的投资比重为权数。用公式表示为：

$$\beta_{qP} = \sum_{i=1}^{n} X_{iq}\beta_{iP}$$

其中：β_{qP}：证券组合 q 相对于证券组合 P 的 β 值；

X_{iq}：证券 i 占证券组合 q 的投资比重；

β_{iP}：证券 i 相对于证券组合 P 的 β 值；

n：证券组合 q 中包含的证券种数。

根据上述定义,我们可以得到两个结论:

第一,无风险证券的 β 系数为零。这是因为:若证券 j 为无风险证券,则

$$\mathrm{Cov}(R_j, R_p) = \rho_{jp}\sigma_j\sigma_P = 0(\text{因为 } \sigma_j = 0)$$

$$\beta_{jp} = \frac{\mathrm{Cov}(R_j, R_p)}{S_p} = 0$$

第二,证券组合相对于自身的 β 值为1。这是因为:

$$\beta_{pp} = \frac{\mathrm{Cov}_{pp}}{S_p} = \frac{\rho_{pp}\sigma_p\sigma_p}{S_p} = \frac{\sigma_p^2}{S_p} = 1(\text{因为 } \rho_{pp} = 1)$$

2. β 值的计算

β 值的计算可以采取线性回归的方法,设 X 为指数收益率,Y 为个股收益率。可以通过线性回归的方法求出 β 系数(事后 β 系数的估计),其公式如下:

$$\beta = \frac{\sum xy - \bar{x}\sum y}{\sum x^2 - \bar{x}\sum x}$$

计算日 β 系数时,收益率样本期为月或周,收益率=(今日收盘价-昨日收盘价)/昨日收盘价,无风险利率为零。计算周 β 系数时,样本期为年或季,收益率=(本周收盘价-上周收盘价)/上周收盘,无风险利率为月息的1/4。计算月 β 系数时,收益率样本期为年,收益率=(本月收盘价-上月收盘价)/上月收盘,无风险利率为月息。

3. β 值的应用

在分析证券投资的风险时,我们曾经指出,以风险是否与收益相关为标准,可以把证券投资的总风险区分为市场风险和非市场风险,只有市场风险与投资收益相联系;在分析投资分散化对风险的影响时,我们又指出,投资者选择收益不相关或收益负相关的证券构成证券组合,可以有效地降低投资风险。这就出现两个问题:第一,证券和证券组合的方差或标准差,衡量的是证券和证券组合的总风险。在总风险中,有多少风险与投资收益相联系呢?第二,投资者合理地分散投资资金,可以消除证券组合中的一部分风险。在总风险中,哪些风险可以通过投资分散化来消除?那些风险是通过投资分散化无法消除的?用 β 值作为风险衡量指标时,这两个问题可以迎

刃而解。

我们假设，市场证券组合 M 的投资风险用方差来衡量，其风险为 S_m；证券 i 的投资风险也用方差来衡量，投资风险为 S_i。现在，我们用 β 值作为风险指标，证券 i 的 β 值为 β_i。

此时，证券 i 的市场风险为：

$$\beta_i^2 \times S_m$$

证券 i 的非市场风险为：

$$S_i - \beta_i^2 \times S_m$$

这就表明，在证券 i 的总风险中，只有市场风险与投资收益相联系；其余的风险则是与投资收益不相联系的风险。

以上我们解答了第一个问题，接下来我们分析第二个问题。

在证券价格波动中，当证券的总体价格水平下降时，证券市场上大多数证券的价格都呈现出下降趋势。在这种情况下，投资者把投资资金分散在多种证券上，显然，并不能避免或减少风险损失。但是，当证券价格波动表现为一部分证券价格上升，另一部分证券价格下降时，投资者把投资资金分散于多种证券上，这些证券价格的上升与下降可以相互抵消，从而降低了证券投资的总风险。

证券和证券组合的 β 值，衡量的是相对于某一特定证券组合——市场证券组合而言证券和证券组合的收益的变动性。当证券和证券组合收益的变动性大于市场证券组合收益的变动性时，该证券和证券组合的 β 值大于1；当证券和证券组合收益的变动性小于市场证券组合收益的变动性时，证券和证券组合的 β 值小于1；当证券和证券组合收益的变动性等于市场证券组合收益的变动性时，该证券和证券组合的 β 值等于1。因此，用 β 值衡量的风险，反映了相对于市场证券组合而言，证券和证券组合收益的波动幅度的大小。证券和证券组合收益的其他波动形式，如某一发行公司因经营管理不善等引起该公司发行的债券或股票收益的波动等，则不在 β 值的衡量范围内。

由此可见，用 β 值衡量的风险——市场风险是无法通过投资分散化来消除的；相反，非市场风险由单个证券的收益波动来决定，可以通过投资分散化来消除。实证表明：在用方差或标准差衡量的证券组合的总风险中，非市场风险随着证券种数的不断增加而呈下降趋势。当证券组合中包含了10～15种证券时,非市场风险基本上被消除,证券组合的总风险中就只包含了用β值衡量的市场风险。

4. 证券市场线

证券市场线的推导可以通过构造一个由证券i与市场证券组合M组成的一个新组合N,由iM曲线在M点的斜率将等于CML的斜率得出(具体推导省略)。其公式如下:

$$E_i = R_f + \beta_i(E_M - R_f) \tag{10-11}$$

对任何一个证券组合P,设其投资于各种证券的比例分别为$X_1, X_2, \cdots, X_n$,那么显然有:

$$\begin{aligned} E_P &= X_1E_1 + X_2E_2 + \cdots + X_nE_n \\ &= R_f + (X_1\beta_1 + X_2\beta_2 + \cdots + X_n\beta_n)(E_M - R_f) \end{aligned}$$

令$\beta_P = X_1\beta_1 + X_2\beta_2 + \cdots + X_n\beta_n$,则有

$$E_P = R_f + \beta_P(E_M - R_f)$$

无风险证券的β值为零,期望收益为R_f,因此,证券市场线必然经过$(0, R_f)$点。市场证券组合M是资本市场线与效率边界的相切点,对于投资者来说是有效证券组合。M相对于自身的β值为1,期望收益为E_M,因此,证券市场线也经过了$(1, E_M)$点。我们只需要知道短期政府债券利率以及市场证券组合的期望收益,就可以描绘出证券市场线——包含在市场组合M中的所有证券和证券组合都落在这条直线上。

例 10-5 已知A、B、C、D、E五种股票的β系数分别为2.33、1.08、0.96、1.84、0.66;投资比例分别为30%、20%、20%、20%、10%;无风险利率为5%,市场组合回报率为20%,求投资组合的β系数,投资组合的期望回报率。

解 $\beta_p = 2.33\times0.3 + 1.08\times0.2 + 0.96\times0.2 + 1.84\times0.2 + 0.66\times0.1 = 1.541$

$E_p = R_f + \beta_p(E_M - R_f) = 0.05 + 1.541\times(0.2 - 0.05) = 0.281$

第五节 国际证券投资组合简介

进行国际化投资能够分散风险。因为在不同的国家,影响证券投资回

报率的经济、政治、制度甚至心理因素的差别非常大，这就导致各国证券之间的投资回报率的相关性更低。例如我国上海与深圳股票市场的回报率一度受政策的影响很大，但是在中国香港的股票市场，政策对股票投资回报率的影响就会小得多。又如由于地理接近以及两国之间的经济往来，在俄罗斯发生的政治动乱会影响到芬兰股票市场的回报率，但是对中国香港市场的投资回报率的影响就很小。进一步，经济周期处于的阶段在不同国家也是不相同的，因此，进一步降低了国际投资回报率的相关性。

表 10-1 提供了 1971～1998 年持有美元的投资者对世界各国（地区）的股票、债券以及现金进行投资的风险和收益。

表 10-1 世界各国（地区）投资收益与风险统计表

	收益		风险	
	平均年收益率（%）		收益率的标准差（%）	
股票	以美元表示	以当地货币表示	以美元表示	以当地货币表示
法国	14.6	14.7	23.4	21.3
德国	15.0	11.9	20.4	18.2
意大利	9.3	13.2	26.7	25.6
荷兰	17.9	15.2	17.8	17.3
瑞士	15.8	11.2	19.7	17.4
英国	15.1	16.7	24.3	22.0
澳大利亚	9.7	12.1	25.3	21.7
中国香港	17.3	18.9	40.8	38.7
日本	13.9	9.3	23.1	18.7
新加坡	12.6	10.1	31.0	29.8
加拿大	9.7	11.4	19.0	17.2
美国	13.4	13.4	15.3	15.3
欧洲	14.2	14.2	16.8	14.1
EAFE	13.7	13.7	17.3	15.1
世界	13.5	13.5	14.3	13.1
债券				
法国	10.5	10.6	13.0	6.4
德国	11.2	8.2	13.6	5.5
意大利	9.2	13.1	13.2	7.9
荷兰	11.1	8.6	13.0	5.5
瑞士	9.6	5.2	13.8	3.4
英国	9.7	11.2	15.8	10.1

（续表）

债券	收益 平均年收益率(%)		风险 收益率的标准差(%)	
	以美元表示	以当地货币表示	以美元表示	以当地货币表示
日本	12.1	7.6	15.0	6.0
加拿大	7.6	9.3	10.9	8.5
美国	8.5	8.5	8.0	8.0
现金				
法国	10.0	10.1	11.1	0.0
德国	9.0	6.0	11.7	0.0
意大利	8.6	12.5	10.3	0.0
荷兰	9.1	6.6	11.4	0.0
瑞士	8.8	4.5	13.5	0.0
英国	9.5	11.0	10.8	0.0
日本	10.0	5.6	12.0	0.0
加拿大	7.2	8.9	4.8	0.0
美国	8.2	8.2	0.0	0.0

资料来源：Developed from B. Solnik，*International Investment*，1999。

表 10-2 提供了一些国家股票收益率相关性。

表 10-2　1980～1993 年国际股票投资收益率相关性表

	美国	德国	英国	日本	澳大利亚	加拿大	法国
美国	1.00						
德国	0.37	1.00					
英国	0.53	0.47	1.00				
日本	0.26	0.36	0.43	1.00			
澳大利亚	0.43	0.29	0.50	0.26	1.00		
加拿大	0.73	0.36	0.54	0.29	0.56	1.00	
法国	0.44	0.63	0.51	0.42	0.34	0.39	1.00

资料来源：Zvi Bodie：*Essentials of Investments* (fourth Edition)，2001。

通过表 10-2，我们可以看到国际化投资组合能够快速地降低风险，比纯粹的投资美国证券市场的投资组合的风险更小(见图 10-9)。

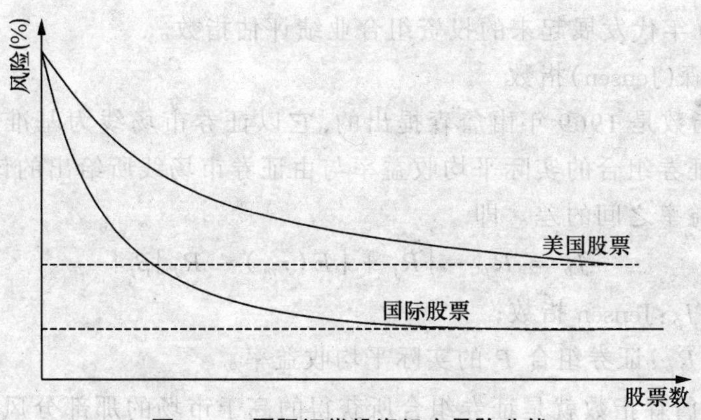

图 10-9 国际证券投资组合风险曲线

根据以美元计价的各国市场收益率与标准差,就可以构造出国际证券市场组合的有效边界曲线。以美国国债收益率为无风险收益率,则从美国国债收益率出发与国际证券市场组合的有效边界相切的点的组合就是最优国际证券组合。

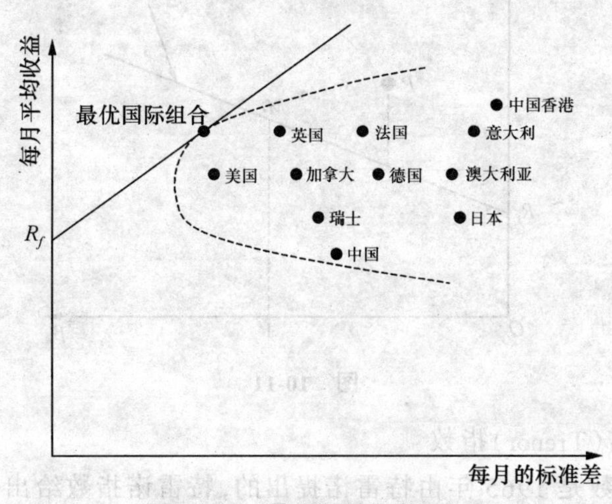

图 10-10 最优国际证券组合

第六节 投资组合业绩评估

如何评价证券投资组合的业绩,以报酬率衡量的标准是以绝对值进行衡量,没有考虑在承担多大的风险条件下取得报酬。本节介绍夏普等人从

20 世纪 60 年代发展起来的投资组合业绩评估指数。

1．詹森(Jensen)指数

詹森指数是 1969 年由詹森提出的，它以证券市场线为基准，指数值实际上就是证券组合的实际平均收益率与由证券市场线所给出的该证券组合的期望收益率之间的差。即

$$J_p = \bar{R}_p - \{R_f + [E(r_m) - R_f]\beta_p\} \tag{10-12}$$

式中：J_p：Jensen 指数；

$\bar{R}_p$：证券组合 P 的实际平均收益率。

可见，詹森指数就是证券组合所获得的高于市场的那部分风险溢价，风险由 β 系数测定。直观上看，詹森指数值代表证券组合与证券市场线之间的落差。如果证券组合的詹森指数为正，则其位于证券市场线的上方，绩效好；如果詹森指数为负，则其落在证券市场线的下方，绩效不好。

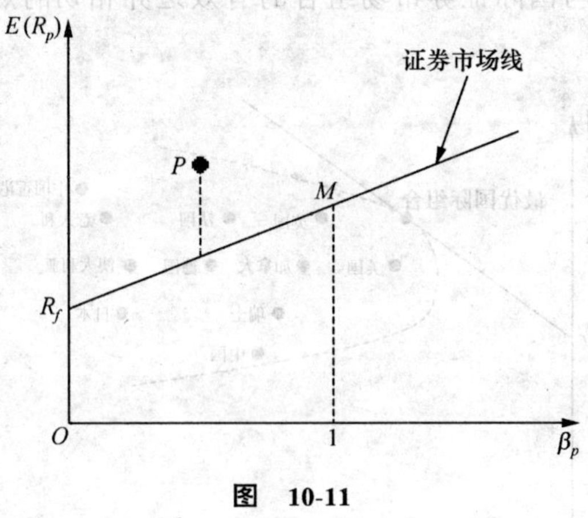

图 10-11

2．特雷诺(Trenor)指数

特雷诺指数是 1965 年由特雷诺提出的，特雷诺指数给出了证券组合单位系统风险的超额收益率。用公式表示为：

$$T_p = \frac{\bar{R}_p - \bar{R}_f}{\beta_p} \tag{10-13}$$

式中：T_p：特雷诺指数；

$\bar{R}_p$：考察期内证券组合 P 的平均收益率；

$\bar{R}_f$：考察期内平均无风险收益率；

β_p：证券组合 P 的 β 系数。

如图 10-12 所示，一个证券组合的特雷诺指数是连接证券组合与无风险证券的直线的斜率。当这一斜率大于证券市场线的斜率时，组合的绩效好于市场绩效，此时组合位于证券市场线上方；相反，斜率小于证券市场线的斜率时，组合的绩效不如市场绩效好，此时组合位于证券市场线下方。

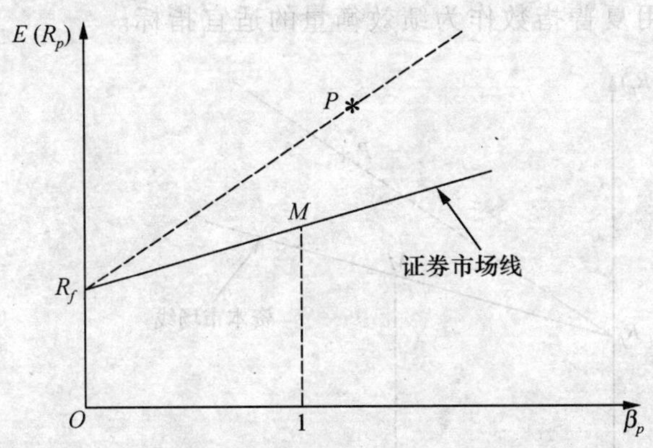

图 10-12　组合收益优于证券市场平均收益的情形 $T_p > T_M$

詹森指数与特雷诺指数均以 β 系数来测定风险，而 β 系数无法测量组合的风险分散程度，β 值不会因为组合中所包含的证券数量的增加而降低，因此当组合分散程度提高时，特雷诺指数可能并不会变大。所以，特雷诺指数用的是系统风险而不是全部风险。因此，当一项资产只是资产组合中的一部分时，特雷诺指数可以作为衡量绩效表现的恰当指标加以应用。

3．夏普指数

夏普指数是诺贝尔经济学得主威廉·夏普于 1966 年提出的另一个风险调整衡量指标。它以资本市场线为基准，指数值等于证券组合的风险溢价除以标准差，即

$$S_p = \frac{\bar{R}_p - \bar{R}_f}{\sigma_p} \tag{10-14}$$

式中：S_p：夏普指数；

$\bar{R}_p$：考察期内证券组合 P 的平均收益率；

$\bar{R}_f$：考察期内平均无风险收益率；

σ_p：组合的标准差。

如图 10-13 所示，夏普指数是连接证券组合与无风险资产的直线的斜率，将它与市场组合的夏普指数比较：当这一斜率大于资本市场线的斜率时，组合的绩效好于市场绩效，此时组合位于资本市场线上方；相反，斜率小于资本市场线的斜率时，组合的绩效不如市场绩效好，此时组合位于资本市场线下方。夏普指数调整的是全部风险，因此，当某组合就是投资者的全部投资时，可以用夏普指数作为绩效衡量的适宜指标。

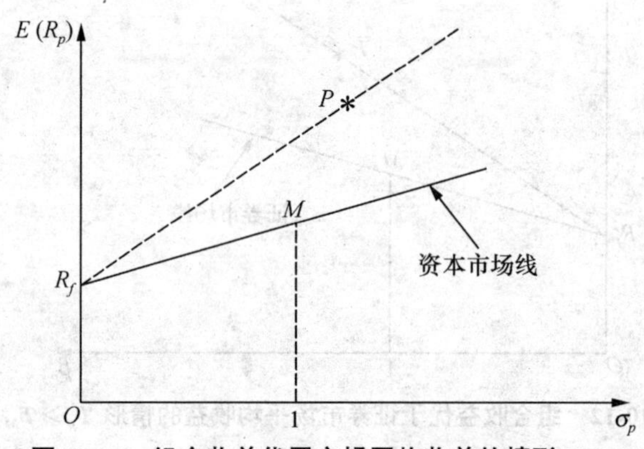

图 10-13　组合收益优于市场平均收益的情形 $S_p > S_M$

例　已知无风险利率为 5%，现有三种证券投资组合，组合 A 的年均回报率为 15%，标准差为 25%，β 系数为 0.65；组合 B 的年均回报率为 11%，标准差为 22%，β 系数为 0.85；组合 C 的年均回报率为 10%，标准差为 18%，β 系数为 1.0，请用特雷诺指数与夏普指数评价三种组合的绩效。

解　1. 特雷诺指数：$T_{pA}=\dfrac{0.15-0.05}{0.65}=0.1538$

$$T_{pB}=\frac{0.11-0.05}{0.85}=0.0706$$

$$T_{pC}=\frac{0.1-0.05}{1}=0.05$$

组合 A 优于 B 优于 C。

2. 夏普指数：$S_{pA}=\dfrac{0.15-0.05}{0.25}=0.40$

$$S_{pB}=\frac{0.11-0.05}{0.22}=0.27$$

$$S_{pC}=\frac{0.1-0.05}{0.18}=0.28$$

组合 A 优于 C 优于 B。

第七节　套利定价理论简介

美国学者罗斯在 1976 年提出套利定价理论(Arbitrage Pricing Theory, APT),即试着以较 CAPM 更细腻的角度,来解释个别证券期望报酬率。

与 CAPM 模型不同的是,APT 模型不需要资本资产定价模型中那么多的假设,比如不必假设投资者仅根据期望收益率和标准差来选择证券组合。它所描述的均衡状态是不存在使得投资者不承担风险,不需要额外资金就能获得收益(即套利)的机会。这种均衡状态可通过投资者在非均衡状态套利的运用而最终使得套利机会消失来实现。

与 CAPM 相同,APT 主要解释个别证券预期报酬率与其系统风险间的关系,认为不止一个因素会对个别证券预期报酬率造成冲击,而是有多个系统性因子会共同对预期报酬率造成影响,如利率的波动、通货膨胀等。

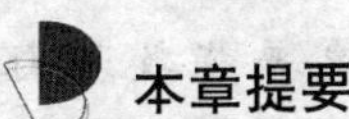

本章提要

本章要点如下:

1. 收益和风险是证券投资的核心问题。股票投资的收益等于红利与价差收益之和。我们用期望值来衡量单个证券的收益,证券组合的收益具有可叠加性,其等于所有个别证券的期望值的加权平均数;投资组合的风险可以标准差来衡量。

2. 两种证券之间其相关系数为 +1,则增加资产数目不能够降低总风险;若相关系数为 -1,则经过合理配置可以达到在相同收益情况下总风险为零。由于大多数证券之间的相关性在 0~1 之间,因此可以通过投资分散化降低投资风险,但是不能够完全消除风险,不能够通过投资分散化消除的风险称为系统风险,可以通过投资分散化消除的风险称为非系统风险。

3. 股票的最优证券投资组合都在有效边界上,是有效边界与差异曲线的相切点。

4. 引入无风险债券的投资组合其有效边界是一条直线，这条直线经过无风险利率与市场证券组合两点，其比股票证券组合在承担相同风险情况下能够获得更高的收益。

5. 投资组合的风险大小，决定于投资组合中风险资产的持有比例。风险规避者可以通过降低风险证券的投资比例，提高无风险证券的投资比例来降低投资组合的风险；风险偏好者可以通过借入无风险利率的资金来提高其对风险证券的投资额度，从而提高投资回报率，这样也就加大了风险。

6. β 系数是指当市场报酬发生变动时，个别证券的预期报酬率同时发生变动的程度，即为衡量个别证券报酬受系统风险影响程度的指标。

7. 资本资产定价模型认为任何一种单个证券或证券组合的风险溢价都是其 β 值与市场组合的风险溢价的乘积。

8. 通过国际证券投资组合可以降低风险，比单纯国内投资组合的夏普指数表现得更好。

9. 评价投资组合的绩效常见的指标有詹森指数、特雷诺指数、夏普指数。其中特雷诺指数、夏普指数是通过承担单位风险条件下的超额收益进行度量的。特雷诺指数是衡量单位系统风险的超额收益率，夏普指数是衡量单位总风险的超额收益率。

练习与思考

一、计算题

1. 下表列出了对证券 M 的未来收益率状况的估计。计算 M 的期望收益率 E_M 和标准差 σ_M。证券 M 的未来收益率状况的估计。

收益率(r)(%)	16	10	4
概率(P)	1/4	2/4	1/4

2. 假设当证券市场处于 CAPM 模型所描述的均衡状态时，证券 A 和 B 各自的期望收益率分别为 $E_A=6\%$ 和 $E_B=12\%$，β 系数分别为 $\beta_A=0.5$ 和 $\beta_B=1.5$。试计算 β 系数为 2 的证券 C 的期望收益率 E_C。

3．假设市场上有三种风险证券，下表列示了它们的期望收益率和 σ 系数。试问：可以用上述三种证券构造套利组合吗？说明理由？

证券名称	A	B	C
期望收益率	0.2	0.4	0.7
σ 系数	1	2	3

4．假设市场上仅有两种风险证券 A 和 B 及无风险证券 C。在均衡状态下，证券 A、B、C 的期望收益率和标准差由下表给出：

证券名称	A	B	C
期望收益率％	18	22	R_c
标准差％	6	8	0

已知某投资者无差异曲线方程为：$E = a + 25\sigma^2$，其中 a 是常数。

(1) 确定无风险利率。

(2) 如果该投资者的投资组合仅由风险证券 A 和无风险证券 C 构成，试为该投资者设计最佳投资方案。

5．已知 A、B、C 三家证券投资基金以及证券市场在 1982～1990 年的平均投资回报率以及标准差如下表，而同期无风险利率均值为 8％，分别计算三家基金的夏普指数以及特雷诺指数。

指标	A 基金	B 基金	C 基金	市场
平均报酬率％	16.5	14.1	12.6	10.6
标准差％	26.9	19.0	22.1	19.8
β 系数	1.19	0.90	1.03	1.00

二、思考题

1．近年来，上海、深圳股票市场与中国香港市场的指数连动性越来越高，这对于香港资金以及国际资金进入中国内地股票市场会有什么影响？

2．为什么要进行国际证券投资组合？进行国际证券投资组合要考虑哪些风险问题？

阅读理解

准套利交易机构 盈利新模式①

由于缺乏做空机制，套利交易在国内资本市场的运作似乎尚不成熟，但国内机构投资者可以从套利操作思维出发，积极探索准套利交易新模式。在WTO大背景下，在市场走势短期内难以出现单边上涨的形势下，准套利交易相对其他投资理念，就更显出其独特的盈利优势。

一、目前国内仍处“模拟套利”阶段

在国际成熟市场中，套利理念已得到相当部分投资群体，尤其是机构投资者的认同。目前，套利交易广泛应用于国际资本市场、货币市场、外汇交易及金融衍生品等多种金融商品交易中。

标准的套利交易运作，需要利用市场作空机制支持，如T+0制度、融券交易、金融期货、看跌期权等，但这些条件目前国内市场都不具备，而且现有法律法规似乎也无法支持。针对这种实践中的矛盾，综合考虑套利交易业务发展方向和国内市场实际，笔者认为，国内机构投资者可以从套利操作思维出发、积极探索准套利交易模式创新，培育套利交易研究支持体系，随着市场时机条件成熟，稳步拓展标准套利交易业务。

我国证券市场作为在经济体制转型过程中成长起来的新兴市场，日益国际化、市场化的趋势正使我国资本市场处于深层次的大变革中，市场监管者、参与者、投资品种、投资策略、投资原则等多方面都将更新理念，寻找与国际接轨的新型发展思路和投资理念，套利交易显然是专业投资机构必然的选择之一。

国内市场现阶段的发展背景，为机构投资者培育套利投资思维、发掘准套利交易模式提供了条件。总体上看，国内市场仍处于新兴市场发展阶段，呈现弱有效市场特征，价值发现功能未正常发挥，投资品种价格经常出现不合理波动，为准套利交易提供契机。产生套利的条件如下：

在国内金融市场由初级阶段向成长阶段过渡的快速发展时期，整个市场面临着巨大的变革和调整，受金融子市场新设、细分、合并的影响，各市

---

① 资料来源：王征，全景网文，2003-02-19。

场交易的品种间价格可能会发生短暂异常走势，出现准套利交易机会。国内市场金融品种稀少一直是投资者的缺憾，如今市场迅速扩容和发展必然将促使金融期货、ETFs、CDR、期权、房产信托等新品种陆续推出，每个新品种上市初的价格波动也是准套利交易者关注的焦点。套利业务的特点决定了准套利交易是机构投资者的专利，而截至2002年8月，中小投资者在沪深证券交易所的开户数为6794万户，占投资者总数的99.47%，国内证券市场仍然具有很强的个人投资特色。截至1999年12月底，沪深市场国内一般法人投资者和国内证券公司自营者持有总流通市值的10.67%，考虑私募基金因素估计为30%左右，而同期主要发达国家机构投资者持有股票市值占总市值的数据为：美国1999年为79%、英国1997年为79.5%、日本1997年为81%。可见，国内市场基金、QFII机构培育发展的空间巨大，市场盈利博弈竞争将由机构对个人转向机构间，准套利交易可以实现机构投资者共同盈利的多赢局面。

在WTO的大背景下，国内金融市场与国际惯例接轨是必然趋势，也就意味着国内证券市场注定在规范中价值回归，在市场长期走势可能向下调整的预期下，准套利交易相对其他投资理念就更显现出其独特盈利优势。

认清国内市场准套利交易发展的环境条件后，如何发掘具体准套利交易模式则需要各机构投资者见仁见智，结合自身原有业务优势和擅长业务品种，在符合套利业务理念操作原则下广泛开拓创新，并努力培育出自身独有的准套利形式。比如：(1) 国内政策目前不允许融券交易，但如果机构投资者可以为客户提供现券理财业务，则可以利用该账户与其他账户联合进行准套利交易操作；(2) 机构投资者持有证券被套牢，当无法明确判断日后价格涨跌走势情况下，可关注其与相关品种间的相对价格关系，寻找准套利交易机会，回避二次判断失误风险；(3) 券商、基金等专业机构受政策准入约束较多，无法同时在股票、债券、期货和外汇、黄金等多市场间跨市套利，但许多企业集团、民营企业甚至个人却有同时参与多市场的条件，专业机构可以资产管理的方式代客户捕捉准套利交易机会，分享业务利润；(4) 察觉准套利机会出现时，买入低估品种同时关注高估品种，当品种间价格回归时卖出，模拟套利交易操作确定卖点；(5) 现金资产既有成本又可以带来收益，某种程度上也可以看做一种投资品种，低息拆入相当于买入，高息拆出则等于卖出，这样利用现金资产就可以与其他投资品种灵活进行准套利交易运作。

二、纵横五大市场寻找套利空间

为开阔准套利交易思维，积极探索准套利交易模式创新，为日后标准套利交易作准备，笔者结合以往部分同行的研究成果，透视潜在的市场关联规律和套利机会，供业内参考。

1. 债券市场

不同类型国债间：在国际市场上，专门从事不同债券间价格套利的基金被称为定息套戥基金，1994 年至 2002 年期间，定息套戥基金平均年回报达 6.9%，跑赢 MSCI 环球指数的 6.46%，而年波幅率只有 4.05%，远低于标普 500 的 15.45% 及 MSCI 环球指数的 13.9%，是名副其实的低风险稳定回报基金。

国债与其他债券：国债与同期金融债、企业债之间一直保持合理的收益率差别关系，即国债和其他债券品种价格间溢价是相对稳定的。依据套利交易思维，当溢价波动大于正常范围时，卖出国债、买入其他债券，等待价格波动回归时平仓获利；当溢价波动小于正常范围时，反向操作。金融债与企业债之间也可参照此思路展开套利交易运作。

国债回购：我国国债回购分为交易所挂牌交易（即场内回购）、银行间债券交易市场回购和公开市场回购三种。由于回购市场被分割为 3 部分，资金在各个市场之间流通不畅，影响了回购市场长期正常发展。而从短期角度来看，可同时参与银行间和交易所回购市场的机构，利用不同市场间的回购利率差别，进行无风险套利操作。

股票市值配售政策实施之前，最常见的跨市套利为国债持有者通过正回购方式融入资金，参与新股认购获取利润。另外，由于一般新股申购资金在第四天可以解冻，和 3 日回购的期限正好匹配。因此，机构投资者纷纷采用 3 日回购融资去“打新股”，这也是几年来 R003 品种交易火爆最重要的原因。

2. 基金市场

封闭基金与开放基金：截至 2002 年 11 月 1 日，国内 54 只封闭式基金中共有 46 只基金在折价交易，折价幅度最大的基金折价率已超过 10%。15 亿以上规模的基金中，除基金安信外，折价率都高于 5%，30 亿规模的大盘基金折价率大多超过了 10%。随着封闭式基金折价率的加大，封闭基金转开放的呼声群起，如转开放封闭基金价格就会向其净值回归，这显然是一个绝好的套利交易机会。据悉,目前已有基金管理公司主动向证监会提出,将旗下的封闭式基金转为开放式基金。从盘面上看,近期部分基金表现活跃,成交量显著放大,估计有大资金介入。

基金与组合:ETFs被称为交易所交易基金,既有开放式基金可在一级市场申购和赎回的特点,也有封闭式基金二级市场竞价交易的特点。申购开放式基金以货币作定价单位,但申购ETFs时,投资者需要构造一个与ETFs跟踪的指数构成比例相同的股票组合,用此股票组合向ETFs发行人换得相应的ETFs单位。赎回ETFs遵循相反的过程,即用ETFs赎回以上的股票组合。由于无论申购还是赎回ETFs,投资者都是交换股票,而不像开放式基金或封闭式基金交换的是现金,这种特殊的申购赎回机制使得二级市场上ETFs份额的市场价格同其资产净值NAV相比不会有明显的折价或溢价。

当ETFs的二级市场价格低于其NAV(即折价)时,套利者可以在二级市场上以市场价格购买ETFs,积累到1个交易单位后,把它们在一级市场上赎回,从而得到价值等于1个交易单位ETFs资产净值的一篮子证券。这一篮子证券的价值高于原来在二级市场上按市场价格购买的ETFs的价值,从而套利者可以获利。套利者不断地在二级市场上购买ETFs,就会抬高ETFs的二级市场价格,直到它接近ETFs资产净值的水平。反过来,当ETFs的二级市场价格高于其NAV(即溢价)时,套利者会在一级市场上以NAV价格用一篮子证券申购ETFs,然后在二级市场上出售ETFs而获利。二级市场上由于增加了ETFs的供给,其价格会跌回接近ETFs资产净值的水平。很明显,这种套利机制发挥作用的关键在于ETFs的申购和赎回始终按其资产净值NAV来定价,从而保证了当NAV与市场价格不同时,套利者总能获利。

3. 股票市场

指数与股票组合:当投资者无法判断市场的确切走向时,单独买入股指或股票组合都面临着亏损的风险,运用套利交易思维可回避风险获得收益。根据融泰基金创新小组的研究分析,在股票市场中买入某一行业的几只绩优股为一投资组合,在股指期货中卖空该种行业的股指,利用理想状态下绩优股平均涨幅必然大于行业平均涨幅,而平均跌幅必然小于行业平均跌幅的原理构造套利交易模型,通过投资比例的控制和平仓时机的把握,就能实现上涨时买入股票的盈利大于卖空指数的亏损,下跌时买入股票的亏损小于卖空指数的盈利，总的盈利始终为正。使得此套利模型无论在该行业上涨还是下跌都可以实现获利。

特征板块间：根据股票特色可分为不同的特征板块，按照交易价格可将所有股票分为高价股、中价股和低价股。一般情况下，三种不同价格特征股票群体之间保持着一定幅度的价差，而且还具有价格联动效应。以往一轮上涨升行情，常常是由高价股先启动，高价股涨升到一定的高度，与中、低价股的差距拉大，中、低价股随后补涨，实现整个市场所有股票的上升循环。1996～1997 年、1999～2001 年大牛市行情，是这种上升循环的典型表现形式。依据套利交易思维，可在高、中、低价股价格相对稳定—波动—再稳定的过程中同时买入、卖出相应特征板块指数，实现套利交易。

A 股、B 股与 H 股：比较 A 股、B 股与 H 股的市盈率，可看到总体市盈率呈阶梯状下降，A 股为 40 倍左右，B 股约 20 倍，H 股才 10 倍上下。随着国内市场开放、外汇管制放松、投资主体趋同等外围条件的变化，A 股、B 股与 H 股价差肯定呈减小的趋势。由此，可密切关注政策面改变，利用套利交易思维捕捉获利机会。比如，国内 B 股市场原先的总体市盈率水平远远低于 A 股，2001 年 3～6 月间，A-H 股在香港的股价平均上涨了 140.4%，而只在香港上市的 H 股平均只上涨了 45.2%。A-H 股的涨幅与其内地股价对香港股价的溢价程度正相关，相关系数达 70%，表明溢价越大的股票价格越可能下降，套利使两个市场的价差缩小。此外，A-H 股的涨幅与股票盘子呈反比，这与内地股市喜欢炒作小盘股的手法很相像。

股票与可转债：可转债与股票价格的关联性、自身股权债权的双重性、附加期权等多重特点，给套利交易投资者提供了丰富的想像空间。如南京水运公司转债上市交易后，其价格走势基本与公司股票价格一致，2002 年 12 月 6 日，低位盘整中的股价于收市前 15 分钟骤然放量上行，收盘涨幅近 2%，当天的转债交易虽也放量，但收盘价格却为当天低点，股票与转债价格出现异常波动，套利机会凸现；果然，第二个交易日转债高开 0.19 元交易，当日以横盘价格收市。另外，国内市场长期处于弱市中，催生了一批拟发转债公司大幅修改发行条款，条款有实质性优惠的转债给投资者提供了一个低风险、高收益的投资机会，在低迷的市道中不仅有较高利率和回售价格的保障，一旦市场向好较低转股价的设置使得转股的可能性大大增加，投资者可以获得转股期权的套利收益。

4. 期货市场

期货交易中的套利价差交易是利用不同期货合约之间价差的变化来获利，可以分为几类：市场内价差交易，是指在同一市场内，同时买进与卖出数量相同、标的相同、到期日不同的期货合约，也就是跨期套利；市场间价差交易，是指在不同交易所之间进行数量相同、标的相同的买卖，也就是跨市套利；商品间价差交易：是指存在特殊关系不同交易商品间的套利。

就跨期套利而言，价差是近期期货与远期期货价格之间的差额，在正常市场情况下，价差为负值。这主要是由于在正常情形下，较远期的价格包含了储存成本、保险成本、持有成本、利息成本等等，因此价格会较高。而在反向市场情况下，一般是在供给严重不足的情况下，可能会出现近期期货价格比远期期货价格高，亦即价差为正值的不正常情况。例如因为自然灾害的发生，使得某农产品的供应不足，现货价格一时间大幅上涨，价差高至一定程度，就可以考虑买进远期合约，同时卖出近期合约，期待价差缩小以后双向平仓获利。

5. 其他市场

货币市场与股票市场：据有关专家研究显示，券商与基金公司在货币市场的短期融资金额变化与股票市场整体波动呈现明显的正相关，融资额变化先于股票市场指数波动，其时滞约为一个月左右。为此，依据套利交易思维，在不发生其他特别事件的情况下，当短期反回购和拆借率量增价涨时融出资金，10～20 天后投资股指样本股，待股指冲高时收回融出资金的同时，卖出股指样本股，实现套利平仓，当允许卖空指数期货时，则可反向操作。

黄金市场：与所有新兴市场一样，国内黄金交易价格和境外黄金市价之间还是存在着市场初期的制度因素价差。以 11 月 14 日的价格为例，上海黄金交易所 Au99.99 的加权平均价是每克 84.81 元，而当天国际金市的价格是每盎司 319.15 美元，换算下来，两者之间相差约 0.2 元/克。同质商品存在价差，自然具有跨市套利的想像空间。目前上海黄金交易所在全国各省市都建立了黄金交割库，其中深圳毗邻世界五大金市之一的香港，在跨市套利交易中可以充当套利桥梁。一旦国际金价低于内地金价，出现明显套利空间，在交易成本允许的情况下，投资者即可将国际上的低价黄金输入内地市场，整个过程只是一两个小时的车程和简单的通关手续。反之，逆向操作即可。

黄金交易的套利并不仅仅限于跨市套利一种，还可跨时间套利和跨品种套利。黄金交易所刚开市交易时，受短期供求因素作用，被广泛用于加工金饰品的原料Au99.95市场需求强烈，致使上海黄金交易所Au99.95金价离奇地高于Au99.99的金价，遇此倒挂现象，当即不少买盘纷纷对Au99.99逢低买入，不久Au99.99的金价重新高于Au99.95金价。

以上提及的部分市场关联规律，只是套利理念范畴中的凤毛麟角，且仍需要经过“时间机器”和计算机系统长期跟踪检验，才能真正成为准套利投资者的获利契机。

三、风险VS收益

1. 套利交易与准套利交易

套利交易(arbitrage)，也称无风险套利，一般定义为投资者利用投资品种间在时间或空间上不合理的价格波动关系，通过多次同时买入和卖出相关投资品种获利的运作方式。

套利交易应具备两方面的必要条件，一是同时关注两种以上投资品种的价格变化，掌握投资品种价格间的合理互动关系，从而发现不合理价格波动的时机；二是同时进行买入和卖空操作，买入低估品种，卖空相关高估品种，待品种间价格波动回归合理时，再分别逆向操作，获利终结。套利交易不完全等同于对冲交易，对冲交易一般需要借助杠杆工具进行高风险套作，而套利交易则属于典型的低风险稳定收益业务。

但在国内金融领域投资实践中，因为市场发育不成熟、政策法规滞后及投资品种有限等多重因素制约，标准的无风险套利交易行为往往难以实现，这就给套利交易思维投资者带来了困惑和挑战。如：在缺少卖空机制的情况下，怎样锁定单边买入低估品种的风险；在市场有效性不强的情况下，如何变通实施套利交易；在目前的投资品种范围内，可能的套利交易机会有哪些；等等。

2. 套利投资理念深入人心

套利理念作为金融市场中重要的思维方式之一，萌生于17世纪的日本。在近四百年的发展演变过程中，经过与其他投资理念不断撞击和较量，套利交易逐步形成了自身独有的特点和优势。

3. 有效规避系统风险特征

套利理念采取同时买卖的交易手段，捕捉的是不同投资品种间价格波动偏差，当不合理价差回归时则获利了结，这种交易程序的特设最终决定了套利交易有效规避系统风险的独特功能。套利注重的是投资品种间比较的相对价值，通过买入低估品种、卖出高估品种的多次连环套作，锁定的是不合理价格波动中偏离正常价差部分的利润。当套利开始实施后，即使相关投资品种同时受到系统因素的影响而价格振荡，相关品种间偏离正常价差部分的回归趋势仍然是确定的，只要整个市场的价值发现基本功能正常发挥，套利目标终会实现。

4. 长期稳定获利特征

套利理念有效回避系统风险的操作设置，决定了其具有长期稳定获利的特性。在牛市中，相关投资品种价格一般均会上扬，彼此的价差可能受增长预期提高而扩大，但扩大的幅度仍应维持在合理的范围内，否则便有套利的契机；在熊市中，情况恰恰相反；在平衡市中，受不同投资者预期差异影响，投资品种价格会反复振荡，套利思维投资者则更容易把握频繁出现的套利机会。可见，套利投资理念原则上可以做到不为市场总体波动影响，保持长久赢利能力。

5. 适合大规模投资管理特征

金融交易是一场充满风险与诱惑的博弈游戏，若想在其中获取胜算需要具备复杂分析和研究的能力，因此，机构投资者最终会超过个人投资者在市场中占据主导地位，市场主流投资理念也随之向满足大规模投资管理要求而转变。套利理念有效规避市场风险、进而实现长期稳定获利的特征十分适合大规模资金投资管理的要求，充分回避市场的不确定因素，合理测算投资组合回报，还能在市场波动的所有阶段保持流动性与获利机会，可以完美体现专业投资者的管理水平。

6. 操作复杂和运作周期短特征

古语道：温故而知新，学必困而得之。实施套利交易首先需要长期密切跟踪相关投资品种的价格走势，实践中长期积累的历史交易数据是投资者判断是否出现价格偏差的重要基础，是决策套利行为的核心依据。套利理念关注的相关投资品种间的关联规律，往往要由大量研究人员和计算机系统给予后台支持，在准确把握以往价格规律的基础上。还需要借助计算机跟踪相关品种的日常波动，发现超出正常范围的波动偏差，即时向投资决策者发出套利信号，甚至由系统设置自动执行第一次买低卖高操作，而当波动偏差理性回归时，系统再次向投资者发出提示，或自动完成第二次卖高买低程序，一个完整的套利流程结束。

7. 市场理性发展的必然趋势之一

任何市场的发展都是经历挫折、逐步规范的。在初期，投资品种价格长期严重偏离其真实价值的情况时有发生，市场功能无法正常发挥；在发育期，价格偏差减少，市场功能得到部分发挥；在成熟期，投资品种的投资价值得到充分的发现，体现出合理的绝对价格和相对价格，正确引导社会资源配置。在市场从初期到成熟期渐进发展过程中，套利机会由少到多、交易规模由小到大、运作周期由长到短、投资工具由简单到丰富……套利理念在促进市场理性发展中发挥着不可替代的作用。所以说，套利理念的产生、发展和成熟是市场不断发展中的客观必然。

参考文献

[1] 兹维·博迪，亚历克斯·凯恩，艾伦·J. 马科斯著，陈雨露等译：《投资学精要》，中国人民大学出版社 2003 年版，第 752～753 页。

[2] Cheol S. Eun, Bruce G. Resnick, *International Financial Management*, NewYork: The Mc Graw-Hill Companies, 2004. pp. 247～279。

[3] 谢剑平：《投资学基本原理与实务》，北京大学出版社 2004 年版，第 232 页。

[4] 中国证券业协会：《证券投资基金》，中国财政经济出版社 2003 年版，第 275～278。

[5] 〔美〕小詹姆斯 L. 法雷尔，沃尔特 J. 雷哈特著，齐寅生等译：《投资组合管理理论及应用》，机械工业出版社 2001 年版。

[7] 〔美〕威廉·F. 夏普，戈登·J. 亚历山大，杰弗里·V. 贝利著，赵锡军等译：《投资学》（第五版），中国人民大学出版社 1998 年版。

第十一章　投资行为分析

学习目标与要求

通过本章学习，掌握"空中楼阁理论"、"反射理论"以及"行为金融学"理论的基本思想，掌握主力机构行为分析的方法。

通过本章学习，能够运用行为金融学的策略进行证券投资，掌握机构行为的分析方法，运用该方法进行证券投资。

第一节　各类心理学分析流派简介

在证券投资过程中,人是最具有主观能动性的主体。信息的收集需要人,证券的分析与决策是由人做出的,没有了人,没有了资金的注入与流出,证券市场也就没有了波动,也就没有了生命力。同样,如果一支股票理论上具备投资价值,如果不能够得到投资大众的认可,不能够得到主力机构的认可,那么这股票仍然要在低位整理,不可能涨起来,因此人的心理状态决定了资金的流向与股票价格的运动方向。由于人是有感情的,在认知上也会出现心理偏差,这也就使得证券的市场价格经常偏离证券的内在价值,这样也就能够为投资者提供良好的投资机会。因此,了解各心理分析流派的方法是非常重要的。

一、凯恩斯的"空中楼阁理论"简介

"空中楼阁理论"是股票投资理论的一大流派,它认为股票市场完全由人气所左右,股票行情的涨跌由投资大众主体心理所驱动。因此,股票的价格是难以确定的,股票的内涵基础价值也似乎是"海市蜃楼",股票只要为投资主体看好,其价格就可以随意的高。股市决胜的法宝就在于如何准确地研究、把握投资者的心态,预测投资大众的行为。世界著名经济学家约翰·梅纳德·凯恩斯就是"空中楼阁理论"的代表人物。

凯恩斯认为无人能够确定什么将影响股票的未来收益和股息支付前景。他指出,(多数人)主要关心的不是对一笔投资在其投资期间的可能收益作出准确的长期预测,而是抢在公众之前预测到价格常规基础的变化。即凯恩斯是运用心理原则而不是金融估计来预测股票市场。他认为专业投资者并不愿意把精力花在估算内在价值上,而愿意分析大众投资者未来可能的投资行为,以及在景气时期他们如何在空中楼阁上寄托希望。

怎样才能够选到赢利的股票? 凯恩斯运用报纸选美竞赛的例子来说明如何选股。比方参赛者要从 100 张照片中选 6 张最美的小姐。参赛者明白自己个人的审美标准和参赛输赢无关,不能够按照自己的个人审美情趣来进行选择,而是要预测大多数参赛者最可能喜欢的美人标准来决定投谁的票。选股和选美类似,是一个博傻行为,一个投资者买进股票的目的是因为

他认为明天有一比他傻的傻瓜愿意出更高的价钱买他的股票，而第二个买进股票的人认为虽然自己是傻瓜，但是后天还会有一个比自己更傻的傻瓜愿意出更高的价钱买进股票，依此类推，股票似乎没有内在价值，只要有人出钱买，什么价格都行。因此，股市成功者必须要有推测大众心理冲动的能力，按他们的好恶决定自己的选股方针，并抢在最好的交易时机买卖。

凯恩斯把买卖时机的抢占比做“占椅子”游戏：游戏中，人数总是比椅子数多一个，鼓点一起，游戏者围绕椅子走动；鼓点一止，众人抢椅而坐。每次总有一人要被淘汰出局，随比赛次数的增加，游戏人越来越少，只有那个既有技巧又有运气的人，才能成为最后那个坐到椅子的人。

总之，“空中楼阁理论”主要是以下两点：

(1) 股票买卖，应当将主要精力花在仔细研究其他投资主体的心态上，按多数投资者认同的原则办。

(2) 恰到好处地抢占买卖时机。

二、索罗斯的反射理论简介

索罗斯1969年创立量子基金，在其后的26年不断发展壮大过程中，为股东赚回了近35%的年均收益率。这显然已经不能够简单归于运气，而更多的理解是索罗斯具有其他投机者不具备的更为独到的东西，那就是索罗斯自己的独特金融理论。

1. 索罗斯的方法论

索罗斯认为研究自然现象的方法和标准与研究社会现象的方法和标准是有根本区别的。即社会科学对社会现象所进行的研究中包含一个更多的因素——思维的参与者，而自然科学却不含有这一因素。也就是说，在自然科学的研究中，由于有了自然现象与科学认识的严格分离，自然现象具有对人思维的独立性，自然现象这一研究对象才能成为判断科学认识的真实性和有效性的客观标准，自然科学因此具备了形成科学体系的条件。而在社会科学的研究中，由于人的思维已经成为社会现象这一研究对象的一部分，形成了研究对象与研究者密不可分的混合状态，因此社会科学不具备形成科学体系的条件。

传统经济学理论用理性行为的假设对此进行了忽略处理。假设要求参与者拥有完备的知识，从而产生资源最优配置的均衡理论。但在真实世界中，往往存在的只是不完备认知和无法达到的均衡。

2. 索罗斯的反射理论

传统的思想认为：市场永远是正确的。市场价格倾向于对市场未来的发展作出精确的贴现。索罗斯认为，市场总是错的。他们代表着一种对未来的偏见。而且扭曲有双向影响：不仅市场参与者以偏颇的观点进行，而他们的偏颇也会影响事件的发展。由于参与者的认知本质上便是错误的，而错误的认知与事件的实际发展过程，两者之间存在着双向关系，这种关系也导致两者之间缺乏对应(Correspondence)，索罗斯称这种双向关联为“反射”。

索罗斯通过构造两个函数：认知函数与参与函数并把它们表述成一对递归函数来阐述他的反射性理论。

认知函数：$Y = f(x)$

参与函数：$X = \Phi(y)$

X：事态，Y：认知或思维

推出

$$Y = f[\Phi(y)]$$

$$X = \Phi[f(x)]$$

参与者对事态的认知称为认知函数，参与者的思维对现实世界的影响称为参与函数。在认知函数中，参与者所认知的事态是自变量，而在参与函数中，参与者的思维是自变量。在研究社会现象时，两个函数同时发挥作用，相互影响，相互作用，一个函数的自变量是另一个函数的因变量，这样研究将不再产生确定的结果。由于事态和思维两者均为因变量，所以一个初始变化会同时引起事态和参与者的思维的进一步变化，而这两个递归函数将不可能产生均衡点，存在的只是一个无限运动的过程，索罗斯称这种相互作用为“反射性”。

反射理论适用于非常态的远离均衡。这是一种间歇出现而非普遍适用的状态，在这一条件下，认知与现实之间出现过度背离，只要现存的条件不发生显著的变化，认知与现实就不会趋于一致，这种反射性的双重反馈机制便发生作用，金融市场将出现单向的过程。

反射理论不适用于常态的近似均衡。只要把从认知与现实之间的暂时背离加以忽略，有效市场理论所主张的随机漫步理论就可以充分发挥作用。

反射理论可以用于对冲基金的宏观投资战略。在金融市场上，大多数投资工具的价格波动范围(围绕均值)为一个标准差,在宏观投资战略看来这属于正常波动,获利空间不大。但是,当一些投资工具的价格波动超过两个标准差以上时,这就为宏观投资战略提供了20年或30年才会出现的非常投资机会,这时投资工具的价格已经严重背离了其"真实"的价值,宏观投资战略抓住这个非常的价格/价值状态最终会恢复到正常的价格/价值状态的投资机会进行投资而获利。索罗斯认为,过程通常以尚未被人认识的趋势作为开始,在最初阶段,流行趋势和流行偏见会彼此补强,趋势变得逐渐依赖偏见,偏见逐渐加大。之后,偏见和趋势可能重复受到外在震动力量的考验,如果熬过考验,就会变得更加强大,一直到变成似乎无法动摇为止,这称为加速期。等到信念和实际情况之间的差距变得太大,使参与者的偏见成为主角时,就会出现一个高点,称之为考验期。趋势可能靠着惯性继续维持,但是已不能再使信念强化,因而导致走向平缓的状态,称之为停滞期。最后趋势变得依赖日渐加深的偏见,散失信念注定会促成趋势反转,这种趋势反转就是临界点,相反的趋势会在相反的方向自我强化,导致称为崩溃的灾难性加速状态。

索罗斯在他的投资活动中,发现金融市场运作原则类似科学方法,做投资决策如同拟定科学假设,而实际状况是测试。两者的差异只在于:投资决策之假设的目的是为赚钱,而非建立一项普遍有效的结论。同样地这两种活动都牵涉了重大的风险,成功则能带来相应的报酬,金钱是投资决策的报酬,而研究成果则是科学研究的报酬。索罗斯将金融市场视为测试假设的实验室,而且他非常了解金融市场的运作并非严格的科学假设。理论水平充其量之能够达到炼金术的水平,所以他称成功投资是一种"金融炼金术"。

三、行为金融学理论简介

现代金融理论是建立在套利定价理论、资产组合理论、资本资产定价模型(CAPM)和期权定价理论基石之上的。这些经典理论承袭经济学的分析方法与技术,其模型与范式局限在"理性"的分析框架中,忽视了对投资者实际决策行为的分析。随着金融市场上各种异常现象的累积,模型和实际的背离使得现代金融理论的理性分析范式陷入了尴尬境地。在此基础上,20世纪80年代行为金融理论悄然兴起,并开始动摇了CAPM和EMH的权威地位。尽管行为金融学目前还未形成完整的理论体系,但是它通过心理与决策行为等因素的引入，已经成功地对证券市场的异象进行了解释。尤为重要的是，行为金融学以其独特的理念，为投资者提供不少有价值的投资理念和策略。

1. 资本市场的异象表现

“异象”即异常现象，其实证结果很难得到合理解释或是通过一些难以置信的假设前提才能对其加以解释。“异象”主要包括以下几个方面：

(1) 公司规模效应。意指市场价值总额小的公司股票平均收益率明显大于市场价值大的股票的平均收益率的现象。

(2) 季节效应。季节效应是指在某些特定时间内进行股票交易可以获得超额收益。比如 French(1980)和 Hess(1981)的研究显示，股票在星期一的收益明显为负值，星期五的收益率明显高于一周内的其他交易日。一年中一月的股票收益率最高。

(3) 价值异象。一些研究显示，选择那些不被市场看好的股票投资，可以明显地获得高额收益。如选择低市盈率的股票(Fama & French, 1992)，选择股票市场价值与账面价值比低的股票(Debondt & Thaler, 1985)，往往可以得到比预期收益率高很多的收益。

(4) 动量效应与反转效应。动量效应就是说在一定持有期内，如果某只股票或者某个股票组合在前一段时期表现较好，那么，下一段时期该股票或者股票投资组合仍将有良好表现。而表现不好的股票也将会持续其不好的表现。但 Ritter(1992)等学者也发现：在一段较长的时间内，表现差的股票在其后的一段时间内有强烈的趋势经历相当大的逆转，而在给定的一段时间内，最佳股票则倾向于在其后的时间内出现差的表现，这就是反转效应。

(5) 股权溢价之谜。股票市场投资与债券市场投资历史平均水平回报率存在巨大的差额。

(6) 期权微笑。对股票期权的研究发现有利期权与无利期权的定价都显得高估了。

(7) 红利之谜。在 1974 年纽约城市电力公司(CEC)准备取消红利支付，该公司的股东大会上，许多中小股东为此闹事。这一事件是主流金融学所无法解释的。根据套利定价理论，一美元的红利与一美元的资本利得并没有什么差异；而在美国的税收体制下，股利要比资本利支付更高的所得税，减少股利支付会对股东的境况更好。按照主流金融学的框架，CEC 的股东只会对能源危机对公司股价的影响敏感,而绝不会对公司暂停红利的支付如此激动。

(8) 封闭式基金之谜。封闭式基金的每股价格不等于每股净资产价值,总是折价进行交易,且折价程度不一。在创立时每股价格高于每股净资产价值;在结束时,价格和净资产价值持平。

(9) 公告效应。在一项具有正面效应的公告公布后,公司股票倾向于上扬,而负面效应的公告则会带来股票的下挫。但当某个公司有意外盈利时,市场或多或少又似乎都不能立即消化这一消息,会产生一定的时滞,然后又做出过度反应。

(10) 价格对非基础信息的反应。大量事实表明,股票价格除了对影响基础价值的信息做出反应以外,一些非基础信息也会导致价格显著波动和调整。1987 年 10 月 19 日,星期一,道·琼斯工业指数平均下降了 22.6%,这是此前历史上指数下跌得最厉害的一天,而事前没有任何明显的信息。虽然市场各方人士都寻找导致暴跌的原因,但是没有说服力的证据表明是什么原因导致了股市的崩溃。

2. 产生异象的原因——各种认知和行为偏差

对于上述异象产生的原因,行为金融学从投资者在投资决策时的认知和行为偏差角度进行分析,得到一些满意的答案。投资者某一项投资行为是多种认知和行为偏差共同作用的结果。下面是在金融市场中常见的认知和行为偏差:

(1) 过度自信。心理学家通过实验观察和实证研究发现,人们往往过于相信自己的判断能力,高估自己成功的机会,把成功归功于自己的能力,而低估运气和机会在其中的作用。过分自信一般有两种形式:第一,人们对可能性作出估计时缺乏准确性,例如,他们认为肯定会发生的事可能只有 80%发生了,而认为不太可能发生的却有 20%发生了。第二,人们自己对数量估计的置信区间太狭窄。例如,他们 98%的置信区间只包含了当时 60%的真实数量。因为过度自信,投资者常会对公告信息和投资结果感到惊奇,从而导致过于频繁的交易。另外过度自信还是投资者过早地抛售盈利股、迟迟不愿意出售亏损股的原因。

(2) 过度反应和反应不足。股票市场中存在对信息的“过度反应”和“反应不足”等现象。如果近期的收益朝相反方向转变,投资者会错误地相信公司是处于均值回归状态，并且会对近期的消息反应不足。如果投资者得到收益增长的信息，那么他们会倾向于得出结论：公司正处于一种增长的状态，并且会过度地推理趋势，导致过度反应。

(3) 锚定和保守。它指的是人们趋向于把对将来的估计和过去已有的估计相联系，即使有新的信息出现，也顽固地保有原来的估计或者不能做出有效的调整，以致出现估计过于保守的现象。人们倾向于过高估计连续事件的概率，而过低估计不连续事件的概率。锚定与保守是证券市场上盈余公告效应和动量效应的原因之一。

(4) 损失厌恶。实验表明人们在面对收益和损失的决策时表现出不对称。人们并非厌恶风险，当他们认为合适时，他们会选择赌上一把。人们的动机主要是躲避损失，而不是那么厌恶不确定性，人们厌恶的是损失，损失总显得比收获更突出，感受更强烈。人们面对同量损失带来的负效应为同量收益的正效应的 2.5 倍。损失厌恶是投资者过早的抛售盈利股、迟迟不愿意出售亏损股的原因，也是投资者过于频繁交易的原因之一。

(5) 后悔厌恶。后悔厌恶是指当人们作出错误的决策时，对自己的行为感到痛苦。后悔比损失更为痛苦，为了避免后悔，人们常常做出一些非理性行为。比如，人们常常因循守旧，不愿尝试多样化。投资者趋向于等待一定的信息来到后，才做出决策，即便这些信息对决策来讲并不重要。

(6) 心理账户。人们根据资金的来源、资金所在和资金的用途等因素对资金进行归类，这种现象被称为“心理账户”。由于人们对形式的偏好，导致他们会将同样的风险(或收益)记入不同的心理账户。因此他们在不同的形式(情况)下面对相同风险(收益)时，就会有不同的表现。这较好地解释了红利之迷。

(7) 证实偏差。一旦形成一个信念较强的假设或设想，人们有时会把一些附加证据错误地解释成对该设想有利，不再关注那些支持或否定该设想的新信息。人们有一种寻找支持某个假设的证据的倾向，这种证实而不是证伪的倾向叫“证实偏差”。

(8) 时间偏好。传统经济学假定效用是随时间以指数的方式贴现的。这就意味着人的偏好在时间变量上是一致的，无论何时，他对效用的权衡都是一样的。但心理学的证据表明时间折现率会随环境而改变，折现率有时会变得异常高，对收益的折现大于对损失的贴现。拉宾(Rabin M，1996)认为,人们倾向于推迟执行那些需要立即投入而报酬滞后的任务,而马上执行那些能立即带来报酬而投入滞后的事情。比如,如果你要做一件不喜欢做的事,即使知道拖到明天也许会更费劲一点,你可以仍然出于本能把它拖到明天;但如果是一件你乐意的事情,你可能就倾向于今天做完,这就是所谓的时间偏好。大量的心理学实验研究指出,个人是按照双曲线而不是指数曲线来贴现未来的效用值。

(9) 羊群行为。金融市场的"羊群行为"是一种特殊的非理性行为,它是指投资者在信息环境不确定的情况下,行为受到其他投资者的影响,模仿他人决策,或者过度依赖于舆论,而不考虑自己的信息的行为。由于羊群行为涉及多个投资主体的相关行为,对于市场的稳定性、效率有很大影响,也与金融危机有密切的关系。

(10) 反馈机制。投资过程反映了投资者的心理过程,由于认知偏差、情绪偏差等各种偏差的存在,最终导致不同资产的定价偏差,而资产的定价偏差会反过来影响投资者对这种资产的认识与判断,这一过程就是反馈机制。这种股价与投资者反应的相互作用称为"反馈环"(feed back loop)。

3. 行为金融学基础理论:有限套利理论与噪音交易者理论

行为金融学在基础理论方面的主要成果是套利交易消除错误定价有限性理论和噪音交易者理论。套利行为能够有效消除市场中的错误定价,这是有效市场理论的一个重要基础。但是,2001 年 Harberis 和 Thaler 认为,由于在实际的市场中套利交易并不是无风险的,套利交易在消除市场错误定价方面的作用是有限的。首先是基本面方面的风险,即由于替代证券并不是完美的,替代证券基本面方面的差异给套利交易带来了风险;第二是噪音交易风险,即错误定价在短期内进一步加剧风险;第三是执行费用,是指和买卖限制等相联系的一系列不可操作性;第四是模型风险,即便一个错误定价已经实际存在,套利交易者仍然不能肯定。因为任何定价都是建立在某个模型基础上的,套利者完全有理由怀疑是模型出了问题。由于四种风险的存在,并且由于套利交易者的时间尺度较短,使套利交易消除错误定价的作用是有限的。对证券市场而言,有必要引入非理性交易者。20 世纪 90 年代,Delong、Sheifer、Summers 和 Waldmann 建立了一个包括噪音交易者和套利交易者的模型来研究这一问题。

4. 行为金融学核心理论:期望理论

期望理论是行为金融学的核心理论。Kahneman 和 Tversky(1979)通过实验对比发现,大多数投资者并非是标准金融投资者而是行为投资者,他们的行为不总是理性的,也并不总是风险回避的。期望理论认为投资者对收益的效用函数是凹函数,而对损失的效用函数是凸函数,表现为投资者在投资账面值损失时更加厌恶风险,而在投资账面值盈利时,随着收益的增加,其满足程度速度减缓。期望理论成为行为金融研究中的代表学说,利用期望理论解释了不少金融市场中的异常现象:如股价溢价之迷(equity premium puzzle)以及期权微笑(option smile)等。

5. 理论模型:行为组合理论(Behavioral Portfolio Theory, BPT)和行为资产定价模型(Behavioral Asset Pricing Model, BAPM)

一些行为金融理论研究者认为将行为金融理论与现代金融理论完全对立起来并不恰当。将两者结合起来,对现代金融理论进行完善,正成为这些研究者的研究方向。在这方面,Statman 和 Shefrin 提出的 BPT 和 BAPM 引起金融界的注意。BPT 是在现代资产组合理论(MAPT)的基础上发展起来的。MAPT 认为投资者应该把注意力集中在整个组合,最优的组合配置处在均值方差有效前沿上。BPT 认为现实中的投资者无法做到这一点,他们实际构建的资产组合是基于对不同资产的风险程度的认识以及投资目的所形成的一种金字塔式的行为资产组合,位于金字塔各层的资产都与特定的目标和风险态度相联系,而各层之间的相关性被忽略了。BAPM 是对现代资本资产定价模型(CAPM)的扩展。与 CAPM 不同,BAPM 中的投资者被分为两类:信息交易者和噪声交易者。信息交易者是严格按 CAPM 行事的理性交易者,不会出现系统偏差;噪声交易者则不按 CAPM 行事,会犯各种认知偏差错误。两类交易者互相影响共同决定资产价格。

6. 决策模型:BSV、DHS、统一理论、羊群效应

(1) BSV 模型(Barberis, Shleffer & Vishny, 1998)。BSV 模型认为,人们进行投资决策时存在两种错误范式:其一是选择性偏差(representative bias),即投资者过分重视近期数据的变化模式,而对产生这些数据的总体特征重视不够,这种偏差导致股价对收益变化的反映不足(under-reaction)。另一种是保守性偏差(conservation),投资者不能及时根据变化了的情况修正自己的预测模型,导致股价过度反应(over-reaction)。BSV 模型是从这两

种偏差出发，解释投资者决策模型如何导致证券的市场价格变化偏离效率市场假说的。

(2) DHS模型(Daniel, Hirsheifer & Subramanyam, 1998)。该模型将投资者分为有信息和无信息两类。无信息的投资者不存在判断偏差，有信息的投资者存在着过度自信和有偏的自我归因(self-contribution)。过度自信导致投资者夸大自己对股票价值判断的准确性；有偏的自我归因则使他们低估关于股票价值的公开信号。随着公共信息最终战胜行为偏差，对个人信息的过度反应和对公共信息的反应不足，就会导致股票回报的短期连续性和长期反转。所以Fama(1998)认为DHS模型和BSV模型虽然建立在不同的行为前提基础上，但两者的结论是相似的。

(3) HS模型(Hong & Stein, 1999)，又称统一理论模型(unified theory model)。统一理论模型区别于BSV和DHS模型之处在于：它把研究重点放在不同作用者的作用机制上，而不是作用者的认知偏差方面。该模型把作用者分为“观察消息者”和“动量交易者”两类。观察消息者根据获得的关于未来价值的信息进行预测，其局限是完全不依赖于当前或过去的价格；“动量交易者”则完全依赖于过去的价格变化，其局限是他们的预测必须是过去价格历史的简单函数。在上述假设下，该模型将反应不足和过度反应统一归结为关于基本价值信息的逐渐扩散，而不包括其他的对投资者情感刺激和流动性交易的需要。模型认为最初由于“观察消息者”对私人信息反应不足的倾向，使得“动量交易者”力图通过套期策略来利用这一点，而这样做的结果恰好走向了另一个极端——过度反应。

(4) 羊群效应模型(herd behavioral model)。该模型认为投资者羊群行为是符合最大效用准则的，是“群体压力”等情绪下贯彻的非理性行为，有序列型和非序列型两种模型。序列型由Banerjee(1992)提出，在该模型中，投资者通过典型的贝叶斯过程从市场噪声以及其他个体的决策中依次获取决策信息，这类决策的最大特征是其决策的序列性。

第二节 投资机构的行为分析

一、庄股行为分析

这里介绍的是过去市场长庄运作的一般特征，通过对过去长庄股主力收集、拉高、派发的一般特征的了解，有助于我们对过去大资金运作的了解，知道市场的操纵行为特征。

1. 收集

收集是长庄操作的第一步，好的开始等于成功的一半。从 1995 年 5 月 18 日一波行情看，长庄收集的方式主要有四种：

(1) 被套式：典型的战例有苏常柴、河南神马等。庄家是在上一波行情中(5/18)不幸被套，为解救被套“部队”，机构调集更多资金进行操作。被套式长庄特点有：

① 一段走势明显强于大势。即大市盘跌它横盘，大市创新低它却不创新低。像苏常柴在 1995 年 6 月前后，尽管大市连连下挫，它却岿然不动，拉出平台。这个平台即是庄家在收集，也是庄家在护盘。有一些操盘手法凶猛的庄家，收集完后会反手打压一下以达到震仓的目的。像河南神马庄家吃够货后，就在 6 月底从 5.50 元打到 5.05 元。

② 这类股票大都是绩优小盘股，如苏常柴只有 2 000 多万盘子，或低价中盘股。因为，在大市下跌时庄家护盘，很容易引致投资者把手上的筹码大量砸出，庄家需要的资金较大。如果是大盘股或高价中盘股，需要的资金就更加庞大。

③ 须有良好的潜在题材。庄家的护盘已经令原来该股与其他股的比价关系改变，再要炒高，就一定要有良好的题材，否则市场就不接受升幅。硬炒上去最后派发将十分困难。

(2) 缓慢推进式：即庄家采用逐步推高的方式吃货。在图表上看就是二三条中小阳线后拉一二条小阴线，然后又拉二三条阳线；或连续数条小阳线等等。典型的战例有北京北旅、鞍山合成等。

这种收集方式的特点有：

① 庄家开始收集的时间可以在大势转跌为升后，也可以在大市还在下跌之时。下跌时开始收集吃到的筹码会较多，但所冒的风险也较大。

② 股票大部分是低价中盘股，北京北旅、鞍山合成均是盘子适中。

③ 有潜在题材的个股。因为长庄光是收集就会使股价上升不少，北京北旅从 2.5 元左右一直收集到 3.1 元，升幅超过 50%。后面如果庄家没有丰富的题材大幅炒作，根本就没有获利派发空间。作为投资者如果发现某只个股莫名其妙地连连上升，既无消息也无题材，就要注意这很可能是长庄

在收集,后面将有火爆的炒作。

(3) 疾风暴雨式收集:即庄家采用几天内连续拉高的方法,快速的进行收集。沈阳基金板块、深圳的广发基金、广发基金均是采用这种手法收集。其特点有:

① 采用这类手法多选择跌得很透的冷门股,在投资者心中形成“这些股就该这样”的思维定势。一旦庄家连拉几根大阳线,他们就认为“太离谱”了,纷纷沽售,这样庄家就可以达到短时间内吃到大量筹码的目的。

② 持续下跌的股票潜在上升空间较大,庄家收集完后有较大的拉高空间。

③ 选用这种方式多在市场气氛较为乐观时。反之,在大市初弱时,庄家稳步收集没问题,则无须采取这种成本较高的方法。

(4) 隐蔽式收集:就是庄家不是在二级市场收集,而是在一级市场吃进一肚子货,像湘中意庄家就是通过承销配股,因无人缴款而吃一肚子货。由于庄家用隐蔽方式收集,在二级市场上不易发现。

二、拉高

拉高是庄家获利的关键,是庄家操作中具有决定性意义的阶段,也是跟庄者谋取厚利的核心环节。因而,了解庄家,尤其是升幅可观的长庄拉高方式,对于如何预测股价走势,有举足轻重的意义。分析一波行情中,长庄股的走势,可以发现其拉高的方式主要有三种。

1. 火箭式拉高

典型的北京北旅的4天升2倍,湘中意的5天飙升120%。其实购并板块表现突出的庄家股,都采取这种拉高形式。这类庄股的特点是,有特大利好消息,像北京北旅有日本著名企业购买其法人股,赣江铃有美国著名公司购买B股的利好,而其他股也有类似的利好传闻。广大投资者心态上受到极大激励,市场人气特别兴奋和冲动,导致买气迅速膨胀,短期内供需严重失衡,股价大幅飙升。可见,特大利好加上好的题材,是采用火箭式拉高的关键。这种方式的拉高多发生在市场气氛较乐观的阶段中,在大市处于“乌云密布”时,投资者是不可能不顾一切地忘情追高的。火箭式拉高庄家股中间会有一次大规模的洗盘。所谓怎么上去怎么下来,由于升得急,洗盘中跌势也穷凶极恶。整个升势中,庄家会较多地利用缺口制造升势。

2. 台阶式拉高

典型的战例有石化、马钢的造高。庄家先逐步收集，然后利用利好消息或市场某日良好的气氛，拉高一个台阶。横盘整理一段时间，把获利筹码消化得差不多，再乘机拉高一个台阶。通常这样可以上三个台阶。这种方式多发生在大盘股或部分中盘而庄家实力有限的庄家股身上，由于庄家不可能像其他庄家那样，把绝大部分的筹码吃进然后不断拉高，庄家只能吃进一二成货，只有采用稳扎稳打、循序渐进的方式。这种方式的庄家是以“稳”字取胜的。调整中向下幅度有限，庄家一般不会凶狠砸盘，因为一旦产生恐慌性抛售，庄家顶不住市场汹涌的抛盘，由此致使投资者安安心心地继续持股，而想进货者也感到该股风险较低而愿意买入。

3. 高举高打式

庄家以凶猛手法，边拉边收，令股价没有喘息地连拉三四根阳线，或者猛拉一二根令市场大吃一惊的巨型阳线，整理一番再度放量上攻，然后派发，这类方式多发生在小盘股，或部分中盘股(庄家实力特别强)。这些股票通常都具备投资价值，或有特别容易令人倾倒的题材。因为只有这样才具备较大的上升空间。这类长庄操作的板块会持续成为市场热点，比如沈阳基金就有两个多月成为万众瞩目的板块。庄家为了配合炒作，都会绞尽脑汁地编造美丽的花环——题材，把垃圾说成黄金，并且舆论界也会在相当一段时间内持续地为这类题材高歌一曲。这种拉高方式中间常有一次大规模洗盘，下跌的幅度主要取决于庄家的操盘风格。

当然，在实践中，长庄拉高会有许多不同的手法，并可以互相掺杂。然而，基本方式就是这三种。

作为投资者可以根据当时市场环境、个股题材、盘子大小以及盘口动态，预测庄家下一步最有可能采取哪一种拉高方式，然后把握先机，巧跟庄家，达到获得厚利的目的。

三、派发

派发是庄家操盘的最后一环，也是决定胜负的一步。对于绝大多数的庄家而言，炒起一只股票并不难，有钱就行了！难的是如何派发，在1995年一波行情中，长庄派发的方式，归纳起来主要有四种。

1. 震荡式派发

在图表上看,可以是大三角形、双顶、三顶、头肩顶。像北京北旅,庄家从第一次见顶12.4元开始进行派发,以12.4元、6元多、9.99元、7元多组成一个三角形上下震荡,再利用利好消息,创13.4元新高。在震荡中完成了整个派发。像一汽金杯,就以3.8元为颈线,两次见4.4元附近,形成一个双顶,从而完成派发。而无锡太极则拉了三个顶(4.68元、4.65元、4.45元)从而胜利大逃亡。震荡式派发一般都要求大市较多地配合,即大市本身就是双顶或三顶见头部,如果大市不配合,庄家就要出利多去制造震荡。

2. 倒水式派发

典型的战例有10月份深股的广发、广证、华信基金的派发,有沪股的鞍山合成、四川广华等等。所谓倒水式派发就是庄家在三五天内,利用市场疯狂的追高热潮,把手上的四五成筹码,甚至是七八成筹码,全部倒出。像广发、广证基金就是在四个交易日里,把超过八成的筹码派发出去,鞍山一工、四川广华等也把近五成筹码倒出。采用这种派发方式,一定要令这些股成为市场上红极一时的热点,令市场疯狂地追捧这些股票,这种派发大部分都是高中价区进行,所以利润率是最高的。在图表上看,有一二日成交量"高耸入云",异常巨大,价格上升不大,这是庄家在规模派发的"记录"。

3. 边拉边发方式

就是庄家在高位拉一个平台,给投资者一种很稳的假象,然后在平台中缓缓派发。最典型的战例就是上海石化、湖北华新等。上海石化庄家在3.1元附近拉了近一月的大平台。浙江中汇7元附近,做了一个平台。在平台中庄家实现了派发。平台式派发需要的时间相对也较长。它们派发较缓慢,通常它需要大市盘硬做配合,如果大市在节节下挫,庄家根本上只有护盘之功,无派发之力了,采用平台派发的个股一般都应该有较好的业绩。

4. 跳水式派发

典型的例子有山西汾酒、广电股份、河南神马。其基本特点是在购并板块炒作热火朝天过后,庄家凭借其资金优势再度强行拉高,股价再创新高。之后在一个平台中,或一个较缓慢的下降通道运动。在大市击穿700点重大关口、跌势已成定局后,股价终因抛压过大而大跳水。跳得"最美丽"的是山西汾酒,几天暴泻五成。这种派发的庄家是惨败,是狼狈逃窜而非胜利逃亡。究其原因是误以为有钱就了不起,逆市强行拉高,最后不得不向市场低头。

二、基金行为分析

证券投资基金是市场的一大主力，我们可以通过季报、半年报以及年报等公开资料，各大证券投资网站的基金栏目资料分析证券投资基金的投资行为。通过分析基金的投资行为可以为投资者提供以下信息：

(1) 证券投资基金对整个宏观经济运行以及市场大势的看法。

(2) 证券投资基金对行业的看法。

(3) 不同类型的证券投资基金的投资组合品种以及比例。

(4) 证券投资基金在各股票十大股东的位置。

(5) 证券投资基金的持股比例以及增持与减持的股票，从中分析其投资思路。

(6) 证券投资基金的绩效评估。

第三节　心理学实战经验介绍

一、运用兵法

证券投资是一种人与人之间的博弈，中国古代兵法名著中大量介绍如何运筹计谋，如何选择战机、战术，这些都是和证券投资具有共性的地方，因此兵法也就在证券投资过程中被人们广泛使用。下面介绍一些兵法在证券投资过程中的运用。

(1) 明修栈道，暗渡陈仓。例如，主力机构打算在某些绩优股票建仓，但是由于投资者很坚定地持有股票，难以吸纳到足够的股票。这时就可以选择这种计谋，运用少量资金在抛盘压力低、严重超跌的极差股票上面做出非常活跃的态势，并且通过舆论制造一些绩差股票似是而非的利好消息，而对绩优股票采取往下吸纳的方法。这样，手中持有绩优股票的中小投资者禁不住寂寞，最后将自己的绩优股票换成了目前表现活跃的绩差股票，主力机构成功地完成建仓。

(2) 兵贵神速——把握股市先机。证券投资过程中经常会由于人们的认识偏见，出现很好的投资机会，这时就必须敢冒风险，采取兵贵神速的策略,乘别人还没有认识到证券价值之前,及时买下潜力证券,把握投资先机。比如我国的杨百万,比别人先意识到中国必定走股份制改革的道路,首先投入资金大量购买认购证,因此成为早期的投资大户。

(3) 半济而击——抓住对手弱点。该语出自《孙子兵法·行军篇》:“客绝水而来,勿迎之于水内,令半济而击之,利”。意思是:敌人渡河而来,不应在水中迎击敌人,而应乘敌人部分已渡,部分未渡时,予以攻击,因为从军事上讲,这时敌首尾不接,行列混乱,阵容不整,抵御攻击能力较弱。所以,这时攻击敌人最有利。例如 1992 年,索罗斯发现欧洲货币汇率连环保的弱点,由于各国经济发展不均衡,货币受到当事国利率和通货膨胀的影响或强或弱,连环保的安排将迫使各国中央银行买进疲软的货币,卖出强劲的货币以遏制外汇买卖活动造成的不稳定。索罗斯认识到这种货币汇率机制无法继续维持多久。1992 年 9 月当英镑对马克的汇率降到“中央汇率”的下限时,索罗斯预见到这次德国中央银行不会再出面支持英镑了,因此他抓住这个机会,运用保证金杠杆作用,重锤出击,买进马克,卖空英镑,最后英国政府支撑不住,只得退出欧洲货币机制,英镑重跌,索罗斯获利 15 亿美元。

运用兵法进行投资博弈的方法很多,可以通过以上例子举一反三,融会贯通。

二、利用心理学规律进行证券投资

1. 运用行为金融学理论进行证券投资

行为金融学理论的意义在于确立市场参与者的心理因素在投资决策行为以及市场定价中的作用和地位。行为金融学的实践指导意义在于投资者可以针对非理性市场行为的投资策略来实现投资赢利目标。考察我国投资者行为特点,可以总结出以下投资策略:

(1) 针对过度反应的反向投资策略。反向投资策略就是买进过去表现差的股票而卖出过去表现好的股票来进行套利的投资方法。由于投资者在实际投资决策中,往往过分注重上市公司的近期表现,从而导致对公司近期业绩情况做出持续过度反应,形成对绩差公司股价的过分低估,最终为反向投资策略提供套利机会。反向策略适用于长期的投资策略。

(2) 动量交易策略。动量交易策略是针对反应不足的心理偏差设计的。华伟荣、金德环等人以我国上海证券交易所 2000 年 1 月 1 日至 2002

年7月31日所有上市股票(ST、PT除外)为样本,研究了动量策略的可行性,得出在中国股票市场存在强者恒强,弱者恒弱的现象,时间周期在3~24周,这个期间主要呈现反应不足。因此在短期内可以采取买入强势股票,卖出弱势股票的策略。

(3) 成本平均策略。指投资者在将现金投资股票时,通常总是按照预定的计划根据不同的价格分批进行,以备不测时摊低成本,从而规避一次性投入可能带来的较大风险的策略。

(4) 时间分散化策略。指根据投资股票的风险将随着投资期限的延长而降低的信念,建议投资者在年轻时将其资产组合中的较大比重投资于股票,而随着年龄的增长将此比例逐步减少的投资策略。

成本平均策略与时间分散化策略可以用于克服悔恨厌恶等认知偏差。

(5) 针对羊群行为的相反策略。由于市场中广泛存在着羊群行为,证券价格的过度反应将是不可避免的,以致出现“涨过了头”或者“跌过了头”。投资者可以利用预期的股市价格反转,采取相反投资策略进行套利。

(6) 购买并持有策略。个人和机构投资于股票应执行几种能够帮助控制认识错误和心理障碍的安全措施。控制这些心理障碍的关键方法是所有类型的投资者都要实施一种严格的交易策略——“购买并持有”策略。投资者在为组合购进一只股票时,应详细地记录购买理由,而且要制定一定标准以利于进行投资决策。

(7) 利用行为偏差。当投资者出现系统性判断错误时,这些行为偏差将导致证券定价的错误,合理利用这些偏差将给投资者带来超额收益。行为型投资人则尽力寻找由于行为因素而被市场错误定价的证券从而获取超额利润。

2. 其他心理学规律在证券市场的运用

(1) 预期收益引导规律。一般来说,在证券投资过程中,当某一证券的预期增加时,证券投资者的资金投向会向着这一证券转移;当一证券的预期收益递减时,不但新的投资者不会把资金投向此证券,原有的投资者也会逐渐地把资金从这一证券转移出来;当某一证券的预期收益低于银行利率时,该证券就可称为“呆滞”证券,此时投资者就会把资金存入银行而不会把它投向这一证券。根据预期收益引导规律,我们可以推导出以下投资经验:

① 年报公司盈利,盈利增长高于或者等于市场预期,如果事先股价没

有大幅度上升，则股价上涨的概率较大。反之，如果股价事先大幅度上涨，则股价下跌的可能性大。

② 年报公司盈利，盈利增长高于或者等于市场预期，但是公司在发布年报的同时发布增发等筹资计划，如果市场预计这会摊薄公司的未来盈利，负面影响大于正面影响，则股价下跌的可能性大。

③ 公司业绩不好，股价大幅度下跌，年报出现亏损，但是亏损额在市场预计之中，如果年报中还披露公司开辟的新业务，市场预期未来可能盈利，扭亏增盈则股价会上升。

④ 整个市场大幅度上升，当市场的整体平均市盈率远远高于银行利率的倒数时，如果对国家经济未来成长不乐观，则市场出现反转调整的可能性大；反之，如果市场大幅度下跌，市场平均市盈率远远低于银行利率的倒数，预计国家经济仍然将保持高速增长，则市场反转上升的可能性高。

(2) 风险收益同增规律。一般来说敢于冒风险的人可以获取较高的收益，而希望承受较小风险的人投资收益也就较低。比如股票比债券风险大，但是我们从“股权溢价之谜”就可以看出在绝大多数国家，投资股票的长期收益率高于投资国债的收益率。同样投资高成长股的风险高于投资蓝筹股的风险，但是投资高成长股的收益率也高于投资蓝筹股。

(3) 持股心态规律。一般来说，当持有股票的人心情不安时，反映出他们担心股票价格继续下跌而使自己所持有的股票继续出现浮动亏损，因此他们中间的许多人会采取抛售股票的现象，股票市场下跌的可能性很大。当持有现金的人感到不安的时候，反映出他们担心市场会有重大利好消息使得股票价格大幅度上升，这样他们就要用更高的成本买进股票，因此就会有人采取买进股票的策略，股票市场上升的可能性大。

持股心态规律结合市场持股持币的比例进行判断则更为准确。当市场新增资金不大时，市场整体持币的比例大于持股的比例时，市场整体向上的概率较大。反之，市场整体持股比例大于持币比例，特别是都接近满仓的时候，市场下跌的可能性大。

第四节　现代金融学与行为金融学的融合

将心理分析引入证券投资分析表现出其强大的生命力。但是正如上面我们所论述的，传统的现代金融学经过几十年的发展，已经形成了一套系统的、完整的理论，能够对大多数的金融现象做出合乎逻辑的解释。而行为金融学作为新兴科学至今没有形成一套系统的、完整的理论，但是它的出现一定程度上弥补了现代金融理论在个体行为分析上的不足和缺陷。

虽然表面上两种理论相差很大，但是它们在研究框架上很近似，这就提供了两种理论融合的可能性。下图就是现代金融学与行为金融学的研究主题对比：

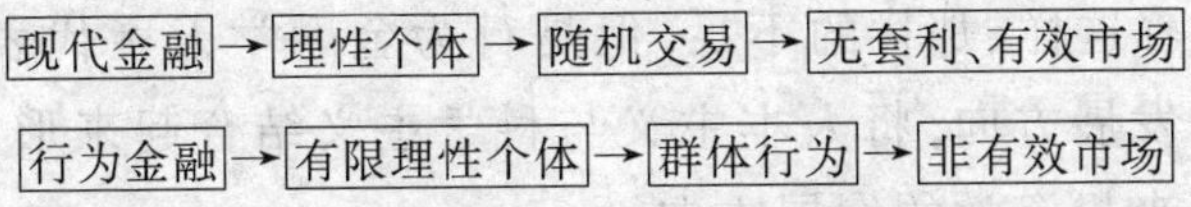

现代金融 → 理性个体 → 随机交易 → 无套利、有效市场

行为金融 → 有限理性个体 → 群体行为 → 非有效市场

图 11-1　现代金融与行为金融研究主题对比

现代金融学理论假设投资者是理性的，因此其认知也是理性的，其决策是按照预期效用理论进行决策的。理性投资者在与非理性投资者的博弈过程中逐渐主导市场，理性投资者主导市场是通过市场机制来实现的，市场选择机制使得非理性投资者逐渐被淘汰出市场并逐渐消失，直到套利机会也逐渐消失，市场将逐渐接近“无套利均衡状态”，在这一过程中，价格逐渐接近基本价值。从长远来说，投资者只有根据市场的内在价值进行交易才能达到效用最大化。在资产组合与价格发现机制方面，现代金融学主要由现代资产组合理论与资本资产定价理论构成。

行为金融学假设投资者是有限理性或者非理性的，它强调人们在认知过程中会形成偏差，因此其决策是按照期望理论进行决策的。由于市场存在理性套利者和噪音交易者，理性套利者在一定程度上转化为噪音交易者，从而加大风险资产的价格波动并削弱市场的效率，套利者的这种行为倾向是导致套利有限性的主要原因。在对个体有限理性研究的基础上，行为金融学从个体间的相互联系和作用中进一步研究了金融市场系统的整体性质和行为，从而得出市场价格波动的规律和内在机制，这就是行为金融学关于群体行为的研究。在资产组合与价格发现机制方面，行为金融学主要由行为组合理论以及行为资本资产定价理论构成。

通过比较两者的研究主题，结合索罗斯的“反射”理论，我们就会发现可以通过将现代金融学理论用于常态的分析，行为金融学理论可以成为现代金融学理论中间的一个特例。这样就可以用行为金融学理论来解释常态以及远离均衡状态的现象，将两种理论融合到一块。

行为金融学要成为一个系统的、完整的理论还有很长的路要走。比如一种金融现象受几种心理因素的影响？这些心理因素之间是怎样的关系？哪个因素对这种金融现象起到主导作用？在这方面还必须建立统一、独特、具有严密内在逻辑的分析范式。由于行为资产定价模型中的噪音交易者风险难以衡量，所以模型并没有被广泛接受，因此有必要建立新的基于行为的核心模型等。

尽管存在着这样、那样的不足，但是行为金融学无疑代表着21世纪新时代金融学的发展方向，将人本主义与科学主义结合起来形成崭新的系统投资理论是未来投资学的发展方向。

本章提要

本章主要观点如下：

1. 介绍了各主要心理学流派的理论。首先介绍了凯恩斯的“空中楼阁理论”，其主要观点是：股票买卖应当将主要精力花在仔细研究其他投资主体的心态上，按多数投资者认同的原则办，要恰到好处地抢占买卖时机。

2. 索罗斯认为社会科学对社会现象所进行的研究中包含一个更多的因素——思维的参与者，而自然科学却不含有这一因素。也就是说，在自然科学的研究中，由于有了自然现象与科学认识的严格分离，自然现象具有对人思维的独立性，自然现象这一研究对象才能成为判断科学认识的真实性和有效性的客观标准，自然科学因此具备了形成科学体系的条件。而在社会科学的研究中，由于人的思维已经成为社会现象这一研究对象的一部分，形成了研究对象与研究者密不可分的混合状态，因此社会科学不具备形成科学体系的条件。因此市场总是错的。他们代表着一种对未来的偏见。而且扭曲有双向影响：不仅市场参与者以偏颇的观点进行，而且他们的偏颇也会影响事件的发展。由于参与者的认知本质上便是错误的，而错误的认知与事件的实际发展过程，两者之间存在着双向关系，这种关系也导致两者之间缺乏对应（Correspondence），索罗斯称这种双向关联为“反射”。

3. 行为金融学发现了许多金融异象，这些金融异象是由认知行为偏差引起的。行为金融学假设投资者是有限理性或者非理性的，因此其决策是按照期望理论进行决策的。由于市场存在理性套利者和噪音交易者，这就导致套利的有限性，市场并非是效率市场。我们可以利用人们在金融投资方面的认识偏差，采取反向投资、动量交易投资等投资策略。

4. 一般长庄的投资程序有建仓——洗盘——拉高——派发几种步骤，通过了解长庄股的操作策略，我们可以了解市场操纵的方式，也可以得到跟庄的策略。

5. 证券投资是一种人与人之间的博弈，因此将兵法引入证券投资有助于投资者提高投资收益。

练习与思考

一、练习题

1. 选 10 只股票，收集最近三年季报资料，统计人均持股数量的变化以及关于每支股票的重要消息，结合股价运动看看能够发现什么规律，写一篇研究心得。

2. 选 10 只股票，统计十大股东中间基金的持股变化，结合消息与股票价格运动，看看有什么规律，写出研究心得。

3. 到证券公司询问投资者，统计持股比例较大的投资者对后市的看法以及心理状态，根据研究资料，你自己进行预测后市，看看有什么规律。

二、思考题

1. 人的行为分析在证券投资分析中应当具备怎样的地位？

2. 如何将行为分析、基本分析以及技术分析有机地结合起来，取得更好的投资绩效？

3. 你读了阅读材料有什么感想？要成为投资大师应当具备怎样的心理素质？

阅读材料

一个证券巨子的神话——野村[1]

1906 年，大阪股市进入前所未有的大繁荣。满怀信心的野村在原有三

[1] 资料来源：《证券时报》。

部电话的基础上，再开通十条外线，同时用了一个嗓音甜美的小组做接线员，期望她会吸引更多的男性客户（买卖股票）下单。德七的小型推销队伍则继续挨家挨户敲门（今天依然如此），恳求客户或潜在的客户买股票。

伟大的1906年牛市——历史上最伟大的牛市之一——就像野火般席卷了整个日本。股票就像被赋予生命一般，在数周之内就可以一路摸高，或两倍、或三倍地暴涨。大阪证交所交易大厅内出现了前所未有的购买热潮，经纪人们你推我挤，互不相让，争相购买最热门的股票，旧的热门股票不断被新的热门股票所代替。

野村从1905年起就开始陆续购进股票，到现在已是硕果累累，不管是作为长期投资所拥有的股票，还是作为短期投资的股票期货都给他带来了巨大的利润。20世纪早期一个日本人只要拥有10万日元（当时值5万美元，现值150万美元）就可以算作富翁，可野村德七这时的财产已经10倍于此。1906年，野村的二弟，一贯谨慎的实三郎建议野村将股票售出。过分的贪心，很可能会危及现已赚到手的100万日元。为什么要冒这个险呢？野村也觉得二弟的建议十分明智。可他追求股市刺激，甘冒股市风险的热情压到了一切。他决不满足于现在兑现利润。通过测算，他认为如果赌股市将止升转跌，他可以再赚100万。

1906年的泡泡就要吹破了，野村对此毫不怀疑。他已与桥本进行过仔细的研究，他们发现，现在股市与中日战争之后的那次股市大跌之前的情况十分相似。他们开始密切注视股市的日成交数据，并派人探听大阪主要经纪商的购买行为。12月10日这一天，他们发现一个不太引人注意的迹向，少数大经纪商开始沽出手中的股票。这一天，野村决定采取行动，陆续卖出自己手中作为长期投资的股票，到周末闭市时，他已出掉近1/3的货。同时，他开始卖空股票期货，因为他断定股市将大跌，到时再便宜买回即可。由于没有料到东京的经纪商会购买大阪的股票，大阪的股价继续保持上升的势头。实三郎告诫他哥哥不要再冒更大的风险去卖空！只要卖掉你手中作为长期投资的股票即可！可野村听不进去，他已拿定了主意——他要向家里已经满满当当的金柜中再添一袋金币。

野村的抛售对市场几乎没有造成什么影响。股市仍在日复一日地上涨，实三郎一再恳请他尽快补仓。12月26日，五个中型规模的股票经纪商来到了野村的办公室。请求他说服童年的朋友岩本英之助，现为北滨最成功的股票经纪商，也一同出货，以期引发一场抛售。他们需要他的帮助，但野村当场拒绝了他们的要求。他不愿意利用这一特殊关系而麻烦朋友。悻悻的经纪商离开了野村后，决定直接去找岩本，出人意料地，岩本答应了他们的要求，第二天旋即在大阪证交所交易大厅内带头掀起了一股抛售浪潮，然而他们的努力未能奏效，购买热潮依然有增无减。

尽管股市朝着不利于他们的方向运动，野村仍然渐渐加快了卖空步伐，终于有一天，帮他卖空的经纪商送来了保证金缴付通知书，当时投资只要有一点资金就可以在市场上进行大笔投机活动。赚了钱，皆大欢喜，赢利将会汇入投资者的交易账户。但若做反了，投资者就需每日加付保证金。

野村提交的保证金数额急剧减少，到1月初，焦急不安的经纪人对野村的态度开始越来越粗暴。数年后，野村还能清晰地回忆起当时的困境，为了逃过债主，有好几次他不得不藏在公司办公桌下。商店内充满了紧张的气氛。销售员、办事员、秘书都明白，如果股市再不下跌，他们都将面临失业的危险。然而，股价仍在一天天向上攀升。

到1907年1月末，德七几乎绝望了。他决定到芝山鹫尾那儿去寻求帮助，芝山鹫尾是一个银行家，当时任鸿地银行(当时大阪三大银行之一)的总经理。

野村针对芝山特别看重个人感情这一特点，一再强调野村商店绝不会倒闭。

“你需要多少钱”芝山问道。

“100万日元”。野村回答道。

芝山大吃一惊！这相当于整个银行1/3的实收股本金呀，况且我只不过是一个银行经理呀！

在余下的时间里，德七继续对芝山施加影响，终于一点一点打消了这个银行家的顾虑。

德七详详细细地给芝山解释了一通股市为什么会崩溃的道理。最后，作为抵押，镇定自若、神色严峻的野村把一份列有私人财产的清单递给了芝山，“我用我的身家性命保证，我的判断绝对正确！”野村说道，“这是一种典型的日本型名誉担保。”假如一个人已充分考虑了一件事，但却不去实行它，这和他什么都没有考虑没有什么两样，我不会错！

最后，野村还悄悄地答应，事成之后，芝山可以在野村商店里获得一个高级职位。此举进一步表明了野村必胜的信念。考虑到一旦出事,自己可能被银行解雇这一后果,芝山接受了这一允诺,随即为野村办好了一切贷款手续。

德七不再需要担心保证金不足,他可以稍稍喘口气了。然而,接下来的两天更加使人透不过气来,在新一轮购买浪潮的推动下,股指再度向上攀升。16日,大阪股市劲升58点(8%),17日再升51点。两天后,达到另一个新的高度:774点。德七与其他经纪人,包括岩本在内,冷静地观察着这一变化。这种局面不会再持续下去了。

1月19日,一个下雪天,这一天终于盼来了,股市崩溃了,最先得到这一消息的实三郎冒着鹅毛大雪,从证交所一路狂奔回野村办公室,他发现,就要发大财的德七仍在昏睡。

"醒一醒"! 他喊到,"抛售开始了!"

野村哼了两声,又转过身沉沉睡去。

"醒一醒!"二第又大喊了一声,"股价下跌了!"这次他可听清了。野村跳出被窝,紧紧拥抱着实三朗,"我知道,我早就知道会这样的,我们得救了!"

野村赚了300万日元。他成为一个传奇人物。喜欢给人起绰号的股票商们把野村叫做"股市大将军"。才21岁的野村此时已拥有500万日元。其中包括牛市时赚的100万和投机不动产挣的100万。

参考文献

[1] 乔治·索罗斯著,俞济群、黄嘉斌译:《金融炼金术》,吉林人民出版社1998年版,第12~27页。

[2] 程翼:《对冲基金》,中华工商联合出版社2001年版,第171页。

[3] 饶育蕾、刘达峰:《行为金融学》,上海财经大学出版社2003年版。

[4] 李心丹:《行为金融学——理论及中国的证据》,上海三联书店2004年版。

[5] 王超群:《解构索罗斯——索罗斯的金融市场思维》,河北人民出版社2001年版。

[6] 青木:《战胜庄家》,广东经济出版社1996年版。

[7] 谢志强、吴雅杰、满福玺:《孙子兵法与炒股实战100计》,中国大百科全书出版社1993年版。

[8] 李建新:《股市聪明人——中外股票市场成功者之个例分析》,广东人民出版社1996年版。

[9] 陈收、杨宽、黄果:《行为金融理论及其评述》,《管理评论》2003年第10期,第48~52页。

第十二章　证券投资技巧

学习目标与要求

通过本章学习，进一步掌握选时的技巧，掌握常见的证券投资技巧方法，学会在证券投资实战中控制风险的方法。

通过本章学习，能够根据市场时机调整好持股与持币的比例关系，灵活运用各种证券投资技巧，控制风险，保住胜利成果。

第一节　选　时

一、选时的意义

1．时机的概念

时机不是"时点"概念，一般人要在最高点卖出，最低点买入是很难的。因此，只要抓住大的时机，在次低点买入，在次高点卖出就足可以赚到令人满意的钱了。

时机不是偶然出现的，而是时时存在。升也可赚，降也可赚，不同的股个性不同，所以不必为丧失一个时机后悔，关键在于把握大势。

时机不是一律雷同，而是因人而异的。

机构因数额巨大，一下子买卖很不容易，因此他们必须及早抓住机会，一路逐渐补进或卖出，而小户投资者则不必如此，只要抓住一次较有利的机会即可，其他机会对他没有意义。

2．选时的重要性

这里以一实例说明。如美国的 IBM 公司在数十年间是极其稳健的杰出成长股。以其 1962 年底到 1974 年底的表现而言，12 年中它经历了 3 次重要涨升（1962～1965、1966～1968、1970～1972），3 次明显的跌落（1966、1969～1970、1972～1974）。其 12 年间的总平均投资回报率为 7.7%。也就是说如果投资人在这 12 年中一直持有这种成长股而不考虑市场时机，则可以获得年平均 7.7%的报酬。但是，如果投资人在三次上升接近顶部（不是最高价）时卖出，在三次跌落接近底部时买进，则年平均报酬可达 14%以上，收益将达到不考虑股市时机的一倍。

二、如何选时

我们可以从以下几个方面进行综合研判：

1．从经济周期看股市时机

当经济将进入谷底之前三个月至半年，可以买入。当经济接近高峰前三个月至半年应卖出。具体的研判可以运用第二章君安证券的研究成果，也可以运用国务院发展研究中心信息网卡斯特经济景气预测的结论。当经济处于红灯区，说明经济处于超热状态，国家很可能采取调高利率、银行准备金比率等紧缩政策；当经济处于紫灯区，说明经济处于超冷状态，国家将采取降低利率、降低银行准备金率等措施刺激经济增长；经济处于绿灯区，说明经济运行正常；黄灯区为过热区域，蓝灯区为过冷区域，可以根据经济走向判断经济正在向好还是向坏。

2. 扩容政策看股市时机

当处于扩容真空期时可以买进，当处于扩容高峰期时应卖出。可以根据流通股市值曲线进行预测。

3. 从财政政策、货币政策看股市时机

当从紧的财政政策变为扩张性财政政策之前，当货币政策从紧变为放松之前，当银行利率有下调迹象之前时应买入。而货币政策从放松变为从紧之前，当银行利率有上升迹象之前应卖出。

4. 从社会心理看股市时机

当持股投资者感到很紧张时，当股价持续上涨使得投资者此时的外部情绪达到最乐观而内心却动荡不安、矛盾重重时，往往预示着股价要下跌，应当卖出股票。反之，当持币投资者感到很紧张时，应当买进股票。可以通过成分股指数与综合指数之间价格的不协调的异常波动进行预测。

公式： $Z=1-R \quad R\leqslant 1,\ 0\leqslant Z\leqslant 2$

R：表示 X 与 Y 的相关系数，X：上证综合指数，Y：深圳成分股指数。

$$R=\frac{\sum(x-\bar{x})(y-\bar{y})}{\sqrt{\sum(x-\bar{x})^2\cdot\sum(y-\bar{y})^2}}$$

当 X 与 Y 完全正相关时 $Z=0$，完全不相关时 $Z=1$，完全负相关时 $Z=2$。

数据采集区间：$N=5\sim15$；实证证明 N 太小会增大误报的概率，N 太大，会增大漏报概率。$N=10$ 较好。可以以 $N=10$ 的 Z_{10} 为主，参考 Z_5 与 Z_{15}。

判断原则：

$Z_{10}<0.5$ 时，行情基本保持稳定或仅有缓慢的趋势变动；若 Z_{10} 快速上升，并超过 0.5 时，变盘即将发生；Z_{10} 上升的速度越快，数值越大，表示变盘的信号越强烈，此后指数的变化幅度往往越大；当信号出现后，变盘方向需根据原有趋势方向、指数位的高低和沪深指数背离方向这三个因素综合判定。

5. 从公司利润看股市时机

当公司利润将持续增长前买入该公司股票，当公司利润增长率下降前卖出该公司股票。

6. 从技术分析看股市时机

当股指不断下跌，跌幅已深，成交清淡，一片悲观之时，下跌趋势减缓有做底迹象时买入。当市场极度沸腾，股指连创新高，有做头迹象时卖出。

在技术上为了更稳健，可以将 K 线、均线与成交量为参照，当有一、二种指标背驰，对行情迷惑不解时，停止操作，进行观望。三大系统中，成交量、量价关系最重要。

7. 从价值中枢看股市行情

当股指高于年线很多，处于年线为中轴的轨道的上轨时，或市场平均市盈率远远高于证券市场理论价值中枢时，应当卖出股票。当股指低于年线很多，处于年线为中轴的轨道的下轨时，或市场平均市盈率远远低于证券市场理论价值中枢时，应当买进股票。

8. 从收益变化看股市时机

多头市场主要赚钱的时机在主升段，约占整个收益的 40%。空头市场亏损在主跌段，也为亏损的 40%，但也有前 1/4 空头市场亏损一半以上的情况。据此可以决定买入时机与沽空时机，处理好收益与风险的关系。

9. 从突发事件看股市时机

如 1994 年的“三大政策”，1995 年的关闭国债期货，2001 年对国内投资者开放 B 股市场。

10. 从周边金融环境看股市时机

如 1998 年的东南亚金融风暴对股市会产生不良影响。

大盘的变盘就是量变到质变，次要矛盾上升为主要矛盾的过程。因此，在时机的判断上应当运用哲学思维，进行综合研判。

证券市场变盘综合预测实例

建立判别模型公式：$S = X_1 + X_2 + X_3 + X_4 + X_5$

Xi 为事件 i 变盘概率，向上变盘赋予概率正号，向下变盘赋予概率负号。本模型由经济周期、价值中枢、供求关系、技术分析、政策与突发事件五个模块组成，设计出定量评价指标。认为大盘的变盘是一个量变到质变的过程，变盘实际上也是一个从平衡到不平衡，然后到达新的层次上的平衡的过程，是众多因素从次要矛盾转化为主要矛盾的矛盾转化问题。就像水在一定的气压条件下，当温度升高到某一临界点时就变为水蒸气一样，有一个临界点。本模型就是要建立这样一个临界点作为研判参考依据。为了能够找出临界点把握住变盘并且及时预警，我们可以组建一个专家小组，将以上的定量指标送给专家小组，通过“特尔菲”法，由每个专家将变盘的概率通过电脑打出自己的意见，最后由电脑将专家的意见进行归纳做出结论。

我们假设临界点数值为0，以沪市2001年7月6日为例，指数为2170.37，根据五个模块的专家预测：经济周期为复苏期，这个模块的预测上升概率75%，所以 $X_1=0.75$；这时银行利率为2.25%，价值中枢为40倍，而平均市盈率60倍，市场整体价位偏高，有下跌的可能，专家预测下跌的概率80%，$X_2=-0.8$；资金因为国有股减持开始失衡，心理相关系数显示指数的不协调，$X_3=-0.8$；技术指标KDJ周线与年线在相对高位，布林线收口，K线技术形态正在构筑大的复合头肩顶并且雏形已经形成，技术分析提示下跌概率极大，$X_4=-0.9$；因为国有股市价减持政策已经开始明朗，所以 $X_5=-0.95$；五个方面仅有一个方面有利于股价上升。$S=0.75-0.8-0.8-0.9-0.95=-2.70<0$，大盘将向下变盘，加速下跌（见图12-1）。

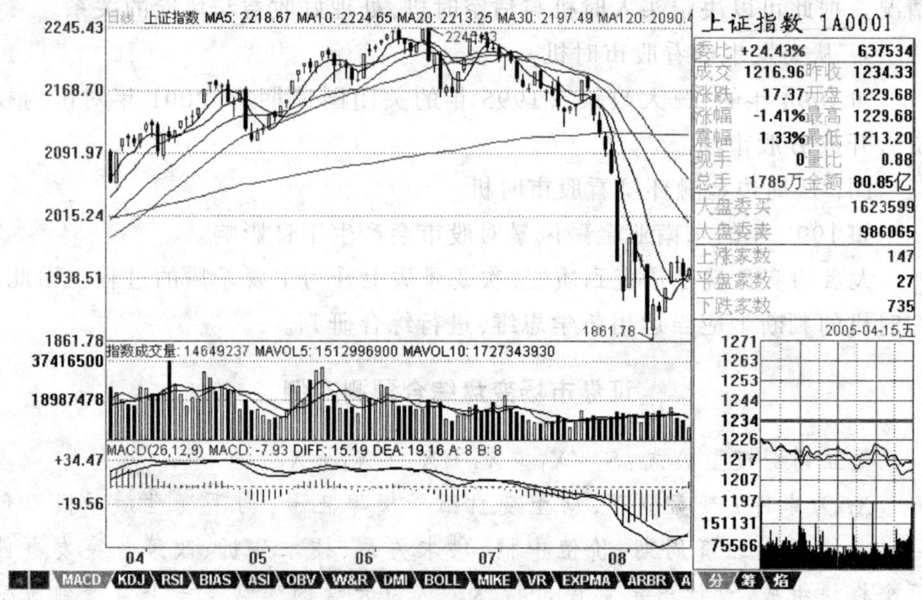

图12-1　2001年的大复合头肩顶

第二节　投资技巧

一、两种主要的操作方法

在投资技巧方面很重要的一环是必须根据自己的风险承受能力及获利期望制定出投资计划。

在投资计划方面主要有两大流派：

一种是持币为主的趋势投资派，大多为中短线操作。其策略如下：选择股性、弹性强的热门股，当确定股价走上升趋势时跟进，获利后立即抛出，不管股票数量，只要手中的钱能不断增值就行。这种操作的要点是如判断失误则立即停损卖出，停损点设在亏损5%之内，这样可以将风险控制在最低限度。这种方法的缺陷是，有可能在数次判断失误后将本钱输光。

另一种是以持股为主的长线投资派。这种方法就是老老实实根据企业业绩选股，长期持有股票，直到股价上升到持有者认为严重超值时才离场并耐心等待下一次机会来临时才再入市。这种方法可能会暂时输钱，但不容易输光钱，由于是靠死多头赚钱，因此资金使用效率较低。但真正赚大钱常常是长期投资者。

因此在投资技巧上的核心内容是如何使用资金，提高资金的使用效率。关键是处理好持筹与持币的比例。

在制定投资计划时一定要弄清楚自己是想干什么的，不要又想这样干又想那样干，自己在逻辑上出现矛盾，这样必然出错。

二、常用投资计划

1．利上加利法

也就是在多头市场里买进股票，万一下跌则持有股票，股价上升时，愈涨愈加码买进，最后到心理价位时出货。这种方法如能抓住一次大行情则可得到很值得炫耀的战绩。投资人只有在确信股市必将沿着某一上升轨道向上攀升后，使用利上加利法才能万无一失，显然直觉判断强弱势及停损点的设定在使用该法时是很重要的。

2．箱形操作法

当确定股市处于盘整行情，可选择股性温和、不易大起大落的股票，采取股价到箱形上限时卖出,箱形下限时买进,积小胜为大胜的手法操作。

3. 金字塔与倒金字塔操作法

操作者从技术分析判断买点出现时,即行买进 1/2,股价继续下跌,不再买进,等股价反转上升,涨至某价位时再买进 1/3,继续上涨再买进,只是买进数量愈来愈少,涨至某价位以上就不再买进,等待机会开始派发,这就是金字塔操作法。出货时的操作则相反,拟订某价位出现时就将持股票出 1/5,再涨至某价位时卖出 1/5,再涨至某价位卖出 1/4,涨得愈高,卖得愈多,直到手中持有股票全部卖出,这是倒金字塔操作法。这种操作法虽不能使操作者获取最大利润,却不失为最上乘操作法之一。

4. 摊平法

操作者原先预测行情会上涨买入股票,不想此时恰有利空消息,行情变转向而下,如确信跌势不会长久,则应在行情下跌过程中摊平买入,降低持股成本,一旦行情反转,便可逐步解套,进而得利。本技巧是要建立在对行情研判的信心和雄厚的资金做后盾之基础上,那些缺少自信和研判技术的人以及无资金背景的中小投资者运用此法风险较大。

5. 舍小就大法

投资者预料某股票价格会上涨,买入股票,不料利空消息传来,股价急下后进入盘整,此时投资者考虑股价再跌可能大,且资金另有更佳投向,则选择盘整区砍仓出场,用抽出资金投向其他看涨股票。此法在实践中相当有用,但同样受一些条件制约,必须是在有更好的投资方向和确信此股复涨无望的条件下才能应用。

6. 固定比率投资法

将资金分为两部分,按一固定比率安排,一部分买股票,一部分买国债。例如 30%买股票,70%买国债,当股票价格上升,两者比例变为 40∶60 时,卖出股票买进国债维持原比例;当两者比例变为 20∶80 时,卖出国债买股票,本方法适合于大资金运作。

7. 投资资金成本平均法

其方法是在同种股票之中,不管股票价格的变动如何,总是定期投入固定数额资金,并维持一个较长的时期。经过对美国实证研究,证明投资者一般能战胜市场获利离场。理由是当股价低时以固定数额资金所购进的股份数比在股价高时所购进的股价数要多些。当股价上涨时,以低价购进的较大数额的股票便因此而获利。本方法适合于中小投资者和工薪阶层。

表12-1、表12-2是某投资者每三个月固定投入500元的情况，无论是从10元买入，跌至5元再升到15元再跌倒10元；还是10元买入，先升至15元，再跌至5元后再升至10元，该投资者均有10%的利润。

表12-1　股价先跌再升后跌

每股价格(元)	投资者购入股份数	股份成本(元)	投资者持有股份数	股份成本积累数(元)	股份总价值(元)
10	50	500	50	500	500
9	55	495	105	995	945
8	63	504	168	1499	1344
7	71	497	239	1996	1673
6	84	504	323	2500	1938
5	100	500	423	3000	2115
6	84	504	507	3504	3042
7	71	497	578	4001	4046
8	63	504	641	4505	5128
9	55	495	696	5000	6264
10	50	500	746	5500	7460
11	45	495	791	5995	8701
12	42	504	833	6409	9996
13	38	494	871	6993	11323
14	36	504	907	7497	12698
15	33	495	940	7992	14100
14	36	504	976	8496	13664
13	38	494	1014	8990	13182
12	42	504	1056	9494	12672
11	45	495	1101	9989	12111
10	50	500	1151	10489	11510

表12-2　股价先升再跌后升

每股价格(元)	投资者购入股份数	股份成本(元)	投资者持有股份数	股份成本累积数(元)	股份总价值(元)
10	50	500	50	500	500
11	45	495	95	995	1045
12	42	504	137	1499	1644
13	38	494	175	1993	2275
14	36	504	211	2499	4954

（续表）

每股价格（元）	投资者购入股份数	股份成本（元）	投资者持有股份数	股份成本累积数(元)	股份总价值（元）
15	33	495	244	2 992	3 660
14	36	504	280	3 496	3 920
13	38	494	318	3 990	4 134
12	42	504	360	4 449	4 320
11	45	495	405	4 989	4 455
10	50	500	455	5 489	4 550
9	55	495	510	5 984	4 590
8	63	504	573	6 488	4 584
7	71	497	644	6 935	4 508
6	84	504	728	7 489	4 368
5	100	500	828	7 989	4 140
6	84	504	912	8 493	5 472
7	71	497	983	8 990	6 881
8	63	504	1 046	9 494	8 368
9	55	495	1 101	9 989	9 909
10	50	500	1 151	10 439	11 510

第三节　风险控制

怎样在实际操作中进行风险控制，对于成功的操作很重要。下面系统地介绍如何控制风险。

一、买入时机与卖出时机

首先必须从战略角度，从大的背景考虑买进与离场时机。这方面的运用可以参考第一节。历史证明成功人士是那些在大行情到来之前建仓；并且能够在大级别调整前离场的人。起决定性胜负的应当是这样的买卖时机。

二、个股的买点

1. 投资价值的测算

在股票价格低于其内在价值时买进。股票价值可以根据第五章内容进行测算。

2. 值搏率

对历史数据统计，比较上涨空间与下跌空间，选择上涨空间大于下跌空间的股票。例如 600 436 片仔癀股票 2003 年 6 月 16 日～2005 年 4 月 7 日共有 437 个交易日，其股价波动区间在 9.84 元～16.13 元之间(收盘价)。我们将这 437 天的收盘价划分为 11 个区间进行统计，其统计结果见表 12-3。

表 12-3　片仔癀股票数据

股票价格区间	天数	百分比(%)
15.56～16.13	4	0.92
14.99～15.55	13	2.97
14.42～14.98	16	3.66
13.85～14.41	10	2.29
13.28～13.84	83	18.99
12.71～13.27	82	18.76
12.14～12.70	56	12.82
11.57～12.13	53	12.14
11.00～11.56	82	18.76
10.43～10.99	23	5.26
9.84～10.42	15	3.43
合计	437	100

从表 12-3 可以看出，在 10.99 元以下买进获胜的概率很高。

3. 主力成本区间的估算

如股价从低位向上突破最大的压力线，回档并且在这支撑压力线处获得支撑，该成交密集区的价位可以视为主力成本区。

4. 根据技术指标选择买点

如周线、月线的 KDJ 等技术指标在低位，股价远离套牢区，布林线收口横向移动，量极度萎缩，形态上出现圆形底、双重底、三重底等底部特征。

5. 根据预测消息与社会心理影响来确定买点

证券市场经常有许多消息，有些消息在事先是可以预见到的，比如在 1996 年国家宏观经济“软着陆”后，银行利率下调的趋势是可以预见到的，我们就可以通过了解国家宏观经济的状况来预测可能出台的政策，并且根据出台的消息考虑社会心理的反应确定买点。将社会心理预期和前面四种方法结合起来，可以提高资金的使用效率，降低风险。

三、投资组合与投资计划

1．进行多品种投资组合

通过投资分散化来规避风险。如 1997 年 5 月～1998 年 8 月，股票二级市场处于调整阶段，平均指数下调 50％。而这时如果将资金进入一级市场与国债现货市场，国债回购市场则可以获得很高的收入。这期间一级市场通过上网定价发行认购新股，年无风险收益率高达 60％～70％。在股票市场下调期间，国债现货市场 000696，000796 等附息债券品种，在不断降息的外因作用下，一年内上升了 50％。国债回购市场的收益率更高，如某机构先通过回购市场拆借一笔资金 1 000 万元，用这笔资金购买国债现货。三个月后国债现货上升了 10％，将现货卖掉，得到 1 100 万元，将 1 000 万元还给借钱方，支付利息 20 万元，交交易所佣金 10 万元左右，3 个月盈利 70 万元，三个月该机构盈利 7 倍（出资仅 10 万元）。

中国证券市场引入 PT 退出机制后，通过投资分散化规避非系统风险就更为重要。可以通过现代证券投资组合的证券市场线来测算未来的盈利期望值。

$$E_p = r_f + (E_m - r_f)\beta_p$$

2．投资计划与方案评估

在投资前，应当根据市场环境决定投资品种、长短线的比例、操作手法、利用题材等操作计划。我们可以想出好几种方案，那种方案较好，就需要我们对其评估。当我们无法对自然状况的概率预先估计或预测时，可采用未确定性决策的决策方法。

（1）最大最小收益值分析法（即小中取大标准）。未确定型决策，对未来各种自然状态可能发生的概率无法预计，所以只能根据主观臆断来确定各方案在各种不同的自然状态下可能出现的收益值，并通过对各方案收益值的比较，选择最佳方案。但是，在比较评价各方案时，不应以最大的最大收益为标准。因为按最大的最大收益值标准选择的方案，虽然它的收益值可能最大，但却是不能完全实现的方案，即无论自然状态发生什么变化，最大收益值都会减少。而最大最小收益值标准的着重点，则放在收益不低于一定限度，或损失不超过一定限度之上，即实践中无论自然状况发生何种变化，其收益值也不会低于此限度，或损失值不会高于此限度。这种方法，实际上是把最小收益的自然状态假定为必然出现的自然状态，也就是说，它是把未确定型问题简化为确定型问题来处理或者说它是按“最不利”的情况来处理。因此最大最小收益值标准。虽然是一种比较保守的分析方法但却是稳妥可靠。留有余地的决策分析方法，它选择的方案又是“最不利”中的“最有利”方案。

例如设有一位投资者计划投资半年，他现有10万元国债，面对着新股一级市场、股票二级市场、国债市场，他有四种方案可供选择，每种方案他都估计出低、中、高三种收益，现取什么方案较好。

方案一　坚持持有国债半年。考虑可能出现银行利率下调影响，其投资收益率为低：10 440元；中：12 600元；高：16 494元。

方案二　先去购买余款转存，比例配售新股，然后再买国债。因存在资金冻结三个月，中签率不确定，以及未来国债不知何时上涨等不确定因素，因此存在三种状况。投资收益率为低：9 859元；中：12 123元；高：26 595元。

方案三　先持有国债，看余款转存冻结资金状况与中签率状况再申购新股，资金解冻后再买回国债。投资收益率为低：12 500元；中：20 000元；高：23 000元。

方案四　持有国债，然后视情况抄二级市场底。投资收益率为低：10 440元；中：14 760元；高：18 360元。

我们将其列一张表：

表12-4　投资可选方案

自然状况 收益值 方案	低	中	高	最小收益值
1	10 440	12 600	16 494	10 440
2	9 859	13 123	26 595	9 859
3	12 500	20 000	23 000	12 500
4	10 440	14 760	18 360	10 440

根据表12-4，最小收益值中的最大值是方案3，选方案3。

(2) 最小最大后悔值分析法(即大中取小法)。最小最大后悔值分析法，就是计算出在某种自然状态下，由于采用相对最佳方案而造成的“后悔”损失值,再经过比较,从最大的后悔损失值中选出最小的“后悔值”作为最佳决策方案。

在实现决策过程中,当某一种自然状态出现时,才会明确哪个方案的收益值最大即最佳决策方案。这时,由于决策者在决策时没有采用这个方案,而采用了其他方案,便会后悔。如在本例中,当自然状态出现低,又正好选择方案 3 时,便不会后悔,因为这个方案是收益最高的方案。可获收益 12 500 元,在这种情况下后悔值为“0”。如果选择方案 2,只获收益 9 859 元,就会由于没有选择方案 3 而后悔,因为方案 2 比方案 3 少收益 2 641 元,这个 2 641 元的差额,就叫做后悔值。所以后悔值是用最佳方案的收益值与所选择方案的收益值之差来表示的。最小最大后悔值分析法,就是先计算出在某种自然状态下由于未采用相对最佳方案而造成“后悔”损失值。然后经过比较,再从最大的后悔损失值中选出最小的“后悔值”,作为选择决策方案的标准。

将上例列出最大后悔值表,则如表 12-5

表 12-5　最大后悔值表

自然状况 / 收益值 / 方案	低	中	高	最大后悔值
1	2 060	7 400	10 101	10 101
2	2 641	6 877	0	6 877
3	0	0	3 595	3 595
4	2 060	5 240	8 235	8 235

最大后悔值中最小者为方案 3,所以选择方案 3。

本例中用两种方法都选中方案 3,说明方案 3 是一个比较好的方案,可采用方案 3 进行操作。

四、资金曲线与 β 系数

1. 资金曲线应用原则

(1) 资金市值可以连续上升,也可以连续下跌,但不会永远只有一种趋势。

(2) 新资金入市,一般要有个亏损 5% 以内的适应期。

(3) 正常情况下,一个账户的上下波动区间为盈亏10%,资金市值增减10%是一道坎。

(4) 资金增减20%或20%的倍数,会遇到阻力或支撑。

(5) 资金增减到50%或50%的倍数属于资金市值的生死线,会有极强的支撑或阻力。

(6) 资金从高点回落不超过10%,一般会再创新高。

(7) 若从高点回落超过10%,则一般在20%处会得到支撑,但能再创新高。

(8) 前期的高点或低点,会成为重要的阻力或支撑。

(9) 资金在某一区域盘整的时间越长,这一带的支撑或阻力越大。

(10) 凡轻松越过的阻力或支撑,未来一般不会轻易破此位。

(11) 资金增减到整数关口会遇到支撑或者阻力。

(12) 资金的暴利肯定产生于单一个股或板块,但亏损则不然。

(13) 资金曲线图可以用轨道线、黄金分割、形态理论、周期理论、移动平均线等技术理论去分析、预测。

(14) 横盘可以代替下跌,以换取上升所需要的空间。

(15) 若亏损超过10%,则资金的最大的亏损的倍数也有较大阻力。

(16) 一段时间内,一个人管理的不同资金账户,一般只有一个账户最出色,其他账户不一定有同样绩效。

一般,资金曲线不再增加,有赚钱难的感觉时应当引起注意。

2. β 系数的应用

通过对 β 系数的定期计算,我们可以发现比预期表现好的股票,进行追加投资。我们还可以通过每日持续计算 β 值,发现不好的股票与证券投资组合。例如,在股市连续下跌时,β 系数连续三个星期在1.0以上时,说明投资组合有问题。

设 X 为指数收益率,Y 为个股收益率。可以通过线性回归的方法求出 β 系数(事后 β 系数的估计),其公式如下:

$$\beta = \frac{\sum xy - \bar{x}\sum y}{\sum x^2 - \bar{x}\sum x}$$

计算日 β 系数时,收益率样本期为月或周,收益率=(今日收盘价－昨日收盘价)/昨日收盘价,无风险利率为零。计算周 β 系数时,样本期为年或季,收益率=(本周收盘 - 上周收盘)/上周收盘,无风险利率为月息的1/4。计算月 β 系数时,收益率样本期为年,收益率=(本月收盘 - 上月收盘)/上月收盘,无风险利率为月息。

五、停损

停损并不是控制风险的最优方法,要控制风险最好的方法是预防,是要确定好的买点。但是停损又是必需的,没有停损,就像一辆汽车没有刹车一样,是很危险的。常用停损方法有:

1. 按照资金曲线提前设立向下的止损点

如你的资金达到30万元,止损点就要设在27万元。止损不仅要在亏损时会止损,而且还应当在盈利时会止损,当盈利时要将止损点往上移,不要将盈利变为亏损。因此,在盈利时也可以根据SAR设定止损点,当股价跌破SAR,SAR变色时,卖出股票,因为SAR随着股价上升也不断上升,不断将停损点上移,SAR的参数可以根据自己习惯设定。

2. 按照神光资金曲线设立向上的止损点

根据神光的经验,当资金翻倍后,要遇到重要的阻力位。因此,如果你的30万元资金涨到了60万元,则应当先退出来休息一下,最忌讳在这个时候头脑发热,因为你赚钱最顺利的时候也就是风险降临的时候。

3. 5%止损法

这是我们在实践中发现的有效防止市值跳水的最好方法,尤其是在操作强势股的时候,你可能无法判断主力何时出货,但只要坚持一个原则:股价从最高点向下跌去5%并且有效,则坚决出货,当然,这个比例可以变化。

4. 目标位止损法

对有头脑的投资者来说,买进股票就应当心中有一个基本目标,假如接近或者达到这个目标,就要先止损出来。因为你心中的目标经过了冷静的思考运算,相对准确一些,而在计划的目标位置出来,可以增强自信心,有利于今后的操作,也避免了最后因为狂热而错失机会。

设立停损应当提前设立,应当在理念上知道停损是必须的,执行时要严格按计划执行,执行后如果发生错误也不应当后悔,因为许多重大的损失常发生于犹豫不决而错失停损良机。在停损后应当休息,要反省和总结经验,不要急于杀入。

六、股票指数期货保值

当预计市场要下跌，可以卖出股票指数期货，将收益锁定。假设：每份股票指数期货价格 = 50 × 股票指数，现指数为 10 000 点，你有市值 1 000 万元，β 系数为 1 的股票投资组合，当预计大盘要下跌时，你可以卖出 20 份股票指数期货。当股票指数从 10 000 点跌到 8 000 点，你现货市值损失 200 万元，而你在股票指数期货上赚了 20 × 50 ×（10 000 − 8 000）= 200 万元，你没有损失。如果你卖错了股票指数期货，股票市场上涨，你在股票指数期货上损失了，但是你在现货市场上却赚了，你还是把收益锁定了。

七、年报风险的防范

从预防年报风险角度讲，应当尽量避开问题股。为了做好盈利预测，应当认真读上市公司年度报告与中期报告，通过公开资料的系统收集，对上市公司的经营状况进行跟踪。也可以通过对证券投资咨询机构、券商研究中心的研究报告进行综合，可以到市场上走走看上市公司的产品是否畅销，有能力的可以到公司现场考察。

八、通过投资技巧规避风险

比如应用金字塔、倒金字塔操作法、板块联动法、固定比例投资法等投资技法进行操作，规避风险。

证券投资是一种风险投资，因此在进行投资时应当将个人的资产进行合理的安排。要处理好积累与消费的比例。我个人认为，我们将个人资产按图 12-2 安排较好，我们可以经常对照一下比例关系，调节到合理的比例。当比例合理时，你才能保持良好的投资心态，而良好的投资心态是决定你是否可以取得好的战绩的关键。

九、总结投资战绩，进行品种结构调整

虽然我们可以运用历史资料以及未来预测构建我们的最优证券投资组合，但是仍然可能出现不理想的状况，我们就应当根据实际情况进行调整，保留强势品种，淘汰劣势品种。我们还应当不断总结投资失败的经验，寻找

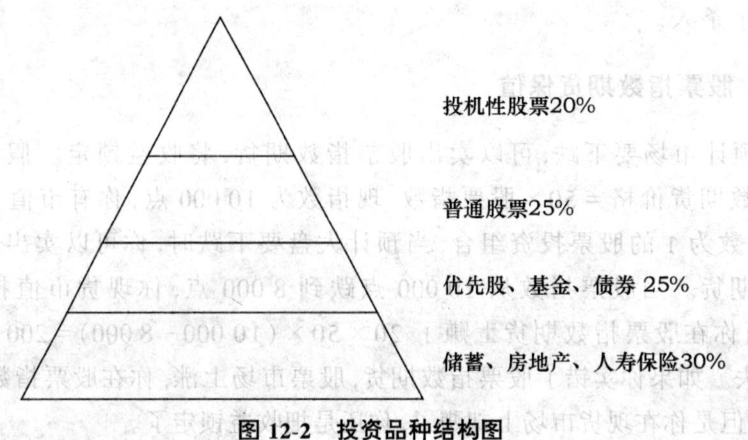

图 12-2　投资品种结构图

克服这种错误的策略，在实践过程中不断丰富我们的投资经验，并且上升到理论来指导我们的投资实践。

证券投资过程的风险控制是一个全过程的风险控制，我们应当建立起自己投资的风险防范体系，建立起自己的定量化风险控制的测度指标，从投资前—投资过程中—投资后的评估对整个过程进行风险控制。投资前的风险控制有买卖时机的研判，投资价值的测算，投资计划与投资组合，年报风险预防等；投资过程中的风险控制有资金曲线、贝塔系数的跟踪，停损策略等；投资后的风险控制有投资评估以及品种调整，寻找对冲品种锁定盈利等。

本章提要

本章主要观点如下：

1. 进一步介绍了如何选时的方法，提供了 10 种判断买卖时机的方法。在使用过程中要有综合分析的能力，因为 10 种方法可能有的显示要离场，有的又告诉你要买进，因此哲学思维就很重要，要认清楚众多影响因素中何者是主要因素，重大的转折关头往往来自于量变到质变的临界点。

2. 介绍了利上加利法、箱形操作法、金字塔法与倒金字塔法、摊平法、舍小就大法、固定比率投资法、投资资金成本平均法等常见投资技巧。在使用过程中要注意各种方法的适用条件，比如投资资金成本平均法比较适用于没有时间看盘的工薪阶层，而金字塔与倒金字塔法适用于资金量比较大的投资者。控制风险的手段还有注意持股与持币的比例关系。

3．本章第三部分介绍了如何在证券投资实战过程中控制风险。其中最为重要的是预防，也就是我们必须通过大势的研判来避免重大买卖时机的错误，通过投资价值、值博率等方法确定买点，很好的买点本身就意味着盈利，只不过盈利的多少是由卖点决定的。最后，从投资组合、投资计划、资金曲线、停损、年报风险防范等角度提出了控制风险的方法。总之，不要有过大的负债，不要带着过大的压力进行投资，按照图12-2给的组合投资，能够使你在投资过程中有较好的心态，能够使你投资成功的概率提高。投资过程中要树立全过程风险控制的思想理念，建立投资风险控制体系。

练习与思考

1．证券投资过程中的风险在哪些地方？
2．如何进行证券投资过程中的风险控制？

阅读材料

常用股谚

1．直觉，创新的源泉。
2．知己知彼，百战不殆。
3．他人之言，不可尽信。
4．人弃我取，人取我予。
5．买卖原则，低买高卖。
6．专家意见，可以一听。
7．风险与收益，风险为重。
8．在你熟悉的行业里投资。
9．成交量是股价先行指标。
10．增值重要，保本更重要。
11．随机应变乃股市求生之本。
12．股价与利率往往背道而驰。
13．把股票当熟人，不要当情人。
14．恐惧与贪婪是股市的大敌。

15. 谦虚——股市不败之法宝。
16. 自己是最值得信赖的人。
17. 投资必须具备智慧与忍耐力。
18. 选股不如选时，善买不如善卖。
19. 不要盲目跟风，要有相反意见。
20. 股市循环约比经济循环快半拍。
21. 判断行情容易，下定决心困难。
22. 买卖股票要学会把输赢置之度外。
23. 炒股票似打仗，信息资料就是情报。
24. 分次买，不赔钱；一次买，多赔钱。
25. 雪球滚动越大赔的也越多。
26. 避免在鸡犬升天的市场中久留。
27. 辩证地看事物，是去伪存真的关键。
28. 有心栽花花不开，无意插柳柳成行。
29. 放长线钓大鱼，酒放的愈久愈香。
30. 停损点和获利点可使投资人高枕无忧。
31. 人往往在最坏的时机失去希望和理智。
32. 卖出时动作要快，买进时不妨多斟酌。
33. 买进靠耐心，卖出靠决心，休息靠信心。
34. 发现好股时，应该加大赌注，反之亦然。
35. 股市是智力的较量，而不是运气的比较。
36. 遇险境，先让人，此乃股市生存第一法则。
37. 股市之道，在于铢积寸累，不赔就是小赚。
38. 找到自己的优势，就可以在股市赚钱。
39. 千万要小心大跌后的反弹和急升后的调整。
40. 以投资的眼光买股票，以投机的眼光卖股票。
41. 行情横向“盘”多长，将来“竖”向就涨多少。
42. 不要把所有财产投入股市，切忌借贷买股票。
43. 胆量大，心思细，决心快，是成功的三项条件。
44. 没有只涨不跌的股票，也没有只跌不涨的股票。
45. 你能亏损的最大范围就是你能投机的最大极限。

46. 学会暂时离开市场休息,也是投资者的必修课。

47. 只要比别人多一分冷静,就能比别人多一分收获。

48. 经验可以培养灵感,但灵感却不能完全依赖经验。

49. 迎风的树结不牢果实,冲动的投资得不到利润。

50. 出其不意,攻其不备。这也是机构大户的拿手好戏。

51. 股票投资,功德不能太圆满,总该留点利润给他人。

52. 要敢于在股价创新高时买入,这是在股市制胜的奇招。

53. 犹豫不决时,就应该停止行动,这表示行情尚未明朗。

54. 不要与股市行情作对,不要为特定的需要去从事投机。

55. 看大方向赚大钱,看小方向赚小钱,看错方向会赔钱。

56. 好消息实现,即为坏消息;坏消息实现,即为好消息。

57. 不因小利益而耽误了大行情,不因小变动而迷惑了大方向。

58. 愚蠢的人祈盼机遇,平凡的人抓住机遇,聪明的人创造机遇。

59. 不可用自己的财力去估计行情,不因以赔赚多少而影响决心。

60. 看好的人能赚钱,看淡的人也能赚钱,惟有贪婪永远不会赚钱。

61. 赚钱的行业也有赔钱的企业,赔钱的行业也有赚钱的公司。

62. 一旦发现自己有错误,决不固执己见,应当立即改变自己操作方向。

如何有效管理交易头寸①

对于短线投资者来说,如何管理头寸最为棘手。交易风险随时都会降临,一笔前程似锦的头寸,即刻就可付之东流。多少次,我们机关算尽,市场也作美,然而由于交易管理不善,最终眼睁睁地看着手中的头寸功亏一篑。对于刚入期货市场的新手来说,这种情况更是屡见不鲜。

成熟的投资者想尽一切办法来洞察市场的变化,这并不容易,需要超常的努力。但是,如果掌握了其中的规律则会大有斩获:既可防范交易风险,也保证了投资者的底线水准。为了逐步建立有效的交易管理,我们通过实践经验,总结出如下一些交易基本原则:

交易之前,首先要计划好如何灵活管理交易头寸。专业人士研究每根

① 摘自和讯网络。

技术图形，根据短线波动入市交易；业余投资者阅读晨报，尽力了解他们想知道的一切。如果你在投资，那么跟踪周线图；如果你只是从事短线投资，多研究日线图；如果你是即日炒手，观察60分钟线图好了。投资者应该明确制定应对隔夜头寸的策略。在重要报告和新闻出炉之前，学会何时持有，何时逃离。给时间和资金留一定的余地，以备意外良机。交易过程中，新的思想总是不断闪现，消磨你的注意力。设法形成一套思维方式，能够快速而有效地分析、过滤这些想法，能够快速抓住"闪光点"。

在交易的实际操作过程中，投资者要树立实事求是、顺市而为的理念。情绪、突发事件和价格波动都会影响到交易的成功与失败，你要根据市场价格的涨跌波动的节奏进行买卖。对于短线投资者来说，市场三天为一个周期，对于中线投资者来说，21天为一个周期。把握价格波动周期，多多利用那些逆市操作者的错误，赚取利润。值得注意的是，投资者需要要为交易开始和最后一小时制定周密的计划。对于新入市的投资者来说，在这两个时间，必须严阵以待，不可马虎大意。对于专业人士来说，多数情况下，可以据此制定交易策略。跟踪关键时刻的交易趋势。市场惯于在很短的时间内实现交易，其余时间则是鱼龙混杂，百丑莫辨，要么市场陷于沉闷的格局，机会不再。

此外，对技术指标的准确判断也是成功交易的重要保障之一。选择一系列你感觉到行之有效的移动平均线和指标，另眼看待。学会分析错综复杂的信息，理顺自己的思路，而不要试图寻求最佳的指标。严密跟踪价格技术形态，观察其短期周期。技术形态自会说话，如果你愿意的话，它会救你出水火。一只眼关照你的头寸，另一只眼注意指标。如果价格强劲上扬，而指标相对滞后，价格仍将保持强势特征，特别是当指标开始转好的时候。与此同时，投资者应特别留意观察头寸在10、20和30这些数字的变化。相对于前期的高点和低点来说，整数位的支持和阻力作用更明显。在两天的波动区间，寻求向上或者向下突破的时机。这将警示你，手中的头寸是否与市场同步，或者说称心如意。

不要对手中的头寸有任何不切实际的想法。让头寸自己说话吧，如果乏善可陈，离场出局，等待下一次机会。学会观察价格变化，当市场显露出对自己不利的苗头，或者确认自己准确无误的时候，能够心领神会，有底儿。

詹姆斯·罗杰斯二世的基本交易原则[①]

(1) 因其价值而买。如果你是因为商品具有实际价值而买进，即使买进的时机不对，你也不致遭到重大亏损。因价值而买，行情过热则卖。

(2) 等待催化因素的出现。市场走势时常会呈现长期的低迷不振。为了避免使资金陷入如一滩死水的市场中，你就应该等待能够改变市场走势的催化因素出现。

(3) 市场疯狂时卖出。这项原则说来容易，做起来却相当困难。罗杰斯的方法就是等待行情到达疯狂，分析市场行情是否涨得过高，在基本面确认后放空，确信自己的观点正确无误。然后坚持自己的空头部位，上述步骤中最困难的是最后两项。

很少有交易员能像罗杰斯一般，具有高明的分析技巧与准确无误的预测能力。如果欠缺这些能力，即使坚持自己的部位，也注定要亏损。可是，如果你具有准确的分析与预测能力，却没有坚持部位的本钱(财力)，一切努力也都是枉然。

举例来说，我怀疑有多少交易员能像罗杰斯一样，在金价675美元时放空黄金，然后在金价于4天内涨到875美元的这段期间仍然坚持自己的空头部位，任其蒙受重大损失，直到金价开始大幅回跌。

即使你具有钢铁般的意志，能够坚持自己的部位，可是你如果缺乏支撑这种意志的财力或是准确无误的预测能力，你仍难以从中获利。因此，也许这项原则还应附带一个条件：凡是欠缺分析技巧或财力支撑其信心的投资人或交易员，应用此项原则可能会遭致重大损失。

(4) 要非常挑剔。要耐心等待完全对自己有利的交易机会出现。千万不要为交易而交易，要耐心等待，直到具有高获利的交易机会出现，再投下资金。

(5) 要有弹性。不要划地自限，把自己固定于某个市场或某种交易形态上。许多交易员常常说："我从不放空。"可是这些交易员的获利空间绝不会比既愿意做多也愿意做空的交易员来得大。

---

① 摘自海融证券网。

中国证券市场重大市场事件

1. 8.10 深圳股票发售事件

1992 年 8 月 9 日～11 日，深圳以发售认股抽签表的方式发行 5 亿元新股。从 8 日起，有超过 100 万的当地及全国各地的准股民在全市 302 个发售网点前排起长龙，准备购买百元一张的抽签表。在 9 日早晨开始发售时尚能维持一定的秩序，但后因一些网点组织工作出现问题，造成秩序混乱，并发生冲突。到 8 月 10 日上午，抽签表全部售完。这天傍晚，数千名没有买到抽签表的股民在市内深南中路游行，打出反腐败和要求公正的标语，并形成对市政府和人民银行围攻的局面。

2. 原野停牌事件

深圳原野实业股份有限公司是深市最早的上市公司之一。由于存在股本投入不实、会计师事务所提供虚假验资证明、管理失控、账目混乱等严重问题。7 月 7 日，深圳证券交易所宣布：原野股票停牌交易。这是中国证券市场首只停牌的股票。9 月 5 日，原野公司召开临时股东大会，决定更名为深圳世纪星源股份有限公司。1994 年 1 月 3 日复牌。

3. "宝延风波"

宝延风波是深圳宝安集团经过详细、周密策划，在中国证券市场上实施的第一例收购事件。从 1993 年 9 月初，宝安集团及其关联企业开始有步骤地在市场上吸收延中股票。操作中采取"分进合击"的战术，分别吸纳筹码，延中股票由 9 元左右缓缓上升到 12 元，经过几周的准备，1993 年 9 月 29 日，宝安上海公司通过场上交易，已经秘密持有延中公司股票的 4.56%；在此之前，其关联企业宝安华阳保健用品公司和深圳龙岗宝灵电子灯饰公司在 9 月 28 日所持有的延中股票已分别达到了 4.52% 和 1.57%，合计持有 6.09%。因此，9 月 29 日宝安上海公司及其关联企业持有延中公司股票实际为 10.65%。在已经远远超过法定报告比例的情况下，宝安上海公司于 9 月 30 日下单扫盘(无论价位多高一概买入)。

至此，宝安上海公司作出公告，其持股比例已超过 5%。实际上，3 个公司合计持有的延中股票已经达到 17.07%。10 月 6 日宝安公司再次买进 2.73%，总持股达到 19.8%。10 月 7 日宝安再次发出公告后延中竟涨到 42.2 元天价。

从全过程来看，宝安在控股行动前经过了对市场和法规条文的认真研究和周密准备。全过程线路清晰、市场节奏把握较好。不仅实现了控股，而且延中股价长时期保持在20元左右，经济收益巨大，更重要的是广告效果奇佳，被当时舆论认为意义重大。但在大获全胜的同时，擦边球毕竟不好打。由于宝安公司明显地违反了《股票发行与交易管理暂行条例》第47条的规定："自法人直接或间接持有一个上市公司发行在外的普通股达到5%的那一刻起，其有作出报告和停止买卖该种股票的义务。"因此中国证监会、上海证券管理办公室、上海证券交易所对此事件进行了调查，并就此事件作出了结论。

中国证监会宣布决定，宝安上海公司所获延中股权有效，但该公司及其关联企业在买卖延中股票过程中存在着违规行为。经研究，对宝安上海公司及其关联企业作出如下处理。

(1) 截至1993年9月30日，宝安上海公司及其关联企业合计持有延中公司发行在外的普通股已经达到延中公司总股本的17.07%，10月6日宝安上海公司又买入2.72%。到目前为止，宝安上海公司及其关联企业所持有的延中股票已占延中总股本的19.80%。按照《股票发行与交易管理暂行条例》第47条的规定，宝安上海公司及其关联企业最早应当于1993年11月4日方能持有上述比例的股份。据此，宝安上海公司及其关联企业在1993年11月4日以前，均不得再行买入延中股票。

(2) 依照《条例》第38条的规定，股份有限公司的董事、监事、高级管理人员和持有公司5%以上有表决权股份的法人股东，将其所持有的公司股票在买入后6个月内卖出或者卖出后6个月内买入，由此获得的利润归公司所有。宝安上海公司的关联企业宝安华阳保健用品公司和深圳龙岗宝灵电子灯饰公司于1993年9月30日卖给社会公众的24.60万股延中股票所获得的利润归延中公司所有。

(3) 依据《条例》第74条第1款(8)项的规定，对未按照履行有关文件和信息的报告、公开、公布义务的宝安上海公司给以警告处分，罚款人民币100万，对其关联企业宝安华阳保健用品公司和深圳龙岗宝灵电子灯饰公司给以警告处分。

4. "327"国债期货事件

1995年2月23日，受新债发行及保值贴息等因素的刺激，加之万国证券违规联手操作，超限额持仓后，大量抛单打压价格，造成市场极大混乱；在收市前10来分钟，以巨量沽单将价格直线打压，使“327”品种由暴涨3元转为下跌0.71元，但收市后，上交所宣布最后时间交易无效予以取消。中国证监会于1995年5月17日发出紧急通知，宣布暂停国债期货交易试点。

5. 八月救市

1994年7月下旬，上海综指为335点、深圳综指已跌破百点基数，为96点；两市成交金额仅6亿元。7月30日，中国证监会发布公告，明确年内除已发行未上市的股票外，暂停各种新股的发行和上市。而且，已在报纸上刊登招股说明书公告的企业的发行与上市工作也一律推迟。这一措施推出后，市场反响非常热烈，进入8月以后，沪深股市强劲反弹，八月救市由此而来。

6. 长虹事件

1994年长虹分配方案为先10配2.5，再送7派1。实施配股分红后的“四川长虹”因法人股转配的送股部分为3 112万股，流通股7 496万股(5 997万股加上新增配股1 499万股)，送股部分为5 247万股。因此，“四川长虹”因配股分红，其流通股从5 997万股增至15 855万股，新增流通股为9 858万股。8月21日，长虹股票开盘，最高价达11.48元，最低价达9.92元，成交量也急剧放大。22日股价收市急挫到9.81元。对长虹的走势，许多投资者提出了疑问，有投资者发现四川长虹法人股转配部分所送红股可以卖出，更多不知内情的股民因放弃转配资格而蒙受了巨大损失，反应非常强烈。中国证监会立即出面制止转配红股流通，长虹股票停牌。经查，这是一起蓄意损害投资者权益的事件：上交所违规擅自批准长虹转配红股上市，主承销商中经开公司、副主承销商上海财政证券公司大肆抛售包销转配所获红股牟利，长虹公司也有违规行为。经证监会长达两个多月的调查处理后，长虹股票复牌。

7. 琼民源事件

1997年1月22日，琼民源1996年年报率先“闪亮登场”：由垃圾股变成了投资者追捧的“绩优股”，加上10送3的题材，取代深发展成为深市走强的领头羊。其股价如一只火箭，从1996年4月1日的2.08元，涨至1997年1月的26.18元，在不到一年的时间里升幅高达16倍！琼民源业绩的突变，引起管理层和投资者的疑虑。1998年4月29日，由有关部门组成的调查组进行了长达一年多的调查之后，公布琼民源1996年年报内容严重失实。1998年11月，北京市第一中级人民法院就"琼民源案"做出一审判决：琼民源原任董事长马玉和因为犯有提供虚假财务会计报告罪，被判处有期徒刑三年；公司聘用会计班文昭也以同等罪名被判处有期徒刑二年，缓刑两年。据悉，这是1997年10月实施新刑法后，首次使用证券犯罪条款判处的个案。在查处案件的同时，监管部门着手琼民源重组工作。

8. 红光事件

红光实业于1997年6月6日靠行骗上市，上市后继续行骗：一是编造虚假利润，骗取上市资格；二是少报亏损，欺骗投资者；三是隐瞒重大事项；四是擅自改变募集资金投向而不予披露。对此，中国证监会对原董事长、原总经理、原财务部副部长和红光公司等，以及与此有关的会计师事务所、律师事务所、资产评估师事务所以及上市推荐人等中介机构及责任人员均进行了处罚，红光事件的主要负责人被移交司法机关处理。

9. 银广夏造假案件

2001年8月，中国证监会经过一个月的稽查，终于公布了稽查结果：事实表明银广夏存在严重造假行为，公司通过伪造购销合同、伪造出口报关单、虚开增值税专用发票、伪造免税文件和伪造金融票据等手段，虚构主营业务收入，虚构巨额利润7.45亿元，其中，1999年为1.78亿元，2000年为5.67亿元。至此，银广夏风光多时的业绩神话破灭了，被连续两年半亏损的事实所取代。银广夏股票在停牌一个月复牌后出现了连续跌停。中国证监会根据有关规定，决定对银广夏处以罚款60万元，并责令改正；对银广夏的部分责任人员移送司法机关追究刑事责任，对银广夏的有关责任人员予以行政处罚。

10. 中科系股票跳水

2000年12月25日中科创业股票"大跳水"，有的股票跌幅高达连续10个跌停。2001年1月1日，中科创业6名董事、2名监事突然提出辞职，董事会分崩离析。经中国证监会调查，庄家将股票炒高后再质押给银行、证券公司获得贷款，融资金额近50亿元，通过滚动操作，将中科创业股票从1998年的10元推高到2001年末的最高价162元(复权价)。后因庄家内讧，造成资金链断裂，股价连续9个跌停，成为中国股票市场第一个股价泡沫破灭的典型案例。"中科系"事件震惊全国，这是中国证券市场设立以来从未有过的。

11. B股市场开放

2001年2月20日证监会决定,允许境内居民以合法持有的外汇开立B股账户,买卖B股股票。受政策影响,B股市场在过去一年上升300%的基础上开盘后连续5个涨停,然后继续惯性上升。6月1日B股市场对境内居民全面开放,B股指数创历史新高后大幅度下跌,6月1日后进入市场的投资者全部被深度套牢。

12. 蓝田股份案件

蓝田股份1996年上市一直是中国的"绩优股",刘姝威2001年10月《应立即停止对蓝田股份发放贷款》一文引发轰动全国的"蓝田事件"。刘姝威通过财务分析指出蓝田的业绩是造假的业绩,2002年4月1日,历时半年的蓝田诉刘姝威侵害名誉权案以刘姝威的全面胜利告终。蓝田股价从20元左右跌到5元后摘牌,从持股结构与前十大股东显示,蓝田股份基本由中小投资者持股,该股到三板市场后仅剩几毛钱,受骗的中小投资者血本无归。蓝田股份董事长瞿兆玉判刑3年。

13. 德隆系的破灭

2004年10月1日,德隆系教父唐万新被秘密拘捕,原因是"涉嫌非法集资"。德隆系股票出现和中科系股票类似的连续跌停。时至今日,唐万新金融帝国已彻底崩塌。

练习与思考

1. 如何确定买卖时机与判断市场转折区域?
2. 证券投资时如何进行风险控制?

参考文献

[1] 孙成钢:《十年二十倍》,中国科学技术出版社2000年版。
[2] 李志林:《忠言与股海潮——股市中的哲学智慧》,文汇出版社。
[3] 柯原:《证券市场变盘预警模型构建的研究》,《发展研究》2003年第3期,第16~17页。
[4] 柯原:《证券投资实战过程中的风险控制》,《福建行政学院福建经济管理干部学院学报》2001年第2期,第49~53页。

习题参考答案

第一章

判断题解答

1. 错，技术分析的理论基础是建立在以下的三个假设之上的。这三个假设是：市场的行为包含一切信息，价格沿趋势移动，历史会重演。2. 错，这是基本分析的内容。3. 错，这是公司分析的内容。4. 对。5. 错，这是证券投资分析的过程。

第三章

判断题解答

1. 对。2. 错。3. 对，因为食品业和公用事业属于防御型行业，其产品的需求收入弹性较小。4. 对。5. 对。6. 错。7. 错，对价格的控制能力较大。8. 对。9. 对。10. 错。11. 对。12. 对。13. 对。14. 对。15. 对。16. 对。17. 对。18. 错。19. 错。20. 对，因为只有少数生产者生产同一种产品。21. 对，因为生产这些产品必须巨额投资、复杂的技术或者产品储量的分布限制了新企业对这个市场的侵入。22. 对，因为在这一阶段市场前景看好，投资与新行业的厂商大量增加，同时，产品也从单一、低质、高价向多样、优质和低价方向发展。23. 对，因为在这一阶段，随着市场竞争的不断发展和产品产量的不断增加，市场需求已日趋饱和。24. 对，因为增长型行业的增长速度快于整个国民经济的增长率，投资者可享受快速增长带来的较高股价和股息。25. 错，因为这些行业的投资回报虽不及增长型行业，但发展较稳定，投资风险相对较小。26. 对。27. 对，因为这些行业的发展前景尚难预料，投资风险较大。

第四章

判断题解答

1. 错,一般是10%。2. 错,是静态报表。3. 错。4. 错,是盈利能力的指标。5. 错。6. 对。

第五章

判断题解答

1. 错,债券价格的易变性就越大。2. 错,低于票面利率。3. 错,不等于。4. 错。5. 对。6. 对。7. 对。8. 对。9. 错。可转换证券的市场价格必须保持在它的理论价值和转换价值之上,如果价格在理论价值之下,该证券价格低估;如果可转换证券价格在转换价值之下,购买该证券并立即转化为股票就有利可图,从而使该证券价格上涨直到转换价值之上。

计算题参考答案

1. 单利99.16元;复利97.47元。

2. 单利101.16元,复利100元。

3. 参考例5-4,约等于12%。

4. 应用零增长模型,投资价值20元;净现值等于20 − 18 = 2元,内部收益率 = 2/18 = 11.1%;股票被低估。

5. 运用不变增长模型,$D_0 = 2.5$元,$g = 2\%$,$k = 8\%$,内在价值为42.50元;内部收益率为7.67%,股票高估。

6. 运用多元增长模型,此题中T为2,而$D_1 = 1$,$D_2 = 2$,$D_{T+1} = D_2(1 + g)$;内在价值为91.82元;内部收益率用试错法,约等于10.1%。

7. 单位资产净值 = (基金资产总值 − 各种费用)/基金单位数量

$$= (6 - 0.005)/1 = 5.995(元)$$

8. 转换平价:50元;转换升水:10元;转换升水比率:25%。

第六章

判断题解答

1. 对。2. 对。3. 错。4. 对。5. 对。6. 错。7. 错。8. 对。9. 对。10. 对。11. 对。12. 错。

第七章

计算题解答

五日均价 = (14.85 + 15.3 + 15.75 + 16.55 + 17.30)/5 = 15.95

5 日 BIAS = (17.30 − 15.95)/15.95 = 0.0846 = 8.46%，卖出股票。

第八章

判断题解答

1. 错。2. 对。3. 对。4. 对。5. 对。6. 错。7. 对。8. 对。9. 对。10. 对。11. 错。12. 错。13. 对。14. 错。15. 对。16. 对。17. 对。18. 对。19. 错。20. 对。21. 对。22. 对。23. 错。24. 对。25. 错。26. 对。27. 对。28. 对。29. 对。

第九章

判断题解答

1. 错。2. 错。3. 对。4. 对。5. 对。6. 对。7. 错。8. 错。9. 对。10. 错。11. 对。12. 错。13. 对。14. 错。15. 对。16. 错。17. 对。18. 对。19. 对。20. 对。21. 对。22. 对。23. 对。24. 错。因为存在 KD 指标钝化问题。25. 错，因为牛市时正的乖离率可以很大，在熊市时负的乖离率可以很大。此外，不同的股票盘子大小也不同，因此股性也不相同，应当运用统计的方法确定。

计算题答案

1. 54.35 − 54.80 = −0.45；　55.10 − 54.35 = 0.75；　56.80 − 55.10 = 1.70；　57.85 − 56.80 = 1.05；　57.65 − 57.85 = −0.2；　A = 0.75 + 1.70 + 1.05 = 3.50；　B = −[(−0.45) + (−0.2)] = 0.65

RSI = 84.34

2. 3 日威廉指标 = [(12.05 − 10.45)/(12.45 − 10.05)] × 100% = 80%

3 日 PSY = 2/3 = 66.67

3. 3 日 ADR $= \dfrac{\text{三日内股票上涨家数移动合计}}{\text{三日内股票下跌家数移动合计}} = \dfrac{340 + 230 + 190}{50 + 140 + 250} = 1.727$

第十章

1. $E_M = 16\times 0.25 + 10\times 0.5 + 4\times 0.25 = 10$

$\sigma_M = [(16-10)^2\times 0.25 + (10-10)^2\times 0.5 + (4-10)^2\times 0.25]^{0.5}$

$= 4.24$

2. 根据证券市场线方程 $E_p = R_f + (E_M - R_f)\beta_p$ 可得：

$$0.06 = R_f + (E_M - R_f)\times 0.5$$

$$0.12 = R_f + (E_M - R_f)\times 1.5$$

从而得到 $R_f = 3\%$ $E_M = 9\%$

所以 $E_C = 3\% + (9\% - 3\%)\times 2 = 15\%$

3. 若要构成套利组合，则需要满足以下方程：

$$X_1 + X_2 + X_3 = 0 \quad (1)$$

$$1X_1 + 2X_2 + 3X_3 = 0 \quad (2)$$

$$0.2X_1 + 0.4X_2 + 0.7X_3 > 0 \quad (3)$$

由(1)和(2)可得

$X_1 = X_3$；$X_2 = -2X_3$。此时

$0.2X_1 + 0.4X_2 + 0.7X_3 = 0.2X_3 + 0.4(-2X_3) + 0.7X_3 = 0.1X_3$

因此当 $X_3 > 0$ 时存在套利组合，即卖空证券 B，所得资金一半购买证券 A，另一半购买证券 C。

4. (1) 在均衡状态下，证券收益率由资本市场线公式

$E_p = R_C + (E_M - R_C)\sigma_p/\sigma_M$ 决定，由题意可得：

$$0.18 = R_C + 0.06(E_M - R_C)/\sigma_M$$

$$0.22 = R_C + 0.08(E_M - R_C)/\sigma_M$$

解联立方程得到： $R_C = 0.06$

(2) 假设该投资者的投资组合仅由风险证券 A 和无风险证券 C 构成，证券 A 的投资比例为 X_A，那么组合 P 的收益率和方差分别满足：

$$E_P = X_A E_A + (1 - X_A)R_C = 0.18X_A + 0.06(1 + X_A) = 0.12X_A + 0.06$$

$$\sigma_P^2 = X_A^2\sigma_A^2 = 0.0036X_A^2$$

求最佳投资方案即可行域与无差异曲线 $E = a + 25\sigma^2$ 的相切的切点，而

可行域为：

$$\sigma_P^2 = 0.0036X_A^2 = 0.0036[(E_P - 0.06)/0.12]^2 = 0.25(E_P - 0.06)^2$$

所以，当 $0.5(E_P - 0.06) = 1/25$ 即 σ_P^2 关于 E_P 的导数等于无差异曲线的斜率时相切，可得有效组合 $E_P = 14\%$，$\sigma_P = 4\%$，从而解得：

$X_A = 2/3$；$X_C = 1/3$，即最佳投资方案应为：以 2/3 的投资比例投资于证券 A，以 1/3 的投资比例投资于证券 C。

5.（1）夏普指数：

基金 $A = (16.5\% - 8.0\%)/26.9\% = 0.316$

基金 $B = (14.1\% - 8.0\%)/19.0\% = 0.321$

基金 $C = (12.6\% - 8.0\%)/22.1\% = 0.208$

市场 $= (10.6\% - 8.0\%)/19.8\% = 0.131$

以上三种基金表现均优于大盘，其中基金 B 的业绩最好。

（2）特雷诺指数：

基金 $A = (16.5\% - 8.0\%)/1.19 = 0.0714$

基金 $B = (14.1\% - 8.0\%)/0.90 = 0.0678$

基金 $C = (12.6\% - 8.0\%)/1.03 = 0.0447$

基金 A 优于基金 B 优于基金 C。

后　记

2001年10月福建人民出版社出版的《证券投资分析》高职教材经过学生评定，认为容易自学而且资料丰富。但随着证券市场的发展，价值投资理念日益深入人心，国债、企业债券以及可转换债券已经成为各类证券投资者投资组合的重要品种，证券投资基金的销售也已经成为证券经纪人的重要工作内容之一。我深深感到原先教材必须在基本分析、债券投资、投资组合以及业绩评价方面进一步强化，这样才能够满足市场发展的需要。

在修改思路上，根据高职证券投资管理专业定位以培养证券经纪人为主的要求，必须在兼顾掌握理论基础知识的基础上，突出实践技能的训练。教材也必须体现出这个特色，特别是中国证券市场的特色。在兼顾中国特色的同时还必须兼顾中国证券市场走向国际化的趋势，我就是按照这个思路进行本教材改编的。

经过13年的证券投资实践，我深深感到心理分析对证券投资的重要性，认为应当将科学主义的现代金融学理论与人本主义的行为科学结合起来构建当代投资学理论体系。但是由于研究不深入，因此本教材还是延续传统现代金融学的体系编写，仅在第十一章增加了一些心理学派的理论简介与投资策略。

本书的编写过程中参考了大量国内外有关证券投资分析的书籍以及相关杂志文献(部分资料来源由于年代久远具体时间及作者不可考，在此谨致歉意和谢意)，也将本人的一些科研成果收入书中。在编写过程中我得到了远在马来西亚工作的妻子的鼓励，是她使我坚定了写下去的信心。福建省广播电视大学副校长刘士本教授阅读了部分章节，提出了宝贵的修改意见。在本书的编写过程中，我还得到了北京大学出版社的帮助与支持，在此向他们表现感谢。

由于本教材修改的时间短促，因此难免存在一些疏漏和错误之处，恳请读者批评指正。

柯原

2005.6.1